高宗初期(1863~1876)의 국왕권 회복과 왕실행사

■ 저자소개

고 김세은 박사(1962.10.24. ~ 2024.10.20.)

서울대학교 사범대학 역사교육과를 졸업하고, 서울대학교 인문대학 국사학과에서 석사, 박사 학위를 받았다.

육군사관학교 교수부 사학과 강사로 대학 강의를 시작하여, 서울 시립대학교, 서울과학기술대학교, 공주교육대학교 등에서 학생들을 가르쳤다.

아울러 서울대학교 한국문화연구소 선임연구원, 서울대학교 규장각 한국학연구원 책임연구원, 한국학중앙연구원 장서각 전임연구원으로 재직하면서 국가 의례를 주제로 조선 후기 국왕과 정치사에 대해 연구하였고, 관련 사전 편찬 업무 등을 담당하였다.

高宗初期(1863~1876)의 국왕권 회복과 왕실행사

초판 인쇄　2025년 10월 10일
초판 발행　2025년 10월 20일

저　자　김세은
펴낸이　신학태
펴낸곳　도서출판 온샘

등　록　제2018-000042호
주　소　서울시 용산구 한강대로62다길 30, 204호
전　화　(02) 6338-1608　팩　스　(02) 6455-1601
이메일　book1608@naver.com

ISBN　979-11-92062-57-0　93910
값 25,000원
ⓒ2025, Onsaem, Printed in Korea
* 잘못 만들어진 책은 구입하신 서점에서 교환해 드립니다.

高宗初期(1863~1876)의
국왕권 회복과 왕실행사

김 세 은

책 머리에

　이 책은 2003년도에 서울대학교 인문대학 국사학과에서 학위를 받은 내 아내 故 金世恩 박사(1962~2024)의 학위논문을 최소한의 교열을 거쳐 학술서적으로 간행한 것이다.

　고종에 대한 평가는 크게 바뀌어 왔다. 어린 나이에 왕위에 올라 초년에는 생부 대원군의 그늘을 벗어날 수 없었으며, 성인이 되어 친정을 시작한 이후로는 왕비 閔王后와 민씨 외척들의 국정 농단에 시달렸고, 갑오·을미 개혁과 대한제국 선포에도 불구하고 일본의 간섭을 극복하지 못하다가 결국 나라를 잃고 만 무능하고 무기력한 군주라는 이미지가 오래 유지되고 있었다. 대한제국이 소멸된 1910년 이후 1980년대까지도 이러한 시각은 흔들리지 않았다. 그러나 20세기 말 이후로는 고종이 변화하는 국내외 정세를 이해하고 나름의 방식으로 대처하려 하였다는 관점이 제시되었고, 그에 입각한 연구도 활발히 진행되었다. 고 김세은 박사 역시 이러한 맥락에서 고종시대에 대한 연구를 시작하였다.

　고종이 즉위한 후 친정 선언까지 10년간은 대원군 시대, 대원군 집권기로만 알려져 있으나 고종은 이 시기에 경연과 왕실 행사에 적극 참여하면서 학문적, 정치적 역량을 키웠으며, 당대의 국내외 현안 과제를 파악하고 대응 방안을 모색하였다. 이 책의 주 내용은 고종 즉위 후 10년간 고종의 역량 성장과 주요 활동에 대해 천착하여 정리한 것이다. 국정의 최고 책임자인 국왕 고종에게 망국의 가장 큰 책임이 있음은 누구도 부인할 수 없다. 그럼에도 고종뿐 아니라 당시 조선이라는 나라의 구성원들이 세계 정세에 완전 무지하고 내부의 갈등에만 몰두하고 있다가 외세에 주권을 잃고 말았던 것은 아니었다. 이를 밝히려는 노력의 첫 걸음으로 당시 공식적인 최고 주권자인 고종과 그 시대에 주목한 것이다.

고 김세은 박사는 박사학위 취득 후 후속 연구와 강의 준비, 서울대학교 규장각 및 한국학중앙연구원의 연구원으로서의 업무 때문에 자기 교열 및 내용 보완 시간을 충분히 갖지 못하여 학술서적으로 출간하지 못하고 있었다. 그러던 중 암으로 2024년 10월 20일 새벽에 세상을 등지고 말았다. 만 62세 생일을 나흘 앞둔 날이었다.

　　이미 고인이 된 저자의 책을 굳이 간행할 필요가 있는지 의문을 가질 수 있다. 그러나 같은 대학원 입학 동기로서 어려운 학문의 길을 함께 시작한 동반자인 아내가 주부이자 어머니로서 가정을 잘 건사하면서도 연구자이자 대학 강의 담당자로서 충실히 자기 역할을 다하였고, 어려운 주제를 붙잡고 오래 매달려 무언가 결실을 이루어냈음을 세상에 알리고 싶은 鰥夫의 마음을 이기기 어려워 출간을 마음먹게 되었다.

　　암투병 중 회생의 가망이 없다는 사실을 알게 된 후 학위 논문을 학술서적으로 간행하여 유작으로 남길 것인지 물어보자 아내는 단호하게 고개를 저으면서 다 부질없는 일이라고 하였다. 그러나 못난 남편은 이렇게 청개구리같이 그 말을 따르지 않는다. 그동안 깊이 조망되지 않았던 고종 초기라는 시기에 착안하고, 어려운 주제에 오래 매달려 무언가 결실을 이루어낸 고 김세은 박사의 업적을 알리고 싶은 것이다.

　　같은 길을 가는 연구자 부부로서 서로 많은 대화가 있었지만 충분했다고 볼 수는 없고, 본인의 글에 대한 자긍심이 강해서 내가 보기에 어색한 문장이나 표현을 바꾸자고 제안하면 매우 언짢아했다. 그럼에도 이렇게 상의도 없이 마음대로 문장과 내용을 교열하고 바꾸고 허락없이 출판하는 것에 대해서도 그리 기꺼워하지 않으리라 생각한다. 한 시대와 인물, 사건을 보는 관점이 달라 의견 충돌이 있던 그때가 너무 그리워 눈이 흐려진다.

고 김세은 박사는 두 아들에게 좋은 어머니였다. 어머니가 학계에 중요한 업적을 남긴 훌륭한 학자였음을 오래 기억하기를 바란다. 아내를 다시 만날 시간이 그리 멀지 않음이 나의 기쁨이다. 그 날 그 시간을 기다린다.

2025년 10월 未亡夫 강석화 삼가 쓰다.

출판사의 수익과는 전혀 무관할 학술서적 출간 부탁을
선뜻 들어주시고 편집과 교정에 힘써 주신
도서출판 온샘의 신학태 대표님께 감사의 말씀을 덧붙인다.

내용 소개

　　조선의 국왕은 상징적인 면이나 실질적인 권력 구조 속에서 최고의 정점에 있는 중요한 존재이다. 최고의 인사권자이자 군통수권자이며, 정책의 최종 결정권자로서 절대적인 위치에 있었다. 그러나 각 시기마다 왕권의 중요성과 의미는 달랐다.

　　1863년에 神貞王后 趙氏의 결정에 따라 12살의 나이로 왕위에 오른 고종은 즉위 후 바로 국정을 주도하지 못했다. 왕실방계 출신으로 私家에서 성장하여 충분한 王者 수업을 받지 않았으므로 국정을 운영할 능력을 갖추고 있다고 인정받지 못하였던 것이다. 이 때문에 고종 3년(1866) 2월까지 신정왕후의 垂簾聽政이 시행되었으며, 고종의 生父인 興宣大院君이 정국 운영에 깊이 관여하였다.

　　즉위 직후 고종에게 가장 중요한 일은 經筵을 통해 학문을 연마하는 것이었다. 경연의 수행과정에는 고위 신료들도 참석하였으므로 경연 석상에서는 자연스럽게 정치 현안이 논의되었고 국가의 중요 정책이 결정되었다. 그러므로 경연을 누가 주도하고 어떻게 운영하느냐에 따라 정치적 기능을 강화할 수 있었다.

　　19세기 전반 왕권이 약했던 세도정치기에 경연의 정치적인 기능은 크게 저하되었고 교육기능이 강조되었다. 국왕이 정치의 중심이 되어 국정을 주도하기 위해서는 학문적, 정치적 역량이 절대적으로 필요한데, 그러한 역량을 충분히 갖추지 못한 국왕이 즉위하는 일이 계속되었기 때문이었다.

　　이런 사정으로 純祖代부터 '勸講', '進講'이라는 독특한 형태의 경연이 마련되었다. 그런데 이것은 정식 경연에 비해 참석 인원의 규모와 절차가 간소화된 것이었으며, 국왕이 연소하다는 이유로 그 위상을 격하시킨 것이었다. 고종 1년(1864)부터 2년(1865)까지 실시된 勸講에서도 왕의 학문 수준을 높이는 것이 중요시 되었다. 그러나 고종 3년 國婚을 계기로 進講이 실시되면서 국왕의 역할과 君臣과의 대화가 강조되었고 경연의 정치적 기능도 점차 회복되어 나갔다.

왕실행사도 경연처럼 국왕권과 밀접하게 연관되어 있었다. 탕평기인 영·정조대에 여러 왕실행사가 정비되고 성대하게 거행되었던 것도 왕권 강화라는 목표와 맞물려 있었다. 그러나 세도정치기에는 왕실행사가 간소화되거나 依例的으로 설행되는 경우가 많았다. 이에 비해 고종초기에는 각종 왕실행사가 영·정조대의 규례에 의거하여 재정비되었으며, 이는 국왕권의 강화와 밀접하게 연관되어 있었다.

능행은 매년 대규모로 거행되는 대표적인 왕실행사였다. 이 행사는 영·정조대에 그 과정에서 上言, 擊錚을 통해 민의를 수렴하는 등의 기능이 활성화되면서 정치적으로 중요한 의미를 지니게 되었다. 그러나 세도정치기의 능행은 단순히 前例를 따르는 행사였을 뿐이었고, 국왕의 권위를 높여주기 보다는 오히려 이를 주도하는 세도 문벌 가문의 정당성을 확보해 주는 성격이 강했다.

고종은 즉위 직후부터 능행을 정기적으로 거행하였다. 位次上 先考인 翼宗의 綏陵을 매년 참배하였는데, 이것은 당연히 효성심을 표현하면서 왕위 계승의 정당성을 과시하는 정치적 의미를 갖는 것이었다. 특히 고종 7년(1870) 이후로는 원거리 능행에서 순조대 이후 거의 행차하지 않았던 곳을 방문하였으며, 영·정조대의 절차에 따라 제반 행사를 거행하였다. 아울러 丙寅洋擾의 전사자를 위로하는 등 당대에 요구되는 의식까지도 수행하였다. 능행은 고종이 지방 실정과 민의를 파악하고 왕의 명령이 지방까지 잘 전달되는지 여부를 확인할 수 있는 기회가 되기도 하였다.

경연의 정치기능이 회복되고 遠幸이 거행되었던 고종 7~8년경부터 여러 왕실행사가 집중적으로 개최되었다. 고종 8년(1871)에는 영조와 정조대 이후 오랫동안 행해지지 않았던 親耕儀禮와 觀刈儀式이 처음으로 거행되었다. 국왕과 신료, 민이 함께 참여한 이 행사는 국정 운영에 중요한 상징성을 지니는 것이었다. 고종은 영조대의 규례에 따라 이 행사를 거행하면서 민을 직접 위로하였다.

'고종 9년(1872)'은 조선왕조 개창 480주년이 되는 해로 이를 기념한 여러 행사가 설행되었다. 太祖와 太宗에 대한 尊號追上 의식과 太祖와 元宗의 御眞模寫 등 先王 追崇 행사와 함께 고종의 어진이 제작되었으며, 고종에 대한 尊號加上 의식도 거행되었다.

세도정치기 이후 국왕의 정치적 역량을 발휘할 수 있는 제도와 기구는 유명무실해져 있었으며, 국왕의 의지를 구현해줄 수 있는 친위 관료층도 형성되어 있지 않았다. 이런 상황에서 고종은 경연과 왕실행사를 자신의 통치술과 역량을 발휘할 수 있는 좋은 기회로 삼으려 하였던 것이다.

한편, 왕실행사는 공식적인 정치기구 안에서 활동하지 않은 대원군이 자신의 권위를 드러낼 수 있는 기회이기도 하였다. 이전에 왕실방계 출신 왕들은 즉위 당시 생부가 이미 세상을 떠난 상태였던 것과 비교하면 고종의 生父 대원군의 존재는 여러 면에서 독특한 것이었다.

즉위 직후 정국을 주도할 수 없었던 고종에게도 대원군은 중요한 존재였다. 대원군과 신정왕후 조대비의 협력으로 고종이 즉위하였으나, 공식적인 직함을 가질 수 없었던 대원군의 권력은 기본적으로 고종을 매개로 획득된 것이었고 그를 통해 확실히 발휘될 수 있었다. 물론 그 스스로 자신의 입지를 확보해 나갔지만 대원군과 고종은 상호 의존적인 관계였다. 그러나 어린 국왕을 輔政하며 왕실의 위상을 높이고 자신의 권력을 확보하려 한 대원군의 적극적인 국정 관여 활동은 고종의 국왕권이 회복되어 가면서 점차 한계에 부딪쳤다. 이러한 정치적 역관계의 변화는 國婚이나 능행 親祭, 친경의례 등 왕실 행사의 거행 중에도 자주 드러날 수밖에 없었다.

고종이 국왕권을 회복해 가면서 정국 운영에도 변화의 조짐이 나타났다. 고종은 신정왕후의 수렴청정과 대원군의 섭정이라는 비정상적인 정국 하에서 경연과 능행 및 여러 왕실행사를 통해 국왕으로서의 위상을 회복해 나갔다. 아울러 君臣회합 제도인 次對를 실시하면서 국왕 중심의 국정 운영 방식을 시도하였으며, 그 동안 시행된 여러 정책의 문제점을 주도적으로 해결해 나갔다. 이에 따라 정국 운영에 깊이 관여하고 있던 대원군의 입지는 좁아질 수밖에 없었으며, 고종과 대원군 관련 대신들과의 정치적 마찰은 불가피하였다. 이런 갈등 속에서 고종은 새로운 친정체제를 구축하기 시작하였다.

    친정 후 고종은 곧 이전의 정책 중 중요한 문제에 대한 해결책을 제시하고 추진하였다. 국내문제 중 가장 큰 현안이었던 淸錢을 혁파하였으며, 일본과의 외교 개선을 주도하였다. 이는 대원군이 주도하던 정책 방향과 완전히 다른 것이었다. 이 때문에 친정 직후의 정책 변화가 대원군의 세력 기반을 해소하기 위한 의도가 있었다는 것을 부인할 수 없다. 그러나 이보다는 당시 반드시 해결해야 했던 국내외의 문제들에 대해 고종이 주도적으로 적극적으로 대처해 나갔다는 점에 주목할 필요가 있다.

차 례

책 머리에
내용 소개

서론 ··· 1

제1장 勢道政治期 국왕권의 약화와 왕실행사의 형식화 ············· 15
1. 君臣 會合制度의 형식화 ··· 17
2. 經筵의 기능 축소 ·· 25
3. 국왕 주도 중요 행사의 약화 ··· 39

제2장 高宗의 즉위와 經筵의 활성화 ·· 59
1. 경연 기능의 회복 ·· 61
2. 강학과목의 議定과 의미 ··· 81
3. 고종의 史書 선호 ·· 88
4. 經筵의 君臣 會合기능 강화 ··· 95

제3장 고종 즉위 후 陵幸의 의미 변화 ···································· 113
1. 능행의 기능 회복 ·· 115
2. 원거리 능행과 국왕활동의 확대 ·· 136

차례

제4장 왕실행사의 시행과 고종의 위상강화 ·· 159
  1. 대원군의 왕실행사 참여 ·· 161
  2. 親耕儀禮의 부활 ·· 172
  3. 고종 주도의 어진제작 ·· 187
  4. 尊號加上 의식의 거행 ·· 199

제5장 親政체제의 구축과 정책의 변화 ··· 207
  1. 친정체제의 확립 ·· 209
  2. 고종의 국정운영과 정책의 변화 ·· 224

결 론 ·· 259

서 론

19세기는 국내외적으로 변화의 시기라고 할 수 있다. 조선은 순조 11년 (1811)의 洪景來亂과 철종 13년(1862)의 壬戌民亂 등과 같은 혼란을 겪고 있었다. 이것은 지역과 신분으로 인한 경제적, 정치적 차별에 대한 것으로 조선후기의 사회 경제적 발전에 대응하지 못한 정부와 지배층에 대한 민의 불만과 욕구가 강하게 표현된 것이었다. 같은 시기에 중국은 1840년 아편전쟁을 계기로 서구 열강들의 강력한 도전을 받고 있었으며, 1860년에 영국·프랑스 연합군에 의해 베이징이 함락되는 일까지 있었다.

한편, 일본은 1854년 미국에 의해 개항이 된 후, 1868년 메이지유신을 단행하여 서구의 선진문물을 적극 수용하고 있었다. 이러한 국제 정세의 흐름은 조선에도 영향을 미쳤다. 고종 3년(1866)의 丙寅洋擾와 8년(1871)의 辛未洋擾는 그 대표적인 사건이었다. 1863년에 12살의 나이로 왕위에 오른 高宗(재위 1863~1907)은 바로 이와 같은 정치 현안들을 해결해야 했다.

조선의 국왕은 정치의 최종 책임자이자 왕실 최고의 수장이었으나 현실적인 왕권행사는 관료제를 통해 구현될 수 있었다.[1] 그러나 純祖(재위 1800~1834) 이후 어리거나 私家에서 성장하여 王者 수업을 충분히 받지 못한 국왕이 연이어 즉위하면서 국왕의 정치적 역량은 정상적으로 발휘될 수 없는 상황이었다.[2] 관료 기구 또한 몇몇 가문 출신들에 의해 배타적으로 독점되어 있었기 때문에 정상적인 국정 운영은 이루어질 수 없었다.[3]

---

1) 조선의 왕권과 관료제에 대한 자세한 사항은 다음 논문 참조.
  韓永愚, 1983, 『鄭道傳思想의 硏究』(개정판), 서울대학교출판부
  李泰鎭, 1990, 「朝鮮王朝의 儒敎政治와 王權」『韓國史論』 24
  南智大, 1993, 『朝鮮初期 中央政治制度 硏究』, 서울대학교출판부
  崔承熙, 2001, 『朝鮮初期 政治史硏究』, 지식산업사
2) 純祖代 이후 왕위 계승과 국왕의 정치적 역량에 대해서는 洪順敏, 1992, 「19기 왕위의 승계과정과 정통성」『國史館論叢』 40 참조.
3) 純祖代에서 哲宗代까지를 '세도정치기'라고 한다. 이것은 正祖 사후, 권력이 왕에

高宗代에도 고종10년(1873) 親政 전까지는 그의 生父인 興宣大院君(1820~1898)이 정국을 주도하였다.

그 결과 19세기 정치사에서 국왕은 연구 대상으로서 그 존재의 의미를 인정받지 못하였다. 더욱이 고종은 재위 기간 중 일제의 침략을 막아내지 못하였다는 사실이 더해져 지극히 부정적으로서 인식되었고, 그의 治世에 관한 기본적인 사실 규명조차 외면되었다. 일제는 그들의 침략을 정당화하기 위해 시혜론의 관점에서 이 시대의 틀을 만들어 나갔으며, 이에 따라 국왕 고종의 위상과 역량은 더욱 낮게 평가될 수 밖에 없었다.[4]

조선후기 정치사에 대한 연구는 1980년대 이후 본격적으로 진행되었다.[5] 먼저 黨爭史의 관점에서 조선의 정치사를 이해하는 시각을 극복하고, 16세기 이후의 정치세력을 학문적 바탕과 지역적 배경을 가진 '朋黨'으로 보는 붕당정치론이 제기되었다.[6] 이와 함께 개별 사건의 전말, 특정 인물이

  게 집중된 상황에서 그 구심점으로 작용하고 있던 강력한 왕이 사라지고 기존의 붕당정치의 기능은 쇠퇴하였으므로 왕실의 주위에서 울타리 역할을 하던 외척 명문들에 의해 권력이 과점된 현상이다.(정옥자, 2000, 『정조의 수상록-《일득록》 연구』, 일지사, 16쪽 참조) 외척 세도 문벌 가문 출신들은 비변사를 중심으로 중앙관직을 독점하였으며, 국가의 행정력을 私的 이익을 위한 수단으로 삼았다. 기타 세도정치기의 정국운영에 대해서는 한국역사연구회(19세기정치사연구반), 1990, 『조선정치사 1800~1863』, 청년사 참조.

4) 고종과 그 시대에 대한 인식과 왜곡 과정 및 평가에 대한 자세한 사항은 이태진, 2002, 『고종시대의 재조명』, 태학사 참조.
5) 조선후기 정치사 연구 동향에 대한 사항은 다음 논저 참조.
  근대사연구회, 1987, 『한국중세사회 해체기의 제문제』 상, 한울
  한국역사연구회(19세기정치사연구반), 1990, 「서론」「정치사연구의 동향과 성과」 『조선정치사 1800~1863』, 청년사
  朴光用, 1991, 「조선후기 정치사의 시기구분 문제」, 『성심여자대학 논문집』 23 ; 1994, 「조선기 정치사 연구동향」『한국사론』 24, 국사편찬위원회 ; 1999, 「조선시대사 연구의 성과와 과제」『조선시대 연구사』, 한국정신문화원
  高英津, 1995, 「해방 50년 조선시대사 연구의 동향과 과제」『한국학보』 79
  吳永敎, 2000, 「朝鮮後期-회고와 전망-」『歷史學報』 167
6) 이태진, 1985, 『조선시대 정치사의 재조명』, 범조사

나 집단의 정치적 진퇴, 제도와 관서의 置廢에 대한 사실적 규명 등 선구적인 성과를 바탕으로 새로운 연구방법론이 제시되었다.[7]

조선후기 정치사 연구가 진행되고 朋黨政治論이 활발히 논의되면서 '王權'에 대한 문제도 제기되었으며, 90년대에는 그 실체를 밝히는 성과가 나타났다. 조선의 정치는 君主權에 입각한 중앙집권적 정치체제이므로 臣權뿐 아니라 君主權의 역할에 주목해야 한다는 주장이 제기되었으며,[8] 왕권의 위상은 국왕의 門地 및 정통성과 밀접한 관련이 있다는 것이 밝혀졌다.[9]

王代別 개별적인 연구도 진행되었다. 肅宗代의 정치적 사건을 왕권 강화의 입장에서 재구성해 보는 시도가 있었으며,[10] 英祖의 국왕권 확립을 위한 정책과[11] 正祖의 정책·사상·군주론을 비롯하여 왕릉 행차, 국왕과 민과의 관계에 대한 분석도 이루어졌다.[12] 상대적으로 왕권이 약화되었던 세

이성무·정만조 외, 1992, 『조선후기 당쟁의 종합적 검토』, 한국학중앙연구원

7) 정치사의 연구 대상을 분석하기 위하여 권력을 매개 개념으로 하여 정치세력, 정치구조, 정치운영, 정치운영론 등으로 나누어 이해하려는 방법이 시도되었다.[近代史研究會編, 1987, 『韓國中世社會 解體期의 諸問題』, 한울 ; 한국역사연구회(19세기정치사연구반), 1990 『조선정치사 1800~1863』, 청년사]

8) 이태진, 1990, 「조선왕조의 유교정치와 왕권」 『한국사론』 23

9) 홍순민, 1990, 「조선후기 『璿源系譜紀略』 改刊의 추이」 『규장각』 13 ; 「조선후기 왕실의 구성과 璿源錄」 『한국문화』 11

10) 李熙煥, 1995, 『朝鮮後期黨爭研究』 國學資料院

11) JaHyun Kim Haboush, 2001, 『The Confucian Kingship in Korea-yongjŏ and the politics of sagacity』, Columbia University Press
鄭景姬, 1999, 「英祖後半期(1749년~1776년) 經筵과 英祖의 義理論 强化」 『歷史學報』 162
柳美林, 2002, 「조선 후기 王權에 대한 연구 : 영조 연간의 군신간 義理논쟁을 중심으로」 『정신문화연구』 86, 한국정신문화연구원

12) 鄭玉子, 1982, 『正祖의 抄啓文臣教育과 文體政策』 『奎章閣』 6 ; 1999, 『정조시대의 사상과 문화』 돌베개 ; 2001, 『정조의 문예사상과 규장각』, 효형출판
李泰鎭, 1992, 「정조의 『大學』 탐구와 새로운 군주관」 『李晦齋의 사상과 그 세계』 성균관대 대동문화연구소 ; 1993, 「正祖 - 儒學的 계몽 절대군주」 『한국사시민강좌』 13 일조각 ; 2002, 「조선시대 '민본'의식의 변천과 18세기 '민국'이념의 대두」

도정치기의 정국운영과 운영론,[13] 국왕권의 위상 및 그 변동 과정에 대한 실상도 구체적으로 설명되었다.[14] 이 밖에 동아시아 각 국의 시기별 국왕권의 의미가 정리되었다.[15]

조선후기 정치사에 대한 연구 업적의 축적은 高宗代를 이해하는데 도움을 주었다. 당쟁의 연장선상에서 고종대를 이해하거나 그 폐해가 더욱 드러난 시기로 인식하는 경우가 많았으므로, 앞 시기에 대한 사실 규명은 매우 필요한 일이었다.[16]

고종 즉위년(1863)부터 10년까지는 일제시대부터 '大院君執權期'로서 설정되어 있었으며, 대부분 망국의 원인을 분석하는 차원에서 연구가 진행되

　　　박충석 외, 『국가이념과 대외인식 : 17-19세기』, 아연출판부
　　　朴光用, 1994, 「朝鮮後期 '蕩平' 硏究」, 서울대 박사학위논문
　　　韓相權, 1996, 『朝鮮後期 社會와 訴寃制度 ; 上言·擊錚 硏究』, 一潮閣
　　　金成潤, 1997, 『朝鮮後期 蕩平政治 硏究』, 지식산업사
　　　金文植, 1997, 「18세기 후반 正祖 능행의 意義」『韓國學報』88, 一志社
　　　한영우, 1998, 『정조의 화성행차와 그 8일』, 효형출판
13) 한국역사연구회(19세기정치사연구반), 1990, 『조선정치사 - 1860~1863』, 청년사
　　朴光用, 1992, 「19세기 전반의 정치사상」 『국사관논총』 40 ; 1998, 「18~19세기 조선사회의 봉건제와 군현제 논의」 『韓國文化』 22, 서울대 韓國文化硏究所
　　오수창, 1997, 「세도정치의 성립과 전개」 『한국사』 32, 국사편찬위원회
　　金明淑, 1997, 「19世紀 反外戚勢力의 政治動向 - 純祖朝 孝明世子의 代理聽政 例를 중심으로 -」 『朝鮮時代史學報』 3 ; 「勢道政治期(1800~1863)의 政治行態와 政治運營論 : 反安東金氏勢力을 중심으로」, 漢陽大 박사학위논문
　　鄭萬祚, 1999, 「19세기 전반기 조선의 정치개혁 움직임과 근대화」 『한국학논총』 21
14) 洪順敏, 1992, 「19세기 왕위의 승계과정과 정통성」 『국사관논총』 40
15) 東洋史學會, 1993, 『東洋史上의 王權』, 한울
　　조선시대사학회, 1998, 『東洋 三國의 王權과 官僚制』, 國學資料院
16) 지금까지 연구에서는 대원군집권기의 정치적 업적으로 四色 등용이 자주 거론되었다. 이것은 당쟁사의 연장으로 高宗代를 인식하거나 각 정치세력의 대결구도만을 강조하는데서 비롯된 것으로 생각된다. 자세한 내용은 연갑수, 1992, 「대원군집정의 성격과 권력구조의 변화」 『한국사론』 27, 서울대 ; 성대경, 2000, 「대원군의 내정개혁」 『한국사』 37, 국사편찬위원회 참조.

었다. 60년대 이후로는 크게 두 견해로 갈라져 연구가 전개되었다. 하나는 대원군의 정치 운영과 정책이 당쟁을 타파하고 척족정치를 제거하여 군주권의 강화를 이룩한 탕평정치적 성격을 가졌다고 보는 것이고, 또 다른 입장은 세도정치와 같은 척족정치의 성격을 벗어나지 못했다는 것이었다.[17]

80년대에 이르러 다양한 주제에 대한 연구가 이루어졌다. 이 시기의 文科 운영실태에 대한 검토가 이루어지고, 대원군과 여러 정치세력과의 관계, 인사·군사·대외정책, 대원군의 정치적 위상과 권력 행사 방식 등에 대한 연구가 발표되었다.[18] 미국과 일본 등 외국학계에서도 관심을 보였다.[19] 이 시기 정권의 실패 원인을 왕권과 신권의 견제와 균형관계라는 권력구조 속에서 추적하여, 국왕은 양반관료에 포위된 존재라고 규정한 주장과[20] 고종의 친정 전후시기의 집권세력에 대한 분석 등이 나와 관심을 끌었다.[21] 그러나 고종10년(1873) 親政 실시 이전시기인 고종초기의 국왕권에 대한 연구는 거의 진행되지 않았다.

---

17) 朴光用, 1999,「朝鮮時代 政治史 硏究의 成果과 課題」『조선시대 연구사』, 한국정신문화연구원, 99~100쪽
18) 대원군집권기에 대한 연구로 1995년 이전에 나온 성과에 대해서는 金世恩, 1990,「大院君執權期 軍事制度의 整備」『한국사론』 23 ; 金明淑, 1995,「19世紀 政治史 理解 過程에 대한 檢討」『同大史學』 1 참조.
1995년 이후의 업적은 南美惠, 1995,「大院君執權期 宗親府 振興策의 性格」『동대사학』 1 ; 安外順, 1996,『大院君執權期 權力構造에 關한 硏究』, 이화여대 박사학위논문 ; 延甲洙, 2001,『대원군집권기 부국강병정책 연구』, 서울대학교 출판부 참조.
19) 21세기 초까지 미국학계에서의 일반적인 인식은 조선은 양반을 중심으로 하는 사회체제였으며 국왕조차 양반세력을 압도할 수 있는 왕권을 구축하지 못하였다는 것이다. 이에 대한 사항은 정두희 편, 1999,『美國에서 韓國史 硏究』, 국학자료원 ; 역사문제연구소, 2002,「미국의 한국사 연구」『역사비평』 59 참조.
20) James B. Palais, 1975, *Policies in the Traditional Korea*, Havard University Press(李勳相 역, 1993,『傳統韓國의 政治와 政策』신원문화사 ; 김성우, 2002,「제임스 팔레의 조선왕조사 인식」『역사비평』 59
21) 糟谷憲一, 1990,「大院君政權의 權力構造」『東洋史硏究』 49-2

90년대 후반 이후로 일반적으로 알려진 고종에 대한 인식, 즉 나약하고 무능한 국왕이었다는 평가는 일제가 왜곡한 것이었다는 사실이 드러나고, 고종이 1880년대의 개화정책과 대한제국의 출범, 광무개혁 등을 주도하였다는 것이 밝혀졌다.[22] 또 이때 편찬된 여러 종류의『儀軌』類 등 왕실관련 자료들이 정리되면서,[23] 고종과 그 시대에 대한 새로운 시각이 나타나기 시작하였다. 아울러 대원군집권기의 국방강화정책, 외교정책 등이 고종 친정 이후에도 변함없이 추진되었으며, 고종과 대원군 그리고 그들이 추진한 정책을 대립구조로 보기보다는 연결성을 가지면서 변화하는 것으로 보려는 시도가 있었다.[24] 이것은 그 동안 고종의 위상을 전혀 고려하지 않았던 결과 대원군집권기와 고종 친정 이후의 시기가 단절되는 한계를 해결하기 위한 하나의 방안으로 인정된다.

이상 일련의 새로운 시각에 입각한 연구가 진행되면서 '국왕' 자체에 대한 관심은 이전에 비해 그 폭이 넓어졌다고 할 수 있다. 그러나 각 시기마다 국왕의 위상과 정치적 역량에 대한 분석은 아직 시작 단계에 있다. 더구나 19세기는 '세도정치기', '대원군집권기'로 불리우며, 당시 국왕들의 재위기간이 각각의 廟號로도 지칭되지 못할 정도로 도외시되었다.[25]

왕조국가인 조선에서 국왕의 위상은 기본적으로 의제적인 영역뿐 아니라 실질적인 권력구조 속에서 정치권의 정점에 자리잡고 있으며, 정치권력

---

22) 1880년대 이후 고종의 역할에 대한 최근의 연구는 다음 문헌 참조.
   한영우, 2001,「대한제국 성립과정과《大禮儀軌》」『韓國史論』 45
   조재곤, 2001,『한국 근대사회와 보부상』, 혜안
   이태진, 2002,『고종시대의 재조명』, 태학사
23) 조선시대 및 고종대 편찬된 의궤류에 대해서는 한영우, 2002,「조선시대 儀軌 편찬 始末」『한국학보』 107 ;「조선시대『儀軌』편찬과 現存 儀軌 조사 연구」『규장각소장의궤 종합목록』 돌베개
24) 연갑수, 2001,『대원군집권기 부국강병정책 연구』, 서울대학교 출판부
25) 최근에 세도정치기를 국왕권의 소재와 부침에 입각하여 정리한 시도가 있었다. 이에 대해서는 오수창, 1997,「세도정치의 성립과 전개」『한국사』 32, 국사편찬위원회 참조.

의 기본 축이었다.[26] 그러므로 王代別로 국왕권의 실체를 밝히는 일은 정치사 연구의 기초적인 작업이며, 국왕권이 상대적으로 약화되었던 시기라도 결코 소홀히 취급될 수 없는 것이다.

高宗代의 경우 고종 10년(1873) 親政 시작과 13년(1876) 朝日修好條約 체결 때에 국왕이 어떤 역할을 하였는지에 대한 구체적인 연구는 어느 정도 진행되었다.[27] 이에 비해 친정 이전 시기 고종의 위상이나 왕권에 대해서는 거의 분석이 이루어지지 않았다. 이 시기는 高宗보다는 興宣大院君이 관심의 대상이 되었다. 실제로 그는 정치, 경제, 외교 정책 등 여러 분야에서 결정적인 역할을 하였고 정치적으로 중요한 위치를 차지하고 있었다. 고종의 역할은 순조대 이후 약화된 왕실의 권위 회복을 내세우는 대원군의 활동과 중첩되거나 그 그늘에 가려졌다. 이 때문에 대원군이 정국을 주도하던 고종 초기 고종의 위상과 정치적 역량을 확인하는 일은 쉽지 않다. 고종초기 議政府와 六曹 堂上, 각 中央 軍營 將臣의 교체 등 정치세력의 변화, 備邊司 폐지와 三軍府 복설 등 정치기구의 치폐, 호포제 실시와 대외 강경 노선 등 새로 실시된 정책들은 고종보다는 대원군의 정치적 의도를 실현하기 위한 것이었다.[28] 물론 대원군의 경복궁 중건, 왕실 행사의 주도,

---

26) 洪順敏, 1992, 「19세기 왕위의 승계과정과 정통성」 『국사관논총』 40, 25쪽
27) 고종 10년 친정 실시와 고종 13년 일본과의 관계 개선 및 조일수호조약이 체결되는데 국왕의 의지가 강하게 반영되었다는 연구는 다음과 같다.
   Martina Deuchler, 1977, 『CONFUCIAN GENTLEMEN AND BARBARIAN ENVOYS – The Opening of Korea, 1875~1885』, University of Washington Press
   崔炳鈺, 1992, 「大院君의 下野에 대하여」 『西巖 趙恒來교수 화갑기념 한국사학논총』, 아세아문화사
   安鍾哲, 1998, 「親政前後 高宗의 對外觀과 對日政策」 『韓國史論』 40
   李泰鎭, 1999, 「근대 한국은 과연 은둔국이었던가?」 『韓國史論』 41·42 ; 2002, 「雲揚號 사건의 진상」 『朝鮮의 政治와 社會』, 집문당
   김형수, 2001, 「고종의 친정과 개국정책연구」 『梨大史苑』 33·34
28) 成大慶, 1984, 『大院君政權性格研究』, 성균관대 박사학위논문
   金世恩, 1990, 「大院君執權期 軍事制度의 整備」 『한국사론』 23

친위군영의 재정비 등은 왕실의 권위 회복을 내세우며 이루어졌기 때문에 국왕권 강화와 전혀 관련되지 않는 것이라고 말할 수 없다. 그러나 과연 국왕을 위한 정책이었는가에 대해서는 의문이 제기되고 있다.[29]

본 논문에서는 위와 같은 난제를 극복하는 하나의 방법으로 이전부터 국왕을 중심으로 행해져 온 經筵, 陵幸 및 국왕이 주도하거나 반드시 참석해야 하는 王室 행사 등을 통하여 고종 10년 친정 이전시기의 국왕의 위상과 국왕권의 변화를 추적해 보고자 한다. 경연과 왕실 행사는 왕권의 강약과 상관없이 계속 시행된 것이지만 각 시기의 성격과 의미는 달랐다. 본연의 역할과 함께 依例的으로 시행되기도 하였고, 축소되거나 또는 확대 강화되면서 그 정치적 의미도 달랐던 것이다.

경연은 기본적으로 국왕의 교육을 위해서 마련된 것이었지만 그 수행 과정에서 신료들이 적극 참여할 수 있었기 때문에 정치권의 중요한 관심사였다. 국왕은 경연에서 자신의 정치적 역량에 따라 大臣을 비롯하여 承旨, 經筵官, 玉堂 등 정치적으로 중요한 관료들을 수시로 만날 수 있었으며, 이들과 중요한 정치현안들을 의논하여 결정할 수 있었다. 이 때문에 경연의 운영 절차와 방식, 참여 인원의 규모, 개최 횟수 등은 국왕권의 변화 및 정치상황에 따라 달라졌으며, 그 정치적 기능도 다양하였다.

능행 역시 기본적으로는 국왕이 조상들의 墓에 직접 나아가 親祭를 올리는 행사다. 孝를 최고의 가치로 여기는 儒敎國家 조선에서 이러한 행위는 누구에게나 당연한 것이라고 할 수 있다. 그러나 국왕이라는 존재의 복합성 때문에 능행은 국왕이 조상들을 참배하는 개인적인 행위이자 왕실이라는 한 집안의 일이었으며, 그 수행과정에서 나타나는 국왕의 권위와 대민활동은 국가운영에 중요한 영향을 끼치는 것이었다.

연갑수, 2001, 『대원군집권기 부국강병정책 연구』, 서울대학교 출판부
29) 연갑수, 2001, 『대원군집권기 부국강병정책 연구』, 서울대학교 출판부, 72쪽 ; 256~257쪽

경연이나 능행이 계속적이고 주기적으로 이루어진 것이라면 親耕儀禮 거행과 御眞 제작, 尊號加上 의식의 실시는 왕실의 특별 행사라고 할 수 있다. 이것은 국왕의 주도로 진행되었고, 반복적이고 일관성을 갖추고 있었으며, 분명하게 규정된 행동규범이 있었기 때문에 國家 典禮와 같은 의미를 지니고 있었다. 즉 그 의식의 수행은 그것이 상징하는 도덕적 가치를 내면화하고, 구성원들을 사회적으로 통합하며, 정치 권력 확장의 효과를 나타내는 것이었다.[30] 이런 이유 때문에 일정한 절차에 따라 준비하고 진행하였으며, 행사의 모든 과정을 기록하여 『등록』이나 『의궤』로 편찬하였다.

친정 실시 이전 시기 고종에 대한 연구에서 특히 위의 주제들이 중요한 이유는 세도정치기 왕권이 약화되면서 국왕의 정치적 역량을 발휘할 수 있는 朝參, 常參, 次對 등과 같은 君臣 회합제도가 거의 유명무실해진 상황이었기 때문이다. 대원군은 세도 문벌 가문의 위세를 약화시키고, 왕실의 위상 강화를 내세우며 정국을 주도하였지만 그 자신이 국왕은 아니었다. 이런 상황에서 국왕과 신료들의 공식적인 회합은 여전히 제대로 이루어지지 않았다. 고종이 자신의 정치적 역량을 발휘할 수 있는 곳은 바로 국왕을 위한 경연이나 그가 중심이 되는 왕실 행사 뿐이었다. 그러므로 경연이나 왕실 행사는 고종 초기 국왕의 활동과 역할을 밝힐 수 있는 중요한 분석 대상이라고 할 수 있다. 그리고 경연이나 왕실 행사에 대한 연구를 통해 세도정치기에 약화된 왕권이 고종 즉위 후 어떤 과정을 거쳐 회복되어 가는지를 확인할 수 있으며, 이를 바탕으로 왕권 그 자체가 정치권에서 어떤 역할을 하는가에 대해 설명할 수 있으리라 생각한다. 이는 高宗代 국왕권의 성격과 특징을 확인할 수 있는 바탕이 될 것이다.

본 연구에서는 이상과 같은 문제의식과 지금까지의 연구 성과를 바탕으로 각각의 주제 속에서 고종이 국왕으로서의 위상을 확립하면서 정치력을 발휘해 나가는 과정을 살펴보고, 그 가운데 나타나는 대원군과의 관계

---

30) 조성윤, 1998, 「정치와 종교 - 조선 시대의 유교 의례」 『사회와 역사』 53, 12쪽

변화 및 이에 따른 정국 운영과 정책의 변화를 추적하고자 한다. 연구 대상 시기는 고종이 즉위한 직후(1863)부터 어느 정도 親政 체제를 구축하며 기존의 정책을 개혁해 나가기 시작하는 고종 13년(1876)까지로 설정하였다. 아울러 고종이 이상으로 삼은 국왕의 통치술과 현실적 대응에서의 차이 및 변화를 구별 정리하기 위하여 그 전후 시기와도 비교하였다. 이는 고종 초기 국왕권의 성격과 특징을 파악하기 위한 것이다.

제 1장에서는 정치제도와 왕실 관련 행사의 성격과 의미 변화를 기준으로 세도정치기 국왕권이 전반적으로 약화되어간 현상을 추적하였다. 영·정조대에 활성화되었던 정치 운영 제도와 왕실 행사는 세도정치 기간에 많은 부분이 유명무실화 되었다. 君臣 회합제도로서 정기적으로 개최되었던 次對와 경연제도, 왕실 행사로서 빈번히 행해졌던 능행, 10년마다 한 차례씩 시행되었던 御眞圖寫와 眞殿 奉安 등의 儀禮가 대표적인 것들이다. 이것들은 高宗代에도 그대로 행해지는 연속성을 가지고 있으므로 그 시행의 盛衰에 대한 고찰은 19세기 전반기는 물론 고종대의 국왕권을 이해하기 위한 비교 대상으로 큰 도움이 될 것이다.

제 2장에서는 세도정치기에 간소화된 경연의 절차와 기능이 고종 즉위 이후 다시 別講으로서 그 정식성을 되찾아 가는 과정을 정리하였다. 이와 함께 고종이 경연에서 학문을 연마하고 통치술을 익혀 나가면서 그 정치적 기능을 어느 정도로 확대하고 있는지를 추적해 보고자 한다.

제 3장에서는 능행 수행과정에서 고종의 정치적 역량이 어떻게 변화하였는지 살펴보았다. 英·正祖代 이후 19세기에도 능행은 여전히 관행적으로 행해졌으나 실제의 내용과 의미는 각 시기마다 다를 수밖에 없었다. 고종대에는 친정 이전시기에 유난히 능행을 빈번하게 실시하였다. 이 능행에는 대원군도 참여하였으므로 왕실 행사에서 그의 위상을 알 수 있다. 또한 고종도 점차 능행에 관심을 보이면서 그 실제 수행에서 영·정조대에 행했던 예들을 따르고자 하였다. 그러므로 이에 대한 고찰은 고종이 영·정조대 이후 변질된 능행의 원상을 회복하려 하였던 이유도 살필 수 있는 기회가

될 것이다.

제 4장에서는 고종 8년(1871)과 9년(1872)에 집중적으로 시행된 왕실 행사의 정치적 의미와 성격을 규명하려 하였다. 親耕儀禮와 尊號加上, 御眞 제작 등을 통해서 고종이 궁극적으로 추구한 것이 무엇이었는지 확인할 것이다. 이 왕실 행사들은 영·정조대에 자주 시행되었는데, 고종은 바로 그 시대에 행했던 방법과 절차에 따라 위의 의식들을 재현하고자 했다. 한편, 당시의 정국을 주도하던 대원군 역시 이러한 행사에 깊은 관심을 보인다. 이 때문에 왕실 행사는 국왕권을 확립하고자 하는 고종과 국정 운영에 깊이 관여한 대원군의 역학 관계가 어떻게 변화하였는지 보여 줄 것이라 기대한다.

제 5장은 친정 후 고종이 친정체제를 구축하는 과정과 그 가운데 나타난 정책 의결과정의 변화 및 정책 변화를 정리한 것이다. 고종이 의정부의 대신들을 직접 교체 임명하고, 이들과 만나는 次對의 기회를 자주 가지면서 이전에 정치적으로 중요했던 경연, 능행 및 왕실 행사들은 상대적으로 그 정치적 의미가 약화되었다. 그 대신 국왕은 신료들과의 직접 대화나 토론을 통해 당시 현안 문제들을 해결하는데 역량을 집중하였으며, 국왕 중심의 국정 운영이 공식적으로 진행되면서 대원군이 주도하여 추진, 시행하였으나 내외의 비판을 많이 받았던 정책에 대한 개혁이 실시되었다. 이에 대한 정리를 통해 이전과 다른 국왕 중심의 국정운영의 내용과 그 의미를 파악할 수 있을 것이다.

본 연구를 위하여 주로 검토한 자료는 국왕의 언행과 생활을 가장 가까이서 기록한 『承政院日記』다.[31] 19세기의 官撰 자료들이 대부분 부실하지만 『승정원일기』에는 국왕과 관련된 사항은 상대적으로 비교적 충실히 기

---

31) 『승정원일기』의 사료적 가치에 대한 자세한 사항은 申炳周, 2001, 「《승정원일기》의 자료적 가치에 관한 연구 - 조선왕조실록》과의 비교를 중심으로」 『규장각』 24 참조.

록되어 있기 때문에 거의 전 부분을 활용하였다. 이와 함께 승정원과 관련된 『銀臺便攷』, 『銀臺條例』 등을 참고하였다. 왕실의례에 대해서는 憲宗代의 『影幀模寫都監儀軌』, 高宗代의 『御眞移模都監廳儀軌』, 『上尊號都監儀軌』 등 의궤류를 참고하였다. 이 밖에 각 주제에 따라 그에 해당되는 法典類와 등록, 개인 문집 등을 살펴보았다.[32]

조선시대 王政과 王權에 대한 연구는 그리 활발한 편이 아니다. 고종대도 마찬가지이다. 따라서 고종초기 국왕권과 이와 관련된 왕실 행사에 대한 연구는 국왕에 대한 전반적인 이해에 도움이 될 것이며, 정치사를 체계화하는 데에도 기여할 것이다. 또한 1876년 개항 이후의 개혁정책과 1896년 대한제국이 성립한 이후 추구한 근대화 정책의 의미를 이해하는 데도 도움을 주리라 생각한다. 다만, 王政의 실제 운용 구조를 구체적으로 파악하지 못한 채 국왕권을 논의하는 데에는 많은 한계가 있다. 이런 문제점을 극복하기 위해서는 국왕과 여러 정치세력의 관계, 이들 사이에서 정책이 의결되는 과정에 대한 세밀한 분석이 필수적이며, 각 시기의 여러 사례가 밝혀져 이를 비교하는 작업이 이루어져야 할 것이다.

---

32) 19세기의 관찬자료는 이전 시기의 것과 비교하면 그 내용이 매우 부실한 편이며, 일제의 주도로 편찬된 부분도 있어 사료적 가치가 떨어진다고 할 수 있다. 이러한 점 때문에 高宗代 연구에서는 개인 저술이나 일본인들의 기록과 연구업적을 1차 사료로 사용하는 경우가 있다. 그러나 그 자료들 역시 개인적 편견과 왜곡된 인식에 의해 부정확하게 서술된 부분들이 있기 때문에 좀 더 신중히 다루어져야 한다. 이 때문에 본 연구에서는 私撰 문헌인 경우 관찬자료와 비교하여 검증에 더 유의하여 선택하였음을 밝혀 둔다.

제1장

勢道政治期 국왕권의 약화와 왕실행사의 형식화

1. 君臣 會合制度의 형식화

　조선왕조에서 국왕은 여러 형식의 회의기구나 經筵, 왕실행사 등의 기회를 통해 신료들과 다양하고 빈번하게 회합하여 국정을 논의하고 처리하였다. 이런 제도를 통한 정책입안과 의결과정에서 각각 어떤 입장을 취하면서 정치적 영향력을 행사하려 했는가에 따라 국왕권의 위상이나 국정운영의 양상이 달라졌던 것이다.

　정책을 의결하기 위하여 기본적으로 마련되어야 할 조건은 君臣이 공식적으로 모일 수 있는 기회를 갖는 것이다.[1] 정책의결을 위한 가장 대표적인 君臣 會議制度인 朝參과 常參은 물론 次對와 經筵 등도 회의제도로 인정할 수 있다. 次對는 조선후기에 備邊司가 국정운영기구의 중핵이 되면서 그 회의 내용을 국왕에게 보고하기 위한 자리였으며 자연스럽게 정책의결 기능을 갖게 되었다. 經筵은 근본 목적은 국왕의 교육이었지만 고위 관료와 신진 관원들이 임금과 함께 모인 기회에 자연스럽게 국정이 논의되었고 회의기구로서의 기능을 가지게 되어 시기에 따라 정치적 의결기구로서

---

[1] 지금까지의 연구에서 밝혀진 조선의 정책 의결과정을 정리해 보면 다음과 같다. 정책결정에 결정적인 역할을 하는 국왕이 있고, 정책의결을 위한 의례적인 절차로서 視事와 經筵 등이 있다. 시사와 경연은 입법의 최고권위자인 국왕이 정치엘리트들인 大臣·宰卿들을 만나 정기적으로 정책을 결정하는 의례적인 정식적 형식이다. 시사의 형식으로 가장 대표적인 제도는 常參이었고, 이외에도 정례적인 것으로 次對와 朝參이 있다.(金雲泰, 1995, 「朝鮮王朝 政治體制와 政策決定過程」『朝鮮王朝 政治·行政史(近世編)』, 박영사, 406~418쪽) 한편, 승정원의 업무지침서로서 憲宗代에 편찬된『銀臺條例』(古 5120-155)[2000, 서울대학교규장각 영인본]를 보면, 학문 또는 정사를 논의하기 위해 국왕이 신료를 만나기 위한 제도로는 常參, 輪對, 問安, 經筵, 肅拜 등이 있고, 군신 회합을 위한 것은 朝參, 次對 등이 있다.(오수창, 2000,《은대조례》해제 참조) 본 연구에서는 이상에서 언급한 군신 회의제도 가운데 비정기적으로 행하거나 君臣 상호간의 대화보다 국왕의 지시 또는 신료들의 보고 위주로 진행된 문안, 숙배, 윤대 등은 제외하였다.

중요한 구실을 하였다.

이러한 여러 회합제도는 기본적으로 국왕이 주도하는 것이었기 때문에 국왕의 영향력은 절대적인 것이었다. 물론 경우에 따라서는 정책 결정과 실현에 신료들의 여론과 합의가 더 큰 비중을 발휘하기도 하였다. 결국 군신 회합의 제도들은 국왕권의 발휘 정도에 따라 활성화되기도 하고 사문화되기도 하며 부침을 겪었다.[2] 앞서 언급한 조참, 상참, 차대, 경연 등 회의 제도의 실제 운영 방식과 내용에 대해 시기별 국왕권의 성쇠와 관련하여 간략히 정리해보려 한다.

① 朝參

조참은 군신회합 행사 가운데 가장 대표적이고 의례적인 것이다. 규정상 매월 5일, 11일, 21일, 25일에 종친과 문무 百官들이 黑團領을 입고[3] 侍衛가 마련된 正殿 門 앞 뜰에서 국왕에게 四拜禮를 올린 뒤 정사를 논의하였다. 宰臣들은 정전에 올라 政事를 아뢰었고, 그 밖의 백관들은 소관 업무를 문서로 捧入하였다.[4] 大朝會라고도 하였는데, 國初부터 시행되었으나

---

2) 高宗代에도 군신 회합제도는 국왕의 국정 수행을 위한 가장 기초적인 것이자 정국 운영의 기본조건으로 인식하고 있었다. 이것은 1905년에 議政府贊政 崔益鉉이 '국왕이 국정을 바로 잡고자 한다면 옛날의 朝參, 常參, 次對, 輪對를 복구하여 날마다 신하들을 만나보아야만 모든 일이 이루어 질 수 있을 것'이라 언급한데서도 알 수 있다.(『高宗實錄』 下, 광무 9년 1월 14일 議政府贊政崔益鉉疏略 …중략… 陛下欲無爲則已 如欲有爲 則從此以後 當夜中而寢 日出而興 復古朝參常參次對輪對之法 以日接臣 然後百事可爲也)
3) 신료들이 흑단령을 입는다는 것은 최고의 예를 갖춘다는 것을 의미한다. 정조대에는 국왕이 곤룡포를 입을 때에 朝臣들은 흑단령을 착용하도록 하였다. 고종 21년(1884)에 흑단령이 官服으로 전용되었고, 그 31년(1894) 갑오개혁 때에는 朝臣의 大禮服으로 지정되었다.(高光林, 1990, 『韓國의 冠服』, 和成社, 399~403쪽)
4) 철종대까지 조참이 행해지는 장소는 昌德宮의 仁政門, 昌慶宮의 明政門, 慶熙宮의 崇政門 가운데 상황에 따라 정해졌다. 이외에 조참에 대한 자세한 사항은 『銀臺便攷』(古5120-155) 「兵攷」 朝參 참조.

실제로는 매년 歲初에 한 두 차례 밖에 열리지 않았다.[5]

조참은 英·正祖代에 비교적 자주 열렸다. 영조와 정조는 매년 1월 조참의식을 거행하였는데 이는 사실상 사문화되어 있던 제도와 의례를 복구하여 국왕의 권위를 높이려는 것이었다.[6] 이에 비해 純祖代 이후에는 조참이 열리는 횟수가 다시 줄어 국왕과 관련된 중요한 일이 있을 때에만 개최되었다. 순조 재위기간 중에는 순조 27년(1827) 2월에 孝明世子가 대리청정을 시작할 때에 昌德宮 中熙堂에서 조참을 거행하였으며,[7] 憲宗代에는 국왕이 친정을 시작한 헌종 7년(1841) 1월에 창덕궁 인정문 앞에서 거행하였다.[8] 철종과 고종 역시 즉위한 지 3년이 지나 수렴청정이 끝났을 때 각각 한 차례씩 시행하였다.[9] 조참은 성대하고 중요한 것이기는 했지만 君臣 會議를 위한 것이기 보다는 신료들이 국왕에게 예를 갖추어 문안을 드린다는 의미가 더 강했다.

② 常參

상참은 매일 종친부·의정부·충훈부·중추부·의빈부·돈녕부·6조·한성부의 당상관, 사헌부와 사간원 각 1원, 경연의 당상관과 당하관 각 2원 등이 차례로 돌아가면서 흑단령을 입고 문안을 올린 후 정사를 의논하는 것이다. 小朝會라고도 하였다. 국왕이 집무를 보는 便殿에서 행하였으나 特敎에 의해 法殿에서 열리기도 하였다. 비변사에 모인 신료들이나 久任郎

---

5) 국왕의 하루 일과를 살펴보면 아침 업무 이전에 朝講과 常參(약식 조회) 또는 朝參(대조회)이 있었지만 실제로 아침에 공부하고 조회를 보는 일은 매우 드물었다. 이것은 국정운영에 필수적이라기보다는 다분히 의례적인 면이 컸으므로 사실상 사문화된 일정이었다.(신명호, 2002, 『조선왕실의 의례와 생활』, 돌베개 25쪽)
6) 영조와 정조는 거의 매년 1월 초에 조참을 거행하였다. 『영조실록』, 『정조실록』의 조참 관련기사 참조.
7) 『純祖實錄』 권48, 27년 2월 甲子
8) 『憲宗實錄』 권48, 헌종 7년 1월 丙申
9) 『哲宗實錄』 권48, 철종 3년 1월 丙寅 ; 『高宗實錄』 上, 고종 3년 2월 丁巳

廳, 輪對官 등도 下敎에 따라 차대에 함께 참여할 수 있었다.[10]

규정상 상참은 매일 행하도록 되어 있었는데, 처음 시행될 때부터 무리한 제도라는 지적이 있었으며, 실제 오랫동안 거의 열리지 않았다.[11] 상참이 자주 행해진 것은 英祖代였다.[12] 영조는 즉위 후 3년의 국휼기간이 끝나자 바로 상참을 거행하였으며,[13] 良役 폐단의 구제방안과 錢貨 혁파의 可否도 상참을 열어 논의하였다.[14] 이에 영조 4년(1728) 2월의 晝講에서 知經筵事 尹淳은 다음과 같이 건의하였다.

> 우리 조정의 常參은 祖宗朝의 아름다운 규례인데 폐지된 지 이미 오래되었습니다. 성상께서 자주 상참에 나아가 여러 신하들을 신칙하신다면 백관이 職務를 부지런히 할 뿐만 아니라 國典을 가다듬어 밝히는 실마리가 될 것입니다.[15]

이 건의에 따라 영조는 매월 초하루와 보름에 상참을 설행하도록 하였다. 이것은 正祖代에도 그대로 이어졌는데, 정조는 朝講, 次對와 兼行하도

---

10) 『銀臺便攷』(古5120-155) 「禮攷」 常參
11) 상참은 世宗代에 唐·宋의 법에 따라 典禮가 마련되었는데, 그때에도 나이 든 大臣들이 매일 새벽부터 궁궐에 나오는 것이 무리임이 지적되었다. 『세종실록』 권3, 세종 11년 4월 丁酉 ; 戊戌 기사 참조.
12) 英祖代에 편찬된 柳壽垣의 『迂書』「論兩司謬例」(민족문화추진회역편, 1981)를 보면, '대저 國初에는 날마다 상참을 행하여 무릇 사무가 있으면 모두 직접 아뢸 수가 있었다. 그러나 그 뒤에는 상참이 오래도록 정지되었다'(大抵國初 日行常參 凡有事務 皆得面奏矣 厥後常參久停)라고 하였다. 이러한 언급에서도 영조대 이전에는 상참이 거의 열리지 않았음을 알 수 있다.
13) 『영조실록』 권41, 영조 2년 10월 丙子
14) 『영조실록』 권41, 영조 3년 11월 丁巳
15) 『영조실록』 권42, 영조 4년 1월 庚午
"又曰 我朝常參 自是祖宗朝美規 而廢閣已久 自上頻御常參 飭勵羣下 不但百僚之勤於職事 亦爲修明國典之一端矣"

록 하였다.[16] 상참과 경연, 차대의 개최일이 같고 참석 신료들의 구성도 거의 동일하였기 때문에 취해진 조처였다. 그러나 순조대 이후에는 조참과 마찬가지로 상참도 거의 개최되지 않았다.[17]

③ 次對

조참과 상참 제도는 조선 초기부터 있었던 것에 비해 차대는 中宗 5년(1510) 備邊司가 설치된 이후 역할이 확대되면서 성립된 君臣회합 제도이다. 그 규정과 인적 구성원은 상황에 따라 변화하였지만 국왕과 대신 및 당상관들의 회합이라는 성격은 그대로 유지되었다.

『銀臺便攷』에는 영·정조대의 차대 규정이 실려 있는데 매월 6차례, 즉 5일, 10일, 15일, 20일, 25일, 30일에 備邊司 都提調 이하 堂上官과 三司의 각 1員이 入對하도록 하였다.[18] 이 자리에서 신료들은 비변사 회의에서 논의된 사항을 보고하고 왕의 최종 결재를 받았다.[19] 그러나 이 규정이 반드시 지켜진 것은 아니었다.[20]

조참과 상참 등은 예와 절차를 갖추어 행하는 군신 회합제도라고 할 수

---

16) 정조는 그 5년에 상참과 차대를 겸행하도록 지시하였다. 이밖에도 『銀臺便攷』 「禮房攷」 常參條를 보면, 차대를 겸할 때와 조강을 兼行할 때의 규례들이 수록되어 있다. 한편, 『정조실록』(『CD-ROM 국역조선왕조실록』)을 보면, 정조대에 상참을 연 기록이 26건이 나오는데, 이때 차대와의 겸행은 15건, 조강·주강과 함께 한 것은 각각 1건이다. 그러나 고종 7년(1870)에 편찬된 『銀臺條例』에는 이러한 사항이 모두 빠져 있다.
17) 『순조실록』 권47, 순조 4년 10월 甲子
18) 『銀臺便攷』 「兵房攷」 次對
19) 한국역사연구회(19세기정치사연구반), 1990, 『조선정치사 1800~1863』(상), 청년사, 533~544쪽
20) 정조 11년(1787)에 領議政 金致仁은 비변사 구성원들이 상주할 사항이 있으면 먼저 대신들과 상의한 뒤에 진달하는 것이 규례인데 그렇지 않은 경우가 많다고 아뢰었다.(『萬機要覽』 「備邊司」, "正宗丁未 領議政金致仁言 次對 諸宰有可稟之事 先與大臣相議陳達 自是規例 而近則不然 請申飭遵舊")

있다. 이에 비해 次對는 예식에 구애없이 수월하게 이루어질 수 있는 것이었다. 비변사 회의에서 각종 국정에 대한 사안을 논의하고 합의된 사항은 議政과 堂上들이 '次對'[21]에서 국왕에게 보고한 뒤 왕의 裁可 과정을 거치도록 하였다. 양란이후 비변사가 국가 정책을 입안하고 집행하는 최고 행정기구이자 정치기구로서 운영되면서[22] 차대에서의 의결과정도 점차 중요하게 여겨졌으며, 차대는 경연과 더불어 국정 논의의 2대 場으로 중시되었다.[23]

18세기 이래 비변사의 기능이 더욱 확대되면서 차대의 기능도 변화하였다. 숙종 22년(1698)에는 차대의 개최횟수가 매달 3회에서 6회로 늘었고,

---

21) 지금까지의 연구에서 '次對'라는 용어의 사용은 일관되게 정리되어 있지 않다. 이 것은 '차대'가 '인견'이라는 용어와 혼용되는 경우가 많기 때문이다. 이에 대한 견해는 크게 두 가지로 나눌 수 있다. 하나는 숙종대까지는 대개 '(備局)引見'이라 하였고, 숙종 24년 이후 월 6회 정기 日次에 차대를 개최하도록 하고 영·정조대에 그 규정이 강조되면서 '차대'라고 하는 사례가 더 자주 나온다는 것이다.(李在喆, 2000,『朝鮮後期 備邊司研究』, 집문당 118~119쪽) 다른 하나는 차대가 정례적인 것인데 비해, 인견은 국왕에 의해 수시로 이루어지는 경우를 지칭한다는 것이다.[金雲泰, 1995,『朝鮮王朝政治·行政史』(제2증보판), 博英社, 413~418쪽] 그런데『만기요람』,『은대편고』,『은대조례』등에는 차대에 대한 규정은 나오지만 인견에 대한 규정은 나오지 않는다. 아울러 고종대의『승정원일기』를 보면, '차대'를 개최할 때 국왕이 신료들을 만나는 일을 '인견'으로 표현하였다.
22) 비변사의 기능과 변화에 대한 연구는 다음과 같다.
申奭鎬, 1964, 「備邊司와 그 謄錄에 대하여」『韓國史資料解說集』, 한국사학회
鄭夏明, 1968, 「備邊司의 胎動과 軍政의 變遷」『韓國軍制史』(근세조선전기편), 육군본부
李鉉淙, 1970, 「備邊司 創置年代考」『編史』3
李載浩, 1971, 「朝鮮備邊司考」『歷史學報』50·51합
具德會, 1988, 「宣祖代후반 政治體制의 재편과 政局의 動向」『韓國史論』20
吳宗祿, 1990, 「비변사의 조직과 직임」『비변사의 정치적 기능』[한국역사연구회(19세기정치사연구반), 1990, 『조선정치사 1800~1863』, 청년사]
潘允洪, 1991, 「朝鮮時代 備邊司 研究」, 국민대박사학위논문 ; 1995, 「備邊司의 財政政策議政研究」『韓國史研究』85
李在喆, 2000, 『朝鮮後期 備邊司研究』, 집문당
23) 李在喆, 2000, 『朝鮮後期 備邊司研究』, 집문당, 271~274쪽

이 가운데 3회는 原任大臣도 참석하도록 하였다.[24] 이 규정은 영·정조 연간에도 충실히 지켜져 매달 5일, 10일, 15일, 20일, 25일, 30일에 정기적으로 개최되었다. 祭祀나 都政 실시 등으로 예정대로 열지 못하면 하루, 이틀을 미루어서라도 월 6회를 채우도록 하였다.[25] 영조는 비변사 당상들이 비변사 회의에 반드시 참석하도록 하였고, 정조는 비변사의 사무 가운데 民事에 관계된 것은 草記로 回啓하여 바로 처리하게 하였다.[26] 이렇게 국왕이 비변사의 운영에 직접 관여하면서, 차대의 기능도 강화되었다. 국왕은 차대에서 비변사의 보고 사안의 문제를 구체적으로 지적하면서 다시 논의하도록 지시하거나 다른 의견을 제시하면서 회의를 주도하였다.[27]

차대에 대한 인식도 달라졌다. 차대를 통해 君臣이 정기적으로 회합하여 중요 정책을 의결하게 되자, 이를 상참과 동일시하거나[28] 또는 상참을

---

24) 『銀臺便攷』「兵房攷」次對
　　"每月六次(初五初十十五二十二十五三十日) 備邊司都提調以下堂上及三司官一員入對 (古例月三 肅宗朝特命月六) 肅宗戊寅教曰 我國之制晉接輔相與樞密之臣 一月之內只是三次 雖在平時古已稀闊 而況民憂國計到此地頭之日乎 從今賓廳之會 更定其式 每月以初五十五二十二十五三十日爲日次 而六次中三次 則原任大臣亦令入參 以爲聚精會神 共做國事之地"

25) 『영조실록』권44, 「誌文」을 보면 영조는 視事에 부지런하여 한 달에 여섯 번 있는 次對를 멈추신 적이 없다고 하였다. 그러나 실제로 그런 것이라기 보다는 이전 보다 차대가 자주 마련되었고 국정 운영에서도 중요하였음을 의미한다고 하겠다.

26) 비변사의 집무는 원래 齋日에 상관없이 행해야 했지만 실제로는 齋日 뿐아니라 평일에도 잘 열리지 않았다. 이에 정조는 齋日에는 사무를 보지 않도록 하는 대신 民事에 관계되어 바로 해결해야 할 것은 草記로 回啓하여 처리하도록 하는 등의 개선책을 마련하였다. 『萬機要覽』「備邊司」 會議 참조.

27) 한국역사연구회(19세기정치사연구반), 1990, 『조선정치사 1800~1863』(상), 청년사, 532~540쪽

28) 『정조실록』권45, 정조 5년 12월 壬午
　　"教曰 今之次對 卽古之常參也 諸宰之爲應常參官者 自無所妨 而或有時服進參之例 或於門外 待拜禮陸殿 俱無意義 此後若於常參日 兼行次對 則備堂並參西行之意 分付本司及該曹 仍自政院 添付圖式"

대신할 수 있는 것으로 언급되기도 하였다.[29] 상참은 경연과 함께 국왕이 매일 해야하는 일이었으며, 국왕이 국정을 운영하는데 기본이 되는 것이었다.[30] 이 때문에 治道를 이루려면 상참을 부활시켜야 한다는 주장이 여러 차례 제기되었던 것이다. 영·정조대 차대를 상참과 동일시하면서 이를 활성화시킨 것은 곧 정책 의결제도로서의 비중이 컸던 것을 의미하는 것이었다.

세도정치기에는 왕권이 약화되면서 비변사의 운영과 차대의 기능도 변화하였다.[31] 이 시기에 비변사는 신료 집단 전체의 의견을 대표하는 것으로 위상이 높아져 국가통치를 전담하다시피 하였다. 그러나 실제 회의에는 정치적 실권을 가진 세도 문벌가문 출신 몇몇이 주도적으로 참여하여 대부분의 사안을 의결하였다. 原任 議政은 特敎가 아니면 회의에 참석하지 않았으며, 그 회의조차 실제로 자주 개최되지 않았다. 아울러 차대도 거의 열리지 않아 한달 중 차대 개최 횟수는 1~2회에 그치거나 전혀 없었다.

차대의 개최 여부는 국왕에서 '司啓'로 보고한 뒤 결정하였다. 영·정조대에는 차대의 개최가 연기되면, 국왕은 대개 새 개최일을 정해 주었다. 그러나 세도정치기에는 아무 결정없이 넘어가기가 일쑤였다. 비변사의 결정 사항에 대해 국왕이 개입하는 모습도 찾아보기 힘들다. 순조는 즉위 초반에는 차대에서 신료들에게 현 안건에 대한 의견을 적극적으로 요구하였다. 그러나 순조 10년(1810) 이후로는 국왕이 재가하기에 앞서 비변사 당상들의 의견을 물어보는 경우가 거의 없었다.[32] 헌·철종대에는 비변사나 차

---

29) 『迂書』 권4, 「論兩司謬例」
"常參乃是正衙 其重與經筵同 若欲爲治 必復常參可矣 雖然此則在於上心 而雖未復常參之前 次對講筵 皆有奏事之便"
30) 상참과 경연은 국왕이 매일 해야하는 일로 추정된다. 高宗代의 『승정원일기』를 보면 매일의 날짜를 적은 다음 반드시 상참과 경연의 停止 여부를 기록하였는데, 항상 정지하는 것으로 하였다. 이러한 관행으로 보아 조참과 마찬가지로 상참 역시 거의 행하지 않은 것으로 여겨진다.
31) 세도정치기 비변사 운영과 차대에 대한 내용은 한국역사연구회(19세기정치사연구반), 1990, 『조선정치사 1800~1863』(상), 청년사, 542~543쪽을 주로 참고하였다.

대의 기록이 더욱 소략하다. 이것은 차대의 정치적 기능이 회복되지 못하였음을 뜻하는 것이다.

세도정치기 국왕권의 약화는 곧 왕이 정치적 역량을 발휘할 수 있는 장치가 유명무실해지는 것으로 나타났다. 숙종대를 거쳐 영·정조대에 그 형식과 기능면에서 정치적 역할이 확대되었던 차대가 순조대 이후에는 거의 열리지조차 않았던 것은 국왕권의 약화를 보여주는 좋은 예이다.

1863년 고종이 즉위한 후 비변사가 폐지되어 의정부에 합설되었지만 차대는 계속 개최되었다. 그러나 그 규정과 참가 구성원은 바뀔 수 밖에 없었다. 기본적으로 비변사는 군국 사무를 다루는 곳이었기 때문에 차대에도 兵房承旨가 입시하였고 이 때문에 승정원의 업무를 담당한 『은대편고』에는 관련 규정이 「兵攷」에 수록되어 있다. 그런데 고종대에 편찬된 『銀臺條例』에는 「吏攷」에 그 규정이 기재되었으며 내용도 달라졌다. 備邊司 提調와 堂上 대신 매월 6차례 大臣과 정부 당상, 兩司 및 옥당 1員이 입시하도록 한 것이다. 이제 차대는 비변사와 전혀 관련이 없는 군신 회합제도가 되었음을 알 수 있다. 그러나 고종 친정 직후까지 국왕이 정국을 주도하지 못하는 상황에서 차대의 기능은 여전히 회복되지 않았다.

2. 經筵의 기능 축소

조선은 처음부터 유교정치를 표방하였고 그 이념은 왕조 내내 변함없이 유지되었다. 각 시기별로 정치운영체제가 바뀌고 그때마다 왕권의 위상

---

32) 이러한 상황은 순조가 그 11년(1811) 무렵 발생한 신경계통의 질병 때문에 국정을 제대로 돌보지 못한 반면 金祖淳(1765~1831)이 사실상 국정 전반의 실권을 장악하고 안동 김씨 가문출신들이 비변사를 중심으로 관료집단을 장악하였던 정국의 현실을 반영하는 것이었다. 박광용, 1994, 「조선후기 '탕평' 연구」, 서울대 박사학위논문, 221~222쪽 참조.

도 달라졌지만 국왕이 학식과 덕망을 갖추어 왕도정치를 행해야 한다는 것은 변함없었다. 이를 위하여 마련된 제도가 바로 경연이었다.

경연의 기본적인 기능은 국왕의 교육이라고 할 수 있다. 신료들과 국정을 논의하고 원만하게 수행하기 위해서 국왕은 반드시 일정 수준 이상의 학식을 갖추고 있어야 했다.[33] 이 때문에 왕자, 특히 세자는 어려서부터 書筵의 자리에서 공부를 해야 했고, 왕위에 오른 뒤에는 國政을 수행하면서도 끊임없이 經筵을 열어야했다. 국왕 각자의 개인 능력과 자질에 따라 학업의 수준과 의미는 달랐지만, 경연을 통해 연마된 학문과 통치술은 재위 기간 내내 여러 영역에서 발휘되었다.[34]

---

33) 강석화, 2002, 「19세기 전반의 실무관료 朴來謙의 서북지역 경영론」(최승희 외, 『조선의 정치와 사회』, 집문당, 386~387쪽)

34) 경연은 국왕의 역량과 신료와의 정치적 관계에 따라 다양한 구실을 하였다. 世宗代에는 학문연구 기능이 강조되었으며, 成宗代에는 王政에서 차지하는 비중이 점차 높아지면서 정치적 기능이 확대되었다. 明宗代부터는 사림정치의 중요한 기반이 되었다. 인조반정 이후에는 여론을 주도하는 산림이 經筵官으로 초대되었고, 그에 따라 경연도 정국 운영에서 무시할 수 없는 것이 되었다. 이 외에 조선시대 경연에 대한 사항은 다음의 연구 참조.
權延雄, 1982, 「世宗朝의 經筵과 儒學」『세종문화연구(1)』 한국정신문화연구원 ; 1989, 「朝鮮 英祖代의 經筵」『東亞硏究』 17, 서강대 ; 1994, 「燕山朝의 經筵과 士禍」『九谷黃鍾東敎授停年紀念史學論叢』 ; 1996, 「朝鮮 中宗朝의 經筵」『吉玄益敎授停年紀念史學論叢』」
南智大, 1980, 「朝鮮初期의 經筵制度」『韓國史論』 6, 서울대
李泰鎭, 1990, 「朝鮮王朝의 儒敎政治와 王權」『韓國史論』 24, 서울대
鄭在薰, 1999, 「明宗·宣祖년간의 經筵」『朝鮮時代史學報』 10
池斗煥, 1995, 「朝鮮後期 經筵科目의 變遷」『韓國學論叢』 18, 국민대 ; 1996, 鮮後期 英祖代 經筵科目의 變遷」『震檀學報』 81 ; 1998, 「朝鮮前期 經筵官職制의 變遷」『韓國學論叢』 20
禹景燮, 1998, 「英·正祖代 弘文館 기능의 변화」『韓國史論』 39
鄭景姬, 1999, 「英祖後半期(1749년~1776년) 經筵과 英祖의 義理論 强化」『歷史學報』 162
오항녕, 2002, 「세조대 '친강'의 역사적 성격」9 최승희 외, 『朝鮮의 政治와 社會』, 집문당)

국왕이 명실상부하게 정국을 주도하는 주체가 되고자 했던 英祖代에도 경연은 王政 수행을 위한 중요한 제도였다. 영조는 재위기간 동안 가장 많은 경연을 개최한 국왕이다.[35] 그는 자신이 聖君임을 입증하기 위하여 儒臣들이 왕정의 필수적인 요건으로 강조한 경연을 활성화하였으며, 경연 석상에서 朱子의 대표적인 저술인 『대학』, 『중용』 등을 여러 차례 읽으면서 자신이 주자의 학문을 이해할 수 있는 수준의 학식을 가지고 있음을 과시하였다. 또한 재위 후반기에는 경연을 자신이 신하들에게 강론하는 자리로 삼으면서 탕평정치의 이론적 정당성을 확보하고, 당시 학계와 정치계가 내세우는 義理論까지 주도하고자 하였다.[36]

경연은 禮貌와 講規를 갖추어 행하는 朝講, 晝講, 夕講 등으로 구분되었지만, 모두 '法講'이라 불렸다. 이에 더하여 간편한 격식에 따라 행하는 召對와 夜對가 있는데 법강과는 구별되지만 국왕의 공식적인 강학을 위한 것이라는 점에서 이것도 경연이라고 할 수 있다.

경연의 운영은 홍문관이 맡았지만, '經筵官' 또는 '講官'이라고 지칭되는 고위 관료가 公服을 입고 참석하여 수업을 이끌었다. 정 1품 領經筵, 정 2품 知經筵(또는 대제학), 종 2품 同知經筵(또는 제학) 등의 경연관들은 의정부, 6조 및 중앙 관서의 고위 관리들이 겸직하는 경우가 많았다. 영조대에 정비된 규정을 보면 朝講의 경우 경연관들 가운데 1명, 특진관 2명, 승지 1명, 홍문관 상하번 각 1명, 兩司 각 1명, 주서 각 1명, 한림 상하번 각 1명이 참석하였으며, 주강과 석강에는 知事·同知事 중 1명, 특진관·승지 등 조강 참석인원을 비롯하여 輪對武臣과 宗臣이 각각 1명씩 참석하였다.[37] 이러한 참석인원과 규모는 차대 등과 비교해도 손색이 없는 君臣의

---

[35] 영조는 재위 52년 동안 3,400여 회의 경연을 개최하였다.(권연웅, 1989, 「朝鮮 英祖代의 經筵」 『東亞研究』 17 참조).

[36] 이태진, 1990, 「朝鮮王朝의 儒敎政治와 王權」 『韓國史論』 24, 227~229쪽 ; 鄭景姬,1999, 「英祖後半期(1749년~1776년) 經筵과 英祖의 義理論 强化」 『歷史學報』 162, 50~53쪽

정치적 회합이라고 할 수 있었다. 이 때문에 경연은 次對와 함께 治道를 위해 신료들이 奏事할 수 있는 자리로 인식되었으며,[38] 常參과 함께 국왕이 매일 수행해야 하는 것이었다.[39]

純祖부터 高宗까지 19세기의 국왕들은 모두 어린 나이에 왕위에 올랐다. 哲宗의 경우 나이는 어리지 않았지만 즉위 이전에 王者 수업을 받지 못했다는 점에서는 다른 국왕들과 차이가 없었다.[40] 이 때문에 19세기의 국왕들이 즉위한 후에는 예외없이 왕실 최고 존장자인 大王大妃의 垂簾聽政이 시행되었고[41] 국왕들은 우선 경연에 참가하여 講學하는 것이 최고의 급선무로 요구되었다. 1800년 11살의 나이로 즉위한 純祖는 貞純王后 金氏의 수렴청정을[42] 알리는 頒敎文에서, 자신은 아직 어려 지금은 글을 읽고

---

37) 『弘文館志』(奎 3127)
38) 『迂書』 권4, 「論兩司謬例」
39) 『승정원일기』를 보면 매일의 날짜를 기록한 뒤에 그날의 상참과 경연의 개최여부를 반드시 기록하였다.
40) 당시 순원왕후는 헌종의 후사로 철종을 옹위하였으나 그가 배운 것이 없어 걱정하고 있었다.(이승희, 2000, 「奎章閣 所藏本 '純元王后 한글 편지'의 고찰」 『奎章閣』 23, 121쪽)
41) 어린 왕이 즉위한다고 하여 무조건 수렴청정이 행해진 것은 아니다. 순조대의 수렴청정은 13代 국왕인 明宗(1545~1567)이 12살의 나이로 즉위하였을 때 그의 어머니 文定王后가 8년 동안 수렴청정을 한 이래 무려 250여 년 만에 다시 시행된 것이었다. 肅宗(1674~1720)은 13살에 왕위에 올랐으나 士林의 公論을 앞세운 신료들이 외척세력의 정치관여를 봉쇄하고자 하였기 때문에 수렴청정은 아예 논의조차 되지 않았다. 그러므로 수렴청정의 정치운영 형태는 19세기 이전에는 오히려 드문 일이라고 할 수 있다.(鄭萬祚, 1999, 「19세기 전반기 조선의 정치개혁 움직임과 근대화」 『韓國學論叢』 21 89쪽 참조)
42) 貞純王后 金氏(1745~1805)는 鰲興府院君 金漢耈의 딸로 영조 35년(1772) 왕비에 책봉되었다. 본관은 경주다. 정순왕후와 그 가계에 대한 자세한 사항은 박광용, 1998, 『영조와 정조의 나라』, 126~127쪽 ; 신병주, 2001, 『66세의 영조 15세 신부를 맞이하다』, 131~136쪽 참조. 정순왕후 수렴청정기의 정국 변화에 대해서는 임혜련, 2000, 「純祖 初半 貞純王后의 垂簾聽政과 政局變化」 『조선시대사학보』 15 참조.

학문을 강론할 때이지 나라를 경영하고 백성을 다스릴 시기가 아니라고 직접 밝히기도 했다.[43]

조선시대에 왕이 될 사람은 어려서부터 王者로서의 학문과 행동을 익혀야 했고, 왕위에 오른 후에도 학업은 중단할 수 없다는 원칙 아래 36일 동안의 公除[44] 뒤에 곧 召對를 개최할 정도로 국왕의 교육은 중요시되었다. 순조 역시 즉위 후 곧 공식적인 강학을 시작하였다.[45] 그런데 이때 순조는 국왕이면 당연히 행하는 경연의 규모와 절차를 따르지 않았다. 그 이유에 대해 貞純王后는 다음과 같이 언급하였다.

> 지금 제일 먼저 힘쓸 일은 主上에게 학문을 권면하는 것이다. 經筵과 召對는 차례대로 하는 것이 마땅하지만 안에서 책읽기를 권하여 착실히 한 뒤에야 덕의로써 교화하여 성취하기가 더욱 실효가 있을 것이다. 工判(朴準源)을 오래도록 禁直에 둔 것은 오로지 학문을 권면하기 위한 聖意였다. 비록 다시 하교하지 않더라도 스스로 전처럼 할 것이며, 그 외에 閣臣들도 先王께서 한 집 사람처럼 여기셨으니, 이들이 어찌 학문을 권면하는 데 참여하지 않을 수 있겠는가. 提學 金載瓚, 檢校直提學 李晩秀, 原任直閣 金祖淳·尹行恁·南公徹은 돌아가면서 입시하여 학문을 권면하되 格例에 구애되지 말 것이며 諭善의 例를 따라 실효가 있게 하라.[46]

---

43) 『순조실록』 권47, 즉위년 7월 甲申 垂簾聽政頒敎文
44) 公除는 국왕이나 왕비가 죽은 뒤 일반 공무를 중지하고 36일 동안 弔意를 표하는 일을 말한다.
45) 『순조실록』 권47, 순조 즉위년 8월 辛亥
46) 『日省錄』 순조 즉위년 8월 17일 「大王大妃殿命閣臣輪回出入勸學」
大王大妃殿教曰 即今先務莫過於主上之勸學 經筵召對當次第爲之 而自內勸讀着實 然後薰陶成就 尤有實效 工判之久置禁直 傳爲勸學之聖意也 雖更不下敎 自可依前爲之 而其外閣臣 先王視如家人 此人等何可不參於勸學 提學金載瓚檢校直提學李晩秀原任直閣金祖淳尹行恁南公徹輪回出入勸學 而勿拘格例 依諭善僚屬例 卑有實效

위의 지시에 의하면, 정순왕후는 당시까지 『孟子』를 읽고 있던 순조에 게[47] 국왕이 하는 '經筵'이 아니라 '勸學'을 명하였고, 이에 참여하는 신료 들도 世孫講書院의 師傅인 諭善처럼 활동하도록 한 것이다.[48] 정순왕후가 내세운 명분은 교육의 실효성을 높이기 위한다는 것이었지만, 순조의 국왕 으로서의 위상은 전혀 고려하지 않는 것이었다. 앞서 숙종은 어린 나이라 고 할 수 있는 13살에 왕이 되었지만 즉위 후에는 晝講과 召對 등의 정식 경연을 통하여 세자 시절에 공부하고 있던 『論語』를 계속 공부하였고, 이 어 『綱目』과 『孟子』를 읽었다.[49] 순조는 숙종과 비슷한 수준의 공부를 하 고 있었음에도 불구하고 세자시절의 書筵과 유사한 '勸學'을 하도록 한 것 이다.[50] 이는 곧 순조의 강학 활동이 국왕으로서의 격식을 갖추기 어려웠 음을 의미하는 것이다.

위와 같은 명을 내린 며칠 뒤 정순왕후는 體例에 구애받지 말고 앞서 언급한 제학 김재찬, 원임직각 김조순 등 다섯 명의 閣臣 가운데 두 명씩 매일 안에 들어와 권강하도록 명하였다.[51] 그러자 각신들은 格例에 구애받 지 말라고 하였지만 書筵과는 다르다는 것을 강조하면서 承旨와 史官도 입시해야 한다고 주장하였다. 아울러 국왕의 공식 경연에 걸맞도록 講筵의 장소와 始講 날짜, 시각 등의 사항도 미리 정해야 한다고 아뢰었다. 이에 따라 비로소 국왕의 경연은 약간의 격식을 차리게 되었다.[52] '勸學' 또는

---

47) 『列聖朝繼講冊子次第』(奎 3236)
48) 『大典會通』「吏典」京官職 / 正三品衙門 / 世孫講書院
49) 『列聖朝繼講冊子次第』(奎 3236)
50) 순조대 이전의 '권강'에 대한 구체적인 規式은 확인되지 않는다. 다만 『실록』에서 이에 대한 기록을 찾아보면 서연과 관련되어 언급되었다.(『중종실록』 권15, 중종 19년 2월 乙丑 ; 『경종수정실록』 권41, 경종 1년 10월 丁卯 ; 『영조실록』 권41, 영조 3년 3월 丁巳 ; 『영조실록』 권43, 영조 30년 5월 丁亥 ; 『정조실록』 권47, 정조 24년 1월 乙卯 등의 기사 참조)
51) 『일성록』 순조 즉위년 8월 29일
52) 『일성록』 순조 즉위년 9월 10일 「命講筵處所始講日子勸講時刻仰稟慈殿後當下敎」

'勸讀'으로 칭해지던 것도 '勸講'이라는 정식 명칭으로 불리우게 되었다.[53]

이상의 과정을 보면 정순왕후는 국왕의 교육을 강조하였지만, 정작 이 때 필요한 規式 등에는 전혀 관심이 없었음을 알 수 있다. 반면에 정조의 측근이었던 각신들은 공식 경연으로서의 격식을 요구하였고 이에 따라 권강이 성립한 것이라고 할 수 있다.

정조의 죽음과 정순왕후의 수렴청정은 이 시기 정국에 큰 변화를 가져온 사건이었다. 정순왕후는 이전부터 정조의 통치방식과 군주로서의 이미지에 빈번히 도전하였으며, 정조의 崩御 바로 다음날 沈煥之(1730~1802), 李時秀(1745~1821), 徐龍輔(1757~1824)를 삼정승에 임명하고 정국을 주도해 나갔다. 또 순조 즉위년(1800) 10월 정조의 國葬이 끝나자 벽파의 정국 운영에 장애가 되는 인물들을 정계에서 대거 축출하였으며, 장용영을 혁파하는 등 정조가 이룩해놓은 탕평정치의 기반을 완전히 파괴해 버렸다.[54] 순조의 강학은 바로 이러한 상황에서 결정된 것이었다.

정순왕후가 순조의 권강을 담당하도록 언급한 인물들은 모두 정조와 깊은 관계를 맺고 있던 사람들이었다. 당시 그들은 정순왕후의 정국 운영에 대항하기 위하여 先王의 뜻을 강조하며 자신들의 입장을 정당화할 수 있는 정책을 추진하였지만 순조롭지 않았다. 정조가 近臣으로 키운 대표적인 인물이었던 尹行恁(1762~1801)은 정조년간의 개혁정책을 실질적으로 계승하고 추진할 것을 주장하다가 순조 1년(1801)에 죽임을 당했다. 金祖淳(1765~1831) 역시 그의 딸이 正祖에 의해 純祖의 國婚 상대가 되었지만 끊임없이 견제를 받는 상태였다. 奎章閣 閣臣으로 활약한 金載瓚(1746~1827)[55]과 南公徹(1760~1840),[56] 정조의 인정을 받은 李晩秀(1752~1820)

---

53) 『일성록』 순조 즉위년 8월 17일 ; 9월 11일
54) 한국역사연구회(19세기정치사연구반), 1990, 『조선정치사 1800~1863』, 청년사) 73~80쪽 ; 박광용, 1998, 『영조와 정조의 나라』, 126~135쪽
55) 김재찬의 출사와 정조연간의 활동에 대해서는 배우성, 1991, 「순조 전반기의 정국과 군영정책의 추이」『규장각』 14, 83~86쪽 참조

등도 정치적으로 수세에 몰린 상황이었다.[57] 그러므로 권강이 실시되기까지의 과정에서 나타난 정순왕후의 태도와 김조순 등의 반발은 이 시기 정치상황의 일단을 보여주는 것이기도 하였다.

순조는 즉위년(1800) 9월 12일에 처음으로 勸講을 열어 『孟子』를 강학하였다.[58] 여기에는 閣臣 2명과 承旨 1명, 假注書 1명, (兼)史官 2명 등이 참가하였다.[59] 권강은 순조 2년(1802) 9월에 金祖淳 家와의 國婚이 거론될 즈음까지 시행되었으며, 순조 1년(1801)에는 110여 차례, 2년에는 70여 차례가 개최되었다. 권강에서 순조는 『孟子』와 『中庸』, 『書傳』 등을 공부하였다.[60]

1834년에 8살의 나이로 즉위한 憲宗도 王者수업을 제대로 받지 못한 채 왕위에 올랐다. 헌종은 4살 되던 해인 순조 30년(1830)에 대리청정을 하던 아버지 孝明世子(후에 翼宗으로 추증)가 갑자기 사망하자 왕세손으로 책봉되었으며, 4년 뒤에 왕위에 오르면서 冠禮를 치렀다. 이때 헌종은 당시 학문체계상 초보 단계인 『小學』을 읽고 있었으며 宰相이 무엇인지, 品階가 어떠한 것인지를 물을 정도의 수준이었다. 이 때문에 국왕의 학업 문제는 왕실과 신료들 모두에게 무엇보다 중요한 것으로 인식될 수 밖에 없었다. 헌종 즉위 한달 뒤인 12월에 奉朝賀 南公轍, 領府事 李相璜, 領議政 沈象奎,

---

56) 남공철은 순조년간의 대표적인 실무관료로 가장 뛰어났다는 평가를 받았다. 박광용, 1994, 「조선후기 '탕평'연구」, 서울대 박사학위논문, 232~233쪽 참조.
57) 순조대 초기 정국의 변화에 대한 자세한 연구는 다음과 같다.
   오수창, 1990, 「정국의 추이」『조선정치사1800~1863』
   박광용, 1994, 「조선후기 '탕평'연구」, 서울대 박사학위논문
   김명숙, 1996, 「세도정치기(1800~1863)의 정치행태와 정치운영론」, 한양대 박사학위논문
58) 『일성록』 고종 즉위년 9월 12일
59) 『순조실록』 권47, 순조 즉위년 8월 己卯
   "大王大妃教曰 頃者下敎中 閣臣五人 來月初六日爲始 勿拘體禮 每日二員 自內勸講 傳以成就爲務" 이후 각신은 사정에 따라 3, 4명 또는 1명만 참석하도록 하였다.(『일성록』 순조 즉위년 8월 29일, 9월 30일 기사 참조)
60) 『列聖朝繼講冊子次第』(奎 3236)

左議政 洪奭周, 右議政 朴宗薰 등의 대신들은 純祖代의 예에 따라 공제 직후에 곧 강학을 하도록 건의하였다.[61] 그러자 純元王后 金氏[62]는 권강의 일자와 규모에 대해 다음과 같이 명을 내렸다.

> 지금 여러 일 가운데 聖學을 성취하는 것 보다 더 중요한 것은 없다. 경등의 소견이 어떠한지 알지 못하겠으나 經筵은 體段과 禮貌가 근엄하여 상하의 정과 뜻을 통하는데 어려움이 있을 뿐 아니라 도움이 되는 도리 또한 부족하니, 卒哭 전에 법강은 前例에 따라 할 수 없다. 이에 인원을 정하되 玉堂은 경연의 직임을 주관하며, 반드시 上下番을 갖출 필요는 없으나 勸講할 때마다 1, 2員이 참석하여 결원이 없도록 하라. 그 외의 인원과 규모는 경들이 의논하여 정하도록 하라. 예모는 간단하고 쉬운 것을 따르도록 힘쓰고, 坐講은 書筵의 例에 따라 하여, 응대하고 논란하는 것이 힘써 실효를 거두도록 하는 것이 마땅하다.[63]

순원왕후의 지시는 경연의 禮貌가 너무 근엄하고 卒哭 전에 법강을 할 수 없기 때문에 옥당관원 1, 2명의 참석아래 권강을 행해야 한다는 것이다. 또 권강의 목적인 강학을 충실히 하기 위해서 예모를 간단하게 하고, 坐講의 절차는 書筵의 例를 따르도록 하였다. 이상의 지시에 따라 헌종 1년(1835) 1월부터 閣臣과 承旨, 玉堂, (假)注書, 史官 등이 참여하는 권강이 개최되었다. 각신이 주도했던 순조의 권강에 비해 헌종의 권강은 처음부터

---

61) 『헌종실록』 권48, 헌종 즉위년 12월 丙午
62) 純元王后(1789~1857)는 순조의 왕비이자 영안부원군 김조순의 딸이다.
63) 『승정원일기』 순조 34년 12월 16일
   "大王大妃殿傳于權敦仁曰 目今悠悠萬事 無過於成就聖學 未知卿等所見之如何 而經筵則體段與禮貌謹嚴 非但上下情志 有難流通 資益之道 亦欠誠實 卒哭前法講 例不得爲之 予心則莫如擇人定數 而玉堂卽主經筵之任 不必備上下番 每於勸講時 或一員二員 無至闕員 其外數與規模 卿等議定 禮貌務從簡易 坐講盖依書筵例爲之 俾便其酬酢論難 懋底實效爲宜"

옥당의 '經筵之任'이 강조되었다. 비록 일부 서연의 규식을 따르기는 하였지만 순조대에 비해서는 절차가 더 갖추어진 것이었다. 순조대에 한번 시행된 前例가 있었고, 순조 즉위 직후 정순왕후의 수렴청정이 상당한 정국의 변화를 일으킨 반면, 헌종 즉위후의 순원왕후의 수렴청정은 상대적으로 별다른 정치적 동요가 없었던 상황에 기인하는 것이다.

헌종대의 권강은 순조의 전례에 따라 헌종 3년(1837) 2월에 국혼이 결정될 즈음까지 행해졌다. 헌종 1년(1835)에 130여 차례, 2년에 120여 차례의 권강이 열렸고 헌종은 『小學』과 『論語』 등을 읽었다.

순·헌종과 달리 哲宗은 즉위직후 召對와 別講을 통하여 공부하였다. 1849년 19살의 철종이 즉위하자, 바로 그 날 순원왕후와 시원임대신들은 국왕의 학업에 대해 의논하였다. 철종이 어리지는 않았지만 王者로서의 교육은 물론 기본적인 학문적 소양도 충분하지 않은 상황이었기 때문이었다. 철종은 私邸에서 『통감』 2권과 『소학』 1, 2권을 읽었으나 계속 학업에 정진하지는 못하였다. 그 스스로도 어렸을 적에 대강 읽어 넘겼기 때문에 배운 내용을 거의 기억하지 못한다고 실토할 정도였다.[64] 이에 순원왕후가

---

64) 철종의 조부 은언군은 사도세자의 아들이며, 생부 전계대원군은 은언군의 셋째 아들이다. 은언군은 살아 생전 영조의 계비 정순왕후에 끊임없이 공격을 받은 사람이었다. 정조즉위 뒤에는 홍국영과 결탁하였다고 하여 추궁을 받았고, 정조 10년(1786)에는 역모사건에 연루되어 온 식구가 강화도에 유배되었다. 정조 재위기간 중에는 특별한 보살핌을 받았으나 결국 순조 1년(1801)에 辛酉邪獄에 연루되어 賜死되었다. 생부인 전계대원군 또한 어렵게 생활하다 헌종 7년(1841)에 죽었으며, 헌종 10년(1844)에 철종의 맏형 明이 閔晉鏞, 徐光近 등의 역모 미수사건에 연루되면서 온 가족이 교동으로 축출되었다가 강화도로 옮겨 살았다. 이러한 곤경 속에서 철종은 국왕으로 결정이 된 뒤에야 冠禮를 행할 수 있었다. 즉 철종은 당시 기준으로 볼 때 나이로는 어른이라고 할 수 있으나, 학문적·정신적 수준은 아직 미성년이라고 할 수 있었다. 이밖에 철종의 성장 배경 및 그의 가계에 대한 자세한 사항은 다음의 자료 참조.
박광용, 1998, 『영조와 정조의 나라』, 푸른역사, 126~131쪽
李迎春, 1998, 『朝鮮後期 王位繼承硏究』, 집문당, 337쪽
홍순민, 1992, 「19세기 왕위의 승계과정과 정통성」 『국사관논총』, 33쪽

신료들과 강학 과목을 의논할 때에 정원용은 『史略』부터 읽도록 하고, 文理를 이해하게 된 뒤에 經書를 배우는 것이 좋겠다고 제안하였다.[65] 이것은 철종이 국왕으로서는 물론 일반 사족들이 받는 기본 교육조차 제대로 받지 못한 상태임을 의미하는 것이었다.[66] 순원왕후는 공제가 끝난 다음날부터 김對를 열어 『소학』 제 1권을 읽도록 하였다. 여기에는 승지 1명, 옥당 2명, 각신 1명, 가주서 1명, 겸춘추 1명, 사관 1명이 참석하였다. 別講도 가끔 열렸는데 참석 인원과 강학과목은 소대와 동일하였다.[67] 순·헌종대의 권강과 비교해 보아도 참석 인원과 규모 등에 별 차이가 없었다.

순·헌종대의 勸講과 철종의 召對, 別講은 그 참석인원의 규모와 절차상 국왕의 정식 경연이라고 할 수 없었다. 王者 수업을 충분히 받지 못한 국왕들이 즉위하면서 講學만을 위해 임시로 간편하게 운영된 체제였다.

純祖와 憲宗의 勸講은 國婚이 결정될 즈음 '進講'으로 바뀌었다. 이 진강 역시 전에 없는 경연의 형식이었다. 순조 2년(1802) 9월에 金祖淳 家와 國婚을 진행하던 중[68] 領議政 沈煥之는 다음과 같이 아뢰었다.

> 이제 마땅히 날마다 講筵에 나가셔야 하는데, 지금의 시기는 몇 년전과 다릅니다. 勸講의 '勸'자는 아랫사람이 勸勉한다는 뜻이니 끝내 타당하지 못한 바가 있습니다. '勸'자를 '進'자로 고치는 것이 옳을 것입니다. 이 뒤로는 進講이라고 써내는 것이 어떻겠습니까.[69]

---

65) 『철종실록』 권48, 철종 즉위년 6월 乙亥
66) 철종은 『소학』을 공부하던 기간[즉위년(1849) 7월~철종 1년(1850) 10월] 중에 『사략』을 읽었다. 소대에서 『사략』을 읽은 기간은 철종 1년 1월 12일~25일까지다. [『열성조계강책차제』(奎 3236)]
67) 『철종실록』 권48, 즉위년 7월 丁未 ; 『일성록』 철종 즉위년 7월 14일
68) 이때 순조는 仁政殿에서 納采禮를 거행하였다.(『순조실록』 권47, 순조 2년 9월 丙戌)
69) 『순조실록』 권47, 순조 2년 9월 癸巳
   "煥之啓言 今當日御講筵 而今時則異於年前 勸講之勸字 乃自下勸勉之意也 終有

순원왕후는 심환지의 건의를 곧바로 허락하였다. 국혼을 치르고 있는 국왕의 위상이 즉위할 때와 달라졌다는 이유로 진강이 실시된 것이다. 강학과목은 권강 때와 같은 『詩傳』이었지만[70] 참석 인원에 변화가 생겼다. 각신이 주도하던 권강 때와는 달리, 領經筵事 등이 종종 입시하였다.[71] 그러나 그 운영은 여전히 학업을 위한 것이었다. 진강은 순조 3년(1803)에 130여 차례가 개최되었다.

순조 3년 12월에 수렴청정이 끝나고 親政이 시작되자 朝講, 晝講, 夕講 등의 정식 경연이 시행되었다. 권강, 진강 등 학업을 위한 간략한 형태의 경연을 거쳐 즉위 후 3년 만에 비로소 국왕으로서 본격적인 경연을 하게 된 것이다.

정식 경연이 시행되었으나 순조는 法講보다는 예모가 간단한 召對를 자주 열었다. 특히 그가 19세가 되던 순조 8년(1808)에는 召對에서 財政과 賦稅 등을 맡은 실무 관서의 실무자들을 불러 직접 각 관서의 폐단을 물었으며, 날이 밝을 때까지 신료들과 대화를 나누기도 하였다. 이즈음 순조는 전국 각 도에 암행어사를 파견하여 민폐를 보고하게 하고, 국가의 財政과 軍制, 土地에 관한 내용을 파악하기 위하여 『萬機要覽』을 편찬하도록 하였으며, 증직제도를 이용하여 규장각 각신의 위상을 높이고 이들에게 경연을 맡기는 등 자신의 지지 기반을 형성하기 위해 여러 가지 방안을 강구하였다.[72] 그러나 순조의 이러한 노력은 비변사 중심으로 관료집단을 장악한 세도 문벌 측의 저항과 순조 11년(1811)의 홍경래 난과 같은 돌발사태의

所未安 勸字改以進字爲宜 此後則以進講書出何如"
70) 『일성록』 순조 2년 9월 25일
71) 『일성록』 순조 2년 9월 26일 「行進講于熙政堂」 및 관련 기사 참조.
72) 순조의 재위 기간 중 5년(1805)부터 9년(1809)까지는 순조가 정국 운영에 가장 관심을 가지고 있었던 시기로 평가된다. 또한 이 시기는 순조 년간 중 경연이 가장 활발히 개최되었던 시기이기도 하다. 『순조실록』에 나타난 것에 의하면 순조의 한 해 경연 개최횟수는 연평균 10회를 넘지 못한다. 그러나 이 시기에는 연평균 20회 이상의 경연이 열렸다.

발생으로 그리 큰 성과를 거두지 못하였다.[73]

헌종도 3년(1837) 2월에 金祖根 家로 국혼이 결정되자 권강을 진강으로 바꾸어 친정 전까지 행했다.[74] 그러나 권강 때 읽던 『논어』를 계속 공부하였으며, 경연관의 구성에도 큰 변화가 없었다.[75] 헌종은 3년부터 5년까지 집중적으로 진강을 개최하였다. 헌종 3년(1837)에는 110여 차례, 4년(1838)에는 150여 차례의 진강을 실시하였고, 5년(1839)에는 50여 차례를 열어 『시전』 등을 공부하였다.[76]

헌종 7년(1841)에는 친정을 시작하면서 본격적으로 法講과 召對를 시행하였다. 특히 19세가 되던 11년(1845)에는 소대를 자주 개최하였다.[77] 이 시기는 헌종이 나름대로 국정운영의 주체가 되려고 노력하던 때라고 평가된다. 政務에 소극적인 관료들을 책망하고 국정에 대한 국왕의 책임을 강조하면서 전국의 폐단을 모아 대책을 세우라고 지시하였다. 그 해 9월에는 선왕의 업적을 엮은 『羹墻錄』을 소대의 교재로 삼도록 하였으며, 11월에는

---

73) 세도정치기 정국에 대한 자세한 사항은 다음 연구 참조.
오수창, 1990, 「정국의 추이」 『조선정치사 1800~1863』, 청년사; 1997, 「세도정치기의 성립과 전개」 『한국사』 32, 국사편찬위원회
박광용, 1994, 「조선후기 '탕평' 연구」, 서울대 박사학위논문
김명숙, 1997, 「19세기 반외척세력의 정치동향」 『조선시대사학보』 3
정만조, 1998, 「19세기 전반기 조선의 정치개혁 움직임과 근대화」 『한국학논총』 21
74) 『일성록』 헌종 3년 2월 10일 「大王大妃殿命勸講改稱進講」
75) 『일성록』 헌종 3년 2월 26일 「行進講于熙政堂」
76) 헌종의 경우 진강을 자주 개최했던 것에 비해 학문적 성과는 별로 나타나지 않았던 듯 하다. 가령 『尙書』를 공부할 때 40일 동안 읽은 분량이 모두 열 줄에 불과하였고, 강학을 할 때도 글의 뜻에 대해 질문이나 토의를 거의 하지 않아 신료들의 비판을 받았다.(강석화, 2002, 「19세기 전반의 실무관료 朴來謙의 서북지역 경영론」[최승희 외, 『조선의 정치와 사회』, 집문당, 386~387쪽) 소대에서도 대부분의 講이 畢講되지 못하였다.(姜泰訓, 1990, 「조선후기 서연과 경연의 교육내용 비교」 『교육연구』, 원광대, 25쪽)
77) 『헌종실록』을 참고해 보면, 헌종은 1년 평균 10회 안팎의 소대를 열었다. 이에 비해 헌종 11년에는 19회의 소대를 개최하였다.

같은 성격의 책인 『國朝寶鑑』을 읽으며 역대 王政의 치적에 깊은 관심을 보였다. 헌종 12년(1846) 5월에는 純祖와 翼宗의 어진을 정비하여 眞殿에 봉안하게 하였으며, 자신의 어진도 제작하였다. 이듬해에는 『국조보감』의 증수를 위해 정조·순조·익종에 대한 『三朝寶鑑』의 찬집을 명하였다. 또한 자신의 외가인 조만영 가문을 상대적으로 가까이 하고 지지해 주었던 반면, 김조순 가문 출신들에 대해서 비판적인 입장을 취하였다. 그러나 위와 같은 헌종의 노력은 전체 국정 운영에 별다른 변화를 가져오지 못하였다. 예를 들어 헌종 13년(1847) 5월에 守令과 吏胥들의 탐학 행위를 방지하기 위해 그들의 부패행위를 엄히 처벌하기 위한 법 개정을 추진하였으나, 신료들의 반대에 부딪혀 실현시킬 수 없었던 것이 당시의 현실이었다.[78] 철종은 국혼과 관계없이 즉위년(1849) 9월부터 진강을 열어 『소학』을 읽었다. 첫 진강에는 領府事 鄭元容, 講官 李若愚를 비롯하여 승지 1명, 옥당 1명, 가주서 1명, 사관 2명이 참석하였다.[79] 이후에도 영부사와 같은 대신들이 가끔 동석하였다. 철종은 즉위년에 40여 차례, 1년(1850)에 110여 차례의 진강을 열어 『대학』, 『논어』 등을 읽었다. 철종 2년(1851) 12월 친정을 시작한 뒤에는 법강과 소대를 열어 『소학』, 『사략』, 『통감』, 『갱장록』, 『속강목』 등을 섭렵하였다.[80]

순·헌종과 마찬가지로 철종 역시 소대를 선호하였다. 특히 친정 직후인 철종 3년(1852)과 10년(1860)경에 소대를 자주 개최하였다.[81] 재위 10년경 성인으로서 親政의 경험도 어느 정도 쌓인 철종은 관리들의 부정을 공격한

---

78) 이 시기 헌종의 여러 시도는 순조가 국정을 주도하고자 할 때 시행한 것과 같은 의미를 갖는 것이었다. 그밖에 헌종대 정국에 대한 자세한 사항은 오수창, 1997, 「세도정치의 성립과 전개」『한국사』32, 국사편찬위원회, 272~276쪽 참조.
79) 『일성록』 철종 즉위년 9월 7일
80) 『열성조계강책자차제』(규 3236)
81) 『철종실록』을 보면, 철종대 소대의 개최 횟수는 1년 평균 10회를 넘지 않는다. 이에 비해 철종 3년에는 44회, 9년에는 37회의 기록이 보이며, 10년과 11년에도 10회 이상의 소대가 개최되었다.

다든가, 신하들의 근무 태도를 단속하는 등의 적극적인 정치행위를 보였다. 철종 12년(1861)에는 신료들의 반대를 무릅쓰고 훈련도감의 馬步軍과 別技軍 군사를 이용하여 궁궐의 숙위를 강화하려는 시도도 하였다.[82]

경연은 기본적으로 국왕의 학문 수련과 통치술을 익히기 위한 중요한 제도다. 교육 기능은 19세기 전반기 王者 수업을 충분히 받지 못한 어린 국왕들이 즉위하자 더욱 강조되었다. 이를 위해 국왕이 학문에 전념할 수 있는 勸講, 進講이라는 독특한 제도가 마련되었다. 교육의 효과를 높이기 위한 것이라는 명분을 내세웠으나, 정식 경연에 비해 참석 인원의 규모와 절차가 간소화 된 것이었으며, 국왕이 연소하다는 명목으로 그 위상을 격하시킨 것이었다.

즉위하기 전에 받은 王者 수업 정도에 따라 차이가 있기는 하지만 대개 왕들은 즉위 초에는 제 역할을 충분히 하지 못하고 그 결과 정치적 위상은 낮게 마련이었다. 그러나 재위 기간이 늘어감에 따라 정치적 감각을 익히고 정세를 파악하면서 역량을 강화시키게 되고, 점차 위상을 높여 가는 것이 보통이었다.[83] 19세기 국왕들도 이러한 모습을 보였다. 친정 이후에는 정식 경연을 열었으며, 특히 소대를 자주 개최하였다. 철종이 대표적인 경우였다. 그러나 영·정조대처럼 소대를 국정 운영의 장으로 활성화시키지는 못하였다.

3. 국왕 주도 중요 행사의 약화

1) 陵幸의 依例化

왕실행사는 국왕의 권위를 보여주는 행사로 국왕 및 당시 여러 정치 세력의 위상과 밀접한 관련을 가지고 있다. 국왕의 위상 강화를 위해 시행

---

82) 오수창, 1997, 「세도정치의 성립과 전개」『한국사』 32, 국사편찬위원회, 120~121쪽
83) 홍순민, 1992, 「19세기 왕위의 승계 과정과 정통성」『국사관논총』, 40, 29쪽

될 수도 있으며, 이를 주도하는 정치세력의 의도를 나타낼 수도 있다. 왕실 행사 중 참여 인력이나 기간 면에서 가장 규모가 큰 능행은 대표적인 것이었다. 국왕이라는 존재는 한 개인이자 왕실의 구성원이고, 한 국가의 表象이라는 복합성을 가지고 있었다. 이 때문에 능행은 국가 행사이며 왕실 행사였고, 국왕과 신료, 민과의 관계를 직접 보여 줄 수 있는 정치적 행위였다.

英祖와 正祖는 의도적으로 자주 궁성 밖으로 행차하였다.[84] 英祖는 都城 안에 있는 종묘와 여러 별궁, 사당들 뿐 아니라 도성 밖 肅宗의 明陵, 景宗의 懿陵 등 여러 왕릉을 두루 참배하였다. 이때 영조는 路上에서, 또는 도성 문 앞에서 貢人, 市人, 坊民, 農民, 儒生 등 각계 각층의 민들을 불러들여 그들의 고충을 물었으며, 바로 잡아야 할 사안에 대해서는 해당 관아에 대책을 지시하는 등 적극적인 대민 정책을 수행하였다.

정조는 역대 국왕과 왕비들의 능을 두루 참배하면서 그 행차 범위를 도성 밖으로 크게 넓혔다. 그는 재위기간 동안 거의 모든 왕릉을 돌아보았으며, 5代祖內 先王들의 능은 여러 번 다녀왔다. 특히 정조는 그 13년(1789)에 楊州 拜峯山에 있던 生父 사도세자의 묘소를 지금의 수원 남쪽 花山으로 옮겨 顯隆園이라 하고, 근처에 신도시 華城을 조성한 뒤에는 거의 매년 한 차례씩 이곳으로 행차하였다. 아울러 정조는 여러 신료들의 반대에도 불구하고 능 행차 중 士民들의 上言과 擊錚을 접수하도록 하였다. 下情은

---

84) 조선후기 국왕들의 능행과 그 의미에 대해서는 다음 연구가 있다.
　　이태진, 1994, 『왕조의 유산』, 지식산업사 ; 1995, 「18~19세기 서울의 근대적 도시발달」 『서울학연구』 4
　　韓相權, 1996, 『朝鮮後期 社會와 訴冤制度』, 일조각
　　김문식, 1997, 「18세기 후반 정조능행의 의의」 『한국학보』 88, 일지사
　　金明淑, 1997, 「19世紀 反外戚勢力의 政治動向」 『朝鮮時代史學報』 3
　　한영우, 1998, 『정조의 화성행차와 그 8일』, 효형출판
　　하라 다케시(김익한 외 역), 2000, 『직소와 왕권』, 지식산업사
　　이희중, 2001, 「17·8세기 서울 주변 왕릉의 축조, 관리 및 천릉 논의」 『서울학연구』 17

통제할 것이 아니라 비호해야 한다는 신념으로 상언, 격쟁에 대한 모든 제한 조치를 철폐하였으며, 접수된 소원들의 처리도 직접 지휘하였다.[85]

능행은 영·정조대 이후 국왕들이 해마다 행하는 왕실 행사로 자리잡았다. 威儀를 갖춘 행차를 통해 국왕의 위상을 높이고, 행차 중에 민의를 수렴할 수 있었다. 도성 밖 행차인 경우 행궁에 머물며 지역 인재를 선발하고, 군사훈련을 실시하였다. 능행이 점차 정기적으로 시행되면서 능행로의 건설과 유지는 都城 주변의 상업도시와 郡縣의 경제성장을 촉진하는 계기가 되기도 하였다.[86] 그러나 능행 때마다 이상의 모든 것들이 실현된 것은 아니었다. 국왕의 정치적 역량과 정국 운영의 형태에 따라 각 시기마다 다른 특성과 차이를 보인다.

순조의 첫 능행은 즉위년(1800) 9월에 선왕인 正祖의 왕릉, 즉 현륭원 동쪽에 조성된 健陵을 참배하는 것이었다.[87] 至親이 묻힌 곳은 국왕들이 자주 찾는 곳이었다. 그런데 순조는 첫 능행이후 貞純王后의 垂簾聽政 기간 중에는 어떠한 능행도 하지 않았다.

〈표 1-1〉[88]은 순조대의 능행을 지역별로 모으고 位次에 따라 재배열하

---

85) 한상권, 1996, 『朝鮮後期 社會와 訴冤制度』, 일조각, 338~339쪽 ; 李泰鎭, 1995, 「18~19세기 서울의 근대적 도시발달」『서울학연구』4, 11~17쪽 ; 2002, 「조선시대 '민본'의식의 변천과 18세기 '민국'이념의 대두」, 박충석 외, 『국가이념과 대외인식』, 아연출판사, 40~41쪽
86) 김문식, 1997, 「18세기 후반 정조능행의 의의」『한국학보』, 88 일지사
한영우, 1998, 『정조의 화성행차, 그 8일』, 효형출판
87) 순조 즉위 후 정조와 정치적으로 대립해 오던 정순왕후가 수렴청정을 행하고 그녀에 의해 정조의 왕릉이 조성되면서 정조의 왕릉은 현륭원 근처의 흉당으로 내쳐졌다는 소문이 나돌기도 했다. 정조의 묘는 결국 순조 21년(1821) 정조의 妃 孝懿王后가 승하하자 현 위치인 현륭원 서쪽 언덕으로 이장하여 효의왕후와 합장하였다.(장영훈, 2000, 『왕릉풍수와 조선의 역사』, 대원미디어, 271~273쪽 ; 李相鎔 편, 1995, 『왕릉』, 한국문원, 293쪽)
88) 〈표 1-1〉에서 능행 장소의 기재 순서는 太祖의 健元陵을 비롯하여 宣祖의 穆陵, 顯宗의 崇陵, 英祖의 元陵 등 현재의 東九陵(경기도 구리시) 지역에 있는 왕릉을 位次를 고려하여 차례대로 배열하였다. 이것은 능 행차시에 근처에 있는 여러 왕

여 정리한 것이다.

〈표 1-1〉 순조대의 왕릉행차

능행장소 연월일	건원릉	목릉	숭릉	원릉	정릉	명릉	익릉	홍릉	경릉	창릉	희릉	효릉	공릉	영릉	순릉	의릉	건릉	현륭원	휘경원	연경묘
즉위년(1800) 9월																	O			
3년(1803) 8월	O		O																	
4년(1804) 8월																	O	O		
6년(1806) 2월																	O	O		
8월			O																	
7년(1807) 3월	O		O																	
8월																	O	O		
8년(1808) 3월								O		O	O	O								
8월																				
9년(1809) 2월														O						
9월					O															
10년(1810) 8월																	O	O		
11년(1811) 3월						O	O	O	O	O										
12년(1812)10월						O														
14년(1814) 8월				O																
16년(1816) 8월						O											O	O		
17년(1817) 2월																				
9월						O	O	O												

릉을 함께 참배하는 경우가 많은 것을 고려한 것이다. 다음에는 태조의 계비 신덕왕후의 貞陵을 넣었고, 현재 西五陵(경기도 고양시)에 있는 肅宗의 明陵과 그 妃인 인경왕후의 翼陵, 영조비 정성왕후의 弘陵, 덕종의 敬陵, 예종의 昌陵을 두었다. 다음에는 西三陵(경기도 고양시) 지역에 있는 중종의 계비 장경왕후의 禧陵, 仁宗의 孝陵을, 파주지역에 모여 있는 예종의 비 장순왕후의 恭陵, 眞宗의 永陵, 성종의 비 공혜왕후의 順陵을 정리하였다. 이와 함께 경종의 계비 선의왕후의 懿陵과 현재 수원 근처에 있는 정조의 건릉, 사도세장의 현륭원의 순으로 기록하였다. 그리고 순조의 生母 綏嬪朴氏의 徽慶園과 대개 이와 함께 참배한 효명세자의 연경묘를 적었다. 연경묘는 헌종 즉위년에 효명세자가 익종으로 추증되면서 수릉이라고 하였다. 왕릉을 참배할 때 근처에 있는 왕실 묘들을 종종 찾아갔는데 〈표 1-1〉에서는 순조가 자주 참배한 휘경원과 연경묘 외에는 생략하였다.

제1장 勢道政治期 국왕권의 약화와 왕실행사의 형식화 43

능행장소 연월일	건원릉	목릉	숭릉	원릉	정릉	명릉	익릉	홍릉	경릉	창릉	희릉	효릉	공릉	영릉	순릉	의릉	건릉	현륭원	휘경원	연경묘
18년(1818) 2월				○																
9월					○															
19년(1819) 3월	○		○	○																
8월					○															
20년(1820) 9월																				
21년(1821) 2월																	○	○		
22년(1822) 2월																	○	○		
23년(1823) 2월																		○		
25년(1825) 9월	○		○																	
26년(1826) 2월																	○	○		
8월					○	○	○													
27년(1827) 3월																		○		
28년(1828) 2월																	○	○		
9월								○	○	○										
29년(1826) 8월						○	○													
30년(1830) 2월																		○		
9월															○			○	○	
32년(1832) 2월																	○	○	○	
5월																			○	○
9월	○	○		○																
33년(1833) 8월																			○	
34년(1834) 9월						○														
합	5	1	1	8	1	8	2	4	2	3	1	1	1	1	1	3	10	9	8	3

출전: 『순조실록』『일성록』의 능행 관련 기사

이를 보면, 순조 4년(1804) 8월의 顯隆園·健陵 행차는 3년(1803) 12월에 친정을 시작한 뒤의 첫 능행이었다. 이후 순조는 2, 3년에 한 번씩 이곳에 행차하였으며,[89] 두 陵·園에 親祭를 올린 뒤에는 정조의 어진이 있는 華寧

---

[89] 순조의 건릉·현륭원 행행은 4년 8월, 6년 2월, 7년 8월, 10년 8월, 17년 2월, 21년 2월, 22년 2월, 26년 2월(왕세자 동행), 28년 2월에 실시되었다. 순조 재위기간 동안 왕릉 참배는 모두 40차례 행해졌는데, 이곳에는 9차례 다녀갔다.[『순조실록』의 능행 관련 기사 및 『幸行謄錄』(奎 12935) 참조]

殿을 展謁하였다.[90] 아울러 華城行宮에 머물면서 儒生應製, 武士試取를 실시하였고, 饑民이나 父老들에게 쌀과 고기를 나누어 주는 등 正祖가 행한 일들을 거의 그대로 수행하였다. 순조는 34년의 재위기간 동안 이곳을 10회 방문하였다. 건릉은 순조가 가장 자주 찾은 곳이었다.

순조의 화성행차 중 가장 큰 규모는 순조 28년(1828) 2월에 孝明世子와 함께 한 능행이었다. 순조는 건릉·현륭원의 親祭와 華寧殿의 酌獻禮를 행할 때에 孝明世子를 亞獻官으로 참여시켰으며, 東將臺에서 야간군사 훈련을 실시하였다.[91] 순조는 그 27년(1847) 2월에 자신의 건강이 政務를 제대로 처리할 수 없을 만큼 나쁘다는 것과 왕세자에게 정치 경륜을 쌓게 한다는 명분을 내세워 효명세자에게 代理聽政을 명하였다. 그리고 곧 세자를 대동하고 生母인 綏嬪朴氏의 묘인 徽慶園를 다녀왔으며, 다음해에는 현륭원·건릉을 참배하였다.

효명세자는 3년 여의 대리서무 기간 동안 여러 가지 정치적 변화를 시도하였다. 먼저 자신이 주도하는 정국 운영을 지원할 수 있는 신진관료를 육성하기 위하여 50여 회의 각종 應製와 講述製를 실시하였다. 아울러 金鏴, 洪起燮, 李寅溥, 金魯敬 등을 중심으로 새로운 정치세력을 형성하여 안동 김씨 가문의 金逌根, 金敎根 등을 견제하였다. 이에 더하여 군권을 장악하고 군사력을 강화하기 위한 방안으로 자신이 직접 참관하는 試射를 자주 실시하고, 서북별부료군관을 뽑아 禁軍에 소속시켜 御駕를 시위하도록 하였다. 능행 호위의 금군 인원도 1백명을 증원하였고, 능행을 군사훈련의 기회로 활용하였다.[92] 또한 효명세자는 능행을 민심 파악의 기회로 삼았다.

---

90) 화령전은 순조 1년 정조의 어진을 보관하기 위하여 화성행궁 옆에 지었다. 이곳에는 정조 15년(1791)에 圖寫한 춘추 40세의 정조 어진이 봉안되어 있다.(『순조실록』 권47, 즉위년 12월 6일 ; 1년 2월 30일, 5월 2일)
91) 『순조실록』 권48, 순조 28년 2월 癸巳 ; 甲午
92) 오수창, 1997, 「세도정치의 성립과 전개」『한국사』, 32 국사편찬위원회, 259~265쪽

〈표 1-1〉에 보이듯이 순조 30년(1830) 5월에 효명세자가 薨逝하기 직전까지 매년 능행이 있었는데, 이 때마다 세자는 적극적으로 참여하였다.[93]

효명세자는 행차 중에 받아들인 상언과 격쟁을 모두 직접 열람하고, 승지들이 대요를 들어 아뢰면 각 사안에 따라 바로 처분을 내렸다.[94] 효명세자가 대리청정을 하는 약 3년 동안 상언·격쟁의 총 건수는 연평균 143회에 달했는데, 정조대의 연평균 185건과 비교해 볼 때 결코 적지 않은 횟수이며, 세도정치기 국왕들의 능행 중 民의 訴冤 활동이 가장 활발한 기간이었다.[95]

〈표 1-1〉을 보면, 순조는 6년(1806) 이후부터 거의 매년 봄, 가을에 한 차례씩 왕릉에 행차하였다. 그가 건릉 이외에 자주 간 곳은 영조의 元陵과 숙종의 明陵이었다. 순조는 재위 기간 동안 모두 8회를 방문하였는데, 순조 5년(1805)에 영조의 계비 정순왕후 사후에 원릉에 합장하였기 때문에 그 공사 진척 상황을 살피기 위해 여러 차례 방문한 것이었다. 한편, 순조 22년(1822) 12월에 生母인 綏嬪 朴氏가 卒逝하자 徽慶園에 장사지내고 자주 다녀갔다.

憲宗은 즉위 후 그 5년(1839)이 되어서야 처음으로 왕릉 행차를 행하였다. 그 뒤에는 거의 매년 봄과 가을에 한 차례씩 능행을 다녔다.[96] 헌종은 재위 15년 동안 모두 22회의 능행을 하였다. 다음 〈표 1-2〉를 보면, 헌종은 生父인 翼宗(효명세자)의 綏陵에 13차례나 행차하였다. 원래 수릉은 景宗의 묘인 懿陵[97] 왼쪽에 있었는데, 헌종 12년(1846)에 풍수상 불길하다는 논

---

93) 金明淑, 1997, 「19世紀 反外戚勢力의 政治動向」 『朝鮮時代史學報』, 3, 191쪽
94) 『순조실록』 권48, 순조 27년 3월 癸巳 ; 순조 30년 7월 庚午 誌文
    효명세자 死後 영돈녕 金祖淳이 지은 誌文에서도 '효명세자는 상언과 격쟁에 대해 아무리 많아도 반드시 먼저 직접 열람하고 해당 官司에 회부하였으며, 간혹 곧바로 판결하여 내리는 것을 떳떳하게 여겼다'고 하면서 높이 칭송하였다.
95) 효명세자 대리청정시기의 정치동향과 변화에 대해서는 김명숙, 1997, 「19世紀 反外戚勢力의 政治動向」 『朝鮮時代史學報』 3 참조.
96) 헌종의 왕릉 행차 내용은 〈표 1-2〉에 정리되어 있다.
97) 의릉은 현재 서울시 성북구 석관동에 있다.

의가 있어 楊州 龍馬山 아래로 이장하였다.[98] 그 해 4회 연속 이곳을 찾은 것도 바로 이 때문이었다. 다음으로 자주 행차한 곳은 영조의 원릉이었다. 특히 7년(1841) 윤 3월에는 영조의 왕세자 책봉 120주년과 정조의 원릉 祗謁 1周甲임을 기념하기 위해서 이곳을 다녀왔다.[99]

〈표 1-2〉 헌종대의 왕릉 행차

연월일 \ 장소	건원릉	목릉	원릉	수릉	정릉	명릉	익릉	홍릉	경릉	의릉	장릉	인릉	건릉	현륭원	휘경원
5년(1839) 3월				O											
6년(1840) 3월	O		O	O											
9월				O											O
7년(1841) 윤3월			O	O											
8월						O	O	O							
8년(1842) 3월											O	O			
9월				O						O					
9년(1843) 3월													O	O	
8월				O											
10년(1844) 8월			O						O						
11년(1845) 3월				O	O										
12년(1846) 2월													O	O	
4월				O											
5월				O						O					
윤5월				O											
8월				O											
13년(1847) 2월											O	O			
9월				O											O
14년(1848) 2월		O	O												
9월				O											
합	1	1	4	13	1	1	1	1	1	2	2	2	2	2	2

출전 : 『헌종실록』, 『일성록』 헌종대 능행 관련 기사

---

98) 헌종 12년에 이장한 수릉은 철종 6년(1855)에 다시 건원릉 왼쪽으로 옮겨왔다. 기타 자세한 사항은 李相鎔 편, 1995, 『왕릉』, 한국문원, 308쪽 참조.
99) 『헌종실록』 권48, 헌종 7년 윤 3월 戊午

헌종대의 능행에 대해 정리한 〈표 1-2〉를 보면, 원거리 능행으로는 헌종 9년(1843)과 12년(1846)에 건릉 및 현륭원 행차, 그 8년(1842)과 13년(1847)에 仁祖의 長陵과 祖父인 純祖의 仁陵 행차가 있었다.[100] 헌종이 능행을 하고 수릉을 이장하였던 기간은 그가 정치에 적극 관심을 표명한 시기와도 일치하고 있다. 이것은 국왕권의 강화와 능행이 밀접하게 관련되어 있음을 시사한다.[101]

다음 〈표 1-3〉은 철종대의 왕릉 행차에 대해 정리한 것이다. 순·헌종이 수렴청정기간에는 거의 능행을 하지 않았던 것에 비해 哲宗은 즉위 직후부터 왕릉 참배를 자주 다녔다. 일반적으로 國恤기간에는 服色을 정하기 어렵다는 이유로 새로 조성되는 先王의 山陵 이외에 다른 왕릉에는 거의 행차하지 않았다. 그러나 철종은 슬픔을 나타내는 黲袍를 입고 능행을 다녔다.[102] 철종 1년(1850) 2월에 헌종의 景陵으로 행차하면서 근처에 있는 태조의 건원릉과 영조의 원릉을 展謁하였다.[103] 한달 뒤인 3월에는 '올해가 純祖가 태어난 해'임을 강조하면서 純祖의 仁陵과 仁祖의 長陵으로 행차하였으며, 輦路 근처에 있는 祖父 恩彦君, 生父 全溪大院君과 完陽府大夫人의 묘에 예방승지를 파견하여 살피게 하였다. 환궁길에는 黔巖碑閣所 근처에 있는 生母 龍城府大夫人의 묘에 직접 나아가 展拜하였다.[104]

철종의 祖父 은언군은 사도세자의 아들이며, 生父 전계군은 그의 셋째

---

100) 순조의 인릉은 철종 7년(1856)에 태종의 헌릉 오른쪽으로 이장하기 전까지 장릉(현재 경기도 파주시 갈현리 소재) 옆에 있었다.(李相鎔 편, 1995, 『왕릉』, 한국문원, 303쪽)
101) 왕릉 천릉과 정치권의 동향에 대한 자세한 내용은 다음의 연구 참조.
이희중, 2001, 「17,8세기 서울 주변 왕릉의 축조, 관리 및 천릉 논의」『서울학연구』, 17
鄭萬祚, 1999, 「19세기 전반기 조선의 정치개혁 움직임과 근대화」『韓國學論叢』21
102) 『철종실록』권48, 철종 1년 2월 丙寅
103) 『철종실록』권48, 철종 1년 2월 丙子
104) 『日省錄』철종 원년 2월 10일~12일

아들이다. 순조 1년(1801)에 은언군은 처 송씨와 맏며느리 신씨가 周文謨 신부와 관련된 일로 인하여 賜死되었으며, 전계군 등은 강화도에 위리안치되었다. 이후에도 전계군은 순조 12년(1812)에 朴鍾一 역모 사건에 연루되어 계속 신료들의 공격 대상이 되었으나 순조의 강력한 비호로 죽음을 면할 수 있었다. 순조 22년(1822)에 위리안치가 해제되고 전계군은 일반민과 똑같이 살 수 있게 되었으며, 혼인도 할 수 있었다. 순조는 예물을 보내 전계군의 혼인을 지원하였다. 전계대원군에게는 세 부인이 있었는데, 철종은 두 번째 부인인 용담 廉氏 소생이었다. 1849년 순원왕후에 의해 철종이 왕위에 오르자 은언군 내외의 관작이 복작되었고, 君號가 없었던 生父 王廣은 '全溪大院君'으로, 전계군의 첫 부인 崔氏는 完陽府大夫人, 生母인 廉氏 鈴原(후에 龍城)府大夫人으로 봉작되었다.[105]

　이와 함께 이들의 墓와 墓道를 改封築하고 수호를 설치하며 守墓軍을 정하는 등의 조처가 취해졌다.[106] 그러므로 철종이 순조의 인릉을 참배하고, 전계대원군과 용성부대부인의 묘를 돌아본 것은 정치적으로 여러 의미를 지니는 중요한 행차였다. 철종은 位次上 조카인 憲宗의 뒤를 이었지만 世次上 先考에 해당하는 순조의 왕릉에 행차함으로써 자신이 영조의 유일한 혈손임을 내세웠고 왕위 계승의 정당성을 과시할 수 있었다. 또한 불우하게 살다 돌아가신 祖父와 生父母의 새로 단장된 묘를 돌아 볼 수 있었다.

　철종은 거의 매년 봄·가을에 능행을 다녔으며, 純祖의 仁陵을 자주 찾았다.[107] 재위기간 동안에 시행한 능행 횟수가 모두 32 차례인데 인릉 행차는 13회였다. 인릉은 원래 파주의 長陵 근처에 있었으며 철종 7년(1856)에 풍수상 불길하다는 논의가 일어나 태종의 헌릉 오른쪽으로 이장하였고, 이듬해 승하한 순원왕후를 합장하였다. 이 때문에 철종은 이곳을 자주 다녀간 것이다.

---

105) 은언군과 전계대원군에 대한 자세한 사항은 李迎春, 1998, 『朝鮮後期 王位繼承 硏究』, 集文堂, 334~342쪽
106) 『철종실록』 권48, 즉위년 6월 癸未, 癸巳 ; 8월 甲戌
107) 〈표 1-3〉 철종대의 왕릉 행차 참조.

제1장 勢道政治期 국왕권의 약화와 왕실행사의 형식화   49

〈표 1-3〉 철종대의 왕릉 행차

연월일 \ 장소	건원릉	숭릉	원릉	수릉	경릉	명릉	일릉	홍릉	창릉	희릉	효릉	헌릉	인릉	장릉	광릉	건릉	현륭원	휘경원	순강원	은언군묘	전계대원군묘	용성부대부인묘	완양부대부인묘
1년(1849) 2월	O		O		O																		
3월								O													O	O	
8월				O														O					
2년(1850) 3월								O												O	O	O	
윤8월	O			O																			
3년(1851) 2월													O	O									
8월						O	O	O													O		
4년(1852) 2월			O																				
8월										O												O	
5년(1853) 3월													O	O									
8월		O		O																			
8월																						O	
6년(1854) 2월													O	O									
3월	O																O						
8월								O	O				O										
8월			O																				
9월															O								
7년(1855) 2월												O											
3월																				O	O		O
4월				O									O						O	O			
8월												O											
8년(1856) 2월												O											
8월												O											
9년(1857) 1월												O											
10년(1858) 2월												O											
8월												O	O										
11년(1859) 3월												O	O	O									
윤3월			O		O											O				O	O	O	
12년(1860) 2월												O											
9월					O																		
13년(1861) 9월												O									O		
14년(1848) 3월				O	O												O			O	O		
합	3	1	2	5	6	2	1	1	1	1	1	4	13	4	4	3	3	5	3	4	9	5	2

출전 : 『철종실록』, 『일성록』 왕릉 행차 관련 기사

철종은 재위기간 동안 전계대원군과 용성부대부인의 묘소에도 9차례 행차하였다. 그러나 이들의 묘는 仁陵과 長陵, 또는 예종의 昌陵, 익종의 綏陵 등을 참배한 뒤 환궁길에 들르는 형식을 취하였다. 이 때문에 철종의 능행선지는 환궁 길에 파주 근처 전계대원군 등의 묘를 가기 위해 정해진 듯한 인상도 주었다. 전계대원군의 묘는 철종·7년(1856)에 포천으로 이장되었다.[108] 〈표 1-3〉에서도 확인되듯이 이후부터 철종은 포천에 있는 세조의 光陵을 참배하면서, 환궁 길에 반드시 전계대원군의 묘를 돌아보았다.[109]

〈표 1-3〉을 보면, 철종 6년(1855)과 7년(1856)에 능행이 잦았음을 알 수 있다. 그런데 이 시기는 대부분 왕릉 移葬을 위한 것이었다. 6년 8월의 수릉 행차 역시 이장 때문이었다. 수릉은 원래 순조 30년(1830) 8월에 懿陵 왼쪽 언덕에 장사지냈는데, 풍수상 불길하다는 논의에 따라 헌종 12년(1846) 5월에 楊洲 龍馬山 아래로 옮겼다가 바로 이때 건원릉의 왼쪽으로 이장한 것이었다.[110] 앞서 살펴보았듯이 철종 7년 3월에는 전계대원군의 묘를, 같은 해 8월에는 인릉을 이장하였다.

순조대 이후 매년 행해지는 국왕의 왕릉 참배 횟수는 영·정조대에 비해 크게 줄어들지 않았다. 그러나 그 정치적 의미는 같을 수 없다. 영·정조대의 능행이 중요했던 이유는 국왕이 직접 민의를 수렴하고 민원을 해결한다는 사회 정치적 기능을 가지고 있었기 때문이었다.[111] 능행시 허용되었던 上言과 擊錚은 백성들이 자신의 冤抑을 국왕에게 직접 하소연하는 訴冤制度의 하나로서 영·정조대 민의 성장과 국왕권의 강화 및 국정운영의 변화 등을 보여주는 것이었다고 할 수 있다.

純祖代는 18세기에서 19세기로 넘어가는 전환기였으므로 어떤 부문은

---

108) 『철종실록』 권48, 철종 6년 10월 丙辰 ; 7년 3월 壬申
109) 『철종실록』 권48, 철종 11년 윤 3월 壬寅 ; 14년 3월 庚戌
110) 李相鎔 편, 1995, 『왕릉』, 한국문원, 308쪽
111) 한상권, 1997, 「民訴의 활성화와 민본정치」 『역사비평』 37
    이태진, 1998, 「18세기 韓國史에서의 民의 사회적·정치적 位相」 『진단학보』 88

18세기 후반기 正祖代의 사회 분위기가 여전히 답습되었으며, 한편에서는 전 시기와 다른 변화가 나타났다. 국왕권과 관련해서도 이러한 모습을 찾을 수 있다. 순조대 이후에도 능행에서의 上言捧入과 擊錚은 계속 허락되었다.[112] 그러나 상언과 격쟁이 어떻게 처리되었는지, 어떤 의미가 있는지 구체적인 기록은 쉽게 찾을 수 없다. 상언과 격쟁에 대한 기록은 『日省錄』에 가장 많이 수록되어 있는데, 순조대 이후에는 그 내용이 이전에 비해 상당히 소략해져 정조대의 약 60% 정도에 불과하다. 특히 冤訴의 내용이 그대로 보고되는 격쟁에 비해 승정원에서 외람된 것을 가려내는 상언은 관련 기록이 거의 발견되지 않는다. 이것은 19세기 이후 관찬사료의 전반적인 부실화 경향과 함께 당시 국정 운영 과정에서 상언·격쟁 등에 어느 정도의 관심을 가지고 처리하였는가 와도 관련이 있다. 즉 이 시기의 상언·격쟁은 소원제도로서의 활력을 잃고 있었던 것이다.[113]

순조 재위기간 중 상인과 격쟁이 활성화되었던 시기는 순조 8~10년과 27~31년 두 차례가 있었다. 첫 시기는 정순왕후의 수렴청정이 끝나고 순조가 직접 정사를 돌보기 시작한 이후부터 순조 11년(1811) 홍경래 난이 발발하기 직전까지다. 특히 순조는 그의 나이 19세가 되던 순조 8년(1808)부터 왕권을 강화하고 국정을 장악하려는 확실한 노력을 보였는데, 바로 이 시기에 상언·격쟁도 활성화되었다. 두 번째는 효명세자가 정조대의 정치 계승을 표방하면서 국왕권 강화를 시도하던 때이다. 세자는 대리청정을 개시한 직후 일대 정치 개혁을 단행하여 흩어진 민심을 수습하겠다고 선언하고 民隱과 民訴를 중시하였다. 그는 중앙과 지방의 獄案 및 士·民의 상언은 아무리 많아도 반드시 먼저 열람하고, 해당 官司에 移付하거나 곧바로 判下하는 것을 常道로 삼았다. 이러한 개혁정치에 힘입어 안동 김씨 세력을

---

112) 19세기 상언·격쟁에 대한 내용은 한상권, 2002, 「19세기 民訴의 양상과 추이」 박충석 외, 『국가이념과 대외인식 - 17~19세기』, 아연출판부 참조.
113) 한상권, 1997, 「民訴의 활성화와 민본정치」 『역사비평』 37, 24~26쪽 ; 84~99쪽

억누르고 정국운영의 주도권을 장악할 수 있었다. 이것은 이 시기 상언·격쟁의 활성화가 국왕의 국정 장악력과 사회 개혁의지와 밀접한 관련이 있었음을 보여주는 것이다.[114]

이에 비해 헌·철종대에는 상언과 격쟁의 사회적, 정치적 기능이 현저히 감소하였다. 헌종과 철종은 능행 후 환궁길에 매번 上言의 捧入을 지시하였지만 그 뒤 상언에 대한 보고나 처리기록은 거의 보이지 않는다. 격쟁件은 자세히 보고하는 경우가 종종 있었으나, 상언은 철종 5년(1854) 3월의 능행 때에 '京外上言 140장 중 103장은 외람하여 拔去하고, 37장은 각 該司에 분부하였다'는 기사와 철종 7년(1856) 2월의 헌릉 행행 때에 '京外上言이 19장'이라는 기사 정도만 확인될 뿐이다.[115] 『일성록』의 기록 내용도 현저히 소략해져 그 사료적 가치마저 떨어질 정도다. 이 시기의 이러한 현상은 청원 내용을 '子孫爲祖父母·妻爲夫·弟爲兄·奴爲主' 등의 四件事로 국한하고자 하는 등의 통제책이 강화되면서, 상언·격쟁의 내용이 사회 문제화되지 못하였고, 정치권의 관심도 끌지 못할 정도로 의미가 없어졌다는 것을 뜻한다.[116]

능행의 정치·사회적 기능은 약화된 반면에 依例的인 비중은 더욱 증가하였다. 순조대 이후 능행에 수반되는 여러 행사는 영·정조대와 마찬가지로 그대로 행해졌다. 그러나 이 시기의 능행은 국왕의 至親과 5代祖 이내 先王들의 능을 참배하는 依例的인 것이었다.[117] 특히 철종의 경우 그의 왕위 계승은 영조의 유일한 혈맥이라는 명분을 내세워 이루어졌지만, 이런

---

114) 한국역사연구회(19세기정치사연구반), 1990, 『조선정치사 1800~1863』, 청년사, 85~90쪽
　　金明淑, 1997, 「19世紀 反外戚勢力의 政治動向」 『朝鮮時代史學報』, 3, 193~197쪽
115) 『日省錄』 哲宗 5年 3月 13日 ; 哲宗 7年 2月 21日 기사 참조.
116) 한상권, 2002, 「19세기 民訴의 양상과 추이」 박충석 외, 『국가이념과 대외인식 - 17~19세기』, 아연출판부
117) 이태진, 1995, 「18~19세기 서울의 근대적 도시발달 양상」 『서울학연구』 4, 17쪽

이유보다는 국왕으로서의 입지가 취약한 인물을 왕으로 정함으로써 수렴 청정을 하는 순원왕후와 그 친정인 안동 김씨 가문의 지위를 공고히 유지 하려는 의도가 컸다고 할 수 있다. 제대로 교육받지 못하고, 부모 형제도 없으며, 외가도 한미한 왕실 방계 자손인 철종은 당연히 국왕권을 충분히 발휘할 수 없었다.[118] 반면에 조상에 대한 典禮 행사는 잦아졌다. 대표적인 것이 바로 陵廟 행차였다. 이것은 국왕이 왕실 방계 인물이어서 그 전례 대상이 많아진 것과도 관계가 있지만, 다른 면에서는 왕권의 약화된 정통 성을 만회하고자 하는 것이기도 하였다.[119] 한편, 세도 문벌 가문의 입장에 서도 그 권력 자체가 國婚 관계를 통한 것이므로 국왕 권위의 外樣的 위축 은 결코 바람직한 일이 아니었다. 이러한 이유로 국왕의 위상을 과시할 수 있는 능행은 계속 존속되었다. 그리고 세도 문벌 가문은 이를 주관함으로 써 그 권력을 합리화하고 국정 주도의 상징으로 삼았던 것이다.[120]

2) 御眞圖寫와 봉안절차의 축소

국왕의 초상화인 御眞은 국왕의 존재를 상징적으로 대신하는 것으로 왕 자신과 동일시되었다. 이 때문에 어진의 주위에는 반드시 五峯山圖가

---

118) 철종의 어머니 용담 염씨 가문은 19세기에 문과 점유율이 1% 이상인 姓貫에도 들지 못할 정도로 한미하였고, 무슨 이유에서인지 강화에 있는 장적의 본관을 용담에서 파평으로 바꾼 것이 탄로나 그 행위를 한 廉宗秀가 참수당하였다. 이 에 따라 철종의 생모 작호도 '鈴原府大夫人'에서 '龍城府大夫人'으로 바뀌었다. 철종도 외가가 매우 한미한 가문인 것을 부끄럽게 여겼다고 한다. 이에 대한 자 세한 사항은 홍순민, 1992, 「19세기 왕위의 승계 과정과 정통성」 『국사관논총』, 40, 43~45쪽 참조.
119) 홍순민, 1992, 「19세기 왕위의 승계과정과 정통성」 『국사관논총』 40, 37쪽
120) 특별한 공덕이 있는 왕을 종묘에서 영원히 제사하도록 한다는 '世室의 전례'가 19세기에 이르러 더욱 일반화되고 각 왕이 죽은 뒤 그것이 결정되는 시기도 일 러졌던 것도 위와 같은 예라고 할 수 있다.(오수창, 1997, 「세도정치의 성립과 전개」 『한국사』, 32 국사편찬위원회, 216~217쪽)

배치되었으며,[121] 그 제작과 眞殿 봉안은 성대한 儀禮와 절차에 따라 행해졌다.[122]

조선은 太祖 때부터 御眞을 제작하여 眞殿에 봉안하였다. 특히 태조의 진전은 함흥의 濬源殿, 개성의 穆淸殿, 전주의 慶基殿 등 6곳을 두었으며,[123] 그 밖의 역대 先王과 先后의 晬容을 봉안하기 위해 璿源殿을 세웠다. 그러나 양란을 거치면서 역대 선왕의 어진과 진전은 거의 소실되었으며, 璿源殿과 慶基殿의 太祖 영정, 南別殿(후에 永禧殿)[124]의 世祖와 元宗의 영정만이 남게 되었다.[125]

이에 숙종대 이후로는 先代의 影幀을 模寫하는 일을 국가의 중대사로 간주하여 都監을 설치하고 절차를 마련하는 등의 준비를 거쳐 신중하게 거행하였다. 이와 함께 새 어진이 완성되면 이를 眞殿에 봉안하는 행사 역시 성대하게 실행하였다.[126] 그런데 숙종대와 영·정조대의 이러한 행사는

---

121) 五峯山圖는 日月圖라고도 부르며, 그 圖象은 『詩經』의 天保詩에서 유래하였다고 한다. 天命과 王權을 상징하며 왕이 正坐하는 곳이면 어디든지 배치되어 되었다.(이성미, 1994, 「유교전통과 조선왕조의 어진」 『유교문화의 보편성과 특수성』, 한국정신문화원, 450쪽)
122) 어진은 그려지는 대상과 제작 방법에 따라 대략 圖寫, 模寫, 追寫 등 세 가지로 분류된다. 圖寫는 국왕이 생존해 있을 때에 직접 보고 그린 것이고, 模寫는 기존의 어진을 보고 다시 그린 것이다. 追寫는 국왕이 승하한 뒤에 그리는 것을 말한다.(趙善美, 1983, 『韓國의 肖像畵』, 悅話堂, 148쪽)
123) 조선 초기 태조의 진전은 서울에 文昭殿이 있었는데 세종대에 폐지되었고, 외방에 세워진 것 가운데 慶州府에 集慶殿, 平壤府의 永崇殿 등은 임진왜란 이전까지 존속되었던 것으로 추정된다. 朝鮮初期 眞殿에 대해서는 趙善美, 1983, 『韓國의 肖像畵』, 悅話堂, 110~116쪽 참조.
124) 南別殿은 서울 북쪽에 위치하고 있으며, 원래 中宗 妃 端敬王后가 폐위된 뒤에 거쳐하던 궁이었다. 광해군 2년(1610)에 생모인 恭嬪의 廟로 삼으면서 남별전이라고 불렀으며 이후 太祖와 世祖, 元宗의 영정을 모셨다. 숙종 3년에 증축한 뒤에 영희전이라고 이름을 바꾸었다. 기타 자세한 내용은 金永模, 1999, 「朝鮮時代 祠廟空間의 構成에 關한 硏究」 『서울학연구』 9 참조.
125) 조선미, 1983, 『韓國의 肖像畵』, 悅話堂, 115쪽·119쪽
126) 현 국왕의 어진 제작은 비공식적으로 이루어져 그 진행과정을 기록한 문헌을

御眞을 模寫하고 봉안하는 단순한 행사가 아니었다.[127] 국가의 典禮를 재정비하면서 국왕의 위상을 강화시키려는 의도가 반영된 정치적인 행위였다.

한편, 정조대 이후 현 국왕의 御眞 圖寫 사업은 규장각의 책임 아래 대략 10년에 한 차례씩 행하는 왕실 행사로 자리잡았다.[128] 순조대에도 8년(1808)과 30년(1830)에 어진 도사 행사를 거행하였다. 순조 8년에 그려진 어진은 그 도사 과정과 봉안절차를 알 수 없으나 순조 30년의 제작과 봉안 행사의 시행 절차는 확인할 수 있다.[129] 당시 대리청정을 하고 있던 효명세자가 이 일을 주관하였는데, 세자의 명에 따라 吉日을 택해 시작하였으며, 監董閣臣으로 檢校提學 金祖淳, 原任直提學 金路, 直提學 徐熹純 등이 임명되었다. 특히 효명세자의 신임을 받고 있던 원임직제학 김로[130]가 감동관을 맡았다는 것은 이 행사에 대한 세자의 깊은 관심을 보여준다. 어진이 완성되자 세자는 직접 표제를 써서[131] 正祖代의 절차에 따라 의례를 갖추어 奎章閣에 봉안하였다. 순조 8년에 그린 大·小本도 이때 함께 봉안하였다.[132]

찾기가 쉽지 않다. 그러나 선대의 영정 모사는 대개 공식적인 도감을 설치하여 작업을 하였기 때문에 이를 기록한 여러 종의 『의궤』가 남아 있다.
127) 영·정조대의 어진 제작에 대한 자세한 사항은 陳準鉉, 1994, 「영조, 정조 어진도사와 화가들」 『서울대학교박물관연보』 6 참조.
128) 영·정조대 御眞 圖寫에 대해서는 다음의 논저 참조.
陳準鉉, 1994, 「영조, 정조대 어진도사와 화가들」 『서울대학교박물관연보』, 6
이완우, 2001, 『영조대왕의 글·글씨』, 궁중유물전시관
129) 『御眞圖寫事實』(藏 K2-2761)
130) 김로에 대한 사항은 김명숙, 1997, 「19세기 반외척세력의 정치동향」 『조선시대사학보』, 3, 179~183쪽 참조.
131) 이때 효명세자의 어진도 제작된 듯하다. 효명세자는 순조 26년과 27년에도 자신의 어진을 도사한 듯하나 확인할 수 없다.(조선미, 1983, 『韓國의 肖像畵』, 悅話堂, 153쪽) 헌종 3년 당시에 효명세자의 어진은 대본, 면복본 등 여러 본이 있었다.(『헌종실록』 헌종 3년 4월 甲寅)
132) 『御眞圖寫事實』 庚寅 四月 初一日, 初四日
이때 효명세자는 서향각에서 순조의 영정을 받들어 규장각에 봉안하였다. 원래 서향각은 어진을 봉안하는 장소가 아니라 포쇄 등의 작업을 위하여 임시로 놓

이에 비해 헌종은 즉위 후 12년이 지나서야 자신의 어진을 그리도록 하였는데, 그 절차가 무척 간단하였고 특별한 행사도 없었다.[133] 헌종 12년 (1846) 8월에 왕은 '다음날 圖寫를 시작하는데 모든 것은 안에서 마련한다'고 하면서 監董 閣臣提學 趙秉鉉, 檢校提學 金興振, 檢校直閣 尹定鉉 등을 待令하게 하였다. 한 달 뒤인 9월에 그림이 완성되자 시원임대신과 승지들에게 보이고, 며칠 뒤에 이 행사에 참여했던 사람들에게 상을 내렸다. 이때의 어진은 軍服本과 袞服本, 冕服本 등 3본이 제작되었다. 그러나 어떠한 절차를 거쳐 어느 진전에 정식 봉안되었는지는 정확히 알 수 없다.[134]

철종의 어진 도사 행사는 3년(1852)과 12년(1861)에 있었으며 어진은 주합루에 보관하였다. 철종 3년의 경우 필요한 모든 것을 안에서 마련하되 제반 儀節은 前例에 의해 거행하도록 하였는데, 주로 순조 30년(1830)의 사례를 준거로 삼았다. 大本 1건과 小本 1건의 길이와 넓이를 비롯하여 어진을 봉안한 뒤에 봉심하는 절차도 모두 순조 30년의 전례를 따르도록 하였다. 이에 따라 철종 3년 3월에 檢校直提學 金炳冀, 直提學 南秉哲, 檢校待敎 金炳國 등이 監董閣臣으로 임명되었고, 그 해 5월에는 시원임대신, 각신, 종친, 의빈, 척신 등의 신료들이 입시하여 초본을 살펴보았다. 8월에는 철종이 친히 標題를 써서 주합루에 봉안하였다. 철종 12년(1861) 2월에 시작하여 그 해 4월에 완성한 어진도 철종 3년 때와 거의 비슷한 제작과 봉안 절차를 거쳐 마무리되었다.[135]

아 두는 곳이었다. 그런데 순조 3년(1803)에 인정전의 화재로 선원전까지 피해를 입자 이후부터 서향각에 어진을 봉안하는 경우가 있었다.(『순조실록』 순조 3년 12월 甲戌)

133) 헌종 12년 전후기간은 헌종이 그 나름대로 국정 운영의 주체가 되려는 노력을 하던 시기이다. 헌종은 12년 윤 5월에 순조와 익종의 어진을 정비하여 봉안하게 하였고, 이어 자신의 초상화도 제작하였다. 헌종대의 정국에 대한 자세한 사항은 오수창, 1997, 「세도정치의 성립과 전개」『한국사』, 32 국사편찬위원회, 274~275쪽 참조.

134) 헌종 12년의 어진 제작 과정은『御眞圖寫事實』「憲宗朝御眞圖寫時」 참조.

영·정조대 선왕의 御眞圖寫는 국왕권의 위상을 강화시키고자 하는 의도 속에서 이루어졌다. 옛 일을 기념한다든가 또는 영정이 훼손되고 眞殿이 확장되었다는 등의 이유로 先代의 影幀 模寫 행사가 여러 차례 성대히 거행되었다.[136] 그러나 순조대 이후에는 純元王后 金氏의 수렴청정기간인 헌종 4년(1838)에 단 한 차례 시행되었을 뿐이었다.

헌종 3년(1837) 10월에 함흥부 濬源殿에 기물을 훔치러 들어간 定平 주민 元大益이라는 태조의 영정을 잘못 건드려 훼손한 사건이 일어났다.[137] 咸鏡監司 徐耕輔가 이 사건을 중앙에 보고하자, 순원왕후는 즉시 豊恩府院君 趙萬永, 永興府院君 金祖根, 行禮曹判書 鄭元容, 奉朝賀 南公轍, 右議政 朴宗薰 등을 불러 이 일을 해결하도록 지시하였다. 이에 左議政 朴宗薰과 禮曹判書 李紀淵을 준원전에 파견하여 영정을 수습해 오도록 하였고,[138] 헌종은 예조의 건의에 따라 3일 동안 素服을 입고 卒哭을 하며 종묘에서 慰安祭를 지냈다.[139] 이어 도감을 설치하였는데, 도제조에 左議政 朴宗薰, 제조에 行戶曹判書 趙寅永, 兼禮曹判書 金逌根을 임명하였다.[140]

그 해 12월에 준원전의 훼손된 영정은 慶熙宮 光明殿에 모셔졌고, 바로 어진 모사 작업이 시작되었다. 헌종 4년 2월 22일에 영정이 완성되자[141] 헌종은 구본과 신본을 받들고 작헌례를 행했으며, 영정의 표제도 직접 써

---

135) 『御眞圖寫事實』 壬子 四月 十五日 ; 八月 初三日
136) 숙종 14년(1866)에는 태조가 위화도에서 회군한 지 300년이 된 것을 기념하여 태조의 영정을 모사하였고, 영조 11년(1735)에는 세조의 영정이 낡았기 때문에 다시 제작하였다. 이밖에도 영조 24년(1748)에 숙종의 어진을 모사하였다. 그리고 각 진전의 봉안 행사도 성대히 거행되었다.
137) 『헌종실록』 권48, 헌종 3년 10월 癸亥
138) 『헌종실록』 권48, 헌종 3년 10월 甲戌
139) 『헌종실록』 권48, 헌종 3년 10월 戊辰 ; 『影幀模寫都監儀軌』(奎 13980) 「承傳」 丁酉十月初四日
140) 『影幀模寫都監儀軌』(奎 13980) 「座目」
141) 영정 모사 작업 및 준원전 환안행사에 대한 과정은 『影幀模寫都監儀軌』(奎 13980) 「時日」 참조.

서 내렸다.[142] 같은 달 27일 태조의 새 영정이 준원전을 향해 進發할 때에 헌종은 돈화문에 나와 祗送하였다.[143] 태조의 영정은 헌종 4년 3월 6일에 준원전에 봉안되었고, 이를 기념하여 가을에 北道의 道科를 설행하도록 하였다.[144]

    19세기 세도정치기인 헌종대의 선대 영정 모사 및 봉안에 관한 일련의 과정을 보면 앞서 탕평이 추진되던 시기의 행사와 차이가 있었음을 알 수 있다. 탕평정치기 先代의 影幀 模寫 행사는 왕권강화 시도의 하나로 처음부터 국왕들이 주도하였다. 그러나 헌종대에는 영정이 훼손되어 이를 다시 제작해야만 하는 상황이 벌어진 후에 행사가 추진되었다. 이것도 국왕이 아니라 당시 수렴청정을 하던 순원왕후 김씨가 주도하였으며, 안동 김씨와 풍양 조씨, 반남 박씨 등 세도 가문 출신들이 실질적인 행사를 담당하였다. 이 과정에서 국왕은 前例에 따라 儀禮를 행할 뿐이었다. 따라서 숙종이나 영조 때의 행사에 비해 그 규모와 정치적인 상징성은 축소될 수 밖에 없었던 것이다.

---

142) 『影幀模寫都監儀軌』(奎 13980) 「承傳」 戊戌 2월 12일
143) 『헌종실록』 권48, 헌종 4년 2월 己巳
144) 『影幀模寫都監儀軌』(奎 13980) 「時日」 戊戌 2월 11일
　　"傳曰 濬源殿御眞移模還奉 此實國家莫大之慶典 而追惟我太祖大王睠顧豊沛之 盛念 豈無此時識喜之擧 北道道科除初試 以秋間擇日設行 試官以道臣爲之事分付"

제2장

高宗의 즉위와 經筵의 활성화

1. 경연 기능의 회복

1) 別講의 성립과 기능 변화

1863년 12월에 大王大妃 神貞王后 趙氏[1]는 李昰應(1820~1898, 뒤에 興宣大院君)의 둘째 아들인 12살의 命福(高宗)을 哲宗(재위 1849~1863)의 계승자로 결정하였다. 이에 고종은 冠禮를 행하고 왕위에 올랐다. 그러나 그는 나이가 어린 미성년자였을 뿐 아니라 私邸에서 자랐기 때문에 王者로서의 학문 역량과 정세 판단 능력이 부족한 미숙하다고 인식되었다.[2] 그러므로 고종에게 가장 중요한 일은 우선 經筵을 통해 王者로서의 학문적 기초와 통치술을 습득하는 것이었다.

어린 시절을 私邸에서 보낸 고종은 궁궐에 들어오면서 여러 가지 변화를 겪었다. 그 가운데 가장 큰 변화의 하나는 학업이었다. 이것은 어린 시절부터 해 온 익숙한 일이지만,[3] 왕이 된 뒤의 講學은 그 의미부터 이전과는 비교할 수 없는 것이었으며 수업방식과 교재 등 여러 면에서 다른 것이었다.[4]

---

1) 神貞王后 趙氏(1808~1890)는 翼宗(孝明世子)의 妃로서 일명 '趙大妃'라고 부른다. 본관은 豊壤이며, 豊恩府院君 萬永의 딸로서 순조 19년(1819) 세자빈에 책봉되었다.
2) 洪順敏, 1992, 「19세기 왕위의 승계과정과 정통성」 『국사관논총』 40, 34쪽
3) 고종은 잠저에서 高奭鉉에게 글을 배웠다고 하였다. 고석현은 고종 즉위 후 陽川縣令, 洪川縣監, 高陽郡守, 林川郡守 등을 지냈다.(『고종실록』 고종 1년 9월 壬戌, 고종 4년 2월 戊子·9월 丁卯, 고종 7년 1월 丙子, 『承政院日記』 高宗 4년 2월 4일 기사 참조)
4) 儒學에서 학문의 근본은 天子와 庶人 모두 '修身'이지만 농부나 재상 같은 이와 帝王이 미치는 바는 각각 다르다. 일반인들은 생산 기술을 익히거나 왕을 보필하기 위하여 학문을 배우지만, 제왕의 강학 목적은 '治平'을 위한 것이다. 이러한 차이는 다음 글에서 간단 명료하게 살펴 볼 수 있다.
"論曰大學云 自天子至於庶人 皆以修身爲本 盖其所本則雖同 而至於覃被之止限 則自有所處 所習之不同 農圃之學以收穫爲所止之限 周孔之學以輔相爲所止之限

고종 즉위년(1863) 12월 13일 국왕의 즉위식과 신정왕후의 垂簾聽政 의식을 행한 그 날부터 신정왕후와 신료들은 고종의 講學을 가장 중요한 과제로 상정하였다. 領府事 鄭元容과 判府事 金興根, 領議政 金左根, 左議政 趙斗淳 등은 한결같이 '典學'의 중요성에 대해 아뢰었다.[5] 이와 함께 신료들은 국왕의 학업 수준과 공부 태도에 깊은 관심을 표명하였다. 이때 고종은 私邸에서 『史畧』初卷을 공부하고 있었다.[6]

고종 1년(1874) 1월 13일에 領議政 金左根이 經筵의 講規를 정하자고 제안하면서 경연에 대한 공식적인 논의가 시작되었다.[7] 신정왕후는 '法講'으로 하면 국왕이 아직 어려서 공부하기 어려우므로 勸講例로 하는 것이 좋겠다는 의견을 제시하였다. 그러자 조두순은 勸講은 內閣에서 거행하고 講規는 甲午年(1834, 헌종즉위년)의 규례를 참작해서 마련하겠다고 아뢰었다. 이때 신정왕후는 간편하게 하여 뜻을 쉽게 깨우치게 할 것을 다시 한번 당부하였다.[8] 이처럼 고종의 공식적인 첫 경연이 권강의 방식으로 결정

帝王之學以治平爲所止之限"[崔漢綺, 『講官論』(奎 4814) 「帝王學」참조]

5) 『日省錄』 高宗 즉위년 12월 13일 「奉大王大妃殿行垂簾聽政禮于熙政堂」
   신료들의 위와 같은 아룀은 새 왕이 즉위했을 때의 의례적인 행사일 수도 있으나 그렇다고 하여 그 중요성이 떨어지는 것이 아니다. 더구나 私邸에서 성장한 어린 왕에게는 무시할 수 없는 요인이었다.

6) 『일성록』 高宗 즉위년 12월 13일
   "元容曰殿下潛邸時 讀何書乎 予曰史畧初卷也 元容曰讀幾行乎 予曰三數行矣 元容曰讀幾遍則成誦乎 予曰五六遍則可誦矣 元容曰對書 果不厭讀乎 予笑而不答 大王大妃殿曰雖厭讀 豈可對卿等稱乎"

7) 고종 즉위 후 실질적인 강학활동은 고종 1년 1월 12일 召對에서 『孝經』을 강함으로써 이미 시작되었다.(『日省錄』 高宗 1년 1월 12일 「行召對于重熙堂 講孝經」)

8) 『승정원일기』 고종 1년 1월 13일
   "左根曰 講規稟定恐好矣 大王大妃殿曰 以法講爲之 則冲齡講學 似有難便 以勸講例爲之似爲矣 斗淳曰 勸講自內閣擧行 而講規則參酌甲午年例 筵退後 當稟達矣 大王大妃殿曰 以簡便爲之 易於曉義可也" 이러한 논의가 있은 지 며칠 뒤 묘당에서는 '甲午勸講例'를 참조하여 條目을 마련하였다. '갑오권강례'의 내용을 확인하기는 어렵지만, '甲午년'은 헌종 즉위년(1834)이므로 고종의 권강례는 헌종의 권강례에 의거하여 작성된 것으로 추정할 수 있다.

된 것은 신정왕후의 의견을 따른 것이었다.

권강은 純祖즉위 직후에 등장한 경연의 한 방식으로 형식과 절차를 간소화한 것이었으며, 헌종대에도 실시된 바 있다.9) 고종 1년(1864) 1월 15일에 묘당에서는 다음과 같은 권강의 條目을 올렸다.

1. 강독하는 책은 『孝經』이다.
2. 홍문관의 入直 上下番 중에 매일 한 명씩 번갈아 참여한다.
3. 文衡과 閣臣을 거친 관원 가운데 提學을 지낸 사람이 매일 한 명씩 번갈아 참여한다.
4. 국왕이 먼저 전에 배운 것을 한 차례 읽은 다음 講官이 새로 배울 부분을 읽고 이어 뜻을 해석한다. 국왕이 새로 배운 부분을 열 차례 읽고, 강관 이하 관원이 각각 글 뜻을 진달하고 의심스러운 부분이 있으면 다시 질문한다.
5. 5일마다 大臣 한명이 번갈아 참여하여 글 뜻을 진술하고, 5일 동안 배운 부분 가운데 몇 구절을 들어 질문을 하거나 부연 설명한다.
6. 매일 권강하는 이외에도 召對를 하되, 홍문관의 상하번 및 입직 또는 仕進한 閣臣이 前例대로 참석한다. 講規는 書筵할 때의 소대 규정에 의거하여 하되, 국왕은 권강할 때에 배운 부분을 열 차례 읽는다.
7. 권강할 때 御座는 坐講으로 마련하고, 陪講한 신료들은 권강할 때 起坐한다.10)

---

9) 본 연구의 1장 2절 참조
10) 『승정원일기』 고종 1년 1월 15일
"又以弘文館 時原任大臣意啓曰 慈殿下敎 有大殿講學規式 爛商以聞之敎 謹依甲午勸講時已例 自廟堂 參酌講定 成出條目入啓 勸講條目"
一. 講冊孝經
一. 玉堂入直上下番中 每日一員輪回入參
一. 曾經文衡及閣臣中 曾經提學人 每日一員輪回入參
一. 自上先誦前受音一通後 入侍講官 讀奏新受音 仍爲釋義 自上受讀十遍 講官以下 各陳文義 而亦或拈出其疑義 反復仰質
一. 每五日 大臣一員輪回入參 陳說文義 而亦就五日間所受讀中 拈出若干條或仰質或敷奏

위의 조목에 따라 같은 달 17일부터 권강이 시작되었다.[11] 문형, 각신 및 제학의 경력을 지닌 관료가 講官이 되어 권강을 주도하였으며(조목 3) 玉堂의 관원들은 侍讀官이나 檢討官의 자격으로 한 명씩 참석하였다.(조목 2) 承旨도 參贊官으로 입시하였고, 이밖에 假注書, 記事官 등 6명 정도가 참석하였다.[12] 위의 규정처럼 5일마다는 아니지만 大臣들도 가끔 참여하였는데(조목 5), 이럴 경우 이전에는 大臣과 講官이 순서 없이 강독하던 것을 위의 규정에 따라 강관이 먼저 강독한다든지,[13] 고종이 새로 배운 부분을 반드시 열 차례씩 읽는다든지(조목 4) 등의 일들이 규정대로 진행되었다.

절차와 의례가 정해지면서 勸講은 점차 '別講'의 하나로 자리잡았다. 이러한 사실은 경연의 강규를 기록한 『弘文館志』에서 확인할 수 있다. 영조대와 정조대에 각각 편찬된 『홍문관지』에는 권강과 진강 등 별강에 대한 내용이 수록되어 있지 않다.[14] 그러나 고종 7년(1870)에 편찬된 『홍문관지』에는 '최근에 실시되고 있는 勸講과 進講을 別講이라 부르고, 강규는 法講과 같다'는 등의 기사가 증편되어 실려 있다.[15] 권강과 진강이 高宗代에 別講으로 완전히 자리잡았음을 의미한다.

『홍문관지』에는 별강의 강규가 법강과 같다고 하였지만 실제 행해진 사례를 비교하면 차이점이 발견된다. 권강은 정식 경연에 비해 격식을 간

一. 每日勸講外 亦行召對 而玉堂上下番及入直 或仕進閣臣 如例入參講規 則依胄筵時召對例 自上讀勸講時所受音十遍

一. 勸講時御座 以坐講磨鍊 陪講諸臣 亦於勸講時則起坐

11) 『승정원일기』 고종 1년 1월 17일
12) 『승정원일기』 고종 1년과 2년의 권강 관련 기사 참조.
13) 『승정원일기』 고종 1년 1월 20일
14) 『弘文館志』는 영조 20년(1744)에 간행된 『弘文館志』(奎 3127)와 정조 8년(1784)에 간행된 『弘文館志』(奎 663) 등 여러 본이 있다.(『弘文館志』에 대한 자세한 내용은 禹景燮, 1998, 「英·正祖代 弘文館 기능의 변화」 『한국사론』 39 참조)
15) 『弘文館志』(奎 4747) 「視事取稟」
 "增近例或有別講之時 則號稱勸講或稱進講 而時原任大臣輪回進參 講官一員 承旨一員 玉堂一員 注書一員 翰林上下番各一 員入侍 講規與法講同"

소화하고 어린 왕이 글의 뜻을 쉽게 깨우칠 수 있게 한 것이었다. 이러한 특징은 다음 〈표 2-1〉에서 잘 나타난다.

〈표 2-1〉 권강과 정식 경연의 강규

종류 강규	정식 경연	권 강
시간	朝講 : 해뜰 무렵 晝講 : 午時(오전 11시 - 오후 1시) 夕講 : 未時(오후 1시 - 3시)	辰時(오전 7 - 9시) 겨울 제외 巳時(오전 9 - 11시) 겨울
강독 순서	①국왕이 전에 배운 부분을 읽는다. ②강관이 새로 배울 부분을 읽는다. ③국왕이 새로 배운 부분을 읽는다. ④강관이 글 뜻을 강론한다.	①국왕이 전에 배운 부분을 외운다. ②강관이 새로 배울 부분을 읽고 해석한다. ③국왕이 새로 배운 부분은 10번 읽는다. ④강관 이하 관원들이 각각 글 뜻을 아뢴다. ⑤의심스러운 곳이 있으면 다시 질문한다.
참석 인원	영경연사·지경연사 또는 동지경연사, 특진관 2명, 승지, 홍문관상하번, 양사 각 1명, 주서, 한림상하번 등	강관, 참찬관, 시독관 또는 검토관, 가주서, 기사관 등

참고 : 『승정원일기』 고종 1년~2년의 권강 관련 기사 ; 『홍문관지』(奎 4747) 「朝講」

〈표 2-1〉은 『승정원일기』의 권강 관련 기사와 고종 7년(1870)에 간행된 『홍문관지』 「朝講」의 기록 등을 참고하여 작성한 것이다. 이를 보면, 권강은 朝講보다는 늦고, 晝講보다는 이른 오전 중에 행하였다. 경연관의 인원도 정식 경연은 10명 이상이었으나 권강은 講官을 비롯하여 4~5명 정도였다.[16] 특히 경연에는 재상급의 大臣과 6조 堂上, 承旨 등 정책 결정에 중요한 인물들이 경연관이나 특진관 등으로 참가하였고, 기록과 평가를 담당하고 있는 言官들이 다수 참석하였다. 이에 비해 권강에는 경연을 주도하는 講官과 당일 근무하는 승지가 참찬관으로 입시하였으며, 권강 운영에 필요

---

16) 조강, 주강, 석강의 강규는 같으나 개최시각과 참석인원이 다르다. 조강의 참석인원은 〈표 2-1〉과 같다. 주강에는 영경연사가 참석하지 않지만 武臣과 宗親 등이 입시하였으며 경우에 따라 원임대신 등도 참여하였다. 『홍문관지』(규 4747) 「조강」 참조.

한 玉堂 인원이 참가하였다. 경연관의 구성에서도 권강과 정식 경연의 성격 차이를 확실히 볼 수 있는 것이다.

〈표 2-1〉의 강독 순서에서도 정식 경연은 글을 배우고 뜻을 생각하는 데 치중하지만, 권강은 새 글을 배워 해석하고 10번씩 읽어 암기하는 것을 중시하였음을 알 수 있다. 특히 고종은 새로 배우는 구절을 10번 읽도록 한 규정은 반드시 지켰으며, 친정 이후에도 그만두지 않았다. 원래 法講에서의 읽는 횟수는 정한 법식이 없었다. 왕의 뜻에 따라 열 번 읽기도 하고, 한 번 읽기도 하였다. 그런데 신료들이 이런 설명을 하면 고종은 자신은 항상 열 번을 읽는다는 것을 강조하였다.

이에 대한 신료들의 반응은 상황에 따라 달랐다. 고종 6년(1869, 18살)에 영사 김병학은 국왕이 이와 같이 학문에 부지런하다고 하면서 칭송하였다.[17] 이에 비해 고종 9년(1872, 21살)의 진강에서 講官 金在顯은 왕의 춘추가 한창이고 학문에 대한 식견도 높으니, 어린 나이에 진강할 때와는 다르다고 하면서 외우고 기억하는 것보다 마음으로 궁구하고 실천하는데 힘써야 한다고 권면하였다.[18] 고종 11년(1874) 日講을 시작할 때도 강관 이승보는 연석의 체모가 한층 더 중요하므로 강독의 규례도 다시 정하고 외우는 것은 그만둘 것을 요청하였으나, 고종은 전과 같이 그대로 행할 것을 지시하였다.[19] 실제로 고종은 친정 이후 설행된 일강에서도 새로 익히는 구절은 반드시 10번 읽었는데, 이것은 국왕이 항상 경연에 성실하게 임하고 있음을 보여 주는 것이었다.

권강에서 고종은 공부의 기본자세를 익혔다. 책을 읽을 때에는 목소리의 높낮이를 조절하고 기운을 가라 앉혀 천천히 읽어야 한다는 지적을 받았으며,[20] 새로 배운 부분을 잘 읽지 못하면 마음을 집중하여 읽으라는 충

---

17) 『승정원일기』 고종 6년 5월 2일
18) 『승정원일기』 고종 9년 10월 21일
19) 『승정원일기』 고종 11년 4월 28일
20) 『승정원일기』 고종 1년 1월 27일

고와 함께 '독서의 세가지 도달음(心到, 眼到, 口到)'과 같은 성현의 가르침을 들었다.21) 또한 私邸시절에 大院君의 엄한 가르침을 잘 따랐다는 일화가 들추어지기도 하고, 학문을 부지런히 하는 일이 곧 신정왕후의 뜻을 받드는 것이라는 훈계도 들었다. 한편, 이러한 가르침에 대해 고종은 자신이 잘못 읽을 때마다 '기침'을 하여 알려 달라는 등의 요구를 하며 열심히 따라할 것을 다짐하였다. 이러한 강학 태도에 대해 강관들은 칭송을 아끼지 않았다. 아울러 국왕의 학업성취는 신료는 물론 일반 백성들의 기쁨이라는 점도 강조하였다.22)

신정왕후도 고종의 학업을 독려하였다. 신정왕후는 사행사들의 보고를 받을 때, 淸 皇帝 同治帝에 대해 자주 물었다. 그러면 사신들은 '동치제는 강학을 부지런히 하며, 9살인데도 총명하고 기억과 암송을 잘하여『尙書』를 강독할 때에 한번 읽고 외운다'라고 아뢰었다.23) 신정왕후와 신료들이 고종과 동치제의 학업을 비교하는 일은 권강을 행한 시기에 자주 나타나는데, 국왕에게는 강학에 전념하라고 하는 독려이자 부담이었다.24)

天災地變도 강학을 열심히 하도록 하는 계기가 되었다. 고종 1년(1864) 9월과 10월에 천둥 번개의 異變이 계속 일어나자, 고종은 求言 敎書를 내

---

21)『승정원일기』고종 1년 1월 24일
"參贊官 徐承輔曰 朱子有言 讀書有三到 謂心到眼到口到也 三到中 心到最急 心旣到矣 眼口豈不到乎 伏願體念此語 每於讀書時 輒注目留心 領會文義 接續字句 則自然口順而無誤讀之患也"
22)『승정원일기』고종 1년 1월 23일, 24일
23)『승정원일기』고종 1년 5월 23일
"大王大妃殿曰 皇上九歲聰明 善爲記誦云 果如是乎 景在曰方講尙書 而講官進讀一遍皇上亦新受一遍 輒誦云 聰明似非凡而然矣"
24) 고종과 청황제 동치제를 비교하는 일은 특히 권강시기에 집중적으로 나타난다.『일성록』에 나타난 遣淸使臣 召見을 분석해 볼 때, 이 시기 신정왕후의 질문 중 황제에 관한 사항이 가장 큰 비중을 차지하고 있는 것에서도 뒷받침된다.(안외순, 1996,『대원군집정기 권력구조에 관한 연구』이화여자대학교 박사학위논문, 224~227쪽)

리고, 신료들을 만날 때마다 政事에 失策이 있었느냐고 물었다. 이때 신료들의 대답은 한결같이 '날마다 경연에 임하여 實心으로 강학하면 재앙과 요기가 물러간다'는 것이었다.[25] 이러한 대화는 경우에 따라 의례적인 것일 수도 있으나 궁궐에 들어온 지 얼마 안되는 어린 왕에게는 공부를 더 열심히 하게 하는 자극제로 작용하였다.

이러한 사실은 고종 1년(1864)부터 11년(1874)까지 勸講, 進講과 召對 등 경연의 개최 횟수를 월별로 정리한 〈표 2-2〉에서도 확인할 수 있다. 고종 1년 9월 이전의 석 달 동안에는 한 달에 5회에서 10회 정도의 권강과 소대가 열렸다. 이에 비해 천재지변이 있었던 9월에는 권강과 소대가 각각 15회, 10월에는 권강이 26회, 소대가 24회 개최되어 전후의 다른 달보다 경연이 자주 열렸던 것이다.[26]

권강은 고종 1년(1864) 1월에서 2년(1865) 12월까지 약 2년 동안 진행되었다. 이 기간은 신정왕후가 수렴청정을 행한 시기이다. 이 기간 동안 공식적인 국정은 신정왕후의 명에 따라 수행되었으며, 국왕으로서 고종의 활동은 제한적일 수 밖에 없었다. 이 기간 동안 고종에게 중요한 것은 국정수행을 원활하게 하기 위한 기초적인 학문을 습득하는 것이었다. 이것은 〈표 2-2〉에 나타난 경연의 월별 개최 횟수를 비교해 보아도 알 수 있다. 이를 보면, 권강이 행해진 고종 1년과 2년에는 대부분 한 달에 10회 이상의 권강과 소대가 각각 실시되었다. 원래 경연은 親祭 擧動 前 3일, 한 과목을 다 마친 후 7일, 隆寒(小寒에서 大寒까지), 盛暑(初伏에서 處暑까지) 기간에는 실시하지 않았다.[27] 〈표 2-2〉에서 1년 중 가장 추운 隆寒의 1월과 가장 더

---

25) 『승정원일기』 고종 1년 9월 4일
"應教趙敬夏副應教李根秀 …중략… 伏願日御經筵 實心講學 則自然知灾祥之所由 發灾沴日退"
26) 6월과 7월은 여름철 더위로 권강을 잠시 중지한다는 사실을 감안해야 하겠지만 고종 1년 9월과 10월은 다른 해 같은 달과 비교해도 권강과 소대를 자주 개최한 시기에 속한다.
27) 『弘文館志』(奎 4747), 「視事取稟」

운 盛暑의 6, 7월에는 경연을 거의 실시하지 않은 것은 이 때문이다. 이런 달들을 제외하면 고종 1년과 2년에는 매달 10회 이상의 권강과 소대를 실시하였으며 권강의 한 해 총 개최 횟수는 고종 1년에 208회, 2년에 168회가 된다.

〈표 2-2〉 고종 1년~고종 11년 권강·진강·소대 월별 개최 횟수

년\월	고종 1 (1864)	고종 2 (1865)	고종 3 (1866)	고종 4 (1867)	고종 5 (1868)	고종 6 (1869)	고종 7 (1870)	고종 8 (1871)	고종 9 (1872)	고종 10 (1873)	고종 11 (1874)
1	12 15	0 0	0 0	6 6	13 0	9 2	0 0	0 0	0 0	3 0	0 0
2	28 28	24 20	0 0	22 15	13 0	17 0	21 0	10 0	0 1	12 0	0 0
3	26 30	13 9	6 8	0 0	0 0	7 1	14 1	7 1	0 3	0 0	0 0
4	10 15	12 6	13 6	18 18	13 5	12 0	17 0	13 0	0 16	0 0	5 4
5	28 28	29 19	29 8	30 25	10 0	16 8	12 0	15 2	17 2	19 0	12 0
6	10 9	0 0	0 0	10 6	0 1	0 2	0 0	0 0	7 0	16 0	0 0
7	5 5	0 0	0 0	0 0	0 0	0 0	0 0	0 0	0 0	0 0	0 0
8	10 10	12 11	24 18	19 15	17 15	4 2	7 0	5 0	7 0	4 0	0 0
9	15 15	18 4	13 9	12 6	22 9	11 0	5 0	11 0	7 0	16 4	0 0
10	26 24	28 16	7 1	23 9	26 4	9 8	16 0	6 0	15 0	6 0	4 0
11	24 1	21 12	21 9	10 1	18 0	21 2	17 0	6 0	12 0	8 0	21 0
12	14 0	11 0	17 10	14 0	0 0	4 1	20 3	20 0	15 0	0 4	0 0
계	208 180	168 97	130 69	164 101	132 34	110 26	129 4	93 3	80 22	84 8	42 4

참고 : 『승정원일기』 고종 1년~11년 경연 관련 기사
※ 윗 부분의 숫자 : 권강 1년~2년, 진강 3년~10년, 일강 11년의 개최 횟수
  아랫 부분 숫자 : 소대 개최 횟수
※ 6월~7월(初伏~處暑), 12월~1월(小寒~大寒)은 계절상 대부분의 경연 개최 정지

이는 순·헌종대와 비교해도 2배 가량 많은 것이며,[28] 3년(1866)부터 열린 진강의 한 해 총 개최 횟수에 비해서도 월등히 많다. 즉 고종 1년(1864)에서 10년(1873)까지의 기간 중 고종의 학업은 1년과 2년의 권강 실시 시기에 집중적으로 이루어진 것이다.

앞서 언급한 바와 같이 고종의 권강 실시 시기는 신정왕후의 수렴청정 기간과도 일치한다. 순·헌종 때도 대왕대비의 수렴청정 기간에는 권강이 이루어졌다. 그러나 이들은 국혼의 결정이 권강을 그만두게 되는 결정적 요인이었던데 비해 고종은 달랐다. 신정왕후는 고종 3년(1866) 1월 1일에 禁婚令을 반포하고 국혼을 준비하였다. 아울러 初揀擇을 하는 2월 13일에 撤簾을 공표했다.[29] 이전의 대왕대비들이 철렴한 날짜를 보면, 순·철종대에는 12월 28일, 헌종대에는 12월 25일이었다. 즉 연말에 철렴함으로써 새해부터 국왕이 親政하라는 배려가 있었다.[30] 그런데 고종대에는 국혼이 준비되던 중에 갑자기 철렴이 행해지면서 국왕의 권강 실시 시기와 신정왕후의 수렴청정기간이 일치하게 된 것이다.

고종 3년 2월 26일에 고종은 仁政殿에서 朝參을 행하고 공식적으로 친히 만기를 총괄하게 되었다. 신료들은 이른바 '親政'을 하게 된 고종에게 강학의 중요성을 더욱 강조하였다. 학문에 치중하는 것이 바로 정치의 근본이고, 정치의 요점은 강학에서 도움을 받아야 한다는 것이 이유였다.[31] 하루에 세 번의 경연이나 朝夕으로 法筵, 즉 法講의 개최를 청한 것이었다.[32] 그러나 朝講이나 晝講과 같은 정식 경연은 거의 열리지 않았다.[33]

---

28) 순조 1년에는 110여 차례, 순조 2년에는 70여 차례의 권강이 개최되었고, 헌종 1년에는 130여 차례, 헌종 2년에는 120여 차례가 개최되었다. 자세한 내용은 본고 1장 2절 참조.
29) 『승정원일기』 고종 3년 2월 13일
30) 신정왕후의 철렴은 대원군과의 관계에서 정치적인 숙청이었다는 의견이 있다. 이에 대한 자세한 내용 및 정치적 의미에 대해서는 연갑수, 2001, 『대원군집권기 부국강병정책 연구』, 서울대학교 출판부, 87~91쪽
31) 『승정원일기』 고종 3년 2월 26일.

순조와 헌종은 國婚 의식을 거행하면서 進講을 행했으며, 친정 이후에는 정식 경연을 열었다.[34] 그러나 고종은 친정 이후에도 계속 진강을 실시하였다. 고종 3년 3월에 閔致祿 家와의 국혼 결정을 축하하는 자리에서 영의정 조두순은 '勸講'이라는 칭호에 대해 일의 체면으로 보아 그대로 쓸 수 없으니 '進講'이라 고치고, 경연관이 前例에 따라 入參할 것을 아뢰었다.[35] 이에 따라 진강이 개최되었으나 입시 구성인원은 권강과 거의 다르지 않았다.

한편, 그 동안 권강의 장소는 주로 觀物軒이었는데, 진강이 시작된 이후에는 신정왕후가 수렴청정을 하던 熙政堂에서 개최되었다.[36] 관물헌은 창덕궁 誠正閣 뒤편에 자리잡고 있다. 그 건물 용도는 불분명하나 성정각이 經筵이나 書筵을 열던 곳이었으므로 이곳의 쓰임도 크게 다르지 않았던 듯하다. 고종은 즉위 초 관물헌에 '緝熙'라는 어필 편액을 써서 걸었고 권강의 대부분을 이곳에서 행하였다. 이에 비해 신강이 자주 개최되었던 희정당은 창덕궁에서도 국왕의 燕居之所라고 할 수 있다. 즉 왕이 생활을 하며 일상적으로 사람을 만나는 곳이다. 왕은 이곳에서 주요 인물들을 만나 깊은 이야기를 나누는 등 실질적으로 중요한 결정을 하였다. 이 때문에 창덕궁에서 인정전이 상징적으로 궁궐의 최고 건물이요 대표라고 한다면, 희정당은 실제 정사의 중심이 되는 건물이었다. 『실록』에서도 자주 등장하며,

---

32) 『승정원일기』 고종 3년 2월 27일
33) 고종 6년(1869) 5월 1회의 朝講과 6회의 晝講이 실시되었다.(『승정원일기』 고종 6년 5월 기사 참조)
34) 제 1장 2절 참조.
35) 『승정원일기』 고종 3년 3월 6일
 "斗淳曰 講對事體 今不當仍用 前此所稱 改曰進講 而經筵及講官 依前輪回入參 何如上曰 依爲之"
36) 고종 3년 진강 개최 이후 항상 희정당에서 개최된 것은 아니다. 중희당과 성정각 등에서도 열렸지만, 권강시절 주로 관물헌에서 개최되었던 것과는 다른 의미를 지닌다고 하겠다.

고종 즉위 후 수렴청정이 실시된 곳이기도 하였다.[37] 진강은 바로 이런 희정당에서 주로 개최되었던 것이다. 진강의 강학과목은 이전부터 읽던 『通鑑』이었고,[38] 개최 시각과 강규, 강관의 구성 역시 거의 변하지 않았지만 진강 개최의 의미가 권강과 다른 것이었음은 장소의 변화에서도 알 수 있다.

진강이 진행되면서 강관들은 고종에게 권강 때와는 다른 모습을 가져야 한다고 권하였다. 이전에는 학업에만 전념할 것을 강조하였던 것에 비해 경연관과 자주 대화할 것을 권한 것이다. 고종 4년(1867) 5월에 講官 金永爵은[39] 임금께서는 한번만 질문하고는 다시 묻지 않으신다고 안타까워 하면서 자주 질문하셔야 한다고 아뢰었다.[40] 또한 그는 君臣 관계는 父子와 같고, 진강은 법강과 달리 體貌를 간편히 하는 것이니, 설령 말이나 행동에 실수가 있더라도 관계가 없다고 하면서, 신하들을 자주 만나 上下의 情과 뜻이 통하게 한다면 民의 아픔과 괴로움도 저절로 上達될 것이라고 하였다.[41] 이것은 곧 진강의 개최 목적이 경연관과의 대화를 통해 정치 현실을 의논하는 것이었음을 보여 주는 것이다.

---

37) 홍순민, 1999, 『우리 궁궐 이야기』, 청년사, 267~276쪽
38) 『통감』은 고종 3년 11월 제 2권까지 읽는 후 주로 召對에서 읽었다. 이후 진강에서는 권강 때 다 읽지 못한 『소학』을 다시 강학하였다.(『승정원일기』 고종 3년 10월 30일, 11월 18일 기사 참조)
39) 김영작은 고종 1년부터 고종 5년까지 講官으로 경연에 참여하였다.(『邵亭文稿』권4, 「經筵講義」 국립중앙도서관 소장) 당시에 그는 박규수의 知友이자 실학적 학풍을 갖고 있다고 평가받는 인물이다. 신헌 등과 교유하였으며, 훗날 고종의 신임을 받았던 김홍집은 그의 아들이다.(孫炯富, 1997, 『朴珪壽의 開化思想硏究』, 일조각, 12쪽)
40) 『승정원일기』 고종 4년 5월 3일
  "永爵曰 臣竊伏念殿下每於講筵 一次發問之外 更不問難 臣不勝抑鬱之至"
41) 『승정원일기』 고종 5년 윤4월 14일
  "(講官金永爵) 仍奏曰 臣有區區蘊蓄于中 欲一仰陳者 久矣 臣聞君臣猶父子也 殿下每於臨筵 務修體貌 父子之間 豈有修體貌者乎 進講則筵體頗簡 與次對法講有異 盖君臣父子之間 惟當以情志融貫爲主 殿下設或有一言一動之差失 庸何傷焉 八域臣庶 莫不蘄禱於殿下 自今頻接臣隣 上下情志 洞然流通 則生民疾苦 自可上達"

고종도 일방적으로 가르침을 받았던 권강 때와는 사뭇 다른 참여 자세를 보였다. 경연관과 경학의 뜻을 토론하며 자신의 의견을 피력하는 등 학문적으로 성장한 모습을 보여 주었고,[42] 지방실정을 비롯한 국정 전반에 대해서도 자주 물었다. 지방관의 경력을 갖고 있거나 거주지가 지방인 경연관이 참여할 경우 더 많은 질문을 던졌다. 전라감사와 강화도, 개성의 留守를 지낸 鄭基世가 입시하자, 四都에도 還穀이 있는지, 백성들이 한 해에 납부하는 名色이 얼마나 되는지 등을 물었다.[43] 지방출신의 경연관에게는 해당 지역의 실정과 수령의 治政에 대해 질문하여 民의 부담과 각 지역의 폐단, 지방관의 치적 등을 파악하고자 하였다.[44]

洋夷에 대한 대화도 나누었다. 고종 7년(1870) 3월에는 강관 박규수에게 洋夷의 邪敎가 나온 이유를 물었다. 박규수는 서양 오랑캐가 중국과 너무 떨어져 있어 華夏의 聲敎가 미치지 못하기 때문인데, 요즈음 중국의 經籍을 많이 구입하여 사기 나라로 싣고 가 번역해서 읽는다고 하니 모두 성인의 가르침에 귀의하게 될 것이라고 하였다. 이런 대화에서 박규수는 뒷날 중국에 참된 天子가 나타나서 中華의 옛 제도를 복원한다면 반드시 조선에서 본받아 갈 것이라고 하면서 우리 문화에 대한 자부심도 표현하였다.[45]

---

42) 고종 4, 5년 『논어』를 공부할 때부터 이전과 다른 모습을 보였다. 자세한 내용은 본고 제 2장 2절 참조.
43) 『승정원일기』 고종 5년 8월 17일
"上日 講官曾經監司乎 基世日曾恭全羅監司與沁都松京兩府留司之任矣 上日 四都亦有還穀乎 基世日 八道四都及牧府郡縣 以至各鎭 皆有還摠 …중략… 上日 民之一年所納者 名色爲幾何 基世日 民之所納者 卽田稅大同還耗軍役 而兩稅則並出於田賦者也此其大畧也"
44) 『승정원일기』 고종 8년 8월 23일
45) 『승정원일기』 고종 7년 3월 7일
"上日 天下萬國 豈有不守聖人之敎化者 而如洋夷之邪敎 胡爲而出乎 (講官朴)珪壽日 西洋諸夷及夷狄之絶遠於中國者也 以其絶遠太甚之故 華夏聲敎 所未之及 而彼中羣生 亦自林葱 則乃於其中做出荒怪妖誕之說 自以爲道 而流入中國 誑惑愚民 是亦中國或不能闡明正學至致也 然彼之邪說 終必不能陷溺天下之人也 上日 邪豈

진강은 고종 3년(1866) 3월부터 10년(1873) 11월까지 계속되었다. 〈표 2-2〉에서 진강과 소대의 월별 개최 횟수를 보면 표면상 드러난 강학 활동은 권강 실시 기간보다 현저히 둔화되었음을 알 수 있다. 권강 기간에는 대부분 한 달에 10회 이상을 실시하였는데, 진강이 시작되자 1년 중 한 달에 10회 이상을 실시하는 달이 9개월로 줄었고, 6년(1869) 이후에는 1년에 5~6개월 정도만 한 달 10회 이상의 진강을 실시하였다. 한 해 동안의 총 경연 횟수도 현저히 감소하여 권강 실시기간 경연개최 횟수의 50~80% 정도만 개최되었다. 그러나 진강에서 고종과 경연관과의 대화 내용은 강학과목에 대한 것을 비롯하여 정치, 제도, 외교분야 등 권강 때와는 비교할 수 없을 정도로 폭넓고 풍부해졌다. 이 시기 고종은 『통감』을 비롯하여 『대학』, 『논어』, 『맹자』, 『중용』, 『시전』 등의 중요 유교경전을 읽고 논하였다.

고종 3년(1866) 이후 진강과 소대가 지속적으로 행해진데 비해 朝講과 같은 공식경연, 즉 법강은 거의 열리지 않았다. 이 때문에 진강에 대한 비판이 나타났다. 고종 6년(1869) 5월에 영의정 김병학은 예절이 간편하기 때문에 진강을 행하지만 널리 자문을 구하고 事體가 존엄한 것은 경연, 곧 법강이라고 하였다.[46] 그런데 이런 문제는 순조대에 진강이 시작된 뒤부터 계속 제기된 것이다. 순조 4년(1804) 3월 左議政 李時秀가 진강에는 경연과 각신, 옥당들 몇 명만 입시하지만, 법강에는 경연과 옥당상하번을 비롯하여 特進官, 宗臣, 武臣 등이 입시하므로 그 안에서 토론하는 바가 더욱 넓

可犯正乎邪之犯正 如白日之有雲翳 非久自消也 珪壽曰臣嘗聞中國人所言 則彼夷每多買取中國經籍 載歸其國者陸續 而以其夷語 飜譯讀之云 其果如此不已 則彼中許多衆生 終必有一朝大悟者 自覺其說之邪妄 而悉歸於中國聖人之敎也 …중략… 上曰 我國衣冠 是三代以來古制 而皇明制度 亦然也 珪壽曰 然矣 上用袞冕 下至百官朝祭公服時服 一一皆皇明制度 他日若有中國眞天子 還復中華古制 則必將取法於我國矣"

46) 『승정원일기』 고종 6년 5월 1일
"炳學曰 進講之設 爲其禮節之簡便 而第念詢咨之廣博 事體之尊嚴 尤莫如經筵之爲重臣意則每日法講設行 或値經筵命停之時 仍行進講 以存故規 以資兼聽 恐好"

다고 주장하면서 진강을 비난한 일이 있었다.[47] 고종 때에는 영의정 김병학이 법강을 강조한 다음날 朝講이 열렸다. 여기에는 領事 金炳學, 同知事 鄭基會, 特進官 姜蘭馨과 李根弼, 參贊官 趙性敎, 獻納 李龍雨, 持平 殷成浩 등이 참여하였다.[48] 이튿날에는 晝講이 설행되었으며, 知事 嚴錫鼎, 特進官 兪鎭五, 參贊官 嚴世永, 宗臣 完平君 李昇應, 武臣 李昌漢이 참석하였다.[49] 법강의 규정대로 진강보다 많은 인원이 참가하였고, 다양한 직책의 신료들이 들어왔다. 그러나 그 운영 방식과 君臣의 대화는 進講과 별 차이가 없었다. 진강처럼 왕과 領事, 知事 등 大臣들이 중심이 되어 진행되었으며, 언관과 종신, 무신들은 거의 모두 별 활동이 없었다. 법강은 고종 6년 5월에 7차례가 개최된 이후 거의 마련되지 않았다. 반면, 진강은 계속되었으며, 법강과 동일하거나 또는 더 좋다는 인식이 나타났다.

한편, 進講에 대한 비판은 고종 9년(1872) 1월에 영의정 김병학이 그 명칭을 바꿀 것을 주장하면서 다시 제기되었다. 김병학은 勸講, 進講, 日講은 講號의 순서인데, 講筵의 명칭을 아직도 進講이라고 하는 것은 事體에 어긋나므로 진강을 日講이라 칭하고, 강관도 모두 日講官이라 해야 된다고 하였다. 그러나 고종은 장차 法講을 행할 것이며, 그 사이에 또 進講이 있으니 일강으로 개정할 필요가 없다고 하면서 법강을 하지 않을 때에는 진강을 행하는 것이 마땅하다고 하며 진강을 고집하였다.[50] 이에 김병학은

---

47) 『순조실록』 권47, 순조 4년 3월 戊午
48) 『승정원일기』 고종 6년 5월 2일
49) 『승정원일기』 고종 6년 5월 3일
50) 『승정원일기』 고종 9년 1월 25일
"(領議政金)炳學曰 惟我殿下 春秋鼎盛 廈擅雙隻 聖學緝熙 臣誠欽仰攢祝之至 而 講號之尙稱進講 其於事體 不任悚惶 繼自今進講 稱日講 講官 幷以日講官 令該曹 口傳下批何如 上曰 將行法講 間又有進講 姑不必以日講改定矣 炳學曰 勸講進講 日講卽講號次第 而今此進講之未及改號 事體未安 故有所仰達矣 (右議政洪)淳穆 曰 日講與法講 筵體各異 法筵則體嚴 日講召對則甚簡便 故尤以爲貴也 上曰 法講 不爲之時 則當行進講矣"

전처럼 법강을 주장하기보다는 진강을 講號의 순서에 따라 일강으로 고쳐야 한다고 주장하였다.

이런 논란 속에 고종 10년(1873)에는 진강을 법강이나[51] 법강의 하나인 晝講으로 간주하는 인식이 자주 보인다.[52] 고종 즉위 후 계속 강관으로 경연에 참석한 박규수도 진강은 간편한 禮貌로 신료들을 친근하게 만날 수 있기 때문에 법강보다 나은 바가 있다고 언급하였다.[53] 이것은 특히 君臣이 수월하게 회합할 수 있는 진강의 정치적 기능을 강조한 것이었다.

한편, 고종 10년 11월 이후 실질적인 親政을 실행하면서 진강의 명칭을 변경해야 한다는 주장이 다시 제기되었다. 그 해 12월에 領議政 李裕元은 진강의 규정은 '경연 이외에 매일 개강하되 禮貌를 간편히 하고, 과정을 專一하게 하는 뜻을 취한 것'이라고 하면서 先朝의 정식에 따라 進講을 '日講'으로 바꾸자고 제의하여 허락을 받았다.[54]

친정 실시 전 김병학이 진강의 명칭 변경을 제의할 때에 고종은 거의 관심을 보이지 않았다. 그런데 친정 후에는 이유원이 건의하자 바로 수락하면서 '日講'의 유래에 관심을 보이는 등 이전과는 다른 태도를 보였다. 日講은 원래 宋·明代의 경연 규식 중의 하나로 侍衛나 侍儀, 執事 등을 제외하고 講讀官과 內閣學士, 侍班 등의 관원만을 참석시켜 講하되, 直說에 힘쓰고 大義를 명백하게 하여 강독하는 내용을 쉽게 깨우치도록 하기 위해

---

51) 『승정원일기』 고종 10년 6월 13일 ; 8월 26일
52) 『승정원일기』 고종 10년 12월 12일
 "且以經筵講規言之 祖宗故事 既有朝晝夕三講之講 而又有夜對不時召對 先聖視學之勤若是孜孜 今殿下一日召接 不過晝講一次 且一月講讀 不過三之一焉"
53) 『승정원일기』 고종 10년 12월 24일
 "(珪壽曰) 伏觀殿下 臨御以來 日開進講 誠以禮貌之簡易 召接之親近 還有勝於法講故耳"
54) 『승정원일기』 고종 10년 12월 24일
 "經筵之外 每日開講 取其禮貌簡 課程專一之義 此今日之進講規也 依先朝定式進講 稱以日講 講官亦以日講官下批恐好 故敢此仰達矣 上曰依爲之"

마련된 것이었다.[55] 영조 때에 그 규정이 정해져 시행된 적이 있었으며,[56] 이때에는 소대처럼 간편한 것으로 인식되었다. 고종 11년(1874)부터 시행된 일강은 강관이 日講官으로 그 명칭이 바뀐 것을 제외하면 참석 경연관의 인원과 강규 등이 거의 진강과 다름없었다.

순조대부터 마련되기 시작한 권강과 진강은 고종대에 경연의 한 형태인 別講으로 자리잡았으며 법강의 하나인 晝講으로도 인식되었다. 이러한 변화는 국왕이 진강에서 강학 뿐 아니라 신료들과 여러 정치 현안들을 논의하게 되면서 나타난 것이었으며, 경연이 다시 君臣 회합의 정치적 자리로 기능하고 있음을 의미하는 것이었다.

2) 召對의 기능 회복

高宗代에는 召對가 자주 시행되었다. 소대는 경연의 하나이지만 강규와 과목은 朝講, 晝講 등 法講과 달랐다. 법강은 실시 시각을 승정원에서 미리 게시하고 담당자들이 정해진 절차에 따라 준비하였다. 그러나 소대는 시간에 구애받지 않았으며, 국왕이 승정원에 하교하면 담당관들이 바로 준비하여 행하는 것이었다.[57] 일정하게 횟수를 정해 놓지 않았기 때문에 하루에도 몇 번씩 할 수 있었고, 夜對도 가능하였다.[58] 그러나 고종대에는 하루에

---

55) 최한기, 『講官論』, 「大明會典經筵儀」
"日講儀 上御文華穿殿 止用講讀官內閣學士侍班 不用侍衛侍儀執事等官 …중략… 務在直說 大義明白 易曉講讀後 侍書官侍上習書畢"

56) 『승정원일기』 고종 10년 12월 24일
"上曰 日講之稱 自何代有之 我朝則亦自何時創始乎 裕元曰 經筵有朝晝夕三講 此是法講 而日講則燕閒召接 禮數簡便 卽今之進講也 宋明之際 已有之而我朝則自先朝始行矣 上曰 先朝以前 亦或有之耶 裕元曰 謹稽英廟朝 定日講之規 而以前之或行 臣亦未詳也"

57) 『홍문관지』(奎4747), 「朝講附晝講夕講」 「召對附夜對」

58) 『승정원일기』 고종 1년 3월 2일
"參贊官朴道彬 …중략… 大抵召對本無定數 列聖朝每於法講之餘 或數次召對 此

한 번씩 주로 未時(오후 1시~3시)에 개최하였다.[59] 이때 경연관은 승지와 각신, 홍문관 상하번, 주서, 한림 상하번이 각각 1명씩 입시하였다.[60]

법강이 궁궐 안에서만 마련되었던 것에 비해 소대는 궁궐 밖으로 行幸할 때에도 할 수 있었다. 고종 1년(1864) 9월에 雲峴宮에 행차한 고종은 김對 개최를 명한 적이 있었다. 그러나 책자 준비 등을 담당한 홍문관에서 바로 대령하지 못하여 행할 수 없었다. 이것은 陵園에 거둥할 때는 전례에 의거하여 준비하지만 종묘나 사직, 殿에 나갈 때는 대령한 예가 없었기 때문이었다. 고종의 운현궁 행차는 공식적으로는 綏嬪 朴氏의 사당인 景祐宮과 南延君의 祠宇를 참배하기 위한 것이었다. 이 때문에 홍문관에서 소대 책자를 마련해 놓지 않았던 것이다. 이 일을 계기로 고종대에는 능행 뿐 아니라 도성의 종묘나 殿으로 행차할 때에도 홍문관이 책자를 준비하여 소대를 열 수 있도록 하였다.[61]

고종의 첫 강학은 소대를 통해 이루어졌다. 이는 순조, 헌종 때에도 마찬가지였다. 先王의 卒哭 전에 예모를 갖추어 하는 경연은 하기 힘들다는 것과 아직 새 국왕의 강학 방침이 정해지지 않았지만 그 학업은 소홀히 할 수 없다는 뜻에서 이루어진 조처다.[62] 고종의 첫 소대는 고종 1년(1864) 1월 12일에 중희당에서 『효경』을 읽는 것이었다.[63] 이것은 국왕의 첫 강학이었기 때문에 다음날 바로 대신들의 관심거리가 되었다. 좌의정 조두순은

猶不足 又賜夜對"

59) 권강이나 진강은 주로 辰時(오전 7시~9시)나 巳時(오전 9시~11시) 등에 개최되었다.(〈표 2-1〉 참조)
60) 『홍문관지』(奎 4747)
61) 『승정원일기』 고종 1년 9월 25일
"(侍讀官李)心宰曰 御講冊子 卽本館擧行 而每於陵園幸行時 則依例待令 至於廟社殿官動駕時 果無待令之例矣 昨日雲峴宮召對時 未卽擧行 臣等竊不勝悚惶矣 從今爲始雖京擧動時冊子 依例待令何如 上曰依爲之"
62) 『승정원일기』 순조 34년 12월 16일
63) 『일성록』 고종 1년 1월 12일

고종이 몇 줄을 읽었는지 물었고, 영부사 정원용은 규식대로 상하번의 유신들이 번갈아 읽었는지, 국왕이 친히 읽었는지, 몇 차례를 읽었는지 등 여러 가지 사항들을 자세히 물었다.[64]

召對에서는 史書를 주로 공부하였다. 朝講이나 晝講 등에서는 유교 경전을 익히면서 仁君의 體와 用을 익히고, 召對와 夜對에서는 역사를 공부하며 국가의 治亂과 흥망 등 현실적인 통치 감각을 익히도록 한 것이다.[65] 그러나 고종대에는 권강과 진강 실시기간 중에 각각 다르게 운영되었다. 권강 때의 소대 규정의 일부는 勸講例와 함께 정해졌다. 경연관의 입참은 書筵할 때의 소대 규정을 따르도록 하였고, 학업의 내용도 권강에서 배운 부분을 열 차례 읽는 것이었다.[66] 즉 권강 시절의 소대는 권강에서 배운 내용을 복습하는 자리였고, 어조사 등 글자의 용법과 뜻을 자세히 깨우치는 자리였다.[67]

때때로 소대는 권강보다는 여유롭게 강학 이외의 주제를 토론하고, 백성들의 疾苦나 어려운 상황에 대해서 대화를 나눌 수 있는 자리가 되었다.[68] 여기에서 고종은 지방 수령들의 치적을 묻고, 농사 상황을 알아 볼 수 있었다.[69] 권강에서 같은 사항을 물었을 때에 이에 응답한 강관이 '글의

---

64) 『일성록』 고종 1년 1월 13일
"(趙)斗淳曰昨日召對果幾行爲之乎 予曰第一大文讀之矣 領府事鄭元容曰召對規式 則上下番儒臣替讀 今番則果子上親讀乎 予曰然矣 元容曰讀幾遍乎 予曰十遍矣"
65) 『숙종실록』 권38, 속종 즉위년 12월 甲寅 ; 1년 6월 己未
66) 권강례 조목 6, 7 참조
67) 『승정원일기』 고종 1년 2월 8일
68) 『승정원일기』 고종 1년 1월 24일
"(參贊官姜蘭馨) 又奏曰召對法意 與經筵迥殊 經筵則筵體截嚴 故經義外 無敢贅他以奏 至於召對 則是燕接 故講學之外 亦多討論 至於民生疾苦 閭里艱難 無不及之矣"
69) 『승정원일기』 고종 1년 9월 22일
"上御觀物軒召對入侍時 參贊官趙熙一 …〈중략〉… 上曰 參贊官近作鄕行 守令治否 如有聞知者 詳達可也"

뜻 외에 다른 것을 번거롭게 아뢰었다'라는 비난을 받았던 것과는 다른 분위기였다.[70] 그러나 권강에서 강조되는 강학 위주의 틀을 벗어나지 않았다.

　고종 3년(1866) 진강이 시작되면서 그 곳에서 君臣 간의 논의가 자유롭게 이루어지자, 소대는 『통감』을 즐겨 읽는 자리가 되었다. 이밖에도 고종은 『羹墻錄』, 『國朝寶鑑』 등 史書를 주로 공부하였다.[71] 고종 9년(1872) 4월에는 다른 것은 공부하지 않고, 소대에서 『통감』만을 계속 읽었는데, 이 때문에 신료들의 비판을 받기도 하였다.[72] 실제로 고종은 그 9년 1월부터 4월까지 넉 달 동안 진강은 한 번도 열지 않았던 반면, 소대는 2월에 1차례, 3월에 3차례, 4월에는 무려 16차례를 개최하였다.[73] 일반적으로 고종대에는 소대에 비해 권강이나 진강이 더 자주 개최되었는데, 이때에는 소대가 자주 개최된 것이었다. 그리고 고종은 여기에서 사서를 즐겨 읽었다.

　소대는 경연의 하나이자 주로 史書를 공부하는 자리였다. 그러나 고종 즉위 후 2년까지 권강이 시행되던 기간에는 제 기능을 하지 못하였다. 그 규정도 세자가 서연할 때의 소대 규정을 따랐고 권강에서의 학습을 복습하는 자리로 이용되었다. 이에 비해 고종 3년 진강이 시작되면서 점차 소대는 원래의 규정대로 주로 史書를 공부하는 자리로 그 기능을 회복하였던 것이다.[74]

---

70) 『승정원일기』 고종 1년 6월 10일
71) 『列聖朝繼講冊子次第』(奎 4395)
72) 『승정원일기』 고종 9년 4월 30일
　　"(副校理朴)顥陽曰 竊伏覩近以通史 課日召對 辨明問難 誠不勝欽誦 而第其歷代治亂 繼有史篇之鑑戒 若乃帝王心法 可見經傳之昭載 則豈可祇接召對而久停進講乎 迨此開筵 朝以進講 探賾經旨 晝以召對 討論史乘 則是爲經經緯史之義 不可闕一於斯也 伏願懋哉"
73) 제Ⅰ장 제1절 〈표 2-2〉 참조
74) 『홍문관지』(奎 4747) 「進講冊子」(2002, 서울대 규장각 영인본 123쪽)

2. 강학과목의 議定과 의미

1) 神貞王后의 『孝經』 강학 결정

경연의 강학 과목은 크게 儒敎經典과 史書로 나눌 수 있다. 고종은 즉위 직전 『史略』을 배우고 있었는데, 『사략』은 어린 나이에 배우는 초급 교재라 할 수 있다. 孝宗代부터 憲宗代까지 세자들의 학업 과정을 살펴보면, 처음에는 『千字』를 읽고, 이어 『孝經』, 『童蒙先習』, 『小學』 등을 공부한 다음 『사략』을 보았다. 이때의 나이는 8살에서 11살 사이였고, 書筵 자리에서 보다는 召對에서 읽는 경우가 많았다.[75] 일반 사대부 집안의 교육 과정과 세자 및 세손을 위한 강학 과정은 다른 점이 적지 않겠지만 고종이 즉위 직전 12살의 나이로 『사략』을 공부하고 있었다는 것은 私邸에서 정상적인 학업을 수행하고 있었음을 의미한다.

경연에서는 한 과목의 공부가 끝나갈 무렵 홍문관에서 시원임대신에게 문의하여 다음에 읽을 것을 의논하여 결정하는 것이 원칙이었다.[76] 그러나 고종 경연의 첫 교재는 신정왕후가 결정하였다. 수렴청정을 시작하는 자리에서 신정왕후가 국왕에게 어떤 책을 먼저 공부하도록 할 것인지 대신들의 의견을 구하자, 정원용은 아침에 『小學』을, 저녁에 소대에서 『史略』을 읽자고 하였고, 판부사 김흥근은 『사략』, 영의정 김좌근은 史書, 좌의정 조두순은 『소학』을 공부하는 것이 좋겠다고 하였다. 이에 대해 신정왕후는 『孝經』으로 정하는 것이 어떤지 의견을 제시하였다. 『효경』은 편수가 많지 않아 끝내기가 쉽다는 것이었다. 이에 대해 정원용은 상의하여 定入하겠다고 하였으며 곧 신정왕후의 뜻대로 정해졌다.[77]

---

75) 『列聖朝繼講冊子次第』(奎 3236)
76) 『弘文館志』(奎 4747) 「進講書冊」
  "凡進講冊 法講與召夜對所用 一袟垂當畢講 則以繼講冊子 問議于領事三公之意 館官前期定奪於榻前後 入番中一員乘馹進去于三公第問議定冊後 以草記啓稟"

『효경』은 이전의 국왕들도 공부한 과목이었다. 그러나 대부분 5세에서 8세 사이에 공부하였다.[78] 이런 이유 때문에 시원임대신들은 첫 경연 과목을 의논하는 자리에서 전혀 거론하지 않았던 것이다. 그러나 고종은 1년(1864) 1월 12일 첫 소대에서 『효경』을 읽었고,[79] 다음날 권강에서도 첫 강학 과목이 되었다.[80]

『효경』은 기본적으로 효의 내용을 담고 있었으며 강학이 진행되면서 그 의미가 자연스럽게 강조되었다. 고종 1년 1월 권강에서 檢校提學 金炳冀는 '지금 講筵에서 가장 먼저 힘써야 할 것은 『효경』이며, 『효경』을 가지고 慈聖殿下를 공경히 섬기기를 간절히 바란다.'고 아뢰었다. 정원용도 '효는 온갖 행실의 근원이라는 말과 함께 자성전하를 효로 섬김에 뜻을 봉양하는 일이 중요한데, 소리 없는 가운데서 듣고 형상 없는 가운데서 보아, 자전의 마음으로 국왕의 마음을 삼는다면, 비로소 뜻을 봉양할 수 있다.'고 하였다. 이것은 모두 대왕대비에 대한 고종의 효를 강조한 것이었다.[81]

---

77) 『일성록』 계해 12월 13일
 "仍敎曰 當講何書乎 元容曰 朝讀小學 夕以史畧行召對恐好矣 興根曰 小學固好 而先讀史畧 明習古昔治亂之事亦好矣 左根曰 先讀史書然後 古代事蹟帝王治法可以次次領會矣 斗淳曰 小學是作聖根基 以此開講恐好矣 大王大妃殿曰 史畧固好 而以孝經爲定則何如乎 孝經編數不多 訖工亦易矣 元容曰 臣等趣公除前 當相議定入矣"

78) 肅宗 5살, 翼宗 6살, 景宗·眞宗·憲宗은 7살, 景慕宮은 8살 동궁시절에 『효경』을 읽었다.(『열성조계강책자차제』(규 3236) 참조) ; 姜泰訓, 1990, 「조선후기 書筵과 經筵의 교육내용 비교」, 『교육연구』 9, 139쪽

79) 『일성록』 고종 1년 1월 12일

80) 『열성조계강책자차제』(奎 3236)에는 고종이 소대에서만 『효경』을 읽은 것으로 기록되어 있다. 그러나 『승정원일기』와 『일성록』에는 소대 뿐만이 아니라 권강에서도 『효경』을 강학한 것으로 되어 있다.

81) 『승정원일기』 1년 1월 17일
 "炳冀曰 聖王之治天下 卽道德二字 而道德之要 卽孝一字而已 事父母而能盡愛敬之道則天下順之 民用和睦矣 今殿下初開講筵 所先懸者 莫如此經之至要 以孝經一部 敬事我慈聖殿下 千萬至祝 …중략… (領府事鄭)元容曰 日前筵中講冊議定之時 慈聖殿下以孝經爲先 慈意欲使殿下 先立其大本 而治敎之加於民國也 今殿下 孝事慈聖 將以何道爲先乎 上曰言之也 元容曰 殿下有至性 凡所以爲孝者 必篤矣至矣 而視

제2장 高宗의 즉위와 經筵의 활성화 83

고종은 철종이 無後로 승하하자 신정왕후의 후사로 입적되어 왕위에 올랐다. 그런데 그 즉위 과정은 先王 哲宗의 경우와 비슷한 점이 있었다. 헌종이 후사없이 승하하자 純祖妃 純元王后 金氏는 철종을 순조의 후사로 삼아 헌종의 宗統을 이었다. 그런데 철종은 世次上 헌종의 9촌 숙부에 해당하였기 때문에 숙부가 조카를 잇게 되는 모순이 생겼고, 헌종에게는 宗統의 계승자는 있지만 가통의 계승자는 없게 되는 상황이 발생하였다. 즉 철종의 즉위는 익종과 헌종에게 후사가 없는 旁親으로 대접받게 될 위험성을 야기시킨 것이다. 이러한 모순 때문에 철종은 즉위 2년 뒤 眞宗祧遷典禮와 관련된 禮訟論爭을 치러야 했다.[82]

철종의 즉위로 야기된 위와 같은 상황에서 자신의 남편 翼宗과 아들 憲宗의 불안정한 지위를 혼자 말없이 지켜봐야만 했던 신정왕후에게 고종은 특별한 존재였다. 신정왕후는 고종이 世次上 철종의 姪行이므로 그의 후사가 될 수 있는데도 고종을 '翼成君'으로 봉하고 翼宗의 후사로 삼아 왕위를 계승하게 하였다. 이때 신정왕후는 철종의 大統에 관해서는 전혀 언급하지 않았다.[83] 그리고 궁궐에 들어 온 고종에게 무엇보다 먼저 『효경』을 읽게 함으로써 자신과 고종의 인위적인 母子관계를 강조하였다.

膳問寢節卽常節也 養志爲大聽於無聲 視於無形 一以慈心爲心 則始可爲養志矣"
82) 철종의 왕위계승과 眞宗祧遷典禮에 대한 연구로는 다음 논문들이 있다.
金世恩, 1990, 「大院君執權期 軍事制度의 整備」 『韓國史論』 23
이한수, 1992, 「철종조의 정치적 논쟁에 관한 일연구」, 서울대 정치학과 석사학위논문
李迎春, 1998, 「哲宗의 王位繼承과 辛亥祧遷禮訟」 『朝鮮後期 王位繼承 硏究』, 集文堂
83) 高宗이 신정왕후에 의해 翼宗의 후사로 지명되면서 철종은 사실상 무후가 되어 宗統에서 탈락된 것이나 다름이 없었다. 왕위계승의 이러한 모순된 상황은 고종 즉위 후 22일 뒤에 신정왕후가 '고종이 大倫之統은 翼宗을 계승하지만 傳國之統은 哲宗을 계승한다'라는 전교를 내림으로써 마무리되었다.(李迎春, 1998, 『朝鮮後期 王位繼承硏究』, 집문당, 368쪽 ; 延甲洙, 1998, 『大院君執權期 西洋勢力에 대한 대응과 軍備增强』, 서울대 박사학위논문, 19~20쪽)

『효경』 강학 직후에 올려진 副護軍 金鎭衡의 상소에서도 이러한 의도는 잘 나타났다. 그는 '翼宗의 대가 끊어질 뻔하다가 다시 이어짐에 하늘이 마음 속으로 기뻐하고, 太母께서 大倫의 계통을 바르게 정하심에 여러 사람들의 의심이 환하게 풀렸으며, 귀신과 사람들의 쌓였던 울분이 비로소 풀어졌다.'라고 하면서, 『孝經』을 지은 曾子는 지극히 효성스러운 사람이었으므로, 증자가 어버이를 사랑하고 봉양한 道로써 慈殿을 사랑하고 봉양하기 바란다는 내용의 상소를 올렸다.[84] 김진형의 상소는 '의심이 풀리고(羣疑渙釋)', '울분이 풀렸다(積鬱始伸)'라는 귀절 때문에 많은 신료들의 비판을 받았다.[85] 그러나 상소의 내용은 신정왕후가 고종에게 『효경』을 권하고 효를 강조한 이유를 정확하게 설명한 것이었다.

2) 英祖 故事의 강조

『효경』의 강학을 2개월 반 만에 마친 고종은 이어서 『小學』을 배웠다.[86] 영중추부사 정원용, 영돈령부사 김흥근, 영의정 김좌근 등 대신들은 효경의 다음 교재로 『소학』을 채택하였기 때문이다. 그 이유는 『소학』에는 經典의 가르침과 史書의 뜻이 모두 포함되어 있고, 『小學』의 「立敎」와 「明倫」편 등은 『효경』의 내용과 서로 이어져 배우기 쉽다는 것이었다.[87] 『소

---

84) 『승정원일기』 고종 1년 1월 27일
"副護軍金鎭衡疏曰 …중략… 列聖垂統 神孫嗣服 翼考繼旣絶之序 天心悅豫 太母正大倫之統 羣疑渙釋 神人之積鬱始伸 …중략… 而反伏聞歷日召對 講御孝經 盖孝經曾子之書 而曾子之孝也 殿下能敬受此書 講誦之際 常若曾子告訓 以曾子愛親之道 愛慈殿 以曾子養親之道 養慈殿 則曾子之孝 將復見於殿下 而一國興效 太平萬世 又當自今日始"
85) 『승정원일기』 고종 1년 2월 1일
86) 『열성조계강책자차제』(규 3236)를 살펴보면 숙종을 비롯하여 『효경』을 공부했던 여러 국왕들은 이 과목을 마치는데 5개월에서 19개월 정도의 기간이 걸렸다. 그러나 고종은 2개월 보름 남짓한 기간 동안 강학하여 이전 왕들에 비해 짧은 기간 안에 마쳤다.

학』과 『효경』은 서로 표리가 되어, 『소학』에서 어버이를 사랑하고 어른을 공경하라는 것이 바로 『효경』의 宗旨이고, 『효경』의 지극한 德과 道의 요체가 역시 『소학』의 본원이므로 두 책을 함께 보면 순서에 따라 始終이 관통하고, 『大學』의 '修身齊家治國平天下'의 공부도 여기에서 크게 벗어나지 않는다는 주장 속에서 『소학』이 선택된 것이다.[88]

고종은 1년(1864) 3월부터 4년(1867) 10월까지 『소학』을 읽었다. 이때 講官들은 英祖에 대한 故事를 자주 아뢰었다.[89] 영조는 항상 『소학』을 곁에 두었고, 80세의 나이에도 『소학』을 부지런히 읽었으며, 그 공효가 발현되어 50년 동안 태평성대가 오게 되었다는 것이다.[90] 英祖의 故事는 『소학』을 마칠 때까지 여러 차례 언급되었다. 강독을 마친 뒤에도 그 가르침을 늘 연구하여 힘써 행해야 한다는 점이 강조되었다.[91]

경연에서 『소학』을 읽을 때 영조의 고사를 강조하는 일은 이전에도 있었다. 순조 즉위년(1800) 9월에 『소학』을 강학 과목으로 정할 때에도 각신 이만수가 "英祖 50년의 聖工이 여기에서 나왔고, 正祖도 여러 차례 주의하

---

87) 『승정원일기』 고종 1년 3월 1일
"又以弘文館言啓曰 以勸講繼講冊子問議事 …중략… 領議政臣金左根以爲 經與史俱合當早講之書 則孝經以後 宜接之以史 而小學一書 經訓該而史義傳焉 區區愚淺之見先以小學繼講恐宜 伏惟聖裁云 左議政臣趙斗淳以爲 有小學而入大學 古人進學之階級也 殿下旣講孝經 恐當以小學繼之 盖小學立敎明倫數篇 多有與孝經所訓接續襯近處"

88) 『승정원일기』 고종 1년 3월 9일
"(講官趙得林奏曰)大抵小學一部與孝經相爲表裏 故古人以爲小學之愛親敬長 卽孝經之宗旨 孝經之至德要道 亦小學之本源 合兩編而並觀之 則循次第貫終始 至於大學修齊之工 亦不外是矣"

89) 영조의 『소학』에 대한 관심에 대해서는 李姃玟, 2003, 「英祖代 御製書 편찬의 의의」 서울대 석사학위논문 참조.

90) 『승정원일기』 고종 1년 3월 7일
"(參贊官姜)蘭馨曰 …중략… 亦我英廟終始之學 在於此書 寶齡八旬 猶勤誦讀每敎曰 予亦小學童子 其功效之發 遂致五十年治平 豈不休哉"

91) 『승정원일기』 고종 4년 10월 7일

여 보았습니다."라고 아뢴 바 있다.[92] 이처럼 『소학』과 영조의 치적을 함께 강조하는 일은 정조대 이후의 의례적인 것이었다.

『소학』을 끝낸 다음 고종은 4년(1867) 10월과 11월 두 달 동안 『大學』을 읽었다. 『대학』을 시작하는 자리에서도 영조의 업적이 강조되었다. 講官 金世均은 영조가 일흔에 가까운 나이에도 『대학』을 강독하고 친히 서문을 지었다고 아뢰면서 안에서 공부할 때에도 英祖의 御製와 朱子의 序文을 늘 보시는 것이 좋겠다고 건의하였다.[93]

고종 4년(1867) 11월부터 5년(1868) 11월까지는 『論語』를 강학하였다. 이때부터 국왕은 이전과는 다른 모습을 보였다. 경연관들에게 일방적으로 배우는 입장에서 점차 자신의 학문적 의견을 표현하였다.[94] 이런 변화 속에 『논어』가 끝날 즈음 領事 金炳學은 '성상의 학문이 갈수록 현저히 진보'한다고 칭송하였다.[95]

『논어』 강독이 끝난 후에는 『孟子』를 읽었다. 고종 5년 11월에 영의정 김병학은 '먼저 『대학』을 읽어 규모를 정하고, 『논어』를 읽어 근본을 세우며, 『맹자』를 읽어 그 發越處를 보고, 『中庸』을 읽어 古人의 미묘한 뜻을 안다.'고 하였던 주자의 말을 인용하면서 이것이 학문하는 순서라고 아뢰었다.[96] 고종의 『맹자』 강독은 6년(1869) 1월에 시작하여 7년(1870) 12월에

---

92) 『일성록』 순조 즉위년 9월 15일
93) 『승정원일기』 고종 4년 10월 16일
   "世均曰 …중략… 伏況我英廟朝聖壽望七之時 猶講此書 而親撰序文 伏願深留睿念日躋乎明明德正心之工 法祖宗繼往聖 …중략… 世均曰 此書有英宗御製弁卷之文 且有朱子之序文 內講之際 常常進覽 恐好矣 上曰唯"
94) 『승정원일기』 고종 4년 11월 5일, 고종 5년 4월 12일, 8월 29일. 10월 10일, 10월 14일 등의 기사 참조.
95) 『승정원일기』 고종 5년 11월 15일
   "炳學曰 論語一部 今旣畢講 聖學之時敏日新 益不勝慶祝萬萬"
96) 『승정원일기』 고종 5년 11월 15일
   "上曰 何冊爲論語之次乎 炳學曰 孟子爲其次乎 朱子曰 先讀大學 以定規模 次讀論語 以立其根本 次讀孟子 以觀其發越 次讀中庸 以得古人之微妙 此其爲學之次序矣"

끝났다. 다른 경전에 비해 고종이 『맹자』를 오랫 동안 공부하였기 때문에 가끔 경연관들로부터 '많은 양의 글이 아닌데 한 해가 지나도록 마치지 못하시니 수많은 가르침을 언제 다 배우시려고 하느냐'는 비판을 받았으며 '강론하는 글이 매번 10행도 되지 않으니 1, 2행이라도 첨부하여 강독하자'는 재촉을 받기도 하였다.[97]

『맹자』를 끝낸 뒤 8년(1871) 2월에서 4월까지는 『中庸』을 읽고 이어서 『詩傳』을 강독하였다.[98] 『詩傳』을 강독하게 되자 강관 김세균은 영조 때의 일을 다시 거론하면서 영조는 寶齡이 많은데도 불구하고 오히려 『시전』을 강론하여 친히 서문을 지었다고 아뢰었다. 이것은 誠으로써 修身齊家하여 나라를 다스리고 천하를 태평하게 하기 위한 도리가 여기에 있음을 강조한 것이었다.[99]

고종의 경연 과목은 신정왕후의 뜻에 따라 결정된 『효경』을 필두로 『소학』, 『대학』, 『논어』, 『맹자』, 『중용』, 『시전』 등 기본적인 유교경전이었다. 순조대 이후 국왕들의 경연 과목은 대체로 四書三經 위주로 마련되었는데, 고종의 강학 과목 역시 이러한 범위를 크게 벗어나지 않았다.[100] 한편, 『소학』, 『대학』, 『시전』 등을 공부할 때에 신료들은 영조의 치적을 본받도록 강조하였다. 이것은 영조가 재위시에 이 책들을 자주 읽고 직접 서문을 쓰는 등 관심이 높았기 때문이었다.[101] 이런 연유로 영조대 이후에는 국왕들이 공부할 때에

---

97) 『승정원일기』 고종 7년 4월 23일
"(知事沈)承澤曰 伏覩自止 每不滿十行 若行數稍多 則新受音十遍之際 或有支離之時 而視祖宗朝日三講筵召對夜對之規 不及三分之一 而如是悠泛歲月 可惜畢講 尙遠豈不茫哉 以外間童子工課言之 孟子七編 不過十五而卒業云矣 帝王之學 雖與匹庶有異 孟子始講 今過周歲而未畢 伏願每下飭敎 雖一二行添付以入 限盛熱前 畢講之地千萬顒祝"
98) 『승정원일기』 고종 8년 5월 7일
99) 『승정원일기』 고종 8년 5월 8일
"倚我英廟朝 寶齡隆邵之時 猶講是經 至有御製序文 誠以修齊治平之道 其亦不待他求 而得之於此矣"
100) 『열성조계강책자차제』(규 3236)

영조의 고사가 거론되었다. 고종의 경우에도 국왕이 아직 본격적으로 정국을 주도하지 못하는 상황에서 다분히 依例的으로 언급되었다고 할 수 있다.

3. 고종의 史書 선호

史書는 그 안에 治亂과 興亡의 자취가 모두 실려 있어 본받고 경계할 만한 것이 있다는 이유로 유교 경전 못지 않게 중시되었다.[102] 經書가 修身과 기본적인 윤리를 좀 더 강조한다고 하면, 史書는 곧 현실 정치에 대한 감각과 통치술을 익힐 수 있는 전형을 제시해 주고 이를 익힐 수 있는 기회를 제공한다고 할 수 있다. 이 때문에 이전에도 사서는 중요시되었다.[103]

고종의 경우에도 즉위 후 옥당에서 틈틈이 올린 故事를 통해 史書의 내용을 단편적으로 접할 수 있었지만,[104] 고종 2년(1866) 4월에 『通鑑』을 강학하면서 사서를 본격적으로 공부할 수 있었다. 고종은 이때 『小學』을

---

101) 영조가 서문을 쓴 유교경전에 대해서는 이정민, 2003, 「영조대 어제서 편찬의 의의」 서울대 석사학위논문, 11~12쪽 참조.
102) 『승정원일기』 고종 4년 10월 26일
"(講官鄭)基世曰 伏聞近日召對 講通鑑矣 經經緯史 是爲爲學之要 臣不勝欽仰欣誦之至 盖歷代治亂興替之蹟 俱載於史 講讀之際 有善可以法者 則取以爲法 惡可以戒者則鑑以爲戒"
103) 예를 들어, 헌종은 그 나름대로 국정운영의 주체가 되려는 노력을 기울이던 시기였던 헌종 11년(1845)에 선왕의 업적을 엮은 『羹墻錄』을 경연의 교재로 하였고, 같은 성격의 책인 『國朝寶鑑』을 읽으면서 역대 왕정의 치적에 깊은 관심을 보였다. 또한 헌종 13년(1847)에는 정조 연간 크게 정리된 이후 진전이 없던 『국조보감』의 증수를 위해 정조·순조·익종에 대한 『三朝寶鑑』의 찬집을 명하였다. 기타 자세한 내용은 오수창, 1997, 「세도정치의 성립과 전개」 『한국사』 32, 국사편찬위원회 참조.
104) 고종은 즉위 후 거의 매일 경연관들이 書進한 故事를 받아 보았다. 여기에서 고종은 『國朝寶鑑』, 『羹墻錄』, 『弘齋全書』, 『謨訓輯要』, 『祖鑑』 등의 史書를 접할 수 있었다.(『經筵故事比例』(奎1792) 참조)

읽고 있었는데, 이전의 국왕들이 『소학』을 마칠 즈음 『통감』을 읽었던 것에 비하면 조금 이른 편이라고 할 수 있다.

『통감』 강학 규정은 유교경전을 강독할 때와 사뭇 달랐다. 『효경』이나 『소학』을 강학할 때는 앞서 배운 것을 반드시 암기하였는데 『통감』을 읽을 때는 그렇게 하지 않았다. 이것은 史書의 내용은 암기할 필요가 없다고 보았기 때문이었다.[105] 또한 史書는 강규가 비교적 엄격하지 않은 召對에서 주로 읽었으므로 고종은 좀 더 편안하게 『통감』을 읽을 수 있었다.[106]

고종 2년 4월에 領府事 鄭元容의 의견에 따라 『통감』을 읽기로 하자 신정왕후는 이 책의 文理나 旨義가 다른 책과 다른 지를 물었다. 정원용은 '史記는 經書와 달리 비록 외우지 않더라도 뜻이나 사실을 이해하기에 좋다'고 하면서 『통감』은 역대 治亂의 자취가 마치 옛날 이야기를 듣는 것처럼 재미 있어 싫증이 나거나 권태롭지 않을 것이라고 덧붙였다. 신정왕후도 '주상이 옛날 이야기 듣기를 좋아하니 반드시 재미를 느껴 차차 많은 행을 읽게 될 것'이라고 하며 기뻐하였다.[107] 이상의 대화에서도 알 수 있듯이 역사를 좋아하는 고종에게 史書 읽기는 흥미있는 공부였던 것이다.

이런 점은 고종의 강학을 勉勵하기 위하여 『三國志』를 권할 때도 나타났다. 고종 4년(1867) 8월의 진강에서 국왕이 전처럼 열의를 보이지 않자 講官 金永爵은 '학문에 맛을 들이기' 위하여 『삼국지』를 읽도록 추천하였

---

105) 『승정원일기』 고종 4년 1월 27일
 "(講官金)永爵日 往年講小學時 前受音必背誦 伊後講通鑑 此不過古今之治亂之迹 故大臣奏以不必背誦矣"
106) 『통감』을 처음 읽기 시작하였을 때는 권강에서도 몇 번 읽었지만 대개의 경우 소대에서 강학되었다.
107) 『승정원일기』 고종 2년 4월 3일
 "大王大妃殿日 進講冊子 以通鑑議定矣 文理與旨義 果勝於他書矣 元容日 臣於講規有所仰達子矣 史記異於經書 雖不成誦 領會旨義及事實 則爲好 …중략… 元容日通鑑卷秩亦多 次次讀進多行 然後可以從近訖工 且歷代治難之蹟 如古談 之聽 而有滋味 自至於不厭不倦之境矣 大王大妃殿日 所奏果甚好矣 主上好聽古 談必生滋味而次次讀至多行矣 如所奏定規也"

다. 김영작은 '『삼국지』를 경연에서 언급하는 것은 매우 외람되고 망령스러운 일이지만 임금께서 이미 『삼국지』의 등장인물인 龐統의 이름을 알고 있으므로 한 번 보시면 매우 좋을 것'이라고 하면서 이 책이 비록 稗書이지만 正史와 다를 것이 없으며, 친근한 맛을 들이는 데 이보다 나을 것이 없다고 하였다.[108]

김영작(1802~1868)은 고종 1년(1864)부터 5년(1868)까지 講官으로 활동하면서, 고종에게 신료들을 자주 만나고 적극적으로 대화할 것을 권했던 인물이었다.[109] 그는 학문적 역량도 우수하였지만 定州, 淸州, 楊州牧使와 開城留守 등 여러 지방관을 역임하면서 三政의 개선책 등에 관심을 보이고, 冬至副使로 청에도 다녀오는 등 풍부한 실무 경험을 지니고 있었다.[110] 당시에도 박규수의 知友로서 실학적 학풍을 지녔다고 평가를 받았다.[111]

고종은 김영작이 고종에게 史書를 권하기 이전부터 『통감』을 읽고 있었으며, 『소학』도 거의 끝나가고 있었다. 즉위 초에 비해 어느 정도의 학문 수준을 갖추고 있었던 것이다. 이후 고종이 『대학』과 『논어』를 연이어 읽으면서 자신의 학문적 입장을 표현하는 것도 바로 이런 변화를 확인해 준다. 따라서 김영작이 고종에게 史書를 권한 실제의 이유는 어느 정도 학문을 갖춘 국왕에게 역사를 통해 현실 정치에 대한 감각을 익히게 하기 위해서였다고 할 수 있다.

김영작은 先王의 언행 사실을 적어 놓은 『羹墻錄』도 추천하였다. 『갱장

---

108) 『승정원일기』 고종 4년 8월 11일
 "永爵曰 凡學問 雖以閭巷幼穉言之 能知着味 然後方克成就 此所謂心誠好之 欲罷不能者也 殿下進講課程之暇 繙覽書籍 期有着味之效 是臣區區之望也 臣聞一講官 以繙覽羹墻錄仰奏之 古語曰 欲法堯舜 當法祖宗 此誠切實之言 殿下旣知龐統名字 則三國志一番乙覽甚好 臣愚惶恐 三國志稗也 筵中陳奏 極涉猥妄 而三國志雖曰稗書 實與正史無異 且淺近着味 無遏此書 縱知惶恐 有此仰達矣"
109) 『승정원일기』 고종 5년 윤 4월 14일
110) 『邵亭文稿』 「附錄墓表」
111) 손형부, 1997, 『朴珪壽의 開化思想硏究』, 一潮閣, 12쪽

록』은 이미 즉위 초부터 옥당의 관원들이 故事를 언급할 때에 자주 소개되었고, 고종도 본받을 바가 많다고 하면서 관심을 보였다. 이에 김병학은 정치와 법과 정책이 여기에서 벗어나지 않으니, 여가 시간에 보시되 『國朝寶鑑』도 함께 보도록 권유하였다. 김세균도 '『국조보감』은 연대순으로 만들어진 것이고, 『갱장록』은 주제별로 분류하여 편찬된 것이니, 열성조의 거룩한 덕과 아름다운 정책이 이 두 책에 펼쳐져 있다'고 하면서 추천하였다.[112] 이후 『갱장록』은 고종 5년(1868) 4월에 夜對의 과목으로 채택되었고, 『국조보감』도 고종이 23년(1886) 홍문관에 임어하여 宣醞하였을 때에 진강책자가 되었다.[113]

고종의 사서에 대한 관심이 지나쳐 진강은 정지한 채 소대에서 사서만을 읽자 비판도 제기되었다. 고종 9년(1872) 4월에 副校理 朴顥陽은 고종이 通史를 가지고 날마다 과업을 정하여 소대에서 묻고 논란하시니[114] 진실로 흠송해 마지 않을 수 없지만 진강을 오래도록 정지하는 것은 부당하다고 신랄하게 지적하였다.[115] 그 뒤 진강을 자주 열었지만 고종의 史書에 대한 관심은 줄지 않았다.[116] 고종은 자신이 구체적인 통치술을 배울 수 있는 중요한 수단을 사서라고 생각하였기 때문이었다.[117] 고종 10년(1873) 9월

---

112) 『승정원일기』 고종 4년 8월 21일
 "敎曰 近因講官金永爵言 進覽羹墻錄 則果多鑑法矣 炳學曰羹墻錄甚好矣 政法治謨宜不外乎是 萬幾之暇 以此進覽 而國朝寶鑑亦宜一體進覽矣 世均曰 國朝寶鑑編年而成之 羹墻錄 分門而撰之 列聖朝盛德嘉謨 布在此二書 而古人有言曰 欲法堯舜 當法祖宗 祖宗之法 卽堯舜之法也 常常進覽誠好矣 炳學曰 我祖宗朝五百年治平之謨 備載此書 常常進覽而鑑法 則政令施措之間 補益弘多 深留聖念焉"
113) 『열성조계강책자차제』(규 3236)
114) 『열성조계강책자차제』(규 3236)와 『승정원일기』의 기록에 의하면 당시 고종은 『통감』을 읽고 있었다.
115) 주 72) 참조
116) 『통감』은 고종 2년(1865) 4월부터 고종 19년(1882)까지 읽었다.[『열성조계강책자차제』(규 3236) 참조]
117) 박호양도 이때 아침에 진강을 하여 경전의 뜻을 탐구하고 낮에는 소대를 하여

에 講官 趙基應이 史書는 治亂에 밝으니 더욱 공부하라고 권하자, 고종은 '『통감』에서 治亂을 논한 부분을 읽으면 그 때를 어슴프레 직접 보는 것 같으며, 明君이 賢人을 임용할 즈음에는 나도 모르게 감탄하게 된다'고 말하면서 역사에서 교훈을 얻고자 하는 진지한 자세를 나타냈다.[118] 史書에 대한 깊은 관심은 10년 2월에 大王大妃殿과 大妃殿 등에 尊號를 올릴 때에도 잘 나타난다. 이때 上號都監 堂上 金世均이 講官으로 입시하자 고종은 그와 尊號法에 대해 논의하면서 다음과 같은 대화를 나누었다.

> 고종 : 尊號法은 唐代 이래로 간혹 있었지만 宋代에 이르러 賢人들이 배출되면서 국가의 文明과 儀節이 잘 갖추어지게 되었다.
> 김세균 : 존호와 시호는 당나라 때부터 있었습니다.
> 고종 : 상고할 만한 문헌이 있는가?
> 김세균 : 요사이 『帝王年表』라는 책자를 보았는데, 그 책에 상세히 실려 있습니다.
> 고종 : 正祖代의 御定冊子가 있는데 태고부터 역대 年紀가 실려 있다. 내가 이미 널리 살펴보고 摠目을 찬집하였는데 더 수집하여 보완해야겠다. 『帝王年表』는 어디에 있느냐?
> 김세균 : 臣의 집에 있습니다.
> 고종 : 箕子부터 고려 이전까지의 역사 중에 끝내 상세하지 않은 것들이 있다.
> 김세균 : 『東國通鑑』과 『麗史提綱』이 모두 참고할 만하며, 또 요점만 간추려 모은 책자가 있으니 바로 『紀年兒覽』입니다. 그 가운데 우리나라 편에는 열성조의 大事에 대한 개요가 실려 있는데, 정조 때에 책이 만들어진

역사를 토론한다면, 이것은 경전과 역사로 날줄과 씨줄을 삼는 뜻이 되니, 이중 어느 하나라도 그만둘 수 없다고 하였다.(『승정원일기』 고종 9년 4월 30일)
118) 『승정원일기』 고종 10년 9월 7일
"基應曰 史書明於治亂 伏願益加用工焉 上曰 講官向以召對爲請 予已許之 …중략… 每覽通鑑論治亂處 況如親見其時 至於明君任賢之際 不覺歎賞也"

뒤 아직까지 계속 만들어지지 못했습니다.
고종 : 이 책도 卿의 집에 있는가?
김세균 : 그렇습니다.
고종 : 『제왕연표』와 『기년아람』을 모두 들여와 살펴볼 수 있도록 하라.[119]

이상의 대화를 살펴보면, 고종이 평소에 여러 종류의 사서에 관심을 갖고 있었고, 일부는 스스로 증편 작업을 하고 있었다는 것을 알 수 있다. 정조의 어정책자를 보고 직접 총목을 찬집하였다는 것은 이러한 사실을 말해 준다.

고종은 새로운 사서를 찾아보는 데도 적극적이었다. 위의 대화에서 김세균이 『帝王年表』와 『紀年兒覽』을 소개하자 고종은 곧 보고 싶다는 뜻을 밝혔다. 이틀 뒤 강관 김세균이 위의 두 책을 올리자 고종은 『기년아람』에 국조의 사실들이 더욱 상세히 나타나 있다고 평가하였으며, 순조대 이후의 일들을 이어 완성시킨다면 더욱 좋은 要覽이 될 것이라는 뜻을 피력하였다.[120] 고종은 그 해 5월에 김세균의 아들 明鎭에게 『기년아람』을 속찬하도록 명하였으며,[121] 이 책은 고종 14년(1877)에 『紀年便覽』이라는 이름으

---

119) 『승정원일기』 고종 10년 2월 1일
"上曰 尊號之法 自唐以來或有之 而至於有宋 羣賢輩出 國家文明儀節彬彬矣 世均曰尊號謚號 自唐有之 上曰 有文字可攷者乎 世均曰 近得見帝王年表冊子 詳載其書矣上曰 正廟祖有御定冊子 自盤古以後歷代年紀 而予已博考纂成摠目矣 增加修葺 而帝王年表安在乎 世均曰 見在於臣家矣 上曰 我國高麗以上箕子以後時事 終有未詳者矣世均曰 東國通鑑麗史提綱 皆可攷據 而又有撮要之冊子 卽紀年兒覽也 其中我朝編 紀載列聖朝大事要槪 冊成於正廟朝時 而始未續成矣 上曰 此冊亦在卿家乎 世均曰 然矣上曰 帝王年表與紀年兒覽 并宜入鑑"

120) 『승정원일기』 고종 10년 2월 3일
"世均曰 紀年兒覽及帝王年表 已進呈于玉堂 似蒙乙覽矣 上曰 入覽則歷代果昭然 而我國事尤詳 若續撰正廟以後 則尤爲便攷矣 世均曰 果有續撰之義 而固未遑者也 歷代總目 自上已有睿裁 臣不勝欽仰矣 上曰 續撰正廟朝睿裁之篇 而今爲數卷耳"

121) 『승정원일기』 고종 10년 5월 16일

로 편찬되었다.

이외에도 고종이 사서에 많은 관심을 가졌다는 사실은 『승정원일기』의 기사에서 자주 확인된다. 고종 10년(1873) 9월에 강관 박규수가 요즘 무슨 책을 읽고 계시냐고 묻자, 국왕은 『萬姓統譜』를 본다고 하였다. 박규수는 이러한 책들은 상고하여 보는 데는 빠르지만 근거가 분명하게 제시되어 있는 正史만은 못하다고 하면서 『史記』와 『漢書』 등의 史書를 열람하도록 권하였다. 이에 고종은 『사기』 이후의 역사책으로 어떤 것이 있냐고 물었다. 박규수가 班固의 『前漢書』와 范曄의 『後漢書』, 『明史』를 추천하자 고종은 '『사기』는 國政에 관한 것 뿐 아니라 그 외에도 볼 만한 것이 많다'고 하고, 『명사』는 '神宗 이후의 일에 불만스러운 표현이 많다'고 하는 등 각 史書의 가치에 대해 평하였다.[122] 고종은 박규수가 추천한 『사기』와 『명사』 등의 사서를 이미 관심 있게 읽었으며, 스스로 평가할 정도의 수준까지 도달해 있었음을 보여 준 것이었다.[123] 그리고 이러한 과정 속에서 습득된 지식과 통치술은 신료들과 대화할 때에 국왕으로서의 의견을 표현하는데

---

122) 『승정원일기』 고종 10년 9월 10일
"(講官朴珪壽)又奏曰 敢問卽者 乙覽果何書乎 上曰萬姓統譜也 適繼考見帝王世系 而此書所載 止於皇明穆宗皇帝矣 珪壽曰 穆宗隆慶之後 爲萬曆朝矣 此等書雖 捷於考訂 而恐不如正史之有根據 敬考周家世系 則詳在馬史本記矣 今則聖學漸臻 高明 閱覽史記漢書等冊子恐好矣 …중략… 上曰史記止何代 而繼之史爲何書乎 珪壽曰 馬遷史始自三皇五帝 而至漢武 其後班固著前漢書 范曄著後漢書 而一代 每有一代之正史 至於皇明 亦有明史矣 上曰史記 非但國政 其外亦多可觀也 珪壽 曰 明史尤不可不一覽矣 上曰曾見明史 神宗以後事 語多不滿處 必因淸人所作故也 至有言明政日衰 其國代之云者 此是乾隆時作乎 珪壽曰 此是張廷玉所作也"

123) 고종이 사서 읽기를 좋아하고 역사에 대한 지식이 상당한 수준에 이르렀음은 서양인의 기록에서도 확인할 수 있다. 1896년 10월에 간행된 『코리안 레퍼지터리』에 실린 글을 보면, 고종은 자기 나라의 역사, 근대와 고대의 역사에 대해 나라 안의 어느 누구보다도 더 많이 알고 있으며, 대신들 사이에 옛 관습과 과거에 대해 알지 못하는 것이 생겼을 때, 폐하에게 물어보면, 어떤 역사적 사건이 일어난 시기와 특별한 점을 정확하게 지적해 준다고 하였다.(이태진, 2000, 「고종황제 암약설(暗弱說) 비판」 『고종시대의 재조명』, 태학사, 99~101쪽)

훌륭한 토대가 되었다.

고종 9년과 10년에 고종은 특히 史書에 관심을 많이 가지고 있었다. 그런데 이 시기의 經書에 대한 지식 또한 신료들이 인정하는 수준에 도달해 있었다.[124] 경서 공부를 통해 어느 정도 지식이 갖추어지자 정원용, 김영작, 김병학, 김세균, 박규수 등은 고종에게 사서를 적극 추천하였다. 고종도 적극 관심을 보이며 이를 통하여 국왕으로서의 통치술을 키워 나갔던 것이다.

4. 經筵의 君臣 會合기능 강화

1) 勸講과 통치술의 습득

권강 기간 중에는 학문 연구가 가장 중시되었다. 그러나 고종은 차츰 정치 현실에 관심을 보였다. 고종 1년(1864) 3월에는 『소학』제 1권의 '배불리 먹고 따스하게 입는다(飽食煖衣)'라는 귀절을 읽다가 농민들만이 유독 고생하는 이유를 물었다. 영부사 정원용은 탐관오리 때문이라고 하면서, 수령을 잘 선발하여 오랫동안 재직하게 하여야 한다고 아뢰었다. 그러자 고종은 감사와 수령들이 모두 자신의 직분을 잘 수행하면 백성들이 떠도는 걱정을 면할 수 있는지 다시 한 번 묻고, 정원용의 '그렇다'라는 확답을 듣고서야 다시 강학을 진행시켰다.[125] 같은 해 9월에 고종은 檢討官 張

---

124) 『승정원일기』 고종 9년 10월 21일, 29일 ; 11월 4일
125) 『승정원일기』 고종 1년 3월 30일
"上讀七遍 敎曰 此云飽食煖衣 近聞鄕民 勤於耕織 而猶不免飢寒 …중략… 元容曰民皆有良心 勤勞農作 必先納公稅與官需 而貪汚之吏 往往有橫徵之弊 故民不聊生者職此之由也 上曰 聞貪汚之吏 憑藉公納 科外徵索者 眞是唆甚膏血也 何忍爲此乎 元容曰 聖敎至當矣 明燭外邑事情如此 則民將見德化之盛矣 生民休戚 專係於分憂 共理之官 故自虞廷之咨十二牧 歷代昭辟 無不以擇吏久任 爲保民之本矣 上曰 善治者 使久其任爲好矣 元容曰 吏數遞 則民受害焉 此後守令有窠時 飭

膺杓에게 사는 곳이 어디냐고 묻고 그 곳 수령의 행적, 고을의 형편 등에 대해 질문하였다. 장응표는 慶尙道 仁同에 살며 수령은 趙行林인데, 그의 치적은 잘 모르지만 이속들이 고을 官穀과 돈을 차지하는 폐단이 있다고 아뢰었다. 그러자 參贊官 洪軒鐘은 권강하는 체모는 소대와 다른데, 登筵한 옥당 관원이 글 뜻을 설명하는 것 외에 다른 일을 아뢴 것은 번거롭게 한 것이라고 지적하면서 추고할 것을 청하였다. 그러나 고종은 '내가 먼저 물었는데 추고할 수 있겠느냐'라고 하며 그의 비판을 무마하였다.[126] 이때 고종은 강학의 자리를 지방사정을 파악할 수 있는 기회로 삼으려 하였고, 경연관들은 오히려 이를 막으려 하였음을 알 수 있다.

현실정치와 민생의 실제 상황에 대한 고종의 관심은 계속 표출되었다. 고종 1년(1864) 11월에 고종은 侍讀官 姜長煥에게 사는 곳과 그 곳 수령의 치적에 대해 질문하였는데, 강장환은 公忠道 永同縣에 살지만 수령의 문제에 대해서는 官과 民 사이에 分義가 있으니 直對할 수 없다고 하며 상세한 대답을 회피하였다. 고종이 국왕이 詢問하였는데 어찌 直言으로 답하지 않느냐고 반문하였으나 講官 金炳學과 參贊官 宋熙正은 '그 나라에 살면서 그 大夫를 비방하지 아니한다'라는 故事를 들어 강장환의 입장을 편들어 주었다. 그러자 고종은 '民이 官政을 편하게 여기는가'라고 질문의 내용을 바꾸어 재차 대답을 종용하였다. 결국 강장환은 軍丁과 田結 조사에 대해

銓官愼擇而久任焉 上曰監司若不治 則其害何如 元容曰 守令失職 害止一邑 監司不治 害遍一道 尤不可不愼擇也 上曰 監司守令 俱擧其職 則使斯民免流離之患乎 元容曰 然矣 聖念長在於安民保民 則可期俗美而治隆矣 上復讀三遍"

126) 『승정원일기』 고종 1년 9월 21일
"上曰 何居何邑耶 膺杓曰 臣在慶尙道仁同矣 上曰 其邑倅誰也 膺杓曰 趙行林也 上曰該倅善治乎 膺杓曰 臣之到京 在四月初 而該倅莅任 在七月晦矣 未能的知其聲績之顯著 而轉聞勵精求治 殫心矯弊 弊局有向蘇之望矣 上曰其弊何如 膺杓曰 公穀公錢爲吏屬之乾沒矣 上曰其弊如此 而其倅不善 則其民何以生乎 膺杓曰聖上爲民 慈恤 如此其至 守令若能仰體 則民有資生之道矣 軒鐘曰 勸講筵體 與召對自別 而今日登筵玉堂文義奏對之外 以他辭煩凟 極爲未安 推考何如 上曰 予旣發問 句爲推考可也"

주민들이 불만을 가지고 있다는 것을 아뢸 수 밖에 없었다. 그러자 김병학은 다시 조사하여 그 허실을 널리 詢問한 다음에 처분을 내리는 것이 좋겠다는 말로 논의를 마무리지었다.[127] 그러나 며칠 뒤 고종은 '講筵을 할 때에 글 뜻만을 강론할 것이 아니라 반드시 閻巷 物情의 어렵고 고생스런 실상도 반복 曉諭하여 익히 들을 수 있도록 하라'는 肅宗 때의 故事를 언급하면서 권강이나 소대에서 신료들이 이 하교대로 여러 사정을 자세히 아뢰는 것이 좋겠다는 뜻을 밝혔다. 이에 講官 尹致定은 고종이 거론한 故事를 돌려가며 읽어보기를 청하면서 국왕의 뜻을 적극 지지하였다.[128] 대왕대비 수렴청정기간 중의 권강에서는 강학만을 강조하려 하였으나, 고종은 신료들과 만날 수 있는 경연을 통해 민생의 현황을 파악하려 하였던 것이다.

권강 기간 중 고종은 先代의 故事를 자주 언급하였다. 고종 1년(1874) 10월 召對에서 參贊官 承旨 朴道彬은 다음과 같이 건의하였다.

---

[127] 『승정원일기』 고종 1년 11월 9일
"上曰 玉堂居於何地乎 長煥曰 臣所居公忠道永同縣也 上曰 本倅之治何如 而民皆安業乎 長煥曰 聖敎之下 安敢不實對 而臣是此邑之人官民之間 分義斯在 雖極惶恐 有佛敢直對矣 上曰 詢問之下 何不直言乎 炳學曰 此儒臣此言 卽居是邦不非其大夫之意也 熙正曰爲其居民 語及於守土之官 誠亦難安矣 長煥曰 官民之間 如有善政 則固當仰對 而若無可稱之事 咫尺前席 豈可欺罔而稱擧乎 上曰民以官政爲便乎否乎 長煥曰 民言之稱便臣未之聞也 上曰然則不善治可知也 永同倅是誰也 炳學曰 判書吳取善之子健泳也 長煥曰 此倅赴任 適値民擾之時 有查丁查結之擧 故民間自致騷擾矣 炳學曰 守令之治 全在三政 近來外邑 多有軍結之弊 每於查丁查結之際 民情易致騷訛矣上曰 然則民何以聊生乎 必有離散之弊矣 長煥曰 民旣騷擾 不無離散者矣 上曰 必有貪墨之弊矣 長煥曰 臣固不敢知也 上曰 民情可憐 何以爲生乎 如許吏治 豈可仍置 炳學曰 軍結查懲 雖致民言 此與貪墨有異矣 今若直下處分儒臣不無以民告官之嫌 或以繡廉更探 又從他政 廣詢得其虛實 更下處分 恐好矣』"

[128] 『승정원일기』 고종 1년 11월 18일
"仍敎曰 昨日玉堂書進故事曰 肅廟朝講筵時 非但講說文義 必以閻巷物情 艱難辛苦之狀 反復曉諭 使耳聞熟習可也爲敎 今亦每於勸講召對時 入侍諸臣依此敎陳奏爲好矣致定請下故事 諸臣輪見還納"

신이「政院故事」129)를 보니, 옥당의 상하 입직자들이 국조의 아름다운 일과 역대 제왕들의 잘 다스렸던 政事와 名臣 碩儒들이 아뢰었던 말들 중 한 단락, 혹은 몇 단락을 취해 正書하여 入啓하니, 그냥 놓아 두고 내려보내지 않았던 例가 있었습니다. 이제 만일 寶鑑과 經史 등에서 학문을 부지런히 하고 덕을 높이는 등의 일을 옥당에서 매일 써서 올리도록 하고 전하께서 거처하시는 곳에 붙이고 볼 수 있게 한다면 성상의 공부에 도움이 되리라 생각합니다.130)

이 같은 제안에 대해 講官 鄭基世는 純祖代에도 자기 아버지[정원용]가 관직에 있으면서 이러한 명을 받아 글을 써서 올렸다고 하면서 적극 찬성하였다. 원래 국왕에게 좋은 글을 올리는 일은 옥당의 임무 가운데 하나로서 강학을 하지 않는 날에 행하도록 되어 있었다.131) 고종대에는 박도빈이 제의한 직후인 고종 1년 10월 6일부터 2년 4월까지 거의 매일 글이 올려졌다.132) 고종은 이 글을 경연에 자주 소개하면서 계속 관심을 보였다.

侍讀官과 檢討官의 이름으로 올려진 이 글들은 주로『國朝寶鑑』과『羹

---

129) 『政院故事』(奎 1018)는 승정원에서 순조대에 정조년간의 승정원 업무에 관한 王의 傳敎 등을 모아 편찬한 책으로 내용은『은대편고』등과 비슷하다. 그러나 당시에 박도빈이 이 책을 보았는지는 확인할 수 없다.
130) 『승정원일기』고종 1년 10월 6일
 "臣伏見政院故事冊 則有玉堂上下番取國朝美事 歷代帝王治政 名臣碩儒奏語一段 或數段 正書入啓 留中不下之例矣 今若以寶鑑經史中勤學崇德等事 自玉堂課日書進 付之殿壁 仰備乙覽 則恐亦有益於聖工矣"
131) 『弘文館志』(奎 1816) 「故事 附博考」
 "停講日 上下番取國朝美事 及歷代帝王治政 名臣碩儒奏語一段或數段 正書呈納"
132) 옥당의 이 일이 정확히 언제 중지되었는지는 알 수 없다. 다만 옥당의 올린 글들을 모아 편찬한『經筵故事比例』(규 1792)에 고종 1년 10월 6일부터 2년 4월 19일까지의 기사가 수록되어 있고,『승정원일기』고종 2년 5월 2일 기록에 講官 李玶가 '근일 들어 옥당에서 故事를 써서 바치는 규정이 없어졌는데, 한가로이 계실 때에는 무엇을 보고 계십니까'라고 묻자 고종이 글자를 써 본다고 말한 대화에서 2년 4월 이후 옥당의 '故事書進'이 중단된 것을 알 수 있다. 그러나 중단된 이유는 확인하지 못하였다.

墻錄』등을 참고하여 작성되었으며,『謨訓輯要』,『祖鑑』,『弘齋全書』등도 이용되었다. 내용을 보면 세종, 성종, 선조 등 朝鮮前期 국왕들에 대한 글도 있으나 대부분 숙종대 이후의 것이었고, 修身, 節儉, 독서 등의 생활태도와『小學』,「耕織圖」등 문헌에 관한 것, 風俗회복, 言路, 愛民 등 정치에 대한 것 등 국왕의 모범적인 일상생활과 일반적인 통치술을 익히는데 도움이 될 만한 글귀들이었다.[133]

권강에서 경연관들은 강학을 강조하였던 반면, 고종은 閭巷의 물정과 지방 실정 등에 대해 논의하기를 원했다. 이 시기 경연관의 역할은 국왕에게 학문을 가르치는 것으로 제한되어 있었기 때문에 어느 정도 한계가 있었다. 그러나 고종은 先代의 故事까지 제시하면서 권강의 자리에서 정치 또는 사회, 경제 현안들에 대해 대화를 나누고 싶다는 뜻을 표현하였다. 그리고 이러한 과정 속에서 王者로서의 학문과 통치술을 익혀 나갔다.

2) 辛未洋擾의 발발과 정책 논의기능 확대

고종 3년(1866) 2월에 진강이 시작되면서 나타난 가장 큰 변화는 고종이 경연관들과 거리낌없이 대화할 수 있게 되었다는 것이다. 지속적인 講學을 통해 학문적 수준이 높아지고 점차 성인으로 성장해 가면서 이러한 변화는 더욱 확실히 나타났다. 〈표 2-3〉은 고종 즉위 뒤부터 친정 직후까지 권강, 진강 등에서 학문 이외의 주제를 가지고 신료들과 논의한 횟수를 정리한 것이다. 이를 보면, 고종 3, 4년을 제외하면 10회의 경연이 열릴 때마다 한 두 차례 씩 학문 이외의 주제를 논의하였고 점차 그 비율이 높아져 갔음을 알 수 있다. 고종 1년 11월에 특히 그 비율이 높은 것은 앞서 살펴본 것처럼 고종이 옥당에서 올린 고사를 권강에서 소개하며 대화를 나누었기 때문이다. 〈표 2-3〉에서 나타나듯이 경연이 君臣 회의제도로서의 기능

---

133)『經筵故事比例』(奎 1792)

을 확실히 보여주기 시작한 것은 고종 8년(1871)부터다. 경연 개최 횟수는 줄었지만 진강에서 여러 정치 현안을 논의하는 비율이 이전에 비해 두 배 가까이 늘었으며, 고종 10년(1873)과 11년(1874)에는 2회의 경연을 개최하면 반드시 1회는 강학 후 정치 현안 등을 다루었다.

〈표 2-3〉 고종 1년(1864)~고종 11년(1874년) 경연의 주제

년＼월	고종 1 (1864)	고종 2 (1865)	고종 3 (1866)	고종 4 (1867)	고종 5 (1868)	고종 6 (1869)	고종 7 (1870)	고종 8 (1871)	고종 9 (1872)	고종 10 (1873)	고종 11 (1874)
1	2/12	0/0	0/0	0/6	2/13	0/9	0/0	0/0	0/0	1/3	0/0
2	0/28	5/24	0/0	2/22	3/13	1/17	1/21	3/10	0/0	0/12	0/0
3	1/26	0/13	0/6	0/0	0/0	0/7	3/14	1/7	0/0	0/0	0/0
4	0/10	0/12	1/13	1/18	3/13 (3/16)	1/12	2/17	4/13	0/0	0/0	4/5
5	0/28	4/29 (3/15)	4/29	1/30	1/10	5/16	1/12	6/15	2/17	9/19	10/12
6	2/10	0/0	0/0	1/10	0/0	0/0	0/0	0/0	3/7	7/16	0/0
7	1/5	0/0	0/0	0/0	0/0	0/0	0/0	0/0	0/0	0/0	0/0
8	2/10	1/12	0/24	0/19	5/17	1/4	0/7	2/5	1/7	3/4	0/0
9	5/15	3/18	3/13	0/12	0/22	5/11	0/5	3/11	1/7	8/16	0/0
10	3/26	3/28	0/7	1/23	2/26	1/9	1/16	2/6	4/15	6/6	2/4
11	19/24	0/21	1/21	0/10	2/18	1/21	4/17	0/6	2/12	5/8	7/21
12	2/14	2/11	2/17	0/14	0/0	1/4	4/20	5/20	7/15	0/0	0/0
계	37/208	21/183	11/130	6/164	21/148	15/110	16/129	26/93	20/80	39/84	23/42
%	17.7	11.4	8.4	3.6	14.1	13.6	12.4	27.9	26.2	60.7	57.1

비고 : 政事 논의 횟수/경연 개최 횟수, ( )은 윤달
출전 : 『승정원일기』 고종 1년~11년 경연 관련 기사

다음 〈표 2-4〉는 진강에서 논의된 여러 주제를 정치, 왕실, 편찬, 지방 실정, 국제관계 등으로 나누어 정리한 것이다. 고종 8년 이후에는 진강이 한번 열리면 여러 주제가 다루어지는 경우가 많아 경연 개최 횟수에 비해 논의 내용이 더 많다. 「정치」와 관련된 주제로는 주로 先王의 故事, 제도,

신료들의 근황과 가계 등과 관련된 것으로 국왕이 先代를 모범으로 삼아 통치술을 익히고 국가 제도의 운영과 신료들의 구성을 파악하는데 도움이 되는 것을 포함시켰다. 「왕실」은 왕릉 奉審에 관한 것이 대부분이나 점차 王室 儀禮와 제도정비, 종친에 관한 주제가 많아진다. 「편찬」은 서적관리와 편찬이 경연을 담당한 홍문관의 중요 임무이기도 하여 자주 거론되었는데, 주로 史庫에 보관되어 있는 문헌들에 대한 관리를 보고 받는 경우가 많았다. 일반적인 정치와 관련된 주제 외에 가장 많이 거론된 내용은 「지방실정」에 관한 것이었다. 농사의 풍흉을 비롯하여 지방관의 치적, 收稅와 포흠, 民의 生活苦 등에 대해 자주 다루었으며, 두 차례의 洋擾를 치를 정도로 위기 상황이 조성되면서 淸의 문물과 정세 등 「국제관계」에 대한 것도 논의되었다.

〈표 2-4〉 고종 1년~고종 11년 경연의 논의 내용 분석

내용 년	정치	왕실	편찬	지방실정	국제관계	기타	합
1년(1864)	26(63.4)	1(2.5)	3(7.3)	8(19.5)	2(4.8)	1(2.5)	41(100)
2년(1865)	7(33.3)	1(4.8)	2(9.5)	6(28.6)	2(9.5)	3(14.3)	21(100)
3년(1866)	3(27.3)	1(9.1)	1(9.1)	2(18.1)	4(36.4)	0(0.0)	11(100)
4년(1867)	1(8.3)	3(25.0)	1(8.3)	1(8.3)	0(0.0)	6(50.0)	12(99.9)
5년(1868)	5(20.8)	2(8.3)	3(12.5)	7(29.2)	3(12.5)	4(16.7)	24(100)
6년(1869)	4(25.0)	0(0.0)	1(6.2)	5(31.3)	2(12.5)	4(25.0)	16(100)
7년(1870)	2(12.5)	0(0.0)	3(18.8)	8(50.0)	2(12.5)	1(6.2)	16(100)
8년(1871)	2(7.7)	1(3.8)	0(0.0)	10(38.5)	11(42.3)	2(7.7)	26(100)
9년(1872)	5(23.8)	6(28.5)	0(0.0)	6(28.5)	1(4.7)	3(14.2)	21(100)
10년(1873)	20(37.7)	10(18.9)	5(9.4)	13(24.5)	3(5.7)	2(3.8)	53(100)
11년(1874)	17(58.7)	4(13.8)	0(0.0)	4(13.8)	3(10.3)	1(3.4)	29(100)
합	92(34.0)	29(10.7)	19(7.0)	70(30.0)	33(12.2)	27(10.0)	270(99.9)

〈표 2-4〉에서도 나타나듯이 進講에서 당시의 현안에 대해 적극 논의하고 결론을 도출하며, 고종이 해당 사안에 대해 명령을 내리는 등 본격적인

의결의 기능을 뚜렷이 보인 것은 고종 8년 신미양요 때부터다. 고종 3년 (1866, 고종 15살)의 병인양요와 8년(1871, 고종 20살) 신미양요 때에 진강에 대한 고종의 태도를 비교해 보면 이를 구체적으로 확인할 수 있다.

병인양요가 일어난 고종 3년(1866) 9월에 강화도가 침범당했다는 소식을 듣자 고종은 時原任大臣과 兵判, 各 營 將臣들의 請對에 응하여 그들의 보고를 청취하고, 이어서 '大臣들이 충분히 상의하여 조치할 방도를 다하도록 하라'고 하며 모든 일을 맡겼다.[134] 물론 고종은 순무영을 비롯하여 여러 아문으로부터 이양선과 강화도 주변의 정세, 아군의 준비상황과 戰況에 대한 보고를 받았다. 그러나 경연에서의 활동은 전과 다름이 없었다. 진강과 소대를 열어 『통감』 제 2권을 읽었고, 간혹 防守때문에 농사를 방해하는 일이 없는지, 민심은 소란스럽지 않은지 등의 일을 질문하였지만 진강은 여전히 학문을 익히기 위한 곳이었다.[135] 병인양요 기간인 고종 3년 9월과 10월의 진강 개최횟수는 각각 13회와 7회다. 이것은 그 전후시기인 8월과 11월에 각각 24회와 21회인 것에 비해서도 적은 횟수이며, 다른 해의 9·10월 보다도 적었다.[136] 이같이 진강과 소대 횟수가 줄자 同知事 金尙鉉은 '외적을 방어하여 소멸시킬 방도는 大臣과 將臣이 계책을 세운 바가 있으며, 百官과 萬民이 바라는 것은 전하가 경연을 계속하여 학문을 성취하는 것'이라고 비판하기도 하였다.[137]

---

134) 『승정원일기』 고종 3년 9월 8일
 "(右副承旨)申佐模啓言 時原任大臣 有稟達事 率兵曹判書各營將臣 來詣閣外 請對矣傳曰入侍 …중략… 炳學曰 洋舶事 去益憤惋 而有稟定事 相率請對矣 厚祚曰 洋醜凌犯如此 不勝驚惋剿滅之策 不容少緩敢此仰達 上曰 洋夷之侵犯內洋 莫近日若防守備禦之策 唯恃諸大臣及諸將臣矣 須爛加商確 務盡措劃之方也"
135) 『승정원일기』 고종 3년 9월 8일
136) 제 2장 1절의 〈표 2-2〉 참조
137) 『승정원일기』 고종 3년 9월 17일
 "尙鉉曰 召對之停 已爲數日 此何等時也 洋賊入寇 江都失守 其備禦剿滅之方 代身將臣 當有籌略 而百官萬民之日夜仰望者 卽殿下講筵之無間斷 學問之有將就也"

고종 8년(1871) 4월 신미양요 때의 상황은 병인양요 때와 달랐다. 특히 진강의 개최 빈도가 그 전후 시기에 비해 급증하였다. 〈표 2-2〉에 의하면 신미양요가 있었던 8년 4월과 5월의 진강 개최횟수는 각각 13회와 15회로, 그 해 3월의 7회, 6월의 0회에 비해 자주 열렸음을 알 수 있다. 신미양요가 발발하기 전에 진강은 그 해 3월 7일 이후 열리지 않았다. 그런데 4월 10일과 14, 15일에 의정부와 삼군부로부터 서양선박에 대한 보고를 받자 고종은 곧바로 '내일부터 進講을 시행하라'고 명하였다.[138] 이에 따라 17일에 개최된 진강에서 고종은 『중용』을 읽는 뒤 곧바로 '서양선박의 동정은 어떠한가'라는 질문을 던지며, 영사 홍순목, 강관 강노 등과 대화를 시작하였다.[139] 고종의 이런 모습은 진강 개최를 지시한 국왕의 의도가 경연관들과 양요에 대한 일을 의논하고자 한 것이었음을 알 수 있게 해 준다.

다음 〈표 2-5〉는 고종 8년 4월과 5월 신미양요 기간에 진강에서 나눈 君臣 간의 대화를 정리한 것이다. 이때 고종은 『中庸』과 『詩傳』을 공부하였고, 진강이 개최될 때마다 당시의 현안을 논의한 것은 아니었다. 홍순목, 김병학, 이유원 등 대신들이 참석할 때와 연행사절과 지방관의 경력을 갖고 있으며 국내외 사정을 잘 알고 있는 강노, 박규수, 정기세, 박영보 등이 강관으로 입시했을 때만 여러 일들을 의논하였던 것이다.

4월 17일의 진강에서는 홍순목과 강노에게 서양선박의 동정, 중국이 서양과 강화한 이유 및 청 관료 萬靑藜[140]에 대해 질문하였다.[141] 그 달

---

138) 『승정원일기』 고종 8년 4월 16일
139) 『승정원일기』 고종 8년 4월 17일
　　上御延生殿 進講入侍時 領事洪淳穆 講官姜㳣 …중략… 上曰洋舶動靜何如 淳穆曰 自孫石項 還爲退舶後 日來姑未聞動靜
140) 조선관료들에게 자주 회자되었던 인물이었던 萬靑藜는 江西출신으로 光緒年間(1875~1908)에 吏部尙書를 지냈다. 고종 11년(1874) 6월 우의정 박규수는 그에게 일본이 침략할 기미가 있는데, 조선은 막을 능력이 부족하다는 내용의 편지를 썼다.(손형부, 1997, 『朴珪壽의 開化思想硏究』, 一潮閣, 1997, 131쪽)
141) 『승정원일기』 고종 8년 4월 17일

20일에는 김병학으로부터 서양 선박때문에 稅船이 지체되어 都城의 穀價가 올랐으나 점차 내려가고 있다는 보고와 『海國圖誌』에 실린 미국에 관한 정보를 들었다. 한편, 고종은 미국선박의 선판이 파손되었다는 선전관 보고의 진위 여부도 다시 한번 확인하였다.[142] 같은 달 25일에는 고종과 영사홍순목이 나눈 대화를 朝紙에 반포하도록 하였다. 내용은 수 천년 예의를 지켜 온 나라로서 짐승들과 같은 무리와는 강화할 수 없으며, 비록 몇 년 동안 서로 대치한다 하더라도 반드시 통렬히 끊어버려야 하고, 만약 '和'字를 말하는 사람이 있다면 마땅히 매국의 법을 시행해야 한다는 것이었다.[143] 이후에도 고종은 강관 박영보에게 부상당한 將兵의 수와 서양선박의 위치를 비롯하여 손돌목과 富平 및 草芝鎭 간의 거리, 廣城鎭의 전투 상황 등을 질문하면서 鎭撫營에서 올린 狀啓가 모호하다고 비난하였다.[144]

---

142) 『승정원일기』 고종 8년 4월 20일
"炳學曰 洋船之逼留內洋 已多日矣 游家泛宅 作爲生計 則彼醜之技 止於此而已 而其去其來 本自閃忽 來不呈憂也 去不呈恃也 但因此不無稅船遲泊之慮 都下艱食 甚涉悶念 數日以來 市直漸歇 民心賴安 是爲萬幸 上曰 洋舶甚叵測矣 炳學曰 情形之叵測莫如洋夷 而所謂彌利堅 只有部落而已 此間有華盛頓云者 開拓城池 建得基址 與海外洋夷 互相通涉 而英吉利 似是最近 此在海國圖誌矣 …중략… 上曰 宣傳官往見 則船板破傷果然矣 炳學曰 彼船之敢肆跳踉 必有我國人之所慫憑者 而轟破之撞破船板彼醜之喪贍逃徒 此爲快事矣"

143) 『승정원일기』 고종 8년 4월 25일
"上曰此夷之所欲和者 未知何事 而以若數千年禮義之邦 豈可與犬羊相和乎 雖幾年相持必痛絶乃已 若有以和字爲言者 當施賣國之律矣 …중략… 上曰今此筵說 頒諸朝紙"

144) 『승정원일기』 고종 8년 4월 28일
"上曰 昨日鎭撫營狀啓 已云損兵折將 則其所被傷之數 爲幾許 而洋船今在何處乎 永輔曰 沁府事 畿營未能詳知 而洋船今在富平矣 上曰富平界 距孫石項爲幾里也 永輔曰 似不過數十里也 上曰 草芝鎭 距孫石項又幾里也 永輔曰 未能的知 而亦可爲數十里也 上曰 向者廣城鎭接戰也 洋夷 聲前擊後云 其時士卒之被傷者 未知爲幾名 因其狀啓之糢糊 並與中軍存亡而未詳 甚可鬱也 永輔曰 然矣 中軍之如何立殣 士卒之幾許被傷 尙未得的知 狀啓果甚糢糊矣"

〈표 2-5〉 신미양요 기간 진강의 개최 현황과 대화내용

월	일	講官	과목	강학과 대화 내용
4	17	講官 姜㳣, 領事 洪淳穆	『중용』	'不誠乎身矣'까지. 서양선박의 동정. 邪徒의 내응. 중국이 서양과 强和한 이유. 공친왕과 萬靑藜 등
	18	講官 金世均	『중용』	'右第二十章'까지. 『중용』과 『대학』은 서로 표리가 됨
	19	同知事 許傳	『중용』	'右第二十三章'까지
	20	강관 趙基應, 영사 金炳學	『중용』	'右第二十五章'까지. 서양선박의 동정. 都城의 穀價. 邪徒의 내응. 『海國圖誌』 소개. 선전관의 보고. 西學·失農·공친왕 등
	21	강관 李參鉉	『중용』	'故至誠無息'부터 '久也'까지
	22	동지사 徐相鼎	『중용』	'右第二十六章' 까지
	23	강관 曹錫雨	『중용』	'右第二十七章' 까지
	24	지사 金有淵	『중용』	'右第二十八章' 까지
	25	강관 金在顯, 영사 홍순목	『중용』	'近之則不厭'까지. 강화는 賣國. 邪術의 제거
	26	강관 趙性敎	『중용』	'右第三十章' 까지
	27	강관 崔遇亨	『중용』	'第三十一章' 까지
	28	강관 朴永輔	『중용』	강화와 광성의 상황과 아군의 현황. 賑政 등
	29	동지사 許傳	『중용』	'第三十三章' 까지
5	7	강관 박규수, 우의정 홍순목	『중용』 『시전』	'關雎三章'까지. 서양선박의 동정. 防守군병의 근황. 서울의 땔감과 양식의 부족. 大院君이 받들어 선포한 고종의 聖敎 등
	8	강관 김세균	『시전』	'葛覃三章'까지. 영조의 『시경』 서문.
	9	강관 강노	『시전』	'卷耳四章'까지. 『시경』의 서문 숙독. 吐대로 읽을 때의 폐단.
	10	강관 李參鉉, 판부사 李裕元	『시전』	'螽斯三章'까지. 민심의 소란과 출정 사졸의 고생. 魚在淵형제와 柳豊魯의 절의
	11	동경연 徐相鼎	『시전』	'兎罝三章'까지.
	12	강관 정기세	『시전』	'漢廣三章'까지. 영부사 정원영의 근황. 강화도의 지세. 출정士卒의 동정.
	13	지경연 嚴錫鼎	『시전』	'麟之趾三章'까지.
	14	동경연 許傳	『시전』	'采蘩三章'까지.
	15	강관 조기응, 영의정 김병학	『시전』	'草蟲三章'까지. 중국의 서양에 대한 태도. 서양선박에 대한 동정. 출정군졸의 동정. 부평부사의 보고. 내응자에 대한 보고. 어재연형제와 유풍로에 대한 포상. 평안도와 황해도의 형편 등

월	일	講官	과목	강학과 대화 내용
	16	강관 金在顯	『시전』	'甘棠三章'까지.
	19	강관 趙性敎	『시전』	'行露三章'까지.
	20	강관 崔遇亨, 우의정 홍순목	『시전』	'殷其雷삼장'까지. 갓끈의 형태. 防守하는 사졸 위문. 어재연의 충절.
	21	강관 朴永輔	『시전』	'小星二章'까지. 강화 등지의 진휼 상황. 경기 중군의 상경, 서북산포수 선발 비용 마련 등.
	22	강관 李承輔	『시전』	'野有死麕三章'까지.
	23	강관 曺錫雨	『시전』	'騶虞二章'까지.

『승정원일기』 고종 8년 4월과 5월 진강 관련 기사 참조

　5월 15일에는 미국선박이 부평부사에게 보낸 글 중에 '중국을 통하여 방법을 구하겠다'는 내용에 대해 논의하였다. 영의정 김병학이 만일 미국선박이 淸 禮部의 자문을 가지고 온다 하더라도 이것은 정도가 아니므로 받지 않아야 한다고 아뢰자 고종도 동의하였다. 그리고 그 날의 筵說 내용을 朝紙에 반포하도록 하였다. 아울러 출정한 군졸들을 위문하는 일과 魚在淵 형제와 柳豊魯의 節義에 대해 포상하는 일을 의논하였다.[145]

　5월 17일 서양선박이 물러갔다는 보고를 들은 후,[146] 진강에서는 진휼, 士卒 위문과 방비책 등에 대해 논의하였다. 이어서 고종은 洋賊이 멀리 달아났지만 丙寅年(1866) 이래로 서양선박이 가장 염려스러우니 이들에 대한

---

145) 『승정원일기』 고종 8년 5월 15일
　"上日 彼船雖百年來侵我 則固守不改 千艘更來 我亦增兵守之 而彼之向書富平府使 有久駐多時 另求別路達之 貴朝廷云云 無乃中國之謂耶 中國以此事 似無咨文出送之理而設有出送 凡於中國往復 何可少忽 而至於此事 果難承順 此則今日君臣上下 固守大義而已 (領議政金)炳學曰 聖敎至當矣 彼雖往乞於禮部 禮部似無聽施之理 又或咨文之出來者 自當有回咨之說 若彼醜將來咨文 此非通咨之路 則何可受之乎 以正道斥之 將有辭於天下萬世矣 上曰 此筵說頒布朝紙 …중략… 上曰 國終有亡 人終有死則以正守之 何懼之有 魚在淵兄弟及柳豊魯之立節 可謂烈烈矣 炳學曰 臣亦知平日有膂力義氣 而聞其當場力戰之狀 則立一脚務殲幾賊 眞凜凜矣 上曰 柳豊魯 聞有八十餘歲老親云 尤可矜惻 炳學曰 柳豊魯從兄之守令除授 特出惻怛之聖念 中外聞此莫不感泣矣"

146) 『승정원일기』 고종 8년 5월 17일

방어책을 소홀히 할 수 없다고 하면서 그 대책으로 서북 산포수에 대해 관심을 보였다.[147]

고종은 신미양요 발발기간 내내 삼군부, 병조, 각 군문 등으로부터 보고를 받았다. 그러나 보고된 내용을 大臣 및 실무 관료들과 의논할 수 있는 군신 회의는 쉽게 마련되지 않았다. 매달 25일경 대신과 정부당상을 引見하여 次對를 하는 외에 君臣이 회합할 수 있는 기회는 바로 進講 뿐이었다. 고종은 진강에서 공식 보고의 내용들을 다시 한 번 확인하였고, 경연관들과의 대화 속에서 그 밖의 궁금한 정보들을 얻었다. 또한 이들과 논의한 내용을 朝紙로 반포하도록 함으로써 자신의 결정을 널리 알리고자 하였다. 신미양요 기간에 행해진 진강은 강학만을 위한 자리가 아니었던 것이다.

3) 고종의 進講 주도

신미양요 이후 진강은 국정의 각 분야를 논의하는 자리가 되었다. 고종이 주도함에 따라 진강의 정치적 기능은 갈수록 활성화되었으며, 고종 10년(1873)에는 고종의 '親政 실시'라는 정국의 중요한 변화를 이끌어 내는 자리가 되었다.[148] 그 해 10월 25일에 同副承旨 崔益鉉은 다음과 같은 상소

---

147) 『승정원일기』 고종 8년 5월 21일
"上曰 洋賊雖已遠遁 未得殄滅 誠所憤惋 自內丙寅以來 洋船常多爲憂 備禦之方 不可疎虞也 …중략… (講官朴)永輔曰 然矣 今日武備 固無如善放砲手 京營軍卒 固難恃用於緩急之時矣 上曰 京軍 不如鄕軍 鄕軍 不如山砲之百發百中也 永輔曰 山砲 當以西北爲最 臣曾在江界 見獵鹿砲手發無不中 不但發技精熟 其健悍之狀 貌 眞是强兵也 上曰 江界何以見之 以繡衣往耶 永輔曰 初以御史往 再以府使往矣 上曰 爲府使乎 在何時也 永輔曰 庚戌冬到任 九朔而歸矣 上曰 江界砲軍幾名乎 永輔曰 曩時不似近日之設砲 無以軍定名 而只用於防守江邊 其外入山行獵 自行 自止者 可爲 數三百名矣 上曰 年前五百軍 戍于江華云矣 其時果未然耶 永輔曰 未 之聞也 若精抄西北善放砲手五百名 分成要害處則好矣 接濟之方 實難矣 每於賊 近然後 始徵遠砲 實有不及事之患矣 上曰 善砲移戍固好矣 接濟果必難也"

148) 고종 9년과 10년의 진강이나 차대 등에서 고종의 언행을 비교하면 그의 정치에

를 올렸다.

> 大臣과 六卿은 建議가 없고, 臺諫과 侍從은 好事의 비방을 피하며, 조정에는 俗論이 자행되어 正誼가 없어지고, 의심하고 아첨하는 자가 멋대로 하여 直士가 자취를 감추게 되었으며, 賦斂이 끊이지 않아 백성들이 짓밟혀 못살게 되었고, 彛倫이 썩고 상하여 士氣가 저지당하고 있습니다. 公을 섬기는 자에게는 잘못했다고 하고 私를 섬기는 자에게는 좋은 계책이라 하며, 부끄러움이 없는 자는 때를 만나고, 지조를 지키는 자는 거의 죽게 되었습니다.[149]

이런 내용의 상소에 대해 고종은 '나를 위해 경계한 말이 매우 가상하다'고 하면서 그를 바로 戶曹參判에 제수하였다. 그러나 바로 다음날 左議政 姜㳣와 右議政 韓啓源은 이에 반발하며 비판에 대한 책임을 지고 사퇴하겠다는 의사를 밝혔고, 이를 계기로 정국의 중요한 변화가 야기되었다.[150]

고종은 進講을 개최하도록 하여 이 문제를 집중적으로 거론하였다. 그는 최익현의 상소가 과격한 듯해도 옛날의 峻切했던 상소에 비하면 오히려 미치지 못하며, 直言은 처음에는 귀에 거슬려도 천천히 그 실제를 궁구해 보면 행실에 이롭다고 평하였다. 아울러 言路를 넓히기 위해 가상히 여기는 것이라는 뜻을 밝혔다. 또한 최익현의 주장은 자신도 유념해야 하고, 아래에 있는 자도 마땅히 두렵게 생각해야 하는 것이며, 정직한 말을 들으면 마땅히 반성해야 하는데 도리어 스스로 일을 벌리니, 그 실상은 명예를 구하는 것이라고 하며 최익현의 상소에 반발한 신료들을 비난하였다.[151]

대한 관심의 변화를 쉽게 발견 할 수 있다.(崔炳鈺, 1992,「大院君의 下野에 대하여」『西巖趙恒來敎授華甲紀念韓國史學論叢』, 302쪽 참조)

149) 『승정원일기』 고종 10년 10월 25일
"同副承旨崔益鉉疏曰 …중략… 大臣六卿 無建白之議 臺諫侍從 避好事之謗 朝廷之上 俗論恣行而正誼消 諂佞肆志而直士藏 賦斂不息 生民魚肉 彛倫斁傷 士氣沮敗事公者謂之乖激 事私者謂之得計 無恥者沛然而得時 有守者恭然而濱死"

150) 『승정원일기』 고종 10년 10월 26일

이어서 연일 개최된 진강에서 고종은 경연관들에게 자신의 뜻을 거듭 강하게 피력하였다. 고종 10년 10월과 11월의 진강은 각각 6회와 8회 열렸는데[152] 바로 10월 25일부터 11월 9일 사이에 개최되었다. 11월 3일에 고종이 勤政殿에 친림하여 冬至朝賀를 받은 날을 제외하면 하루도 빠짐없이 진강이 열린 것이다. 그런데 바로 이 기간은 최익현 상소에 대한 찬반 논쟁이 격해지던 시기였다.

고종과 경연관들은 계속되는 진강에서 전에 없는 격론을 벌였다. 영돈녕 洪淳穆을 비롯하여, 대사헌 洪鍾雲, 대사간 朴弘壽 등의 言官과 승지, 성균관 유생 등은 연일 상소를 올려 최익현을 비난하였으며, 刑曹參議 安驥泳과 前正言 許元栻은 국청 설치까지 청하였다.[153] 그러나 고종은 이런 요구를 전혀 허락하지 않았다. 10월 28일의 진강에서 고종은 講官 李承輔, 檢校典翰 權鼎鎬 등과 다음과 같은 논쟁을 벌였다.

> 고종 : 安驥泳과 許元栻 두 사람의 상소는 정직한 사람을 탄핵하여 논박하고 스스로 善하다고 하였으니, 아첨에 가까운 것이 아닌가.
> 권정호 : 아첨하는 것은 귀에 순하며 강직한 것은 귀에 거슬리는 것 아니겠습니까. 지금 위엄스러운 용안 아래에서 직간하는 상소를 올렸으니 두 사람(안기영과 허원식 : 필자)이 바로 정직한 것입니다. 최익현은 단지 彝倫이 썩고 없어졌다고 두루뭉실하게 말하여 조정의 신하들을 지적하고 홀로 정직하다는 이름을 차지하였으니, 진실로 정직한 것이 아닙니다. 전하께서 만약 최익현이 정직하다고 하신다면 온 조정의 신하들은 과연

---

151) 『승정원일기』 고종 10년 10월 26일.
"上曰 此疏雖若過激 比於古時峻切之疏 反不及矣 夫直言 初雖逆耳 徐究其實 則利於行 予所嘉尙者 欲爲廣開言路而然矣 …중략… 上曰 如此之疏 不惟予所體念 在下者亦當惕念 而聞人正直之言 則固當自反 而乃反自列 其實要名也 蓋聞過而喜者鮮矣"
152) 〈표 2-2〉 참조.
153) 『승정원일기』 고종 10년 10월 27일, 28일.

무슨 죄가 있는 것입니까.… (중략) …

고종 : 사람이 정직하다면 권하여 나오도록 하는 것이 옳은 것인데 도리어 鞫廳설치를 청하니 이것은 진실로 어떤 마음인가. 만약 이와 같이 정직한 사람을 국문하여 史冊에 실리게 한다면 萬古後世에 장차 나를 어떤 임금이라 하겠는가.

이승보 : … (중략) … 두 신하의 상소를 아직 보지 못했습니다만 常道를 굳게 지키기를 함께 하는 바에서 벗어나지 않을 듯 합니다.

고종 : 내가 정직한 사람을 칭찬하여 드러낸 것이 도리어 옳지 않다는 말인가?

권정호 : 만약 일개 최익현을 정직하다고 한다면 온 조정의 신료들은 어떤 처지로 귀결되겠습니까. 어찌 억울하지 않겠습니까. 聖人이 인재를 등용하는 도리는 蕩蕩無偏을 귀하게 여깁니다.

고종 : 편벽된 것은 사사로운 것이다. 나를 사사로움을 따르는 데로 귀결시키려는 것인가.[154]

고종은 안기영과 허원식의 상소는 겉으로는 정직한 듯하나 안으로는 아첨하는 것이니, 최익현을 논핵하여 배척한 것일 뿐 아니라 그 뜻은 자신을 그르게 여기는 것이라고 하며 두 사람을 강하게 비판하였다. 반면에 講官 李承輔와 檢校典翰 權鼎鎬는 안기영과 허원식은 直諫을 하였지만, 최익현은 두루뭉실한 말로 홀로 정직하다는 이름을 차지하였다고 비난하면서

---

154) 『승정원일기』 고종 10년 10월 28일
"上曰安許兩疏 彈駁正直 而自以爲善 無乃近於諂佞乎 鼎鎬曰諂佞者順於耳乎 勁直者逆於耳乎 今此威顔之下 冒犯櫻鱗之擧 此兩人乃正直也 崔益鉉則但以彛倫斁喪 混圇說去 指斥擧朝諸臣 而獨占正直之名 實非正直也 殿下若許以正直 則滿廷諸臣 果有何罪乎 …중략… 上曰人有正直則勸之以進可也 而反以設鞫爲請 是誠何心 若鞫如此正直之人 載諸史冊 則萬古後世 將謂予以何如主耶 承輔曰 …중략… 兩臣之疏雖未及見 而似不出於秉彛之所同也 上曰予之襃揚正直 反不可乎 鼎鎬曰若以一個崔益鉉謂以正直 則盈庭臣僚歸於何地 豈不抑鬱 聖人用人之道 貴在蕩蕩無偏矣 上曰 偏卽私也歸予於循私乎"

자신들의 주장을 굽히지 않았다. 국왕과 경연관들의 논쟁은 진강이 계속되면서 끊임없이 이어졌다.

한편, 그 달 29일에는 掌令 洪時衡의 최익현 옹호 상소가 올라왔다. 그러자 고종은 바로 그 날의 진강에서 講官 朴珪壽에게 홍시형의 상소를 보았는지를 물은 후 그의 상소는 句句節節 충심에서 나온 것으로 매우 가상하다고 칭찬하였다. 반면에 안기영과 허원식의 상소 같은 것은 다시 捧入하지 말라고 飭敎하면서 박규수가 과연 그 지시를 들었는지도 확인하였다. 參贊官 金昌熙가 이미 명을 받들어 신칙하였다고 하자 고종은 만약 봉입하는 자가 있으면 마땅히 엄히 처분할 것이라고 강조하였다. 이어서 고종은 두 상소는 모두 정직한 사람을 해치는 말이므로 친히 鞫問하여 竄配의 법을 시행해야 한다고 단언하면서 자신이 원하는 바가 무엇인지 분명히 밝혔다.[155]

최익현의 상소는 직접 국왕의 친정을 건의하는 내용은 아니었다. 이 보다는 당시 政局의 중심에 있는 大臣들과 국정을 주도하고 있는 대원군을 비판한 것이었다. 이에 강노와 한계원 등 의정부 大臣과 형조참의 안기영, 전정언 허원식과 검교전한 권정호 등 언관들이 강하게 반발한 것이었다. 그러나 박규수는 위의 논쟁을 아직 자세히 알지 못한다고 하며 중립적인 태도를 보였다. 이처럼 고종은 최익현 상소 件에 대해 그 是非를 가리는 과정에서 자신의 뜻을 분명함으로써 친정 실시의 계기로 삼을 수 있었던 것이다.[156]

---

155) 『승정원일기』 고종 10년 10월 29일
"上曰俄有洪時衡上疏 卿或見之否 珪壽曰臣俄於政院 聞有臺疏 諸承旨共閱 而入徹時急 只見其梗槪 而未及詳畵矣 上曰此疏句句節節 出於衷曲 極爲嘉尙 珪壽曰疏迃之臣敢言無隱 固可嘉尙 而至若所論諸條 不可不深加斟量而裁處矣 上曰昨以安驥泳許元栻等疏 更勿捧入之意 有所飭敎矣 聞之乎 昌熙曰已承聆另飭矣 上曰若有捧入者 則當有嚴處分矣 上曰兩疏無非戕害正直之言 所當親鞫問 而姑施竄配之典 而誠一變怪矣"

156) 의정 대신과 일부 신료들은 계속 최익현에 대한 엄한 처벌을 요구하였다. 이에 고종은 최익현에 대한 그들의 국청 요구를 허락함과 동시에 親政을 선언하였

進講은 바로 이런 政局 변화의 중심지가 되었다. 대원군의 정치적 영향력이 강하였던 이 시기에 君臣 회합의 자리는 쉽게 마련되지 않았다. 이에 비해 진강은 고종의 지시에 따라 어렵지 않게 개최될 수 있었으며, 그 자리에서 자연스럽게 여러 현안들이 논의될 수 있었던 것이다.

다.(崔炳鈺, 1992,「大院君의 下野에 대하여」『西巖趙恒來敎授華甲紀念韓國史學論叢』, 299~307쪽) 그 과정에 대한 자세한 내용은 본고 제 5장 1절 참조.

제3장

고종 즉위 후 陵幸의 의미 변화

1. 능행의 기능 회복

1) 행차 규모의 확대

國王의 王陵 참배는 국왕이 先王의 墓에 직접 나아가 親祭를 올리기 위한 것이다. 孝를 최고의 가치로 여기는 유교국가에서 당연한 행사였다. 그러나 능행은 많은 인원과 물자가 동원되어 백성들의 부담이 적지 않았기 때문에 자주 거행하기 어려운 행사였다.

능행이 정례화된 시기는 18세기 肅宗代 이후였다. 숙종이나 경종, 영조, 정조 등의 국왕들은 적극적으로 능행에 임하였다.[1] 민폐가 크다는 이유로 반대하는 의견도 많았으나 점차 매년 봄, 가을 능행이 관행이 되었다. 正祖는 눈 내린 정월에 능행을 강행하기도 하였다.[2] 능행이 정례화 되면서 그 규모와 성격도 달라졌으며, 여러 가지 의미를 갖게 되었다. 국왕은 威儀를 갖춘 행차를 통해 자신의 위상을 높이고 왕위 계승의 정당성을 과시하였으며, 행차 중에 上言·擊錚을 허용함으로서 민의를 수렴할 수 있었다. 각 행궁에서는 그 지역의 인재 선발을 위한 科擧가 실시되었고, 여러 유형의 군사훈련이 실시되었다. 한편, 능행이 잦아지면서 능행로의 건설과 유지는 都城 주변의 상업도시와 郡縣의 경제성장을 촉진하는 계기가 되었다.[3]

---

1) 조선전기의 능행은 그 행차의 형태와 성격이 달랐다. 이때에는 선왕의 능 참배와 사냥을 겸한 講武, 온천 나들이 등이 자주 거행되었다. 이에 대한 자세한 사항은 오종록, 2001, 「조선시대의 왕」『역사비평』54, 300쪽 참조.
2) 한영우, 1998, 『정조의 화성행차와 그 8일』, 효형출판, 246쪽
  이희중, 2001, 「17,8세기 서울 주변 왕릉의 축조, 관리 및 천릉 논의」『서울학연구』17, 38쪽
3) 조선후기 능행에 대한 연구는 다음 문헌 참조.
  이태진, 1994, 『왕조의 유산』, 지식산업사
  한상권, 1996, 『朝鮮後期 社會와 訴冤制度』, 일조각

영·정조대 이후 능행은 매년 봄 2·3월과 가을 8·9월 중에 한 차례씩 행하는 왕실행사였고,[4] 국왕과 신료, 민이 함께 하는 대규모의 국가행사가 되었다. 그러나 능행 때마다 위에 언급된 것들이 모두 시행된 것은 아니었으며, 각 시기의 상황에 따라 그 기능과 의미는 다를 수 밖에 없었다.[5] 영·정조대의 능행은 중요한 국정 수행의 기능을 발휘하였던 반면, 세도정치기에는 至親의 능을 참배하는 依例的인 면이 강했던 것이다.

高宗은 재위 기간 중 주로 親政 이전 시기에 능행을 자주 하였다.[6] 이

김문식, 1997, 「18세기 후반 정조능행의 의의」『한국학보』 88, 일지사
한영우, 1998, 『정조의 화성행차와 그 8일』, 효형출판
4) 純祖代 이후 국왕의 능행은 매년 2·3월과 8·9월에 행하는 것으로 보고되었다.(『行幸登錄』奎12935 癸未(순조 23) 8월 1일) 고종초기에도 능행을 준비할 때 禮曹에서 위와 같은 의견을 내는 것으로 보아 순조대 이후 봄과 가을 능행이 정착되었음을 알 수 있다.(『승정원일기』 고종 3년 8월 1일)
5) 순조대의 이후 능행은 영·정조대와 마찬가지로 그에 수반되는 여러 행사가 그대로 행해졌지만 정치·사회적 기능을 약화되었던 반면에 依例的 비중은 더욱 증가하는 변화를 보인다. 이에 대한 자세한 내용은 이태진, 1995, 「18~19세기 서울의 근대적 도시발달」『서울학연구』 17쪽 ; 오수창, 1997, 「세도정치기의 성립과 전개」『한국사』 32, 216~217쪽 ; 한상권, 2002, 「19세기 民訴의 양상과 추이」 박충석 외, 『국가이념과 대외인식』, 아연출판부, 92~94쪽 참조.
6) 고종은 친정 직전까지 거의 매년 1, 2차례의 능행을 거행하였다. 그러나 친정 실시 후에는 2, 3년에 한 번씩 시행하였다. 고종 초기 능행의 의미와 이전 시기와 다른 특징을 살펴보기 위하여 집중적으로 검토한 자료는 『承政院日記』다.(『승정원일기』의 사료적 가치에 대한 자세한 사항은 申炳周, 2001, 「《승정원일기》의 자료적 가치에 관한 연구-《조선왕조실록》과의 비교를 중심으로」『규장각』 24 참조) 19세기의 官撰 자료들이 대부분 그 내용이 부실한 것에 비해『승정원일기』에는 국왕과 관련된 사항이 비교적 충실히 기록되어 있다. 특히 능행에 대해서는 『실록』에는 날짜와 행선지 위주로 기록되어 있고, 『일성록』에는 날짜와 행선지 및 행사 등만 기재되어 있는데 비해, 『승정원일기』에는 그 수행과정의 절차와 의식 및 시각, 路程, 국왕의 활동, 수행원의 명단 등이 자세히 수록되어 있다. 단, 상언·격쟁에 대한 자료는『일성록』이 더 자세한 경우가 있기 때문에 경우에 따라 이용하였다. 한편, 영·정조대의 경우에는『실록』에 더 다양한 내용이 수록되어 있다. 특히 영조대의『승정원일기』에는 능행 중 국왕과 신료와의 논의 사항을 중점적으로 기록해 놓았기 때문에 능행의 수행 과정을 살펴보기에는 부족한 부

때의 능행은 행차 시기와 행선지, 행사 내용 등에 따라 크게 두 가지 형태로 나눌 수 있다. 하나는 太祖의 健元陵과 世次上 先考인 翼宗의 綏陵 등을 정기적으로 방문하는 것으로 즉위 직후부터 거의 매년 행해졌다. 이 행차의 특징은 先王의 왕릉 참배가 목적이었고, 시기적으로는 대개 가을에 거행되었다. 다른 하나는 都城과 멀고 자주 갈 수 없는 왕릉에 다녀오는 것이었다. 고종 7년(1870, 19살)부터의 봄 능행은 대부분 이런 원거리 행차였다.

〈표 3-1〉 고종 10년(1873) 친정 직전까지 고종의 능행

계절 년	봄	가을
고종 1년 (1864)		(8.15)睿陵(철종/경기도 고양시 서릉) (8.25)健元陵(태조), 綏陵(익종), 景陵(헌종/경기도 구리시 동구릉)
고종 3년 (1866)		(9. 4)元陵(영조), 綏陵, 景陵(동구릉)
고종 4년 (1867)	(3.13)睿陵, 禧陵(章敬王后), 孝陵(인종/서삼릉), 明陵(숙종/경기도 고양시 서오릉)	(8. 29)穆陵(선조), 綏陵, 景陵(동구릉) (9. 9/12)獻陵(태종), 仁陵(순조/강남구 내곡동)
고종 5년 (1868)	(3.14/16)健陵(정조), 顯隆園(장조/경기도 화성군)	(8. 9/10)健元陵, 崇陵(현종), 綏陵, 景陵(동구릉)
고종 6년 (1869)	(3.13/15)수릉, 경릉(동구릉), 光陵(세조/경기도 남양주) 徽慶園(수빈 박씨/동대문구 휘경동)	(8. 9/10)건원릉, 수릉, 顯陵(문종), 徽陵(莊烈王后), 경릉, 惠陵(端懿王后/동구릉), 懿陵(경종/성북구 석관동), 貞陵(神德王后/성북구 정릉2동)
고종 7년 (1870)	(3.11/16) 헌릉, 인릉, 현륭원, 건릉	(9. 6/7)건원릉, 수릉, 경릉, 원릉(동구릉), 泰陵(文定王后), 康陵(명종/노원구 공릉동)
고종 8년 (1871)	(2.18/20)長陵(인조/경기도 파주군)	
고종 9년 (1872)	(3.1/8)齊陵(神懿王后), 厚陵(定宗) 顯陵(고려 태조/경기도 개성)	

비고 : (출발월일/환궁일)능호(묘호/현재의 소재지)
『승정원일기』 고종 즉위년~10년 왕릉 관련 기사 참조

분이 많다.

〈표 3-1〉은 고종 10년(1873) 친정 직전까지의 왕릉 참배 행차를 정리한 것이다. 고종 2년(1865)과 10년을 제외하면, 매년 봄, 가을에 1~3차례의 능행을 거행하였음을 알 수 있다. 첫 능행은 고종 1년(1864, 13살) 8월 15일 先王 哲宗의 山陵인 睿陵에 親祭하기 위한 것이었다.[7] 이 행차는 즉위 직후 있었던 여러 행사 가운데 가장 규모가 큰 것이었고, 국왕의 첫 도성 밖 나들이었다.[8] 이날 고종은 弘濟院과 黔巖晝停所를 거쳐 예릉에 거둥하였다. 이런 가운데 輦路 주변의 왕실 관련 陵墓를 살펴보도록 하였으며, 환궁할 때에 陵洞 어귀부터 崇禮門 밖에 이르는 동안 上言을 받아들이도록 지시하였다.

한편, 능행 중 검암주정소에서 고종은 京畿監司 趙在應과 差使員을 겸하고 있는 富平府使, 始興縣令, 高陽郡守, 延曙察訪, 慶安察訪 등 지방관을 만났다. 이때 경기감사 조재응은 경기 고을의 고질적인 폐단 가운데 北漢平倉의 餉還이 가장 견디기 힘들다고 하면서 바로 잡아 줄 것을 요청하였는데, 廟堂에서 처리하도록 지시하였다.[9] 이처럼 고종 즉위 후 첫 능행은 순조대 이후의 依例的인 절차를 그대로 따른 것이었다.[10]

---

7) 哲宗의 山陵은 지금의 경기도 고양시 원당동 西三陵 안에 있는 睿陵이다. 자세한 사항은 李相鎔 편, 1995,『왕릉』, 한국문원 ; 장영훈, 2000,『왕릉풍수와 조선의 역사』, 대원미디어 참조
8) 즉위직후 궁궐 밖 행차는 고종1년 4월 宗廟와 永禧殿에 展謁하기 위한 것이었는데 이것은 都城 안 행차였으므로 철종의 山陵 참배는 즉위 후 첫 도성 밖 행차가 된다.
9)『승정원일기』고종 1년 8월 15일
10) 이때 예릉을 참배하기 위하여 고종은 卯時(오전 5시~7시)에 창덕궁을 출발하여 弘濟院과 黔巖晝停所를 거쳐 산릉에 이르렀다. 고종은 행차 도중에 哲宗의 生母인 龍城府大夫人의 묘에 永平君 李景應을, 恩彦君과 月山大君의 묘에는 승지를 보내어 致祭하게 하였으며, 산릉 근처에 있는 章敬王后 尹氏(中宗의 繼妃)의 禧陵과 인종의 효릉에는 右副承旨를 보내어 奉審토록 하는 등 주변의 왕실 관련 능묘를 살펴보았다. 親祭때에는 국왕이 初獻禮를 행하고, 左議政 李裕元이 亞獻禮, 右議政 任百經이 종헌례를 행했다.

일반적으로 國恤기간에는 服色을 정하기 어렵다는 이유로 새로 조성되는 왕릉 이외에 다른 곳은 거의 참배하지 않았다. 그러나 철종은 슬픔을 나타내는 黲服을 입고 健元陵과 영조의 元陵, 世次上 先考인 純祖의 仁陵 등에 행차하였으며, 새로 改封築된 祖父 恩彦君과 生父母인 全溪大院君, 龍城府大夫人의 묘를 돌아보았다. 철종이 능행에 적극적이었던 것은 이유가 있었다. 철종은 왕실방계로서 純祖의 후사가 되어 왕위에 올랐다. 이 때문에 인릉 참배는 효를 표현하는 당연한 행사이자 왕위계승의 정당성을 보여 줄 수 있는 것이었다. 아울러 불우하게 살다 간 祖父와 生父母의 새로 단장된 묘를 살펴보기 위한 것이었다.[11]

철종과 비슷한 왕위 계승의 과정을 겪은 고종[12] 역시 철종의 산릉 참배 후, 같은 달 25일에 건원릉과 先考인 익종의 수릉, 헌종의 경릉에 행차하였다.[13] 이 능행도 효를 표현하는 행차였지만, 고종 즉위 직후 신정왕후가 내린 교서에서 고종은 翼宗의 大統을 계승하여 익종과 父子 관계이며, 헌종과 형제 관계라는 것을 천명하면서, 철종의 大統에 대해서는 전혀 언급하지 않은 것과 관련된 것이었다.[14] 이는 이후의 능행에서 철종의 능은 참

---

11) 철종대의 능행과 그 의미에 대해서는 본고 제 1장 3절 참조.
12) 고종은 철종의 왕위를 계승했음에도 그의 뒤를 이은 것이 아니라 익종의 대통을 이어 계승하였다. 철종과 고종의 왕위계승과 가계상 논란에 대해서는 다음의 논저 참조.
 김세은, 1990, 「대원군집권기 군사제도의 정비」『한국사론』 23
 홍순민, 1992, 「19세기 왕위계승과정과 정통성」『국사관논총』 40,
 李迎春, 1998, 「철종의 왕위계승과 辛亥祧遷禮訟」『朝鮮後期 王位繼承 硏究』, 集文堂.
13) 같은 달 25일 고종은 丑時(오전 1시~3시)에 출발하여 도중에 여러 왕릉과 묘를 살펴보게 하였고, 건원릉 등을 참배한 후 환궁할 때는 경기감사 조재응을 만나 이번 行幸때 민폐가 없었는지도 물었다. 그리고 능행에 따라 간 判敦寧 李景在, 左議政 李裕元 등으로부터 仙寢을 참배하시니 聖慕가 가득하다는 칭송의 말을 들었다.(『승정원일기』 고종 1년 8월 25일)
14) 김세은, 1990, 「대원군집권기 군사제도의 정비」『한국사론』 23, 278~283쪽 ; 연갑수, 2001, 『대원군집권기 부국강병정책 연구』, 서울대학교 출판부, 20~22쪽

배하지 않으면서, 수릉은 매년 정기적으로 행차하는 것을 통해 확인할 수 있다.[15]

〈표 3-1〉에서 확인되듯이 능행은 고종 3년(1866, 15살) 2월에 신정왕후가 수렴청정을 거둔 이후 본격적으로 거행되었다.[16] 그 해 9월의 능행을 시작으로 매년 봄과 가을에 정기적으로 거행되었음을 알 수 있다. 봄 능행을 살펴보면, 고종 4년(1867) 3월에는 예릉과 명릉 등을, 5년(1868) 3월에는 건릉과 현륭원을 참배하였으며, 6년(1869) 3월에는 수릉, 경릉, 휘경원 등에 행차하였다. 이같이 봄 능행은 그 행선지가 각각 달랐다. 반면, 가을에는 거의 매년 한양 동쪽에 있는 東九陵으로 행차하였다.[17] 국왕들은 至親이 묻힌 곳을 자주 찾았고,[18] 고종도 즉위 초에는 수릉을 자주 찾았다. 그런데 수릉은 왕릉이 가장 많이 모여 있는 동구릉에 있었고, 이곳은 지리적으로도 궁궐과 가까웠기 때문에 매년 가을 쉽게 다녀올 수 있는 곳이었다.

〈표 3-1〉에서 능행의 출발일과 환궁일을 비교해 보면, 하루에 왕래하기도 하고 여러 날이 걸리는 경우도 있음을 알 수 있다.[19] 수렴청정기에는 당일에 환궁하는 경우가 많았으나, 고종 3년 이후에는 여러 날이 소요되는

---

15) 先王인 哲宗의 능 참배는 고종 1년과 4년에 각각 한 차례 행해졌다.(〈표 3-1〉참조) 거의 매년 행해진 익종의 수릉과 헌종의 경릉 참배와 비교하면 철종에 대해 소홀히 한 것이었다고 할 수 있다.
16) 『승정원일기』 고종 3년 2월 13일
17) 동구릉에는 태조의 建元陵 외에 文宗의 顯陵, 宣祖의 穆陵, 顯宗의 崇陵, 英祖의 元陵, 翼宗의 綏陵, 憲宗의 景陵, 景宗妃 端懿王后의 惠陵, 仁祖妃 莊烈王后의 徽陵 등 9기의 왕릉이 있었다. 이에 대한 자세한 사항은 장영훈, 2000, 『왕릉풍수와 조선의 역사』, 대원미디어, 12~23쪽 참조.
18) 순조는 생모 綏嬪 朴氏의 묘인 徽慶園을, 헌종은 할아버지 영조의 원릉과 아버지 익종의 수릉을 주로 참배하였다. 철종의 경우도 마찬가지였다. 자세한 내용은 제1장 3절 참조.
19) 여러 날이 걸리는 능행은 齋室이나 行宮에서 숙박을 하게 된다. 남한산성, 화성, 파주, 개성 등의 지역에서는 주로 행궁에 묵었고 그 외에는 왕릉의 재실에 묵었다.

경우가 대부분이었다.[20] 특히 고종 7년(1870, 19살) 이후부터는 3일 이상 소요되는 경우가 많았고 목적지도 화성, 파주, 개성 등 먼 지역이었다. 거둥 기간이 늘어나고 원거리 능행이 행해지는 것은 기본적으로 고종이 점차 성인으로 성장하면서 이런 행차를 감당할 수 있게 되었으며, 능행 중에 여러 행사를 거행할 수 있는 기회가 많아진다는 것을 의미한다. 고종 7년 이후 친정 전까지 매년 遠幸을 거행하였는데, 이 시기는 고종이 국정 운영에도 적극적인 관심을 보이던 때였다.[21]

2) 大院君의 陵幸 참여

陵幸은 국왕이 先王을 참배하기 위한 것인 동시에 王室이라는 한 가문의 일이기도 하였다. 이 때문에 왕릉 참배 행사는 어린 국왕을 輔政한다는 명분으로 政局을 주도하고 있던 大院君에게도 중요시 되었다.

고종 즉위 직후 신정왕후는 왕실의 大事를 대원군과 상의하여 처리하도록 지시함으로써 그의 정치적 입지를 마련해 주었다. 대원군이 처음 관여한 일은 왕릉에 관한 것이었다. 고종 즉위년(1863) 12월에 철종의 陵을 조성할 때에 신정왕후는 山陵都監의 堂上들에게 대원군과 상의하여 일을 처리하도록 지시하였다. 國喪에 관한 일은 이전부터 종친들이 참여했으므

---

20) 건원릉과 수릉 등에 행차할 때 고종 1년(1864, 13살) 8월에는 丑時(오전 1시~3시)에 출발하여 그 날 환궁하였는데, 고종 5년(1868, 17살)부터는 卯時(오전 5시~7시) 등에 출발하였으며, 綏陵 齋室에서 하룻밤을 묵고 돌아오는 길에는 다른 여러 왕릉을 참배하는 등 행차에 소요되는 시간과 거리가 길어졌다.(『승정원일기』 고종 1년 8월 25일 ; 고종 5년 8월 9일, 10일)

21) 고종 7, 8년 경 이후부터 고종은 이전과 다른 모습을 보였다. 경연에서는 신료들과 정치 현안을 적극 논의하였으며, 견청사신들의 복명 때에는 그 보고 내용에 대해 많은 질문을 던지며 국제 질서의 변화에 큰 관심을 보였다.(崔炳鈺, 1992, 「大院君의 下野에 대하여」 『西巖趙恒來교수화갑기념 한국사학논총』 302쪽 ; 안외순, 1996, 「대원군집정기 권력구조에 관한 연구」, 이화여대 박사학위논문, 230~235쪽)

로 신료들로서는 이를 거부할 명분이 없었다. 한편, 대원군은 이를 계기로 종친의 일원으로서 왕실 행사를 적극적으로 주도할 수 있게 되었다.[22]

이때 宗親府는 대원군의 중요 세력 기반이 되었다. 종친부는 원래 의정부 등과 마찬가지로 정 1품 아문이었지만 별다른 실권을 갖지 못했다. 세도정치기에 宗室의 권위가 추락하면서 그 위상은 더욱 보잘 것 없었다. 純祖와 가장 가까운 宗親인 南延君도 명절이나 경사날 이외에는 궁중에 무상으로 출입하지 못할 정도로 종친들의 궐내 출입은 제한되어 있었다. 남연군의 아들인 興宣君(후에 대원군)은 헌종 13년(1847) 2월부터 그의 아들이 高宗으로 즉위할 때까지 종친부의 有司堂上으로서 실무를 관장하고 있었다. 이때 그는 아문의 지위상 하위에 있는 宗簿寺가 璿源派譜를 간행하는 것에 대해 일부의 임무를 종친부에서 관장하도록 건의하는 등 그 권한 확장에 노력하였다. 그러나 上護君 趙秉駿 등의 반대로 오히려 자신이 파직당하는 어려움을 겪었다.[23]

고종 즉위 후 종친부에서 대원군의 위상은 절대적인 것이었다. 대원군은 종친부에 종부시를 합설하였으며 文簿 및 제반 사항의 시행은 반드시 자신을 거치도록 하였다.[24] 이 시기 대원군의 위상과 정치적 권한은 고종

---

22) 고종이 즉위하였을 때에 국왕의 生父인 44세의 興宣君에 대한 대우 문제는 중요한 논란거리였다. 고종처럼 왕실의 방계 자손이 왕위를 계승했을 때에 생부가 살아 있었던 경우가 없었기 때문에 이와 관련된 모든 사항을 새로 규정해야 했던 것이다. 수렴청정을 하고 있던 신정왕후는 흥선군을 '大院君'에 봉작하고 '大君'의 예에 따라 예우하도록 하였으며, 탈 것은 大臣들이 타는 '轎子'로 정하도록 하였다. 그러나 金興根, 金左根 등 대신들은 內朝와 外朝의 체통에 관한 사례가 엄하다는 명분, 즉 종친은 정사에 참여할 수 없다는 것을 이유로 대원군과의 대면 자체를 거부하는 분위기였으므로 그에 대한 대우와 의례가 쉽게 만들어 질 수 없었다. 이때 대원군의 왕실행사 주도는 그의 정치적 입지를 확보하는데 중요한 구실을 하였다.(연갑수, 2001, 『대원군집권기 부국강병정책 연구』, 서울대학교 출판부, 13~17쪽)

23) 세도정치기 종친부의 위상과 남연군, 흥선군에 대해서는 南美惠, 1995, 「大院君 執權期 宗親府 振興策의 性格」『동대사학』 1 참조.

이나 신정왕후에 의해 공식적으로 승인받은 것은 아니었다. 그러나 그는 중앙과 지방의 각 아문에 직접 지시를 내림으로써 자신의 역할을 기정사실화하였다. 종친부의 '甘結'과 '大院位分付'의 형식으로 내린 대원군의 의견은 중앙과 지방의 모든 관서에서 그대로 이행되었다. 그러므로 종친부가 당연히 관여할 수 있던 왕실행사는 대원군과 밀접하게 관련될 수 밖에 없었다.[25]

대원군이 참여한 대표적인 왕실행사는 왕릉 親祭였다. 이를 행할 때에 국왕은 반드시 初獻官이 되어 初獻禮를 거행하였고,[26] 고위관료나 종친, 외척 등이 亞獻禮와 終獻禮를 행하였다. 특히 아헌례는 다음 왕위를 이을 왕세자나 議政府 혹은 敦寧府의 大臣 등이 수행하였기 때문에 중요하게 여겨졌다.[27] 그런데 신정왕후의 철렴 이후 첫 능행인 고종 3년(1866) 9월의 능행 때부터 10년 친정 직전까지 大院君은 아헌관의 임무를 수행하였다.

〈표 3-2〉는 대원군이 아헌관으로 親祭에 참여했던 행차를 정리한 것이며, 〈표 3-3〉은 고종 1년(1864)부터 9년(1872)까지 능행에 참여한 아헌관과 종헌관의 명단이다.

고종은 친정 전까지 모두 14 차례의 능 행차를 거행하였다. 그런데 〈표 3-2〉와 〈표 3-3〉과 비교해 보면, 대원군은 11차례의 능행에서 아헌관이 되었다. 그가 참석하지 않은 행사는 고종 1년(1864) 8월 15일과 25일, 4년(1867) 3월 13일의 능행 친제뿐이었다. 그 이유는 정확히 드러나지 않는데, 고종 1년의 능행은 垂簾聽政 시기에 이루어졌다는 점이 고종 3년(1866) 이

---

24) 南美惠, 1995, 「大院君執權期 宗親府 振興策의 性格」, 『동대사학』 1, 222~225쪽
25) 연갑수, 2001, 『대원군집권기 부국강병정책 연구』, 서울대학교 출판부, 13~27쪽
26) 初獻禮란 신에게 첫잔의 술을 올리는 의식으로 유교제례에서 초헌관은 바로 사제의 대표로서 제사장의 기능을 했다.(신명호, 『조선의 왕』, 가람기획, 117~118쪽)
27) 純祖代에 純祖가 孝明世子와 함께 능행을 나가 親祭를 거행할 때 바로 효명세자가 아헌관이 되었던 사실도 이 자리의 중요성을 확인해 준다.(장영훈, 2000, 『왕릉풍수와 조선의 역사』, 대원미디어, 302~303쪽)

후와는 다른 상황이었다고 할 수 있다. 고종 4년 3월의 능행 親祭에 대원군이 참여하지 않은 이유도 명확하지 않지만 건강상의 문제로 보인다.[28]

〈표 3-2〉 대원군이 아헌례를 행한 왕릉 親祭

횟수	날 짜	장 소
1	고종 3년 9월 4일	수릉
2	고종 4년 8월 29일	수릉
3	고종 4년 9월 10일	인릉
4	고종 5년 3월 14일	건릉, 현륭원
5	고종 5년 8월 9일	수릉, 경릉
6	고종 6년 3월 13일/14일	수릉, 휘경원
7	고종 6년 8월 9일	수릉, 경릉
8	고종 7년 3월 11일	인릉, 건릉
9	고종 7년 9월 6일	수릉
10	고종 8년 2월 19일	장릉
11	고종 9년 3월 3일	제릉, 후릉

고종 10년(1873) 친정 실시 전까지 대원군은 거의 모든 왕릉 참배에서 亞獻官으로 친제에 참여하였던 것이다. 〈표 3-3〉을 보면, 대원군이 아헌관이었을 때에 領議政 金炳學, 右議政 洪淳穆, 左贊成 金炳冀, 敦寧府領事 金左根 등은 終獻官이 되었다. 대원군이 참여하지 않았을 경우에는 의정부 大臣이나 돈녕부의 領事(정1품), 判事(종1품) 등이 아헌관이 되었다.

---

28) 이 시기의 대원군은 국왕의 실질적인 生父로서 확실한 대우를 받고 있었다. 1년 전 國婚을 치른 고종은 왕비와 함께 운현궁에 거둥하여 문안을 드렸으며, 한달 뒤에 대원군의 患候가 있자 어의를 보내고, 또 다시 방문하여 問候하는 등 극진히 대접하였다. 따라서 이러한 시기에 그가 능행에 참여하지 않은 것은 정치적 이유보다는 건강상의 문제 때문이었던 것으로 보인다.(『승정원일기』 고종 4년 3월 7일 ; 4월 6일)

제3장 고종 즉위 후 陵幸의 의미 변화

〈표 3-3〉 고종 1년~9년의 능행 친제 중 아헌관과 종헌관의 명단

횟수	날 짜	장소	아헌관	종헌관
1	고종 1년 8월 15일	예릉	좌의정 이유원	우의정 임백경
2	고종 1년 8월 25일	건원릉	판돈녕 이경재	흥인군 최응
		수릉	우의정 임백경	행지중추부사 김병학
		경릉	좌의정 이유원	남녕위 윤의선
3	고종 3년 9월 4일	원릉	판돈녕 이경재	판중추부사 김병국
		수릉	대원군	좌찬성 김병기
		경릉	좌의정 김병학	흥인군
4	고종 4년 3월 13일	예릉	영돈녕부사 김좌근	영평군 이욱
		명릉	좌의정 김병학	흥인군
5	8월 29일	목릉	영의정 김병학	행판부사 김좌근
		수릉	대원군	판부사 김병국
		경릉	영의정 김병학	흥인군 최응
6	9월 10일	헌릉	영의정 김병학	흥인군 이최응
		인릉	대원군	돈녕부 영사 김좌근
7	고종 5년 3월 14일	건릉	대원군	영의정 김병학
		현륭원	대원군	영의정 김병학
8	고종 5년 8월 9일	건원릉	영의정 김병학	흥인군
		숭릉	대원군	영의정 김병학
		수릉	대원군	영의정 김병학
		경릉	대원군	판중추부사 이유원
9	고종 6년 3월 13일	수릉	대원군	영의정 김병학
		경릉	판부사 이유원	판돈녕부사 이최응
	14일	광릉	영의정 김병학	판돈녕 이최응
		휘경원	대원군	지사 김병국
10	고종 6년 8월 9일	건원릉	판돈녕 이최응	판종정경 이규철
		수릉	대원군	영의정 김병학
		현릉	영의정 김병학	판돈녕 이최응
		휘릉	우의정 홍순목	겸호조판서 김병국
		경릉	대원군	우의정 홍순목
		혜릉	우의정 홍순목	겸호조판서 김병국
	10일	의릉	영의정 김병학	우의정 홍순목
		정릉	영의정 김병학	우의정 홍순목

횟수	날 짜	장소	아헌관	종헌관
11	고종 7년 3월 11일	헌릉	판부사 이유원	행판돈녕부사 이최응
		인릉	대원군	영의정 김병학
		건릉	대원군	판부사 이유원
	13일	현륭원	판부사 이유원	영의정 김병학
12	9월 6일	건원릉	영의정 김병학	판돈녕 이최응
		수릉	대원군	우의정 홍순목
		경릉	판돈녕 이최응	지사 김병국
	고종 7년 9월 7일	태릉	영의정 김병학	판돈녕 이최응
		강릉	우의정 홍순목	지사 김병국
13	고종 8년 2월 19일	장릉	대원군	영의정 김병학
14	고종 9년 3월 3일	제릉	대원군	영의정 김병학
		후릉	대원군	우의정 홍순목

『승정원일기』 고종 1년~10년 관련기사 참조

고종 친정 이전의 시기 대원군의 능행 참여는 그의 의지에 따른 것이었다. 고종 5년(1868) 8월에 건원릉과 숭릉 등을 참배하러 가기 며칠 전 승정원에서는 대원군이 숭릉·수릉·경릉 친제에 참석하여 아헌례를 행할 것임을 이조참판을 통해 분부하였음을 고종에게 아뢰었으며, 고종은 간단히 '알았다'고 답하였다.[29] 이 과정에서도 알 수 있듯이 대원군은 스스로 아헌관을 자청하였다.

대원군은 국왕의 배후에서 은연 중에 자신의 영향력을 관철시키지는 않았다. 그는 행정 관서에 직접 지시를 내렸으며 대궐에도 공공연하게 수시로 드나들었다. 그러나 그는 국왕처럼 공식적인 '傳敎'를 내리지 못했으며, 공식적인 관료기구 안에서 신료들과 공개적으로 國事를 논의하거나 결정할 수 없었다.[30] 그러나 능행의 親祭 시행에 참여할 때 대원군은 종친의

---

29) 『승정원일기』 고종 5년 8월 5일
　　"政院啓曰 卽者吏曹參判來言 今初九日 崇陵 綏陵 景陵 親祭時 大院君行亞獻禮爲 敎云矣 敢啓 答曰 知道"
30) 대원군이 일상적으로 정사를 보는 곳은 대궐이 아니라 자신의 私邸인 운현궁이

자격으로 당당하게 아헌관이 되어 활동할 수 있었다.

〈표 3-2〉와 〈표 3-3〉을 비교해 보면, 대원군이 모든 親祭에 아헌관으로 참여한 것은 아님을 알 수 있다. 대원군이 반드시 참여한 제사는 世次上 고종에게 先考가 되는 익종의 綏陵 親祭였다.[31] 이외에 고종과 至親 관계에 있는 정조의 건릉, 순조의 인릉, 헌종의 경릉과 수빈 박씨(순조의 생모)의 휘경원 친제 때도 아헌관이 되었다.

대원군의 이런 활동은 국왕의 생부이자 왕실의 어른으로서의 입장을 반영한 것이자 이 시기의 독특한 특징이라고 할 수 있다. 즉 국왕의 생부가 살아있기 때문에 나타날 수 있는 현상이었던 것이다. 대원군의 입장에서 이런 왕릉 친제에 아헌관으로 참여하는 것은 그의 가계가 영·정조의 직계 후손은 아니지만[32] 그의 아들인 고종이 익종의 후사이자 헌종의 형제로 왕위를 계승하였음을 강조하는 일이었다. 한편, 왕릉 친제에서 국왕 다음의 지위에 있는 세자나 百官의 우두머리인 영의정 등이 맡았던 아헌관의 직책을 공식적으로 수행함으로써 자신의 위상을 표현할 수 있었다. 이것은 친정 이후의 능행에는 대원군이 전혀 참여하지 않았고, 친제 때에도 영의정과 우의정 등 당시 정국 운영의 주요 인물들이 아헌례를 수행하였다는

었다. 당시 이곳에는 각종 사무를 처리하기 위하여 여러 조직 체계를 갖추고 이를 운영하기 위하여 幼學 혹은 書吏 등의 신분에서 배출된 인물들이 있었다.(연갑수, 『대원군집권기 부국강병정책 연구』, 서울대학교 출판부, 31~33쪽)

31) 대원군에게도 수릉은 인연이 깊은 곳이었다. 수릉은 원래 지금의 성북구 석관동에 위치한 景宗의 懿陵 왼쪽 언덕에 있었다. 그런데 풍수상 불길하다고 하여 헌종 12년(1846) 5월 양주 용마산 아래로 옮겼는데, 대원군은 이 때 代尊官으로 참여하였던 것이다. 수릉은 철종 9년(1858) 8월 다시 건원릉 왼쪽으로 옮겨졌다.(李相鎔 편, 1995, 『왕릉』, 한국문원, 242쪽·308쪽 ; 장영훈, 2000, 『왕릉풍수와 조선의 역사』, 대원미디어, 302~303쪽)

32) 대원군의 父인 南延君은 원래 仁祖의 3남 麟平大君의 6세손 寀重이었는데, 영조 47년(1771) 恩信君이 후사 없이 죽자 그 가통을 이었다. 大院君의 家系에 대한 자세한 내용은 김세은, 「대원군집권기 군사제도의 정비」『한국사론』, 23, 281~282쪽 참조.

것을 통해서도 알 수 있다.[33]

　親祭를 통한 대원군의 위상 확보는 능행 직후 아헌관과 종헌관을 비롯한 관원들에게 상을 내릴 때에도 확인된다. 고종 5년(1868)의 가을 능행에 대한 施賞에서 대원군은 순조대 효명세자가 아헌관으로 참여했을 때와 마찬가지로 상을 받지 않았다.[34] 건원릉 親祭의 亞獻官인 領議政 金炳學, 終獻官인 興寅君 李最應 등은 각각 大豹皮 1령씩을 하사 받았는데[35] 숭릉과 수릉 등에서 같은 일을 한 대원군은 세자와 마찬가지로 상을 받지 않은 것이다. 이것은 대원군의 지위가 국왕에게 상을 받는 신료들과는 다른 특별한 지위임을 보여주는 것이었다.[36]

　대원군은 능행을 실질적으로 지원하고 준비하는데도 관여하였다. 고종 5년(1868) 3월에 복설된 三軍府의 〈三軍府應行事目單子〉의 제 1조와 제 2조를 보면, 국왕이 動駕할 때 용호영의 隨駕와 留營, 留陣, 留都에 관한 임무 및 守宮大將, 舟師大將에 관한 사항은 삼군부에서 총괄하였다. 원래 국왕의 행행을 비롯하여 궁성의 수호는 의정부의 관할 업무였는데, 삼군부가 복설되면서 여기에서 관장하게 된 것이다. 그런데 삼군부는 대원군의 세력

---

33) 예를 들어 고종 11년 가을 능행의 여러 親祭에서 아헌례는 영의정 이유원과 우의정 박규수가 하였고, 종헌례는 종친부 소속 인물들이 수행하였다.(『승정원일기』 고종 11년 8월 11일, 12일) 친정 직후 이유원과 박규수의 역할에 대해서는 5장 1절 참조.
34) 순조 27년 효명세자의 대리청정은 당시 정권을 주도하던 안동 김씨 가문출신의 정치세력을 견제하고 다른 정치세력을 등장시키는 정국변화의 계기가 되었다. 이 때문에 효명세자는 정치적으로 주요한 위치에 있었다. 그런데 세자는 대리청정을 할 무렵부터 능행에 동행하는 일이 자주 있었으며 이때 아헌관의 일을 하였다. 세자가 함께 하지 않을 경우 그 자리는 주로 영의정이 담당하였다.(金明淑, 1997, 「19世紀 反外戚勢力의 政治動向 - 純祖朝 孝明世子의 代理聽政 例를 중심으로 -」『朝鮮時代史學報』 3, 191쪽) ;『幸行謄錄』(奎 12935)
35)『승정원일기』 고종 5년 8월 11일
36) 아들인 국왕이 아버지인 대원군에게 상을 줄 수 없었기 때문에 친제를 마친 후의 시상 내역에 빠져 있다는 견해도 있다.(연갑수, 2001, 『대원군집권기 부국강병정책 연구』, 서울대학교 출판부, 30쪽)

기반이 되었던 대표적인 아문이었다.[37] 대원군은 삼군부를 통해 능행의 준비와 진행과정에 깊이 개입할 수 있었던 것이다.

고종 8년(1871) 2월의 長陵 행차에서도 대원군의 관여를 확인할 수 있다. 행차 중에 고종이 京畿監司 朴永輔를 만나 능행의 民弊를 묻자 박영보는 다음과 같이 아뢰었다.

> 지난번 別下錢 3천냥을 하사하시어 크게 民力을 완화시켰는데, 모두 대원군의 別飭을 받들어서 입니다. 臣의 監營에서 校吏를 보내어 結所들을 세세히 살펴보았는데 모두 폐단이 없었습니다.[38]

대원군은 능행에 필요한 비용을 미리 내리고 민폐를 살피도록 별도로 신칙하였으며, 경기감사는 왕명이 아닌 대원군의 지시로 그 폐단을 조사하였던 것이다. 고종 9년(1872) 3월의 齊陵과 厚陵 행차에서도[39] 기상 악화로 인하여 동원된 말 여러 필이 폐사하는 일이 발생하자, 대원군은 죽은 말 1필당 1백냥을 내주는 등의 조처를 취하면서 사고를 수습하였다.[40] 이처럼 대원군은 고종의 능행 준비와 진행에도 개입하였던 것이다.

3) 上言·擊錚 처리과정의 변화

상언·격쟁이란 국왕 動駕시 민들이 자신들의 冤抑한 일을 국왕에게 바로 고하는 民訴의 일종이다. 이것은 조선시대에 발달한 독특한 訴冤制度의

---

37) 김세은, 1990, 「대원군집권기 군사제도의 정비」『한국사론』, 23, 310~311쪽 ; 연갑수, 2001, 『대원군집권기 부국강병정책 연구』, 서울대학교 출판부, 69~77쪽
38) 『승정원일기』고종 8년 2월 20일
"上曰 今番行幸時 別無民弊乎 永輔曰 向者別下錢三千兩 大紓民力 具伏奉大院君 別飭 自臣營 遣校吏 探察諸結所 並無弊矣"
39) 제릉과 후릉 행차에 대해서는 제 2장 3절 참조
40) 『승정원일기』고종 9년 3월 5일

하나로서 능행을 자주 하였던 正祖代(1776~1800)에 가장 활성화되었다.[41] 그런데 이 제도는 민이 왕에게 直訴하는 것이었기 때문에 국왕의 국정운영 능력과 대민정책의 방향에 따라 그 기능이 달라질 수 있었다. 영·정조대에 비해 국왕의 위상이 낮아지고 정치권력이 소수의 京華閥閱들에게 집중되었던 세도정치기에는 거의 依例的으로만 행해졌던 것이다.[42]

고종대에도 소원제도의 전반적인 기능이 완전히 회복된 것은 아니었다. 그러나 헌·철종대에 비해 상언·격쟁의 건수가 증가하였으며,[43] 상언을 어떻게 처리할 것인가에 대한 논의가 자주 보인다. 고종은 그 1년(1864) 8월의 첫 능행 때부터 上言을 허락하였으며, 다음과 같은 지시를 내렸다.

> 행행 때에 상언을 매우 많이 받는데, 그 가운데 시행할 만한 것도 있고 虛實이 분명하지 않은 것도 있어 마침내 下吏가 이익을 얻는 길이 되니, 또한 어찌 자신만 소외되었다는 탄식이 없겠는가. 이 때문에 승정원에서 상언을 넣고 빼는 것을 일임하는 것은 不可하니, 묘당에서 각 該道의 道臣에게 공문을 보내어 충분히 상세하게 조사하여 따로 연유를 갖추어 아뢰도록 하라.[44]

위의 지시를 보면 능행 때에 여전히 많은 상언이 봉입되었고, 그 과정에

---

41) 소원제도에 대한 대표적인 연구는 다음과 같다.
韓相權, 1996, 『朝鮮後期 社會와 訴冤制度 ; 上言·擊錚 硏究』, 一潮閣
한상권, 1997, 「民訴의 활성화와 민본정치」 『역사비평』 37
한상권, 2002, 「19세기 民訴의 양상과 추이」 박충석 외, 『국가이념과 대외인식 - 17~19세기』, 아연출판부
이태진, 1998, 「18세기 韓國史에서의 民의 사회적·정치적 位相」 『진단학보』 88
42) 세도정치기 상언·격쟁에 대해서는 한상권, 2002, 「19세기 民訴의 양상과 추이」 박충석 외, 『국가이념과 대외인식 - 17~19세기』, 아연출판부 참조.
43) 한상권, 2002, 「19세기 民訴의 양상과 추이」 박충석 외, 『국가이념과 대외인식 - 17~19세기』, 아연출판부, 84쪽
44) 『일성록』 고종 1년 8월 16일 命行幸時上言 令廟堂 關飭各該道臣 詳査以聞
"敎曰 幸行時捧上言 數甚夥多 而其中或有可施者 又有虛實相蒙者 竟作下吏之利竇 亦豈無向隅之歎乎 不可一任喉院存拔 令廟堂 關飭各該道臣 十分詳査 別具以聞"

서 下吏의 농간도 있었음을 알 수 있다. 이 때문에 승정원에 맡겨 처리하던 이전의 관례를 따르지 않고, 의정부에서 상언의 사연을 직접 조사하도록 하였던 것이다.[45] 이러한 변화는 같은 해 12월 의정부에서 경기감사와 전라감사가 상언에 대하여 조사한 것을 처리하여 보고하는 기록에서도 확인할 수 있다. 이때 의정부는 贈諡를 요청한 件은 허락하였고, 絶影島의 疊稅 釐正 件은 허락하지 않았다. 또한 不祧, 旌閭를 요청한 건은 禮曹에서 稟處하도록 하였다.[46]

이는 승정원이 국왕에게 상언의 내용을 보고하면, 일부 안건은 국왕이 직접 처결하고 나머지는 이조, 예조, 형조 등 해당 관아에 지시하여 해결하도록 한 영·정조대의 처리 과정과는 다른 것이었다.[47] 그러나 세도정치기와 비교해 볼 때, 고종은 상언의 처리 과정 등에 좀 더 많은 관심을 보였으며, 이 때문에 상대적으로 이전보다 많은 관련 기록을 찾아 볼 수 있다.[48] 예를 들어, 고종 5년(1868) 3월 건릉과 현륭원 행차에서 상언에 대한 예조의 보고는 헌·철종대에 비해 상당히 자세히 기록되어 있다. 모두 27건이 보고되었는데, 대부분 개인의 충절과 효행에 대해 不祧, 襃揚, 旌閭, 贈職 등을 청원하는 것이었다.[49]

한편, 그 해 8월의 능행에서는 상언 처리에 대하여 다음과 같이 명하였다.

---

45) 정조 때에도 상언에 대한 下吏의 비리가 만연되어 있었다.(한상권, 1996, 『朝鮮後期 社會와 訴冤制度』, 일조각, 24쪽)
46) 『일성록』 고종 1년 12월 14일 ; 24일
47) 영조와 정조, 순조대에 대리청정을 한 효명세자 등은 몇몇 사안에 대해서는 직접 처리하였다(한상권, 1996, 『朝鮮後期 社會와 訴冤制度』, 일조각 ; 김명숙, 1997, 「19世紀 反外戚勢力의 政治動向」『朝鮮時代史學報』 3 참조).
48) 상언과 격쟁의 평균 건수는 그리 크게 늘지 않았지만(한상권, 2002, 「19세기 民訴의 양상과 추이」 박충석 외, 『국가이념과 대외인식 - 17~19세기』, 아연출판부, 84쪽) 그 처리 과정에 대한 관심은 증가하였다.
49) 이때의 상언은 자손이 祖先의 襃揚을 청한 것이 대부분이었으며, 그 실상이 모호하고 猥雜하여 한 건도 허락되지 않았다.(『일성록』 고종 5년 4월 9일)

봄가을 행행할 때에 받아들인 상언은 해당 曹에서 각 道臣에게 關文을 보내어 상세하게 조사하여 啓聞하도록 한 뒤, 이조판서와 예조판서가 묘당에 나아가 의논하여 아뢰는 것을 定式으로 삼도록 하라.[50)]

위의 조치는 각 도의 조사에 定式이 있음에도 불구하고 허실을 가리는 폐단이 염려되어 각 도의 조사가 이루어진 뒤에 다시 이조·예조의 당상이 묘당에 나아가 상의하도록 한 조처였다. 이 전교를 내린 한달 뒤에 고종은 위의 지시사항을 다시 한번 상기시키며 '전에 처리되지 못한 것도 모두 의논하여 보고하라'고 하였다.[51)] 고종은 상언의 처리 과정에 대해 계속 관심을 보였던 것이다.

이에 비해 領議政 金炳學은 상언에 대해 비판적이었다. 특히 그는 상언을 통해 干恩하는 것에 대해 다음과 같이 문제를 제기하였다.

都下에서 가장 드러난 자는 禮를 맡은 신하가 士林의 公論에 따라 규례에 관계없이 아뢰어 특별히 살펴주도록 하고, 各 道는 道臣이 고을의 牒報를 살펴보고 여론을 널리 수집하여 式年 봄마다 보고하면, 禮曹의 세 당상이 모여 의논하여 확실히 의심이 없는 자를 정부로 移送하여 구별해서 아뢰니, 이것이 바로 지금까지의 격식과 규례입니다. 그런데 근래에는 本道를 경유하지도, 식년을 기다리지도 않고 한 장의 상언을 가지고 어가가 지나는 길에서 호소하면 該曹에 허락을 내려 마침내 旌門이나 贈職의 特典을 입으니, 이것이 바로 지름길이 되고 점차 分爭에 이르게 됩니다. 일이 산만하기가 이보다

---

50) 『승정원일기』 고종 5년 8월 11일
"傳曰 春秋行幸時上言 令該曹關問各該道臣 詳査啓聞後 吏禮判就議廟堂 回啓以入事 著爲定式"
51) 『승정원일기』 고종 5년 9월 23일
"傳曰 春秋幸行時上言 令各該道臣 詳査啓聞後 吏禮判就議于廟堂後 回啓事 向有所分付 而在前道査未回啓 一體就議後回啓事 分付吏禮曹"

심한 것이 없습니다.⁵²⁾

절개 있는 행동을 褒獎하는 것은 격식과 규례가 있는데 이를 무시하고 상언을 받아 실행하니 오히려 분쟁을 야기시키는 일이라는 것이다. 이러한 비판과 함께 김병학은 '학행이나 절의가 加贈이나 臺贈에 합당한 자는 大臣이 아뢴 뒤에 허락하고, 該曹가 직접 回啓하는 것은 모두 거론하지 말도록 하여 요행의 길을 막고 일의 체통을 중하게 여길 것'을 청하여 허락을 받았다.⁵³⁾ 상언은 반드시 대신들의 의견을 거쳐 처리되도록 한 것이었다.

상언이 활성화되었던 正祖代에도 大臣들은 국왕이 상언·격쟁을 지나치게 비호하여 官權이 위축된다고 불만을 표시하였고 가능한 이를 통제하려 하였다. 그러나 당시 정조는 오히려 '子孫爲祖父母·妻爲夫·弟爲兄·奴爲主' 등의 四件事가 아니라 할지라도 民弊에 관계되면 허용할 수 있다는 입장을 취하였다.⁵⁴⁾ 이에 비해 순조대 이후에는 통제책이 더욱 강조되어 상언의 허용 범위를 四件事로 제한하였으며, 순조 34년(1834)에는 외람된 상언을 봉입한 承旨와 관례에 따라 회계한 京兆 堂上을 처벌하는 등 그 처리과정이 엄격해졌다. 철종대에는 干恩을 호소하는 상언은 본도의 조사를 마친 후 式年에 올리도록 한 지시를 반드시 지키도록 하여 직접 상언의 허용 범위가 대폭 축소되었다.⁵⁵⁾

---

52) 『승정원일기』 고종 5년 10월 10일
"而都下之最顯著者 掌禮之臣 因士林公議 拔例筵稟 另賜存恤 外此各道 則道臣考覈邑牒 博采物論 每於式年春登聞 而春曹三堂 會議停堂 以的確無疑者 移送政府 區別啓稟 卽由來格例也 挽近 不由本道 不待式年 輒以一張上言 呼籲躪路 啓下該曹 遂蒙旌贈之特典 便成捷勁 轉至紛競 事面之屑越 莫此爲甚"

53) 『승정원일기』 고종 5년 10월 10일
"學行節義之可合加贈與臺贈者 大臣筵奏後許施 該曹之直爲回啓 切勿擧論之意 著爲定式 以爲杜僥倖重事軆之地 何如 上曰依爲之"

54) 한상권, 1996, 『朝鮮後期 社會와 訴冤制度; 上言·擊錚 硏究』, 一潮閣, 63~83쪽

55) 한상권, 2002, 「19세기 民訴의 양상과 추이」 박충석 외, 『국가이념과 대외인식 - 17~19세기』, 아연출판부, 85~86쪽

高宗代에는 상언을 처리하는데 승정원이 제 구실을 하지 못한다는 이유로 廟堂과 吏曹, 戶曹의 개입이 강화되었다. 아울러 상언에 의해 일이 처리되는 비율이 이전 시기보다 높아졌다.[56] 김병학이 법으로 정한 절차를 중시하자고 하면서 상언의 처리과정을 비판한 것은 바로 이런 변화에 대응한 것이었다.

격쟁 처리에 대한 관심도 증가하였다. 헌·철종대에는 衛外擊錚人의 숫자만 표기되는 등 관련기록이 소략했던 것에 비해 고종 초기에는 사연에 따른 처분까지도 종종 언급하였다. 또한 격쟁은 능행 뿐 아니라 다른 나들이 때에도 허용되었기 때문에 상언보다 자주 기록되었다.[57]

고종 6년(1869) 8월 능행 때에는 刑曹의 下隸들이 뇌물을 받고 대신 격쟁한 일이 발각되어 큰 말썽이 일어났다. 조사결과 당일 衛外에 대령한 下隸 40명 가운데 10명이 이같은 비리를 저질렀음이 밝혀졌다.[58] 이 사건의 조사를 책임진 刑曹判書 朴珪壽 등은 이미 오래 전부터 격쟁하는 이들은 반드시 일에 앞서 청탁을 하였고, 이 때문에 형조 소속의 무리들이 이익을 챙겼으며, 대행하는 사태까지 발생하게 되었음을 보고하였다.[59] 고종은 이 사건에 대해 처음에는 엄히 조사하고, 관련자는 刑杖을 친 뒤에 먼 지역으로 定配보내도록 하였다.[60] 그러나 며칠 뒤에는 뇌물을 받은 羅將과 下隸를 엄형에 처하는 것은 근본을 다스리는 일이 아니라고 하며 해당 관아에

---

56) 19세기 국왕별 상언 봉입비율은 순조대 50%, 철종대 19%, 고종대 38%정도로 추산된다.(한상권, 2002, 「19세기 民訴의 양상과 추이」 박충석 외, 『국가이념과 대외인식 - 17~19세기』, 아연출판부, 87쪽)
57) 한상권, 2002, 「19세기 民訴의 양상과 추이」 박충석 외, 『국가이념과 대외인식 - 17~19세기』, 아연출판부, 118~120쪽
58) 『승정원일기』 고종 6년 8월 13일
59) 『승정원일기』 고종 6년 8월 13
 "犯警驛寃 縱由切迫之情 而驚動天廳 不無嚴畏之心 則凡厥鳴錚之類 必皆先事締結 故曹隸之屬 夤緣爲利 臣等之常所痛歎 乃不得十分嚴察 頓變宿弊 甚至於此等之代行鳴錚 踈漏也如此"
60) 『승정원일기』 고종 6년 8월 12일 ; 13일

서 엄히 징치한 뒤 석방하는 것으로 마무리지었다.[61] 이미 관행화된 대리격쟁을 뿌리뽑기는 어려웠던 것이다.

이 사건 이후에도 국왕의 거둥 때마다 시위 밖에서의 격쟁은 여전히 허용되었다. 비록 호소의 내용은 斷案이 이미 작성되었거나 죄가 무겁거나 捧供할 때에 분부를 기다리지 않았다는 등의 이유로 대부분 받아들여지지 않았지만 殺獄, 解配, 宗祀, 山訟 등의 내용들이 보고되었다.[62]

고종 10년(1873) 친정 이후에는 '부랑배들이 외설스러운 일로 함부로 호소하고 該曹에서는 소관이 아닌 것을 아뢰는 폐단이 있다'고 하면서 四件事[63] 이외에는 시행하지 말도록 하였다.[64] 그러나 능행에서의 상언과 격쟁은 여전히 허용되었다.[65]

---

61) 『승정원일기』 고종 6년 8월 16일
62) 『승정원일기』의 기사를 보면, 형조가 격쟁의 내용에 대해 일일이 보고할 때가 있고, 의금부도사가 격쟁한 인원만을 보고하는 경우가 있다. 관련 기사를 살펴보면 고종 7년(1870) 9월에 건원릉과 수릉 등의 능행 때에 격쟁한 이들이 특히 많았는데 이때에는 격쟁의 내용도 자세히 수록되어 있다.(『승정원일기』 고종 7년 9월 8일)
63) 영조 22년(1746)에 편찬된 『續大典』의 규정을 보면 16세기 중엽에 확립된 '刑戮及身·父子分揀·嫡妾分揀·良賤分揀'을 四件事라 지칭하고, 18세기 초엽에 새로 확립된 '子孫爲祖父母·妻爲夫·弟爲兄·奴爲主'의 신사건사를 병기하였다. 그러나 고종 3년(1866)에 편찬된 『六典條例』에는 사건사로 '子孫爲祖父母·妻爲夫·弟爲兄·奴爲主'를 먼저 언급하고, 이어 '刑戮及身·父子分揀·嫡妾分揀·良賤分揀'를 병기하였다. 그러므로 고종이 언급한 사건사는 『육전조례』에 수록된 것이다. 사건사에 대한 자세한 내용은 한상권, 1996, 『朝鮮後期 社會와 訴冤제도; 上言·擊錚 硏究』, 一潮閣, 31~37쪽 참조.
64) 『일성록』 고종 12년 10월 25일 命擊錚原情四件外勿施
"左議政李最應啓言 近見擊錚原情 則有所駭然 浮浪之類 輒以猥屑肆然呼籲 已極無嚴 該曹之非其所管 而或爲啓聞 大違事面 此後則四件外 一並勿施 (중략) 依爲之"
65) 18세기에 비해 소원 수단으로서의 영향력과 사회, 정치적 기능은 현저히 퇴조하였지만 이런 가운데서도 이 제도를 통한 평민과 천민의 목소리는 점차 강화되었다.(한상권, 2002, 「19세기 民訴의 양상과 추이」 박충석 외, 『국가이념과 대외인식 - 17~19세기』, 아연출판부, 118~120쪽)

2. 원거리 능행과 국왕활동의 확대

1) 鷺梁·南漢山城 행차와 군사조련

능행이 잦아지면서 고종은 능행을 계기로 도성 밖으로 멀리 행차하게 되면 여러 날 동안 행궁에 머물면서 군사 훈련을 실시하거나 주변 지역의 인재를 선발하는 등 다양한 행사를 함께 거행하는 경우도 늘었다. 시기별로 차이를 보이는데, 고종 3년(1866)까지의 능행은 대부분 왕릉만을 참배하고 당일에 환궁하는 것이었다. 그러나 고종 4년(1867, 16살)부터는 여러 날이 소요되는 遠幸을 자주 거행하였다.

고종 4년 9월에 시행한 태종의 獻陵, 순조의 仁陵[66] 참배는 고종 즉위 후 궁궐 밖에서 여러 날을 보낸 첫 능행이었다.[67] 이 행차는 이전과 달리 능행만을 위한 것이 아니었다. 선왕의 왕릉 참배 행차와 함께 군사훈련을 시행하고 남한산성을 방문하기 위한 것이었다. 고종 이전의 국왕들도 능행과 함께 남한산성에 행차한 적이 있었다. 〈지도 1〉은 영·정조대의 남한산성 능행로와 철종, 고종대의 능행로를 그린 것이다. 영조는 6년(1730) 2월에 남한산성에 행차하였다. 이 때의 행로를 살펴보면, 광나루와 이천을 거쳐 여주에 있는 효종의 寧陵에 친제한 후, 남한산성에 머물다가 환궁하였다.[68] 이때 영조는 특히 쌍령과 남한산성의 격전지를 둘러보면서 三學士의 충절과 孝宗代의 북벌 의지를 높이 평가하였다.[69] 정조도 3년(1779) 8월에

---

66) 현재 서울시 강남구 내곡동 소재
67) 〈표 3-1〉 참조.
68) 영조 6년의 능행에 대해 신료들은 강하게 반대하였다. 능행지인 여주, 이천 지역에 전염병이 돌고 영조 4년(1726) 이인좌 난 때에 이 지역에 역적의 무리들이 많이 있었기 때문에 인심이 안정되지 못하였다는 것이다. 그러나 영조의 주도로 능행은 순조롭게 이루어졌다. 이때의 왕릉 행차에 대해서는 『승정원일기』 영조 6년 2월 25일~29일 ; 『영조실록』 권42, 영조 6년 2월 甲子~戊辰 기사 참조.
69) 『영조실록』 권42, 영조 6년 2월 丁卯

〈지도 1〉 영조·정조 및 철종의 남한산성 행차경로 비교도

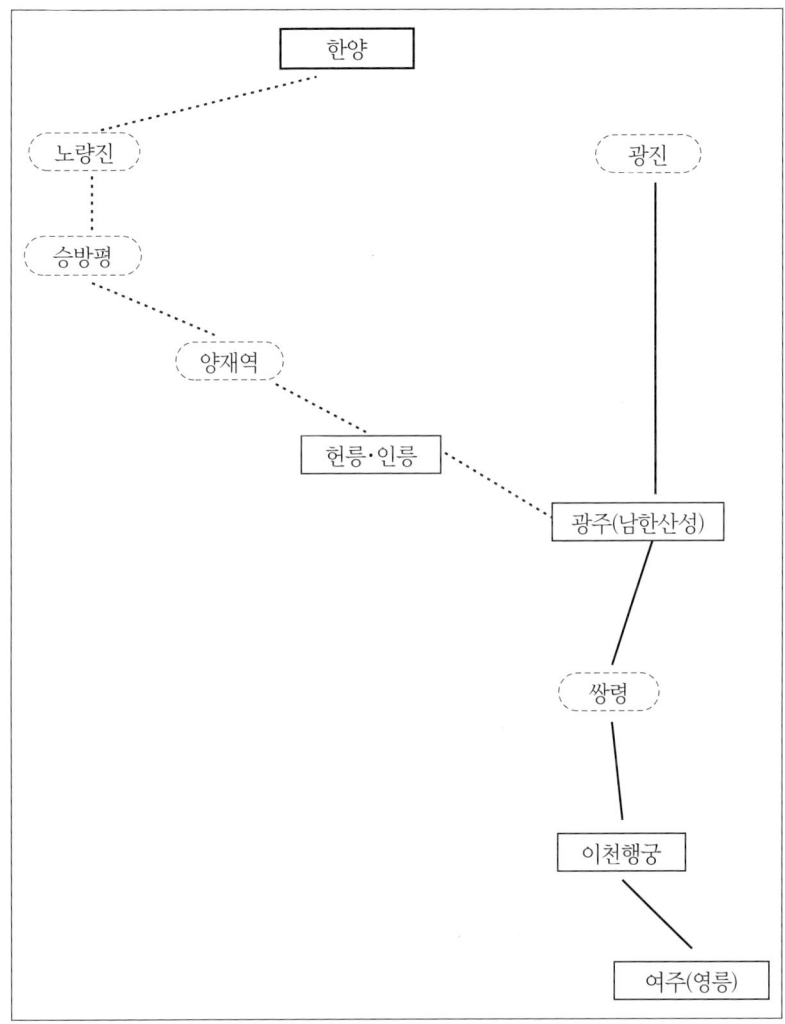

――――― : 영조·정조대의 행차로
·············· : 철종대의 행차로

광나루와 이천을 거쳐 영릉을 참배한 뒤에 3일 동안 남한산성에서 머물다가 환궁하였다.[70] 이때의 남한산성은 두 달 전 補築 공사가 끝나 새롭게 단

장을 한 상태였는데,[71] 정조는 이곳의 군사 시설과 재정상태에 관심을 보이며 여러 행사를 거행하였다. 정조는 이 능행을 출발할 때부터 병조판서 鄭尙淳과 훈련대장 洪國榮에게 군사의 훈련이 부족함을 지적하였는데, 남한산성에서는 文武科 別試를 실시하고, 西將臺에서 城操를 행하였다. 효종의 영능을 참배하고 난 뒤 이루어진 영·정조대의 남한산성 행차는 北伐大義를 내세우면서 국왕 중심 체제의 강화를 강조하는 의미가 있었던 것이다.

이에 비해 철종은 13년(1862) 9월에 노량진을 거쳐 태종의 헌릉과 순조의 인릉을 참배한 뒤 남한산성에 행차하여 儒生 應製를 실시하고 夜操를 실시한 뒤에 환궁하였다.[72]

〈지도 1〉에서 철종의 행차로를 확인해 보면, 영·정조대와의 차이가 확실히 드러난다. 병자호란의 치욕을 되새기며 이와 관련된 輦路 주변의 묘를 살피도록 하는 등 5일 이상 걸리던 영·정조대의 행차에 비해 철종의 능행은 3일 밖에 걸리지 않았으며, 제반 행사도 실질적인 내용없이 依例的으로 치러졌던 것이다. 철종은 이전에도 자주 행차하던 순조와 정순왕후의 인릉을 참배한 뒤에 남한산성에 행차하였으며 영·정조대처럼 군사 조련이나 北伐大義 관련 행사를 시행하지 않았다.

고종의 헌릉, 인릉 참배와 남한산성 행차는 고종 4년(1867) 7월 목릉, 수릉 등을 참배하는 가을 능행과 함께 논의되었는데, 한 계절에 잇따라 거행하는 능행은 드물었기 때문에 그 과정을 주목해 볼 필요가 있다. 이 능행은 헌·인릉에 친제를 올리고 南漢山城 行宮에서 숙박하도록 예정되어 있었다.[73] 이때까지의 일정은 철종 13년의 거행과 같았다. 그런데 예정일이 다가오자 고종은 9월 10일에 출발하기로 되어 있던 일정을 갑자기 바꾸어 하루 앞당겨 출발하도록 하고, 행차 당일에 鷺梁行宮(龍驤鳳翥亭)에서 하

---

70) 『승정원일기』 정조 3년 8월 3일~10일 ; 『정조실록』 권45, 정조 3년 8월 甲寅~庚申
71) 『정조실록』 권45, 정조 3년 6월 庚午
72) 『승정원일기』 철종 9월 18일~20일
73) 『승정원일기』 고종 4년 7월 25일

제3장 고종 즉위 후 陵幸의 의미 변화 **139**

루를 묵고, 능행의 기간도 4일로 늘리게 하였다.[74]

　이같이 일정을 변경한 이유는 며칠 뒤에 밝혀졌다. 능행 당일 고종은 노량에 親臨하여 水操를 실시하고, 새로 제조한 戰船을 살펴보았다.[75] 국왕이 친림하는 水操는 매우 드문 일이었기 때문에 그 준비와 절차가 여러 차례 논의되었으며, 마침내 정조 19년(1795)에 宣禧墓에[76] 들렀다가 西江 제 1루에 임어한 것을 前例로 삼아 준비하기로 결정하였다.[77]

　이에 따라 그 해 9월 9일에 헌릉·인릉의 참배 행차가 시작되었다. 이미 열흘 전 목릉, 수릉 등의 가을 능행을 다녀 온 뒤였고, 일반적인 행차보다 늦은 시기에 거행되어 날씨도 좋지 않았으나 고종은 즉위 후 처음으로 주교를 건너 노량행궁에 도착하였다.[78]

　노량행궁은 대개 어가가 잠시 머물면서 점심 식사를 하는 곳이었다.[79] 그런데 고종은 이곳에서 水操를 실시하고 밤을 지냈다. 수군의 조련을 실시한 이유는 군사 훈련과 함께 새로 만든 戰船과 수뢰포를 시험해보기 위해서였다.[80] 이것은 병인양요 이후 대원군의 주도로 서양 군함의 재침입에 대비하기 위해 건조한 것이었는데, 능행 첫 날 노량 행궁 앞에서 그 성과를 보여 주었던 것이다.[81]

---

74) 『승정원일기』 고종 4년 9월 1일
75) 『승정원일기』 고종 4년 9월 4일
76) 사도세자의 생모인 暎嬪李氏의 묘로 현재 서대문구 신촌동 소재.
77) 『승정원일기』 고종 4년 9월 4일 및 한상권, 1996, 『朝鮮後期 社會와 訴冤制度: 上言·擊錚 硏究』, 一潮閣, 358쪽
78) 고종 4년 9월의 능행은 고종초기에 행해진 가을 능행 가운데 가장 늦은 시기에 이루어진 행차였다.(〈표 3-1〉 참조) 이 때문에 출발 첫 날 동이 틀 무렵에는 서리와 비가 내려 군사들의 고생이 심하다는 보고가 있었다. 그러나 고종은 별문제 없이 노량행궁에 도착하였다.
79) 한영우, 1998, 『정조의 화성행차, 그 8일』, 효형출판, 161쪽
80) 『승정원일기』 고종 4년 9월 9일 ; 11일
81) 전선주조와 수뢰포 제작에 대한 자세한 설명은 연갑수, 2001 『대원군집권기 부국강병정책 연구』, 서울대학교 출판부, 186~195쪽 참조.

둘째 날에는 헌릉과 인릉을 참배한 뒤 남한산성 행궁에 도착하였다. 고종은 이곳에서 이틀 동안 머물면서 그 지역의 文武科 別試를 실시하였고, 남한산성의 西將臺와 南將臺를 둘러보았으며 演武館에서 야간 군사훈련을 거행하였다. 그리고 환궁할 때에는 丙子·丁卯胡亂과 丙寅洋擾때의 전사자들을 조사하여 해당 고을에서 致祭하도록 하였다.

일반적으로 자주 가지 않던 곳으로 遠幸하거나 어떤 특정 왕릉에 참배하러 갈 때에는 '올해가 先王이 즉위한 舊甲이 된다'든지 하는 이유로 당시의 정책상 요구되는 일과 선왕을 추모하는 행사를 겸하여 처리하였다.[82] 그런데 이번 능행에는 그런 예의의 말이 없었다. 능행의 여정과 행사 내용도 이전과 달랐다. 이 행차에서 고종은 정조대 이후 처음으로 水操를 실시하였고, 새로 제조한 전선과 수뢰포의 성능시험도 지켜보았으며, 남한산성 행궁에 머물며 군사훈련을 실시하였다. 병자·정묘호란의 전사자들을 위한 제사는 이전과 마찬가지로 설행하였지만, 이에 더하여 남한산성과 관계없는 병인양요의 전사자들도 致祭하도록 한 것은 중요한 상징성을 갖는 것이었다.

19세기 이후 서양세력의 진출로 연안 지역의 이양선 출몰은 신기한 일이 아니었다. 고종 3년(1866)에는 옵페르트의 南延君墓 도굴미수 사건과 제너럴셔먼호 사건, 병인양요가 잇달아 일어났다. 같은 해 8월에 반포한 斥邪綸音은 이에 대한 대응이었으며, 다음 해에 거행된 능행과 노량행궁, 남한산성에서의 여러 행사는 바로 이러한 분위기 속에서 거행된 것이었다.

병자호란 후 夷狄은 여진의 청이었고 이에 대한 국가대의로 북벌론이 제기되었지만, 19세기 서구제국주의 침략이 현실화 하면서 夷狄은 서양오랑캐인 洋夷로 바뀌었다. 병자호란 때의 斥和論이 斥邪論으로 재무장한 것이었다.[83] 고종의 능행과 함께 행해진 노량행궁·남한산성 행차 및 이전과

---

82) 예를 들어 고종 4년 8월 수릉과 경릉에 행행할 때에 특별히 목릉도 참배를 하였는데, 위와 같은 이유를 내세웠다.(『승정원일기』 고종 4년 8월 30일)

다른 특별 행사는 바로 병인양요 이후 외세 침입에 대한 경각심을 다시 한 번 불러일으키려는 것이었다.

2) 華城 행차와 제반행사 실시

思悼世子의 顯隆園과 正祖의 健陵을 참배하기 위한 華城 행차도 주목할 만하다. 화성 능행은 정조 13년(1789)에 양주 배봉산에 있던 사도세자의 묘를 수원 남쪽에 옮기고 현륭원이라 부르면서 시작되었다. 그 뒤 정조 20년(1796)에 현륭원 부근 팔달산 아래 華城이라는 신도시를 건설하고 능행 때마다 이곳 행궁에 머물면서 군사훈련 실시, 賑民에게 쌀 분배, 양로연 설행, 文武科 別試 거행 등을 행하였다. 순조 즉위 후에도 현륭원 옆에 정조의 건릉을 조성하면서 이곳의 왕릉 참배는 계속되었고, 정조가 행하던 군사훈련과 대민활동 등의 특별 행사도 그대로 수행되었다. 이 때문에 현륭원·건릉 행행은 대표적인 원거리 능행이 되었다.

고종의 이곳 행차는 그 5년(1868, 17살) 3월에 처음 거행되었다. 이때 고종은 건릉과 현륭원에 親祭를 지내고, 화성 행궁에 머물면서 文武科 別試를 실시하고 東將臺에서 야간 군사훈련을 실시하였다.[84] 또한 환궁할 때는 많은 상언을 받았다.

고종은 7년(1870, 19살) 3월에도 이곳에 행차하였다.[85] 헌·인릉에 참배하고 헌릉 재실에서 하룻밤을 지낸 뒤에 화성행궁에 이르렀으며 4일 동안 머물렀다.[86] 이때 고종은 그 5년 능행에서 거행한 행사 뿐 아니라 여러 가지 다양한 일을 주도하였다. 華寧殿에서 작헌례와 望焚香을 친행하면서 이곳에 봉안되어 있는 정조의 어진을 펼쳐보았으며, 이에 대해 영의정 김병

---

83) 정옥자, 1995, 「19세기 斥邪論의 歷史的 位相」『한국학보』78, 154~157쪽
84) 『승정원일기』고종 5년 3월 14일
85) 능행의 일정과 국왕의 동정은『승정원일기』고종 7년 3월 11일~16일 기사 참조
86) 『승정원일기』고종 7년 3월 14일

학, 행판부사 이유원 등과 대화도 나누었다. 정조의 御容 小本이 정조 四旬 때 그린 것이고, 大本은 四旬 이후에 그린 것임을 확인하였으며, 김병학과 이유원이 어진을 그릴 때의 어려움을 설명하고 어진에 나타난 의복에 대해 설명하자, 지금의 의복과 비교해 보는 등 관심을 표명하였다.[87]

  화성행궁에서 고종은 자청해서 召對를 열었는데, 시원임대신들도 함께 입시하게 하였다. 원래 소대에는 승지와 각신, 홍문관 상하번 등이 참여하였는데 이때에는 대신들도 참석하여 글 뜻을 아뢰도록 한 것이다.[88] 소대가 열리자 이유원과 김병학 등은 자신들이 참여하게 되어 영광스럽다고 하면서 오늘의 일은 列聖朝의 뜻과 일을 繼述하는 아름다움을 보인 것이라고 칭송하였다. 이때 국왕은 『통감』 제 5권을 읽었다. 그리고 講이 끝나자 板上에 새겨진 正祖의 詩를 次韻하여 다음과 같은 御製詩를 내렸다.

三月이라 華城에 버들 빛 산뜻하니	三月水城柳色新
草木群生이 한창 봄철을 만났구나.	群生草木際方春
陵에 참배하고 나니 남녘에 구름은 머물고	拜陵展禮雲停午
들을 바라보니 풍년의 조짐, 비는 열흘이나 흐뭇해라.	觀野占豊雨浹旬
누각은 온통 仙境의 경치요	樓閣渾如天外景
마을 집들은 모조리 그림 속의 인물인 양.	村家盡是畵中人
가신 임금님의 盛德이 이에 있으니	先王盛德於斯在
나의 거둥은 올해에 몇 차례나 머물 것인가.	蹕路當年駐幾巡[89]

---

87) 『승정원일기』 고종 7년 3월 13일 ; 14일 ; 15일
88) 소대는 경연과는 달리 원래 대신들은 입시하지 않았는데 이날은 시·원임대신들도 참석하게 하였으며, 대신들이 글 뜻을 아뢰도록 하였다. 소대에 대한 자세한 사항은 김세은, 2000, 「고종초기(1864~1873)의 經筵」 『진단학보』 89 참조
89) 華城行宮敬次 正廟御製板上韻 [『高宗文集珠淵集』(한국정신문화연구원 영인본, 1999) 8~9쪽].

고종이 바라보는 華城의 풍경이 마치 正祖가 바라던 이상향인 듯 한 느낌을 준다. 먼저 시를 지어 보인 고종은 바로 大臣, 承旨, 史官, 閣臣, 儒臣들에게 和答詩를 지어 환궁하기 전에 바치도록 하였다. 이에 이유원은 "행행 때에 御製詩에 和答詩를 지어 바치게 되었으니 더욱 성대한 일입니다(裕元曰 幸行時 御製賡進 尤爲盛擧也)"라고 칭송하였다.[90] 국왕과 신료가 서로 시를 次韻하여 화답한다는 것은 단순히 풍류를 즐기는 것이 아니었다. 이제 고종은 신료들과 의사소통을 할 정도의 학문 수준을 갖추었다는 것을 의미하는 것이었고 신료들도 이를 찬양한 것이다.

현륭원·건릉 등을 참배하고 화성행궁에 머물며 여러 가지 행사를 주관하는 것은 정조대 이후 국왕들의 대표적인 遠幸 방식이었으며, 순조 이후의 국왕들은 재위기간 중 반드시 이곳을 방문하였다. 고종에게도 화성행궁은 여러 날 동안 머물면서 국왕으로서의 권위를 표현할 수 있는 특별한 장소였다.[91]

3) 坡州牧·開城府 행차와 對民政策 실시

원거리 능행은 고종 8년(1871, 20살)과 9년(1872, 21살) 봄에도 행해졌다. 고종 7년(1870) 봄 능행에 이어 3년 연속 도성 밖 멀리까지 나간 것이다. 8년 봄에는 경기도 파주에 있는 仁祖의 長陵에 행차하였다.[92] 이때 고종은 능행 절차 논의가 시작되자 선혜청의 甲胄錢 3천냥을 경기감영에 내려주며 民力을 쓰지 말도록 지시하였다.[93] 이전과 달리 능행의 준비과정에

---

90) 『승정원일기』 고종 7년 3월 15일
91) 고종에게 화성은 다른 지역을 설명할 때 '기준'으로 자리잡았다. 고종 11년(1874) 1월 국왕은 前鎭撫使 金善弼이 鎭撫營에 대한 보고를 하면서 강화 읍성에 대해 설명하자, '화성과 비교해 어떠한가'라는 질문을 던져 그 규모를 짐작해 보고자 한데서도 이곳의 중요성을 짐작할 수 있다(『승정원일기』 고종 11년 1월 26일).
92) 장릉 행행의 자세한 일정은 『승정원일기』 고종 2월 18일~20일 기사 참조

도 관심을 보이면서 직접 개입하였던 것이다.

고종은 8년 2월 18일에 경복궁을 출발하여 검암주정소, 고양군주정소 등을 거쳐 파주 행궁에 도착하였다.94) 그리고 이곳에서 다음과 같은 전교를 내렸다.

> 輦路의 세 고을은 진휼을 베푼 곳 가운데 정도가 가장 심한 지역이다. 그런데 진휼이 겨우 끝나자 또 군포를 납부할 때를 당하니, 그 황급한 사정은 보지 않아도 상상할 수 있다. 세 고을의 굶주린 백성이 바치는 군포를 올해에는 특별히 탕감하고 각 아문이 받아야 할 수량은 甲冑錢에서 대신 지급하여 세 고을의 굶주린 백성의 짐을 덜게 하라. 이것을 유념하여 굶주린 백성의 군포를 철저히 가려내되, 營邑이 혹시 상세히 거행하지 못하면 문책이 돌아갈 것이다. 이로써 경기감영과 선혜청에 분부하라.95)

고종이 능행을 다니면서 연로의 백성들에 대해 구체적으로 지시를 내린 일은 이번이 처음이었다. 앞서 고종 1년(1864)의 예릉 행차 때에 경기감사 조재응이 주변 고을의 민막에 대해 보고하자 고종은 묘당에서 처리하라고 하교하였다.96) 이에 비해 고종 8년의 능행에서는 백성들에 대한 구제책

---

93) 『승정원일기』 고종 8년 1월 6일
94) 다른 능행때와 마찬가지로 추모현에서는 용성부대부인의 묘소를 봉심하도록 하였고, 검암주정소에서는 숙종이 묻힌 明陵, 중종의 계비 장경왕후의 禧陵, 인종의 孝陵을, 고양군 주정소에서는 진종이 묻힌 永陵과 영조의 私親이 묻힌 昭寧園, 眞宗 私親이 묻힌 綏吉園를 봉심하고 고려 공양왕 묘에 승지를 보내 치제하도록 하였다.
95) 『승정원일기』 고종 8년 2월 19일
 "傳曰 輦路三邑 卽設賑之尤甚處也 賙恤纔過 又當納布之時 其所遑急之狀 不見可想 就三邑飢民之所納軍布 今年則特爲蕩減 各衙門所捧之數 以甲冑錢中給代 使三邑飢民 卑爲息肩之道 如是爲念之下 飢民軍布 到底抄出 而營邑如或未詳擧行 責有所歸 以此分付畿營惠廳"
96) 제1장 1절 참조

을 직접 지시할 뿐 아니라 지시대로 잘 거행하지 못할 경우 해당 지방관에게 책임을 묻겠다는 다짐까지 한 것이다.

고종의 태도 변화는 환궁하는 길에 경기감사 박영보를 만났을 때도 나타났다. 고종은 박영보에게 '輦路 백성의 정상이 보기에 매우 황급하여 어제 전교를 내렸는데 과연 보았는가'라고 묻고는 반드시 실효가 있어야 한다고 강조하였다.[97] 아울러 輦路의 작은 화재 사건에 대해서도 定式에 얽매이지 말고 조처하는 특교를 내렸다.[98] 보고될 필요조차 없는 사소한 민가의 피해까지도 고종은 자신이 머문 숙소 주변의 일임을 들어 각별히 처리하도록 한 것이다.

고종은 연이어 坡州牧使 申奭熙에게는 백성들의 구제책을 상의하여 조처하도록 하였고, 아전들을 각별히 신칙하여 반드시 실효가 있게 하라고 당부하였다. 이어 京畿監司 朴永輔가 이같은 下敎를 朝紙에 반포하여 모두에게 알리자고 하자, 칭찬하면서 허락하였다.[99] 고종은 遠幸을 감당할 수 있을 정도로 충분히 성장하였으며, 더 나아가 능행과 그에 수반되는 여러 행사를 주도할 수 있을 정도의 정치적 역량을 갖추고 있었음을 보여준 것이다.

고종 9년(1872) 3월에는 개성에 있는 太祖妃 神懿王后의 齊陵과 定宗의 厚陵을 참배하였다. 개성은 前王朝 고려의 舊都라는 상징적인 의미가 강한 곳이었으며, 선진적으로 형성된 상품유통 중심지 가운데 하나로서 위정자들의 관심을 모은 지역이었다.[100] 그런데 고종의 개성지역 왕릉 참배는 영조대 이후 100여 년 만에 처음 행해지는 것이었고,[101] 고종이 행한 능행

---

97) 『승정원일기』 고종 8년 2월 20일
"上曰 輦路民情 見甚遑急 故昨有傳敎矣 果見之乎 永輔曰 謹奉覽矣 (중략) 上曰 期有實效"
98) 『승정원일기』 고종 8년 2월 20일
99) 『승정원일기』 고종 8년 2월 20일
100) 김태웅, 1999, 「조선후기 개성부 재정의 위기와 행정구역 개편」『한국사론』41·42합
고석규, 2000, 「19세기 전반 서울의 시전상인」 이태진 외, 『서울상업사』, 태학사

가운데 8일이라는 가장 긴 시간이 소요되었던 행차였다.[102]

이런 연유로 그 절차를 마련하는 일이 중요하게 논의되었다. 禮曹는 영조 36년(1760)의 능행에서 숙종 19년(1693)의 전례에 따라 文武科 庭試를 설행하여 그 날 바로 放榜하였으며, 개성부 성균관에서 謁聖禮를 행한 일이 있다고 보고하고 이번에는 어떻게 할 지 문의하였다. 고종은 영조 때의 의례를 그대로 따르도록 지시하였고 여러 절차를 미리 마련하였다.[103]

〈표 3-4〉 고종 9년(1872) 3월의 제릉과 후릉 행차 일정표

순서	날짜	날씨	출발 시간	여 정
첫째 날	1일	맑았다 흐림	辰時	光化門-〉崇禮門-〉追慕峴-〉弘濟院-〉碌磻峴-〉黔巖 의 晝停所-〉礪石峴-〉望客峴-〉高陽郡 行宮-〉惠陰嶺-〉汾水院 晝停所-〉柴谷里-〉파주목 행궁
둘째 날	2일	맑음	卯時	파주목 행궁-〉臨津江-〉長湍府 행궁-〉板門坪 주정소-〉개성부 행궁
셋째 날	3일	비	卯時	개성부 행궁-〉제릉-〉후릉-〉개성부 행궁
넷째 날	4일	맑음		개성부 행궁
다섯째 날	5일	맑음	辰時	개성부 행궁-〉文廟-〉목청전 옛터-〉선죽교-〉영묘 조어필비각소-〉滿月臺-〉개성부행궁
여섯째 날	6일	맑음	辰時	개성부행궁-〉현릉-〉경덕궁옛터-〉개성부남문 문루-〉개성부 행궁
일곱째 날	7일	맑음	卯時	개성부행궁-〉판문평 주정소-〉장단부 행궁-〉東坡店-〉임진관-〉花石亭-〉梨川店-〉파주목 행궁
여덟째 날	8일	맑음	寅時	파주목 행궁-〉坡平館-〉분수원-〉고양군 주정소-〉검암비각소-〉홍제원-〉숭례문-〉광화문

『승정원일기』 고종 9년 3월 1일~8일 능행 관련 기사 참조

---

101) 『승정원일기』 고종 9년 3월 12일
102) 원래는 7일로 예정되었다.(『승정원일기』 고종 9년 1월 7일 기사 참조) 이밖에 능행에 대한 자세한 일정은 『승정원일기』 고종 9년 3월 1일~8일 기사 참조.
103) 『승정원일기』 고종 9년 1월 3일 ; 4일

〈표 3-4〉는 고종의 개성부 왕릉 참배 일정을 정리한 것이다. 고종은 9년 3월 1일에 경복궁을 출발하여 坡州牧 行宮에서 하루를 머문 뒤, 다음날 開城府 行宮에 도착하였다. 이때 다른 능행 때처럼 연로 근처의 왕실과 종실 및 이와 관련된 인물들의 묘를 살펴보게 하였다. 아울러 임진강을 건너기 직전 臨津館에서는 '지금 지나온 길가의 여러 고을 백성들이 계속된 흉년을 만나, 각 營邑에서 賑濟場을 설치하고 있다고 하는데 잘 하고 있는지 모르겠다'고 하며 특별히 내탕금 5천냥을 내려 진휼하도록 명하였다.[104] 개성부 행궁에 머문 셋째 날부터 고종은 제릉과 후릉, 高麗 太祖의 顯陵을 참배하였다. 그런데 제릉과 후릉 행차는 비가 내리는 악천후 속에서 거행되었다. 출발할 때부터 通禮院 官員이나 司僕寺 內乘이 즉시 대령하지 못하는 등 제대로 준비되지 못한 부분이 있었으나 서둘러 일정을 강행하였다. 그 결과 능 참배는 예정대로 이루어졌으나 돌아오는 길에 많은 사고가 일어났다.

제릉과 후릉은 개성부에서 하루에 왕복하기 힘든 거리였는데, 비바람까지 몰아치고 길에 진흙탕이 생기는 바람에 행렬이 위용을 갖출 수 없었고, 대오가 흐트러진 것이다. 이 때문에 피곤에 지친 군졸들이 여러 명 사망하였고 말도 몇 마리 폐사하였다. 이 사고는 운현궁에서 죽은 말 1필당 1백냥을 내주고, 그 이외에 부족한 비용은 금위영에서 보태기로 조처하면서 수습되었다.[105]

이 사건으로 능행 전반을 주관한 영의정 김병학, 우의정 홍순목 등과 실질적인 책임을 맡고 있었던 병조판서 강로, 훈련대장 임상준, 금위대장 이장렴, 금군별장 이학영, 개성부유수 이인응 등이 자신들의 책임이라며

---

104) 『승정원일기』 고종 9년 3월 2일
 "至臨津館 通禮跪啓請降馬 上降座馬 入幕次 宣傳官跪禀鳴金三下 吹打止 傳曰 今於輦路諸邑之民 荐逢灾歲 營邑方爲設賑云 未知如何極濟 其顚連蕩折之狀 不言可想 帑金五千兩 今爲特下"
105) 『승정원일기』 고종 9년 3월 5일

처벌 받기를 자청하였다. 고종은 당시의 형편상 어쩔 수가 없었다는 이유로 이를 불문에 붙이도록 하였지만 여러 상황에 대해서는 강한 불만을 표현하였다. 노정을 짜면서 지나치게 먼 거리에 站을 배치하는 등 준비가 미흡하였음을 비판하였으며, 앞으로는 미리 노정을 상세히 알아본 뒤 참을 배치하는 것을 규식으로 정하라고 명령하였다.[106]

한편, 고종은 개성부 행궁에 머물면서 여러 행사를 주관하였다. 성균관에 나아가 문묘에 展拜하고 행사에 참가한 유생들에게 백미 30석과 면포 50필, 七書 한 질을 내려주어 선비 양성의 자본으로 삼도록 하였다. 또한 儒案 등록을 엄격히 하라고 분부하면서 '개성부는 우리 朝鮮 王家가 처음 王業을 일으킨 곳이니 먼저 宗正卿이 儒案에 등록하라'고 명하였다. 다음 날 고종은 영의정 김병학을 만나 어제 내린 자신의 傳敎를 보았는지 확인하였다. 그러자 김병학은 국왕의 하교를 칭송하면서 자기의 조상도 이곳에서 벼슬살이를 하였으므로 자신도 개성부의 유안에 등록하겠다고 아뢰었다.[107]

고종은 성균관 외에도 穆淸殿의 옛터와[108] 태조 이성계의 潛邸였던 敬德宮 옛터를[109] 방문하였다. 善竹橋도 돌아보았는데, 이곳에 대한 감흥을 영조의 어제시 한 구절을 차운하여 시로 지어 남겼다.[110] 이어 英廟朝御筆

---

106) 『승정원일기』 고종 9년 3월 5일
107) 『승정원일기』 고종 9년 3월 6일
108) 목청전은 개성부 숭인문 안에 있는 태조 이성계의 옛집으로서 조선전기에는 태조의 어진을 모시는 진전으로 사용하였다.[『增補文獻備考』上(韓國學振興院 영인) 788쪽]
109) 『增補文獻備考』上 508쪽
110) 이때 고종은 영조의 어제시 한 구절을 차운하여 선죽교를 돌아본 감흥을 다음과 같이 읊었다.
"善竹橋恭次, 英廟御製(並小識)
我太祖開國八甲 予小子祗謁齊厚兩寢 仍拜故都 文廟歷瞻 穆淸殿又覽善竹橋 石上血痕 宛然如新 嗚呼 公之精忠道學 自不覺興感尊慕於五百載之下 眞東方大賢之宗也 予小子 安得不以公爲師乎 敬次 英廟詩一句 敢效繼述之義"(『고종문집 –

碑閣所와[111] 鄭文忠公遺像圖를 살펴 본 뒤에 圖像 보관을 위한 궤를 새로 만들도록 하였으며, 정몽주와 서경덕의 위패를 모신 崧陽書院에 致祭하도록 하였다. 滿月臺에서는 文武科를 실시하여 同副承旨 王庭揚의 아들 王性協이 급제하자 바로 교리에 제수하였다. 高麗 太祖의 顯陵에서 친히 奠酌禮를 행할 때에는[112] 교리 왕성협 등 새로 급제한 왕씨 후손들이 참여하도록 하였으며, 왕씨 문중에서 글재주가 있는 사람을 擬望하여 올리도록 하였다.

한편, 開城府 南門 門樓에도 나아가 개성부의 大小民人들을 입시하도록 하고 管理使 洪遠植을 시켜 그들의 폐막을 물어보게 하였다.[113] 아울러 개성부 유수 이인응을 만나 두 해 동안 흉년이 들어 백성들이 어려워하는 실상을 보고 받았다. 그리고 이 지역의 70, 80세 노인들에게 加資하고, 쌀과 고기를 나누어 주었다. 이렇게 제릉, 후릉 참배를 위한 개성부 행차에서는 왕릉 참배와 함께 영·정조대 遠幸에서 행해지던 거의 모든 행사가 이루어졌다. 先王들의 흔적을 확인하며 의도적으로 따라한 듯 한 인상을 주려는 것이었다.[114]

주연집』, 9쪽)
111) 이 비각은 정몽주의 충절을 기리는 표충비로서 현재 영조 16년(1740) 영조가 남긴 것과 고종 9년(1872) 고종이 개성에 와서 그의 충절을 기린 내용을 기록한 것 2종이 남아있다(박종진, 2001,「개성의 문화재」『역사비평』54, 207쪽). 이밖에 개경에 대한 자세한 기록은 한국역사연구회, 2002,『고려의 황도 개경』, 창작과비평사 참조.
112) 현릉 참배를 마친 뒤, 고종은 다른 고려 왕릉에도 수령을 파견하여 치제하게 하였다.
113) 영조 16년(1740) 영조가 제릉과 수릉을 참배하기 위해 개성을 왔을 때도 개성 남문루에 행차하여 민막을 물었다.(김태웅, 1999,「조선후기 개성부 재정의 위기와 행정구역 개편『한국사론』41·42합, 673쪽)
114) 영조는 영조 16년 8월 29일 창덕궁을 출발하여 파주와 임진 나루를 거쳐 풍덕의 후릉을 참배한 뒤, 9월 1일에 개성부에 도착하였다. 개성부에서는 남문 누대에서 올라 개성부민의 폐막을 하문하고, 만월대에서 문무별과를 실시하였다. 선죽교에도 행차하고 성균관 문묘도 알현하였으며, 목청전에도 나아갔다. 고종의 개

환궁길에서도 고종은 여러 행사를 직접 주도하였다. 임진강을 건넌 뒤에는 花石亭에 올라 '지난 일을 돌이켜 생각하니 몹시 서글픈 마음이 든다'고 하면서 문성공 이율곡의 묘에 지방관을 파견하여 치제하도록 하였으며, 輦路 주변 여러 곳에 宗臣과 지방관을 파견하여 王室과 大臣들의 묘를 돌아보게 하였다. 또한 坡平館에서는 殿牌를 살펴보며 관심을 보였고,[115] 경기감사와 풍덕부사 등의 지방관을 만나 그 지역의 民情을 보고 받았다.

이때 경기감사 박영보는 坡州의 馬井에 새로 속한 두 곳과 長湍의 한 곳이 재해를 당했는데 災結로 처리되지 못한 사정을 아뢰고 豊德의 正供을 돈으로 대납할 수 있는 기한을 연장해 줄 것을 요청하였다. 이에 대해 고종은 보고대로 허락하는 것이 마땅할 듯하다고 하면서도 아전들의 농간이 심하니 경기감영에서 상세하게 조사하고, 묘당에 보고하여 사실에 따라 바로잡아야 할 것이라고 하였다. 이와 함께 豊德府使 韓致林에게는 고을의 民戶가 늘었는지 등을 물었다.[116]

제릉과 후릉 참배와 이를 위한 개성부 행차는 다른 능 참배에 비해 그 수행과정에서 많은 시간이 소요되었으며 전에 없던 여러 행사가 실시되었다. 왕릉 참배를 위한 행차였지만, 그 일정을 보면 개성부를 둘러보고 대민활동을 비롯한 여러 행사를 거행하는데 더 많은 관심을 두었음을 알 수 있다. 고종은 개성이 전 왕조의 근거지이자 조선의 출발지였음을 강조하면서 자신이 이곳에 특별한 관심을 가지고 있음을 보였고, 지역 인재를 선발하여 바로 實職에 등용하였으며, 노인들을 위로하고 백성들의 민막을 조사하도록 하였다.

특히 개성부 大小民人 등이 올린 原情은 歲初에 올린 예에 의거하여

성 행차는 이 일정과 거의 유사하였다. 다른 점은 영조는 고려 태조의 현릉에 승지를 보내 제사를 올리도록 한 것이다.(『영조실록』 권42, 영조 16년 8월 29일~9월 5일 기사 참조)
115) 고종은 이때 전패를 처음 본다고 하면서 각 고을의 전패가 이와 같은 지도 물었다.
116) 『승정원일기』 고종 9년 3월 8일

묘당에서 품의하여 처리하게 하였는데,[117] 이것은 서울 貢市人들이 年初에 올리는 '歲首詢瘼'의 例에 따라 조처하도록 한 것이었다.[118] 고종의 지시에 따라 의정부에서는 곧바로 두 건의 민막 처리 내용을 보고하였다. 비단전인 立廛이 독점권을 요구한 것은 허락하지 않았으며, 30년 전부터 내려오는 白木廛의 빚대장을 처리해 달라는 요청에 대해서는 公錢은 그대로 두고 私錢은 탕감하도록 하였다.[119]

격쟁과 상언에 대한 보고도 들었다. 개성 지역의 능행은 다른 능행에 비해 이동 거리가 멀고 날짜도 많았으므로 환궁길에는 다른 어느 때보다 격쟁과 상언이 많았다. 격식을 어긴 격쟁이나 상언할 수 있는 四件事 이외의 原情은 보고만 받고 처리하지 않았으나 나머지 안건들은 前例대로 각 道에 관문을 보내어 상세히 조사 보고하도록 하였으며, 사실을 상세하게 조사한 다음에는 일일이 사유를 갖추어 보고한 뒤 논의하여 조처하도록 하였다.[120]

한편, 고종은 능행 기간 중에 자신의 측근으로 활동할 인물을 직접 발탁하였다. 개성부 행궁에 머물 때에 이조참의 천망단자가 들어오자 고종은 閔謙鎬(1838~1882)를 추가로 써 넣어 吏曹參議에 제수하였다.[121] 이때 민겸호는 한양에 있었는데, 국왕이 行在所에서 직접 그의 이름을 써서 관직을 제수한 것에 놀랄 정도로 이 임명은 갑작스러운 것이었다.[122]

고종은 7, 8년 경부터 경연과 여러 행사 등을 적극적으로 주도하기 시작하였는데, 고종 9년(1872, 21살)에는 이런 행사를 자신과 가까운 인물에게

---

117) 『승정원일기』 고종 9년 3월 9일
"以司謁口傳下敎曰 開城府市民等原情 依例歲首例 令廟堂禀處"
118) 고석규, 2000, 「19세기 전반 서울의 시전상인」 『서울상업사』, 태학사, 308~314쪽
119) 『승정원일기』 고종 9년 3월 11일
120) 『승정원일기』 고종 9년 3월 11일 ; 12일 ; 23일
121) 『승정원일기』 고종 9년 3월 6일
"吏曹參議 前望入之 閔謙鎬添書落點"
122) 『승정원일기』 고종 9년 3월 10일

맡겼다. 특히 고종 9년은 조선왕조 개창 '480주년'을 축하하며 연초부터 선왕을 기리는 행사와 함께 고종도 자신의 어진을 제작하고 존호를 가상하는 의식을 거행하였다. 그런데 이때에는 이유원, 조녕하, 민승호 등의 인물들을 발탁하여 일을 주도하거나 실무를 담당하게 하였다. 이들은 대부분 고종 친정이후 고종의 친위세력으로 활동한 인물들이었다. 민겸호를 이조참의에 제수한 것도 이러한 분위기에서 이루어진 것이다. 민겸호는 고종의 처남인 민승호의 아우로서 고종 3년(1866)에 성균관 柑製를 거쳐 문과에 합격하였으며, 홍문관 응교를 지내던 중 이 때에 이조참의에 발탁되었다. 그 후 예조참판, 형조참판을 거쳐[123] 고종 10년 친정 직후에는 친위군영인 무위소의 대장을 역임하는 등 고종의 최측근에서 활동한 인물이었다.[124] 그러므로 그의 발탁은 고종이 자신의 친위세력을 형성하고자 하는 의지가 강하게 반영된 것이었다고 할 수 있다.

고종 8년과 9년의 능행 지역인 파주와 개성은 국왕들이 자주 행차하지 않았던 곳이었으며 여러 날이 걸리는 고된 거둥이었다. 행차의 명분은 왕릉 참배였지만 고종의 동정을 살펴보면 실제 목적은 직접 지방의 실정과 민심을 파악하기 위한 것이었다.[125] 이 과정에서 고종은 폐막을 시정하기

---

123) 고종 친정이전 민겸호의 관력과 활동에 대해서는 안외순, 1996, 「대원군집정기 권력구조에 관한 연구」, 이화여자대학교 박사학위논문, 53쪽 참조.
124) 민겸호는 黃玹에 의해 別入侍의 하나로 지목 받았던 인물이며, 실제로 고종 14년(1877) 4월부터 15년(1878) 8월까지 의정부 유사당상과 병조판서를 겸임하였고, 고종 15년 7월에 금위대장을 거쳐 16년(1879) 武衛所 都統使를 역임하였다. 이에 대한 자세한 사항은 다음의 논저 참조.
연갑수, 1993, 「개항기 권력집단의 정세인식과 정책」『1894년 농민전쟁연구』, 108쪽
殷丁泰, 1998, 「고종친정 이후 정치체제 개혁과 정치세력의 동향」『한국사론』 40, 172쪽
125) 고종이 능행을 통해 얻은 다양한 경험과 정보는 신료들과 정책을 의논하고 결정할 때 중요하게 작용하였다. 고종 11년(1874) 1월에 전라·충청의 山郡收稅에 대해 신료들과 의논할 때 국왕은 '내가 능행할 때 보건대, 길가의 백성들이 매우

위해 내린 자신의 전교가 제대로 실행되고 있는지 확인하였으며, 자기 의중의 인물을 직접 발탁하는 등 국왕으로서의 역량을 발휘하였다.

고종이 능행을 통해 민심을 파악하고 그 동안의 국정 운영 결과를 확인하려 하였음은 고종 10년(1873) 2월에 동구릉과 김포군에 있는 元宗(仁祖의 生父)의 章陵을 다녀오려고 시도한 일을 통해서도 알 수 있다.

당시 판중추부사 이유원, 영의정 홍순목, 좌의정 강노 등은 '지금은 겨울과 봄이 교차하는 시기여서 일기가 고르지 못하고 교외에 안 좋은 기운이 한창 성할 때이므로 너무 위태롭다'는 이유로 능행을 반대하였다. 그러자 고종은 '東陵(동구릉)에 성묘하지 않은 지가 여러 해가 되니 가고픈 마음이 더욱 절실하며, 章陵에 친히 제사지내고 배알하는 것도 인정상이나 예의상 해야 할 일'이라고 하면서 다음과 같이 덧붙였다.

> 강화도에 행차하는 일에 대해 말하겠다. …(중략)… 나는 이 府에 대해서 사방이 바다로 둘러싸인 외딴 섬이기 때문에 앞뒤로 생각해 보건대 애틋할 뿐이다. 그런데 근래에 군사도 정비되고 군량도 풍족하며, 성벽이나 보루도 더욱 견고해져서 軍容이 엄숙해지고 군기가 확립되었다고 하니, 한번 직접 가서 그 꿋꿋하고 헌걸차며 강성한 기상을 보고 무예도 열람하는 것을 그만둘 수 없는 일이다. 이런 이유로 어제 명을 내렸던 것이다. 마을이 정결하지 않음이 비록 경들의 말과 같다고 하더라도 아직 날짜가 많이 남아 있으니 점차 수그러들 것이다. 경들은 이것을 헤아려라.[126]

잔폐해 보였으니, 公稅를 마련하여 납부할 길이 없을 듯 싶다. 가까운 경기도 이러하니 外邑은 미루어서 알 수 있겠다'고 하며 산군수세를 늦추도록 한 것이 그 한 예이다.(『승정원일기』 고종 11년 1월 29일)

126) 『승정원일기』 고종 10년 2월 24일
 "若曰 …중략… 而至若沁幸事 予於是府 以其環海孤島 前後顧念 不啻眷眷 通來則兵精糧足 壁壘增固 軍容肅矣 師律立矣 趁趁桓桓 旣强且盛 一次臨觀 大閱武藝 係是不容已者 所以有日昨之命 閭里不潔 雖如卿等之言 餘日尙多 可以漸寢 卿等其諒之 仍傳曰 此答 遣史官傳諭"

고종은 도성 동쪽에 있는 동구릉과 서쪽의 장릉을 참배함과 동시에 강화도에 행차하여 그 곳의 군비상황을 직접 살펴보고자 하였음을 알 수 있다. 이같은 계획에 대해 신료들은 마을이 정결치 못하다는 이유로 반대하였지만, 고종은 신료들에게 史官을 보내어 자신의 뜻을 전하고 이들을 설득하려 하였다. 이 능행은 결국 이루어지지 않았다. 그러나 고종은 능행과 함께 관심있는 지역을 직접 시찰하고자 하는 뜻을 정확히 밝혔다. 그 동안 보고 받았던 강화도의 방비 사항을 현장에 가서 확인하고자 하는 강한 의도를 보였던 것이다.

즉위 초기의 고종은 정국을 주도할 수 있는 역량과 학문적 소양을 갖추지 못하고 있었다고 평가된다. 그러나 이 시기에도 고종은 국왕으로서 활동하고자 하였다. 성인으로 점차 성장해 가고 있었고, 經筵을 통해 王者로서의 학문과 통치술을 연마하면서 자연스럽게 정치에 관심을 보였으며, 능행에서도 점차 국왕으로서의 역량을 발휘해 나가고 있었던 것이다.

친정 이후에도 고종은 先王의 왕릉 참배에 관심을 가졌다. 친정 이전에 비해 자주 실시되지는 않았지만 매년 봄, 가을 예조에서 행행 여부를 아뢸 때마다 능행을 계획하였다.[127] 특히 고종 11년(1874) 가을 능행에 대해서는 '행행하지 않은 지가 오래되었으니, 이번에는 해야겠다'고 하며 그 해 8월 11일로 출발일을 정하고 그때의 날씨 여부를 걱정하였다.[128] 행차의 일정과 준비과정도 일일이 보고받고 지시하였다. 행선지는 동구릉으로 정하였으며, 건원릉·원릉·수릉·경릉에는 親祭를 하고, 현릉과 목릉·휘릉·숭릉·혜릉 등은 展謁할 것을 지시하였다. 즉위 후 처음으로 동구릉에 있는 9기

---

127) 친정이후 국왕의 왕릉 참배는 고종 11년 가을 능행을 제외하면 거의 행해지지 않았다. 그 이유는 청전 혁파로 인한 재정 궁핍, 대외정세의 급박한 변화 등 여러 요인을 고려해 볼 수 있으나 고종의 국왕권의 확립과 왕세손의 탄생 등 왕실의 기반이 안정되면서 외형적인 儀禮에 대한 필요성의 감소 등도 작용한 것으로 생각된다.
128)『승정원일기』고종 11년 7월 15일

의 왕릉을 모두 돌아보겠다고 한 것이다.

행행 때의 제반 擧行은 도성 안의 거둥 예에 따라 하면서도 되도록 간략하게 시행토록 하였다. 출궁하고 환궁할 때에 횃불 세우는 것을 금지하고, 백성을 동원할 때는 그 비용을 會減 처리하며,[129] 10리 밖에 斥候, 伏兵, 傳語軍 등을 배치하는 것과 外驛의 補把를 없애는 등 이전에 비해 준비 절차를 간소화하였다.[130]

고종 11년 8월 11일 능 행차가 시작되자[131] 이전과 마찬가지로 輦路 주변 왕실의 능묘를 살펴 보도록 하였다. 아울러 행차 도중에 행행을 함께 한 영의정 이유원과 당시의 현안인 청 예부의 회답 자문 등에 대해 논의하였다. 한편, 동구릉 局內 여러 능을 전알 할 때는 원래 혈통상의 世次로 先後를 삼는데, 이때에는 날이 저물어간다는 이유로 고종의 제안에 따라 철종 1년(1850)의 예에 의거하여 거둥하기에 편리한 대로 진행하였다. 친제 때에는 대원군 대신 영의성 이유원과 우의정 박규수 등이 아헌례, 종친부 소속 인물들이 종헌례를 하였다. 그리고 관련 의식이 끝난 뒤에는 건원릉 참봉을 宗姓으로 차출하는 것은 옛 제도가 아니라고 하며 舊例를 회복하도록 하였다. 이에 우의정 박규수는 '이 下敎는 사람 쓰는 길을 더욱 넓히는 것이며, 비록 宗姓이 아니더라도 오늘날 신하로서 누가 太祖의 外孫이 아니겠느냐'고 하면서 적극적으로 지지하였다.[132]

고종 11년 가을에는 능행이 한 차례 더 거행되었다. 고종은 그 해 8월

---

129) 會減은 받을 것과 줄 것을 상쇄하여 회계 처리하는 것을 말한다.
130) 『승정원일기』 고종 11년 8월 3일
131) 이 능행은 이른 새벽에 거둥하여 당일 환궁하는 것으로 계획되었으나 날씨가 계속 좋지 않자 영의정 이유원이 예정대로의 거행은 몸을 조리하는 방도가 아니라고 하며 걱정하였다. 이에 고종이 수긍함으로써 수릉의 재실에서 하루 묵고 환궁하도록 일정을 변경하였다.(『승정원일기』 고종 11년 8월 9일~12일)
132) 『승정원일기』 고종 11년 8월 11일
"珪壽曰 近來繼好 然今此下敎 尤廣於用人之道矣 且雖非宗姓 今日臣子雖不爲建元陵外裔乎"

24일에 현재 西五陵 지역에 있는 肅宗과 仁顯王后·仁元王后의 明陵, 仁敬王后의 翼陵에 참배하러 갈 것을 명하였다.[133] 그런데 참배일이 다가오자 날이 계속 너무 무덥고, 전날의 거둥이 너무 지나쳤으며, 이번 행행은 거리가 멀어 당일 환궁이 쉽지 않다고 우려하는 의견이 제기되었다. 그러나 고종은 몸은 매우 피곤하지만 禮를 행하는 것이 단지 몇 군데이므로 그대로 진행하자고 하며 계획대로 강행하였다.[134]

원래 명릉의 거둥은 遠幸의 예에 의거하여 마련하도록 되어 있었다. 철종 12년(1861)과 고종 4년(1867)에도 이런 예에 따라 병조와 도총부, 오위장, 선전관 등 소속 인원이 여러 명 보충되었다. 그러나 이때에는 며칠 전 동구릉에 행차할 때의 예를 따르도록 하였다. 즉 도성 안 거둥 예에 따라 준비하도록 한 것이었다.[135] 아울러 행차를 할 때에 節目에 기재된 하인 외에 더 데려가는 것을 금하고, 衛內에 사람이 우글거리는 폐단이 있으면 병조 및 해방 승지를 엄히 처벌한다는 등의 하교를 내려 시위 행렬을 정비하였다. 명릉과 익릉을 참배하면서 고종은 같은 局內에 있는 경릉, 창릉, 홍릉 등도 승지를 보내 살펴보도록 하였고, 근처 서삼릉 지역에 있는 희릉, 효릉, 예릉에도 原任待敎를 보내 살펴보도록 하였다. 한편, 명릉 등의 친제가 끝난 뒤에는 각 왕후의 친정에 성의를 보이는 거조가 없을 수 없다고 하며 陵參奉도 새로 임명하였다. 명릉 참봉은 인현왕후의 父인 驪陽府院君 閔維重(1630~1687)의 후손으로 하고, 익릉 참봉는 인경왕후의 父인 光城府院君 金萬基(1633~1687)의 자손 중에서 명하도록 하였으며, 인원왕후의 父인 慶恩府院君 金柱臣의 자손은 빈자리가 생기는 대로 擬望해 들이도록 하였다.[136] 며칠 전 동구릉에서 명했던 것처럼 宗姓이 아닌 자로 능 참봉을 교체한 것이다.

---

133) 『승정원일기』 고종 11년 8월 15일, 16일
134) 『승정원일기』 고종 11년 8월 20일
135) 『승정원일기』 고종 11년 8월 14일
136) 『승정원일기』 고종 11년 8월 24일

친정 이후 능행은 이전처럼 매년 행해지지는 않았으며, 행차의 의례와 규모도 재정비되었다. 아울러 능행의 의미도 달랐다. 친정이전의 능행은 국정 운영을 주도하지 못한 고종이 각 지역의 실정과 정책 실현 과정을 살피는 기회가 되었다면, 고종 11년 8월의 능행은 나라의 경사를 고하기 위한 것이었다. 그 해 2월에 왕세자가 태어나 건강하게 자라고 있음을 아뢰기 위한 것이 주목적이었다.[137] 또한 그 과정을 보면 철저히 고종의 주도로 이루어졌음을 알 수 있다. 그의 뜻에 따라 고종 4년(1867) 가을 능행 이후 처음으로 한 달에 두 차례의 행차를 거행하였으며, 왕릉이 가장 많이 모여 있는 두 지역을 참배하고, 근처의 왕릉까지 거의 다 돌아보는 능행이었던 것이다.

고종 즉위 이후 거행된 능행의 특징을 보면 세도정치기의 依例的인 행사보다는 영·정조대의 절차와 행사를 따르고자 하였음을 알 수 있다. 이러한 시도는 고종 7년(1870, 19살) 이후 연속 3년 동안 원거리 능행을 거행하면서 더욱 확실히 나타났다. 이것은 고종이 이제 성인으로 성장하였고, 학문적으로서 성숙하였으며 국왕으로서의 판단력을 갖추게 되면서 보인 변화라고 할 수 있다.

---

137) 고종은 능행이 끝난 뒤 시상을 할 때마다 나라의 경사를 고하기 위한 것이었음을 밝히며, 陵司와 陵官 등에게도 상을 내렸다. 또한 능행을 치를 즈음 왕세자는 수두를 앓다가 완쾌되었다. 고종은 이를 기뻐하며 친림 경과의 시행도 지시하였다.(『승정원일기』 고종 11년 8월 12일, 17일, 24일)

제4장

왕실행사의 시행과
고종의 위상강화

1. 대원군의 왕실행사 참여

1) 국왕의 대원군 주도 행사 지원

1863년 大王大妃 神貞王后 趙氏의 결정에 의해 왕위에 오른 고종은 즉위한 직후에는 국왕으로서의 역량을 발휘하기 어려운 형편이었다. 私家에서 태어나 성장한 12살의 미성년으로 왕위를 계승하였으므로 한 국가의 君主로서 제대로 된 역할을 수행하기에는 갖추어야 할 것이 많았던 것이다. 이 때문에 즉위 후 바로 왕실의 최고 존장자인 大王大妃 神貞王后 趙氏가 수렴청정을 시행하였고 고종에게는 政務보다는 講學이 강조되었다. 그러나 꾸준히 열린 經筵과 각종 왕실 행사에 참여하여 신료들과 접촉하면서 고종은 점차 학문적 역량을 키우고 통치술을 익혀갈 수 있었다.

재위 8년(1871)에 즈음하여 고종은 이전과는 다른 모습을 보였다. 이때에 고종은 나이 20살로 이미 성인으로 성장하였을 뿐 아니라 宮人 李氏 소생의 아들도 있었다.[1] 그는 신료들을 만날 때마다 정치 현안에 관심을 보였으며, 능행을 비롯한 왕실 행사에 적극 참여하고 직접 政事를 챙기면서 군주로서의 정치적 역량을 발휘하려 하였다.

고종의 입지가 점차 강화되고 있었으나 당시의 정치적 현실은 강력한 왕권을 행사할 수 있는 상황은 아니었다. 군주의 정치적 역량을 실현시켜줄 수 있는 지지세력이 충분히 형성되어 있지 않았으며, 君臣이 회합할 수 있는 공식 기구 역시 제대로 운용되지 않았다. 특히 고종 즉위초부터 국왕의 生父인 대원군이 어린 국왕을 輔政한다는 명분아래 정치에 깊이 관여하고 있었다. 당시 대원군은 각 아문에 '大院位分付'를 내리며 각종 정책을

---

1) 고종 5년 윤 4월에 宮人 李氏는 남자아이(完和君)를 출산하였다.(『승정원일기』 고종 5년 윤 4월 10일)

직접 추진하고 있었다.[2]

　이러한 정치적 여건에서 왕실 행사의 거행은 중요한 의미를 지닐 수 있었다. 기본적으로 왕실 행사는 國家의 典禮이지만 동시에 국왕이 속한 한 집안의 행사이기도 했다. 이 때문에 왕실 행사의 개최와 참석은 고종과 대원군 모두에게 정치적으로 중요한 것이었다. 고종은 이를 통하여 점차 국왕으로서의 위상을 보여줄 수 있었다. 한편, 공식적인 정치기구 안에서 활동하지 않았던 대원군 역시 왕실과 관련된 행사를 통해 정당하게 자신의 정치적 입지와 권위를 드러낼 수 있었다.[3]

　대원군의 위상 변화와 가장 밀접한 관계를 갖는 것은 국왕 고종의 입장이었다. 대원군은 스스로 자신의 정치적 입지를 적극적으로 확보해 갔지만, 고종이 대원군을 어떻게 생각하고 대우하는가에 따라 그는 국왕에 버금가는 권력을 가질 수도 있었고, 전혀 그렇지 못할 수도 있었다. 그런 관계는 바로 두 사람이 밀접하게 관련된 왕실 행사를 통해 가장 잘 파악할 수 있다. 이 때문에 國婚과 出産 등 한 집안으로의 행사와 친경의식, 어진 제작과 존호 올리기 등 왕실과 신료, 민이 함께 하는 국가 행사 등에서 고종과 대원군의 입장과 역할을 살펴볼 필요가 있다.

　즉위 초 고종은 대원군을 극진히 대접하였다. 이는 고종 2년(1865, 14살) 8월에 대원군이 충청도 德山의 남연군묘를 참배하기 위해 왕래하였을 때의 제반 절차에서 가장 잘 나타난다. 대원군의 행차는 출발 한 달 전부터

---

2) 고종초기 대원군의 위상과 정치적 역할에 대해서는 다음 연구가 도움이 되었다.
　成大慶, 1984, 「大院君政權 性格硏究」, 성균관대 박사학위논문
　金炳佑, 1991, 「大院君執權期 政治勢力의 性格」『계명사학』 2
　延甲洙, 1992, 「大院君 執政의 성격과 權力構造의 변화」『한국사론』 27 ; 2001, 『대원군집권기 부국강병정책 연구』, 서울대 출판부
　안외순, 1996, 「대원군집정기 권력구조에 관한 연구」, 이화여대 박사학위논문
3) 대원군의 권력행사 방식에 대해서는 다음의 연구 참조.
　연갑수, 1992, 「大院君 執政의 성격과 權力構造의 변화」『한국사론』 27
　안외순, 1996, 「대원군집정기 권력구조에 관한 연구」, 이화여대 박사학위논문

제4장 왕실행사의 시행과 고종의 위상강화 **163**

대대적으로 준비되었다. 모든 절차는 大君의 例에 의거하여 거행되도록 하였으며,[4] 醫官도 파견되었다.[5] 행차가 시작되자 고종은 해당 道臣으로부터 척후병의 왕래와 朝夕 간의 안부를 자세히 보고 받았으며,[6] 이를 제대로 하지 않는 道臣에게는 그 책임을 물었다.[7] 대원군의 회환 행차도 성대히 거행되었다. 고종은 이를 위하여 새 의절을 마련하는 등 만반의 준비를 갖추도록 하였으며,[8] 도착하는 날에는 종친과 문무백관을 거느리고 숭례문 밖에 나아가 대원군을 성대히 마중하였다.[9] 이같은 대원군에 대한 고종의 드높은 예우는 당연히 대원군의 위상강화에 절대적인 영향을 미쳤다.

한편, 수렴청정을 하고 있던 신정왕후도 대원군을 지원하였다. 고종이 즉위하자마자 신정왕후는 대원군의 예우 문제를 거론하였으며,[10] 철종의 山陵 조성과 고종 2년(1865, 2살) 4월 경복궁 중건사업 등을 대원군에게 위임하였다.[11] 이를 바탕으로 대원군은 지방의 무단토호들을 엄벌하고 불법적인 서원의 폐단을 시정하는 등 각종 정치 현안을 직접 해결해 나갈 수 있었던 것이다.[12]

---

4) 『승정원일기』 고종 2년 7월 23일
   "傳曰 大院君德山行次時 南延君墓所別茶禮 令錦營措備 道臣行事 大王大妃殿曰大院君省掃之行 一依大君例擧行 著爲定式 沿路支供等節 務從省略 以副儉約之意"
5) 『승정원일기』 고종 2년 8월 16일
6) 『승정원일기』 고종 2년 8월 20일
7) 『승정원일기』 고종 2년 8월 22일
   "政院啓曰 卽見公忠監司申橚 大院君行次後發狀啓 則禮山宿所之由已爲馳啓爲辭 而原狀啓則尙未到院 不飭之該道臣推考何如 傳曰允"
8) 『승정원일기』 고종 2년 8월 28일
   "禮曹啓曰 因議政府草記 今此崇禮門外 迎覲時儀註中 陪從百官參用郊行時例 事甚斑駁 改磨鍊以 入事 命下矣 以宗親文武百官隨駕 更爲磨鍊節目以入之意敢啓 傳曰知道"
9) 『승정원일기』 고종 2년 8월 20일, 30일
10) 연갑수, 1992, 「大院君 執政의 성격과 權力構造의 변화」 『한국사론』 27, 212~221쪽
11) 『승정원일기』 고종 2년 4월 3일
12) 연갑수, 1992, 「大院君 執政의 성격과 權力構造의 변화」 『한국사론』 27, 227~230쪽

고종의 雲峴宮 방문도 중요한 행사였다. 고종은 즉위 직후부터 자신의 私邸이자 대원군의 거처인 운현궁을 자주 방문하여 자신과 대원군의 관계가 얼마나 돈독한가를 내외에 보여주었다. 운현궁 행차는 정기적인 것과 비정기적인 특별 방문이 있었다. 대표적인 정기 방문은 순조의 생모 綏嬪 朴氏의 사당인 景祐宮[13]과 증조부인 은신군, 조부인 남연군의 사우에 참배하기 위한 것이었다. 남연군의 사우는 운현궁 뒤쪽에 있었기 때문에[14] 결국 고종은 정기적으로 운현궁을 방문할 수 있었다. 이 행차는 봄, 가을에 한 차례씩 행해졌다. 특히 봄 행사는 거의 매년 빠지지 않고 거행되었다.

특별 방문도 부정기적으로 행해졌다. 고종 1년(1864) 6월에 운현궁과 금위영의 담장에 문을 세우고 새로 길을 닦아[15] 운현궁과 창덕궁 사이의 통행이 편리하도록 御路를 조성하였다.[16] 이러한 준비 뒤에 그 해 9월에 즉위 후 고종의 첫 운현궁 행차가 이루어졌다. 이 행사의 공식적인 명분은 은신군과 남연군의 사당에 가는 것이었지만, 고종 즉위 직후 호조의 지원을 받아 대대적으로 신축한 운현궁을 둘러보는 것이기도 하였다.[17] 이때 고종은 새로 만든 御路를 이용하였으며, 대왕대비 神貞王后 趙氏와 왕대비 哲仁王后 金氏까지 모시고 행차하였다.

이때 고종은 행차의 공식적인 목적대로 우선 은신군과 남연군의 사당을 방문한 다음 운현궁 중문 밖 迎和樓에 들렀다. 이곳에서 그는 召對를

---

13) 景祐宮은 한양 北部 陽德坊(현재 桂洞지역)에 있었다. 순조 24년(1824)에 廟宇를 짓고 순조의 생모인 綏嬪 朴氏를 봉사하였다. 궁 안 誠一軒에는 순조·익종의 어진이 보관되어 있었으며 1년 가운데 춘분, 하지, 추분, 동지날에 제사를 지냈다. (金永模, 1998, 「朝鮮時代 祠廟空間의 構成에 關한 硏究」『서울학연구』 9, 274쪽)
14) 남연군의 사우는 운현궁 안에 있었으며 현재 덕성여대 부지 양관 뒤쪽 지역이다.(류시원, 1996, 『풍운의 한말 역사 산책』, 한국문원, 208쪽)
15) 『승정원일기』 고종 1년 9월 1일
16) 『승정원일기』 고종 1년 6월 6일
 "傳曰 大院君宮 禁衛營隔墻處 特建一門 以便此後自內動駕門路事 分付戶曹"
17) 국왕의 첫 운현궁 방문 때에 운현궁의 낙성식을 거행하였다고 한다.(신영훈, 1998, 『雲峴宮』, 조선일보사 참조)

열어『小學』제 2권을 읽었는데, 이 자리에는 고종 즉위 전에 글을 가르쳐 주었던 陽川縣令 高奭鉉도 참석하였다. 또한, 운현궁 밖에서는 유생과 학동들에게 應製를 실시하여 400여 명을 시상하였다.

이날 고종은 '대왕대비를 모시고 나의 私第에 오니 너무 영광스럽다'고 하며, 상하가 화합하는 기쁜 날을 기록하기 위하여 前文衡 金炳學에게 老樂堂記文을 지어 바치게 하였다.[18] 이때 김병학은 '노락당을 지으니 그 집이 굉장히 높아 하늘과 거리가 한 자 다섯 치 밖에 되지 않는다'라고 표현하였는데,[19] 이는 당시 대원군의 위상을 한껏 보여주는 것이었다.[20] 이날의 행사는 고종이 왕실어른들을 모시고 자신의 사저를 방문하여 어린 시절의 스승과 주변사람들에게 은혜를 베풀고 이를 기뻐하기 위한 것이자 동시에 운현궁의 주인인 대원군의 강화된 위상을 과시하는 것이었다. 이후에도 고종은 국혼을 치르기 위하여,[21] 또는 대원군의 患候를 위문하기 위하여 여러 차례 운현궁을 방문하였다.[22]

그러나 고종의 친정 선언 이후 대원군에 대한 대우와 지원은 크게 변하였다. 고종 11년(1874) 8월에 대원군이 남연군의 묘를 다녀왔을 때 고종은 그 행차나 사전 준비에 대해 관심을 보이지 않았다. 醫官도 대원군이 출발

---

18) 『승정원일기』 고종 1년 9월 24일
   傳曰 慈聖玉趾 光臨予私第 榮耀之極 願祝無疆 今日上下團樂 不可無識喜之蹟 老樂堂記文 令前文衡 撰進揭板
19) 「老樂堂記」
   『我 聖上元年甲子秋九月 大院君閤下新第成結坤絡 振乾樞驗河圖之象 揆營室之景堂皇翼翼去天五我"(이하 생략). 기타「노락당기」에 대한 자세한 사항은 류시원, 1996, 『풍운의 한말 역사 산책』, 한국문원 참조.
20) 노락당은 운현궁에서 가장 중심이 되는 건물로서 당시 궁궐 건물들과 견주어 보아도 손색이 없을 정도였다는 평을 받은 곳이다. 당시「노락당기」는 김병학이 글을 짓고 박규수가 썼다.(신영훈, 『雲峴宮』, 조선일보사, 78쪽 ; 류시원, 『풍운의 한말 역사 산책』, 한국문원, 168~175쪽)
21) 『승정원일기』 고종 3년 3월 21일
22) 『승정원일기』 고종 4년 4월 6일

한 뒤에 파견하였으며, 대원군의 문안과 행차 일정도 지방관이 아닌 의관이 보고하였다.[23] 무사 귀환을 기리는 환영 행사도 없었다. 고종 2년(1865) 때의 행차와 비교하면 그 지원과 대우가 매우 소홀해진 것이었다. 고종은 10년(1873) 11월 친정을 선언한 후 기존의 의정대신을 교체하는 등 친정체제를 구축해 나가고 있었으며, 대원군이 주도한 여러 정책에 대해 비판과 개혁을 시도해 나가고 있었다.[24] 이제 대원군은 더 이상 국정 운영의 중요 인물이 아니었고, 이런 변화는 여러 왕실 행사에서 바로 드러났다.

2) 대원군의 國婚 및 王室 出産 절차 관여

국왕의 생부이자 왕실의 어른으로서 대원군은 왕실 행사에서 절대적인 영향을 발휘할 수 있었다. 가장 대표적인 행사는 國婚이었다. 고종 3년(1866, 15살) 새해 첫 날에 신정왕후는 國婚을 위해 전국에 禁婚令을 내리고, 그 해 2월 25일에 初揀擇, 29일에 再揀擇, 3월 6일에 三揀擇을 행하여 閔致祿(1799~1858)의 딸을 선발하였다.[25] 간택이 된 여인은 이미 보통 신분의 사람이 아니게 된 까닭에 私家로 돌아가지 못하고 別宮에서 생활해야만 했다. 仁祖代부터 哲宗代까지는 孝宗의 潛邸였던 於義宮을 別宮으로 사용하였는데,[26] 고종의 국혼 때 별궁은 운현궁이었다.[27] 운현궁은 이미 두 달전에 별궁으로 지정되어 수리까지 마친 상태였다.[28]

삼간택 직후 운현궁에 도착한 민치록의 딸은 이곳에 머물면서 장차 國

---

23) 『승정원일기』 고종 11년 8월 5일~10일 기사 참조
24) 고종 친정 직후의 정국와 정책변화에 대해서는 본고 제 5장 참조.
25) 고종 3년(1866) 고종과 명성황후의 국혼에 대한 자세한 절차와 의례에 대해서는 『(高宗明成后)嘉禮都監儀軌』(奎 13156) 참조.
26) 金用淑, 1986, 「王室의 婚俗」 『朝鮮朝 宮中風俗 硏究』, 一志社, 229~237쪽
27) 『승정원일기』 고종 3년 1월 6일
28) 『승정원일기』 고종 3년 1월 16일

母로서의 예의범절과 언어 등을 교육받았고 혼인 예식 중 대부분의 절차도 운현궁에서 거행되었다. 고종 3년 3월 9일에 왕가에서 혼인을 요청하는 의미로 왕비 집에 산 기러기를 보내는 納采가 행해졌으며, 같은 달 11일에는 혼인의 징표로 예물을 바치는 納徵이 이루어졌다. 이어서 17일에는 신부에게 吉日을 알리는 告期가 행해지고, 20일에는 신부를 왕비로 책봉하는 敎命과 冊寶를 신부에게 전달하는 冊妃가 시행해졌다. 그 다음날에는 고종이 운현궁에 나와 왕비를 대동하고 창덕궁으로 돌아오는 親迎이 거행되었다. 이때의 친영의식은 왕실의 권위를 높이기 위하여 이전보다 규모가 커졌다. 운현궁에서 혼례의 六禮 가운데 納采, 納徵, 告期, 冊妃, 親迎 등 五禮를 치른 것이다. 이날 오후, 궁으로 들어간 왕비는 고종과 함께 음식을 나누는 同牢宴을 가졌다.[29]

이상의 국혼 과정에서 별궁은 妃의 집 구실을 하였다. 이 때문에 '妃氏第', '妃氏家'라고도 불리기도 했다.[30] 그런데 고종의 妃는 이전과 달리 일찍 아버지를 여읜 여성이었다.[31] 그녀에게는 1남 3녀의 형제 자매가 있었으나 모두 죽었으며, 9세 때에는 아버지마저 잃어 16살에 왕비가 될 때까지 어머니 한산 이씨와 어렵게 살고 있었다. 驪興 閔氏의 명문 후손이지만 외로운 처지였으며 집안의 대를 잇기 위해 양자로 입양된 양오라비 閔升鎬 (1830~1874)는 대원군의 부인과 친남매 사이였다. 그러므로 별궁을 운현궁으로 정한 대원군은 고종의 국혼에 절대적인 영향을 미칠 수 있었다.[32]

대원군은 왕실에서 가장 중요한 행사라고 할 수 있는 妃嬪들의 출산과

---

29) 이밖에 고종의 국혼에 대한 자세한 내용은 한영우, 2001, 『명성황후와 대한제국』, 효형출판, 23~27쪽 참조.
30) 김용숙, 1986, 「王室의 婚俗」『朝鮮朝 宮中風俗 硏究』, 一志社, 299쪽
31) 민치록 집안에 대한 자세한 家系와 가계도에 대해서는 한영우, 2001, 『명성황후와 대한제국』, 효형출판, 13~23쪽 참조.
32) 연갑수, 2001, 『대원군집권기 부국강병정책 연구』, 서울대학교 출판부, 25쪽 ; 한영우, 2001, 『명성황후와 대한제국』, 효형출판, 15~23쪽

정에도 적극 관여하였다. 원래 국왕의 자손이 태어나는 일은 왕실뿐 아니라 국가적으로도 중요한 일이었으므로 이를 전담할 임시 기구인 산실청을 설치하였다.[33] 妃는 출산 3개월 전에, 嬪은 출산 1개월 전에 좋은 날을 가려 산실청을 설치하였고, 후궁은 출산하는 달에 護産廳을 설치하였다.[34] 그리고 産月이 임박해지면 비빈의 친정에서 부형이 들어와 입직을 하고, 친정어머니가 미리 들어와 산바라지를 도와 주는 것이 관례였다.[35]

국왕에게 비빈의 임신 사실을 알리는 역할은 대개 그들의 친정아버지가 맡았다. 순조 19년(1819)에 중궁전이 임신하였을 때에는 國舅 金祖淳이 藥房都提調 南公轍을 통해 이를 아뢰었다. 그러자 순조는 곧 해산달에 산실청을 설치하라고 명하였다.[36] 이때의 산실청은 약방도제조인 우의정 남공철과 별입직 영돈녕 김조순, 제조 金履喬, 부제조 尹鼎烈 등이 담당하였다.[37]

순조 27년(1827) 2월 효명세자가 대리청정을 시작한 직후에는 그의 장인 趙萬永이 세자빈궁의 임신 사실을 영의정 남공철을 통하여 공표하였다.[38] 산실청의 운영은 도제조 南公轍과 제조 李羲甲, 부제조 洪起燮, 전부제조 金鏴, 별입직 조만영 등이 맡도록 하였다.[39] 조만영은 효명세자가 대리청정을 하기 1개월 전에 어영대장에 임명되었고, 그 뒤 이조판서와 선혜청 제조, 훈련대장 등을 역임하였다. 그리고 원손이 태어나자 문안드리러 가는 일을 주도하였다.[40] 부제조 홍기섭은 조만영의 고종사촌이었으며, 김

---

33) 조선의 왕실의 출산과 산실청 운영에 대해서는 김호, 2002, 「조선후기 왕실의 出産 풍경」 최승희 외, 『조선의 정치와 사회』, 집문당 참조.
34) 『內醫院式例』(奎 17200) 「設廳」
 "産室廳 前期三朔 嬪宮則前期一朔 以擇日設廳 護産廳 後宮當朔設廳 各宮房護山 有傳敎則醫官一員持藥物隨時書啓"
35) 김용숙, 「王室의 婚俗」 『朝鮮朝 宮中風俗 硏究』, 一志社, 246~247쪽
36) 『순조실록』 권48, 순조 19년 12월 戊戌
37) 『순조실록』 권48, 순조 18년 11월 丁酉
38) 『순조실록』 권48, 순조 27년 4월 壬戌
39) 『순조실록』 권48, 순조 27년 7월 丁卯

노는 김재찬의 조카로서 효명세자의 친위세력으로 지목되었던 인물이었다.[41] 이렇게 산실청 설치와 운영에는 왕실 외척을 비롯하여 국왕과 밀접한 관계를 갖고 있는 인물들이 참여하였다.

대원군도 왕실 비빈의 출산과 관련된 일에 개입하였다. 고종 5년(1868, 17살) 윤 4월에 宮人 李氏가 왕자를 낳자[42] 운현궁에서 산모를 보살펴 주는 등의 일을 준비하였다.[43] 이때 産室廳과 護産廳이 갖추어야 할 물품을 운현궁의 하교에 따라 정비하도록 하였다.[44]

중궁전의 경우도 마찬가지였다. 고종 7년(1870, 19살) 윤 10월에 중궁전이 임신하자[45] 次對에서 약방도제조 이유원이 대원군의 말을 전하는 형식을 취하면서 다음과 같이 보고하였다.

> 삼가 대원군의 말씀을 듣건대, 중궁전의 胎候가 이미 일곱 달이나 되었다고 합니다.[46]

이 보고에 대해 고종은 擇日을 하고 일을 거행하도록 하였다.[47] 다음해

---

40) 『懿昭世孫宮日記』(奎 13053)
41) 김명숙, 1997, 「19世紀 反外戚勢力의 政治動向」 『朝鮮時代史學報』, 3, 30~33쪽
42) 궁인 이씨는 뒤에 淑媛이 되었다. 이때 태어난 왕자는 完和君 墡이었고 옹주를 한 명 더 낳았으나 모두 요절하였다. 『璿源世系』(奎 8494) 참조.
43) 원래 궁인이 출산을 할 경우에는 호산청을 세운다. 그런데 고종 5년에는 궁인 이씨를 위하여 호산청을 설치하였다는 기록을 찾을 수 없으며, 출산 후에는 운현궁에서 산모를 보살펴 주었다.(『승정원일기』 고종 5년 윤 4월 10일)
44) 『승정원일기』 고종 5년 5월 15일
"內醫院啓曰 日後産室廳護産廳進排各項物種 量宜裁減 永爲定式事 向有所命下者 而所重自別 事係審愼 自本院不敢擅便 謹依運峴宮所敎 復舊例釐正 別單書入 而其外所用物種與藥材 依下敎 隨時待令之意敢啓 傳曰知道"
45) 중궁전은 모두 4남 1녀를 낳았으나 모두 요절하고, 세 번째로 태어난 2남(순종)만이 성인으로 성장하였다. 『璿源世系』(奎 8494) 참조.
46) 『승정원일기』 고종 7년 윤10월 10일
"(李)裕元曰 伏聞大院君敎意 則中宮殿胎候 已爲七朔矣"

에도 중궁전은 임신하였다. 도제조 이유원은 대원군의 분부를 듣고 산실청의 설치를 아뢰었으며[48] 興寅君 李最應과 宗正卿 李載冕, 行護軍 閔升鎬, 直赴 李載兢 등이 돌아가며 숙직하도록 하였다.[49] 이런 관심 속에 고종 8년(1871, 20살) 11월에 원자가 탄생하였다.[50] 그러나 이 원자는 태어난 지 5일 만에 사망하였고,[51] 산실청도 곧 철수되었다.[52] 고종 10년(1873, 22살) 1월에 중전은 다시 회임하였으며, 역시 대원군의 분부에 따라 산달이 거의 다 가온다는 사실이 공표되었다.[53] 같은 해 2월에 공주가 태어났으나[54] 돌을 못 넘기고 세상을 떠났다.[55]

고종 친정 전까지 왕실에는 궁인 이씨의 순산과 중궁전의 3차례 출산 등 모두 4차례의 출산이 있었다. 대원군은 이때마다 비빈의 출산이 다가오고 있음을 알리는 역할을 하였던 것이다.[56]

高宗代 이전에 이러한 일들은 주로 외척들이 주도하거나 국왕의 신임

---

47) 이때 중궁전은 순산을 하지 못하고 유산하였다.(『승정원일기』 고종 7년 12월 17일)
48) 『승정원일기』 고종 8년 9월 10일
49) 『승정원일기』 고종 8년 10월 7일
50) 『승정원일기』 고종 8년 11월 4일
51) 『고종실록』에는 이때의 원자가 대변이 나오지 않아 죽었다고 기록되어 있다.(『고종실록』 상, 고종 8년 11월 甲午) 그런데 『승정원일기』에는 그러한 기록이 없다. 다만 고종 12년 4월에 명성황후가 네 번째로 출산한 왕자대군이 대변이 나오지 않아 근심하던 중 태어난 지 14일만에 졸서하였으며, 이때 이유원이 민간의 신생아에게도 이런 증상이 많이 있다고 하며 국왕을 위로하였는데, 고종도 이러한 사실을 수긍하였다는 것은 확인할 수 있다.(『승정원일기』 고종 12년 4월 5일~11일)
52) 『승정원일기』 고종 8년 11월 8일
53) 『승정원일기』 고종 10년 1월 1일
 "(韓)啓源進前奏曰 卽伏聞大院位敎意 則中宮殿胎候 幾近彌月"
54) 『승정원일기』 고종 10년 2월 13일
55) 『승정원일기』 고종 10년 9월 28일
56) 고종 친정 후인 11년 1월에 산실청을 설치할 때는 대원군이나 운현궁에서 전혀 관여하지 않았으며, 득남의 조짐이 예상되는 가운데 고종과 영의정 이유원의 관심 속에서 산실청의 설치가 논의되었다.(『승정원일기』 고종 11년 1월 3일, 8일)

을 받는 신료들이 하였다. 그런데 친정아버지는 이미 세상을 떠나고, 친형제들이 없는 중궁전57)과 한미한 집안 출신인 궁인 이씨의 처지에서는 그럴 수가 없었다. 이에 따라 대원군은 자연스럽게 왕실 비빈의 출산에 관여할 수 있었던 것이다.

親政 이후에는 이러한 방식이 달라졌다. 고종 10년(1873) 12월 次對에서 영의정 이유원은 다음과 같이 아뢰었다.

> 오직 하늘과 조종께서 돌보아주시어 중궁전의 胎候가 거의 만삭이 되어 자성 전하께서 기다리던 나머지 기뻐하시니 크나큰 聖孝입니다.58)

이유원은 이와 같이 언급한 뒤에 入診 및 産室廳의 설치를 택일하여 거행하도록 요청하였는데, 고종은 慈聖께서 기뻐하시니 다행이라고 하면서 그 일을 의논하도록 하였다. 이제 중궁전의 출산을 준비하는데, 왕실의 존장자인 신정왕후와 영의정의 역할이 중시되었던 것이다.

고종의 친정 전에 대원군이 왕실 행사를 준비하고 적극 참여하였던 것은 국왕의 生父이자 왕실의 일원으로서 어린 국왕을 위한 것이었으며, 왕실의 위상을 높이는 일이었다. 따라서 고종이 이를 적극 지원하였던 것은 당연한 일이었다. 그러나 고종 10년(1873, 22살) 친정이 실시되고, 대원군이 중앙정계에서 물러나자 상황이 달라졌다. 친정 이후 대원군은 왕실행사에 거의 참여하지 않았고, 고종의 주도아래 신정왕후와 議政 大臣들이 그 자리를 담당하였다.

---

57) 명성황후 민씨는 1남 3녀의 형제가 있었으나 모두 죽었으며, 아버지마저 9세 때 타계하여 16세에 왕비가 될 때까지 7년 동안 어머니 한산 이씨와 고단하게 지냈다. 집안에서는 고종의 외삼촌이기도 한 閔升鎬를 양자로 입양하였다. 자세한 내용은 한영우, 『명성황후와 대한제국』, 효형출판, 20쪽 참조

58) 『승정원일기』 고종 10년 12월 1일
"仍奏曰 惟天惟祖宗 眷顧垂佑 中宮殿胎候 幾近彌月 慈聖殿下 顒俟之餘 仰供歡欣 是爲聖孝之大者也"

2. 親耕儀禮의 부활

1) 英祖代의 친경의례 新定

고종 즉위 이후 가장 주목할 만한 왕실 행사는 고종 8년(1871)의 親耕儀禮라고 할 수 있다. 친경의례는 成宗 6년(1475) 1월에 처음 시행된 이후 국가의 中祀인 先農祭에 수반되는 의식으로 매년 거행되어야 하는 것이었지만 조선 전 시기에 걸쳐 모두 16차례 밖에 거행되지 않았다.[59] 그 가운데 국왕의 권위를 중시하였던 英祖代에 4차례가 설행되었고, 그 후 100여 년간 행해지지 않다가 高宗代에 이르러 다시 시행되었다.[60]

선농제와 친경의례에 관한 규정을 보면, 국왕은 나라의 근간이 되는 농업을 권장하기 위하여 매년 驚蟄 후 첫 亥日에 흥인문 밖 전농리에 있는 先農壇에 나아가 神農氏와 后稷氏에게 제사를 올리는 先農祭를 행하고 한 해의 농사가 잘 되기를 빌었다. 이어서 선농단 근처의 籍田에 나아가 親耕 의식을 거행하였다.[61] 이 행사는 국왕이 宗親 이하 文武 大臣들과 함께 친히 쟁기로 밭을 가는 것으로 耆民과 農民들도 참여하였다. 국왕과 신료들의 쟁기질이 끝난 뒤, 농민의 대표인 耆民들이 왕 앞에 나아가 절을 하였고 국왕은 이들의 노고를 위로하였다. 한편, 농민은 농사일을 해보지 못한 국왕과 신료들을 보조하면서 이 행사에 동참하였고, 일반 民들은 주변에 모여 모든 일을 구경할 수 있었다. 그리고 의례가 끝난 뒤에는 참석한 이들을 위로하는 勞酒宴이 베풀어졌다.

---

59) 친경의례는 조선 전 시기에 걸쳐 모두 16차례 거행되었다. 이에 대한 사항은 김지영, 2002, 「英祖代 親耕儀式의 거행과 《親耕儀軌》」 『韓國學報』 107, 56쪽 참조.
60) 영조대 이전의 친경 행사는 선농제에 수반되는 의식에 불과하였으나 영조는 이를 별도의 의례로 독립시켜 따로 시행하였다.
61) 조선시대 친경의례 시행에 대한 자세한 내용은 金芝英, 2001, 「《親耕儀軌》해제」 『親耕儀軌』(규 14937, 14538 규장각영인본) 참조.

이처럼 친경 행사는 조선의 國家 祀典의 각종 의례 가운데 농민이 직접 참여할 수 있는 유일한 것이었으며,[62] 국왕을 정점으로 신료와 민이 명실상부하게 함께 하는 행사였다고 할 수 있다.[63] 이 때문에 의식과 함께 연주되는 음악도 왕실의례나 祭禮에 사용되는 雅樂이 아니라 鄕樂이었다.[64] 그런데 선농제는 매년 행해졌지만 제사가 끝난 뒤 행하는 친경의식은 여러 절차가 번잡스럽다는 이유로 거의 시행되지 않았다.

親耕의 실시가 다시 적극적으로 논의된 것은 肅宗代부터다.[65] 숙종 2년(1676)에 眉叟 許穆은 親耕이 三代의 아름다운 법이므로 이를 거행하여 백성들이 보고 느끼는 바가 있도록 해야 한다고 주장하였다. 숙종은 곧 그의 제안을 받아들여 시행을 계획하였으나 그 때마다 자연재해가 잇달아 발생하고, 행사에 대한 반대 주장도 거세게 일어나 결국 설행하지 못하였다. 특히 서인들이 심하게 반대하였는데, 친경의식 자체에 대한 반대라기 보다는 친경과 함께 행하는 勞酒宴 때문에 쓸데없는 비용이 낭비된다는 것과

---

62) 金芝英, 2002, 「英祖代 親耕儀式의 거행과《親耕儀軌》」 『韓國學報』 107, 77쪽
63) 성종 6년(1475)의 친경 행사를 보면, 국왕이 이르는 길에는 色布와 色紙로 화려하게 꾸민 結綵를 날리며, 문이나 다리, 국왕이 거처하는 大次 등은 화려하게 꾸몄고, 친경례를 끝내고 돌아올 때는 耆老, 儒生, 妓女들이 나와 왕에게 가요를 바쳤다. 그리고 이러한 모습들은 그 자체가 볼거리였기 때문에 수많은 사람들이 모여들어 성황을 이루었다고 한다. 이 때문에 친경의례는 국왕을 정점으로 신하와 백성 모두가 모이는 축제적 공간을 형성한다는 주장도 있다. 이에 대한 자세한 내용은 이욱, 2002, 「朝鮮後期 祈穀祭 設行의 의미」 『藏書閣』 4 참조.
64) 김문식·송지원, 2001, 「국가제례의 변천과 복원」 『서울 20세기:생활문화변천사』, 서울시정개발연구원, 719쪽
65) 숙종대에는 농사와 관련된 여러 國家 祀典이 정비되었다. 祈雨祭와 厲祭와 같은 비정기적 祈禳儀禮가 재정비되었고, 祈穀祭와 先農祭 등과 같이 한 해의 풍년을 기원하는 행사에 대한 관심도 높아졌다. 이 시기에 이러한 의례에 대한 관심이 높아진 것은 17세기에 계속 나타나고 있는 이상 기후 현상으로 농사 실정이 절박한 상황에 있었다는 것과 양란이후 파괴된 국가체제를 국왕 주도로 재정비하고자 하였던 상황에서 나온 것이었다. 이에 대한 자세한 내용은 이태진, 1996, 「소빙기(1500~1750)의 천체 현상적 원인」 『국사관논총』 72 ; 이욱, 2002, 「朝鮮後期 祈穀祭 設行의 의미」 『藏書閣』, 4 참조.

친경 행사에 수반되는 妃嬪의 親蠶儀禮 등이 정치적으로 이용될 수 있다는 것 때문이었다.[66]

숙종은 모든 준비를 마치고도 실제로 실행하지 못하였으나 英祖는 재위 기간 동안 4차례의 친경의례를 거행하였다. 첫 행사는 영조 15년(1739)에 실시되었는데, 신료들의 제안이나 토의과정 없이 왕명에 의해 급하게 추진되었다.[67] 이때에도 領議政 李光佐는 친경의례 보다는 농민들이 농사를 지을 수 있도록 땅과 소, 농기구 등을 마련해 주는 실제적인 정책을 쓰자고 하며 반대하였다. 그러나 영조는 해마다 내리는 勸農의 분부가 겉치레가 될 뿐이고 실효가 없으므로 몸소 쟁기를 잡아 백성을 권장하려는 것이라고 하며 그 준비를 주도하였다. 이에 14일이라는 짧은 준비기간을 거쳐, 마침내 그 해 1월에 백년 이상 행해지지 않았던 친경의례를 거행하였다.[68]

영조 15년의 친경 행사는 영조의 단순하고 일시적인 관심 때문에 거행된 것이 아니었다. 영조는 이듬해 대탕평을 제창하였고, 이어 19년(1743)에

---

[66] 숙종대 남인들은 親耕禮의 시행을 주장했던 반면 송시열을 비롯한 서인들은 기곡제의 시행을 주장하였다. 기곡제는 사직단에서 거행하였는데 친경 행사에 비해 국왕이 백성과 만날 수 있는 거리를 상대적으로 축소시킨 것이었고, 백성과 대면하는 의례적 공간도 존재하지 않았으며 의례가 가진 가시적 효과를 최소화한 것이라고 볼 수 있다.(이욱, 2002, 「朝鮮後期 祈穀祭 設行의 의미」『藏書閣』, 4, 169~171쪽) 이 밖의 찬반 논의에 대해서는 김지영, 2002, 「英祖代 親耕儀式의 거행과《親耕儀軌》」『韓國學報』107, 60~62쪽 참조.

[67] 영조 15년 친경 행사의 실시과정을 살펴보면, 시행 결정 이전에 친경의례를 거행하자는 조정 신료들의 주청이나 경연에서의 논의 등이 전혀 없었다. 행사의 필요성을 강조하는 상소가 먼저 올려지고 국왕이 이를 받아들이면서 거행되었던 역대의 전례와는 사뭇 다른 시작이었다. 훗날 영조가 친경은『大學衍義』를 보고 행하였고, 觀刈는 의리를 상기시켜 한 것이었는데, 明의 故事와 부합하였다고 언급한 바 있다. 이는 이 행사가 전적으로 국왕 자신의 결단에 의한 것이었음을 강조한 것이다.(김지영, 2002, 「英祖代 親耕儀式의 거행과《親耕儀軌》」『韓國學報』107, 62~64쪽)

[68] 이 행사는 광해군 12년(1620)에 행해진 뒤 처음으로 있는 일이었다.(김지영, 2002, 「英祖代 親耕儀式의 거행과《親耕儀軌》」『韓國學報』107, 63쪽)

大射禮와 양로연을 거행하였다.[69] 또한 국가의 典禮를 정리하여 영조 22년 (1746)에는『國朝續五禮儀』와『續大典』을 간행하였다.[70] 즉 친경의례의 거행은 英祖代의 강력한 왕권 추구와 함께 행해진 것이었으며, 國家의 典禮를 재정비하려는 큰 계획 아래 순차적으로 거행된 것이었다.[71]

영조 29년(1753), 40년(1764), 43년(1767)에도 친경의식이 거행되었다. 29년의 행사는 己未年(영조 15)의 절차를 따랐고, 40년의 친경의례는 大射禮 실시에 이어 국가의 전례를 행한다는 의미에서 거행되었다.[72]

영조대의 가장 성대한 친경의례는 영조 43년의 행사였다. 이때 영조는 특히『周禮』에 따라 거행한다는 것을 천명하였다.[73] 그 해 2월에 영조는 왕세손과 함께 모든 의례를 행하였으며,[74] 3월에는 貞純王后의 親蠶儀禮도 시행하였다.[75] 특히 왕후의 친잠 행사는 선조 5년(1572) 이후 처음 있는 일이었기 때문에『실록』,『大明會典』등을 참고하여 새로 의식과 절차를 마련하였다. 경복궁에 親蠶壇을 신축하였고, 의식이 끝난 뒤 근정전 기단에서 백관의 朝賀를 받고 잔치를 베풀었다.[76] 그리고 전국 팔도에 누에고치를 나누어주게 하여 이 의례가 국가적 행사가 되도록 하였다.[77]

---

69) 대사례에 대한 자세한 내용은 申炳周, 2002,「英祖代 大射禮의 실시와『大射禮儀軌』」『韓國學報』106 참조.
70) 홍순민, 1998,「조선후기 法典 編纂의 推移와 政治運營의 변동」『한국문화』21, 194~198쪽
71) 김지영, 2002,「英祖代 親耕儀式의 거행과《親耕儀軌》」『韓國學報』107, 65쪽
72)『영조실록』권44, 영조 40년 2월 庚寅 ; 辛卯
73) 이 시기 영조는『詩』,『書』,『周禮』등 六經類에 관심을 가지고 있었다. 영조의『주례』에 대한 관심에 대해서는 정경희, 1999,「영조후반기 경연과 영조의 의리론 강화」『역사학보』162 참조.
74) 영조는 40년의 친경 행사 때에도 각종 곡식의 씨앗과 耕根車 등을 가져와 왕세손에게 보여주며, 농사의 어려움을 알게 하였다.(『영조실록』권44, 영조 40년 2월 辛卯)
75)『영조실록』권44, 43년 3월 甲戌
76) 김지영, 2001,「《親耕儀軌》해제」『親耕儀軌』(奎 14937, 14538 규장각영인본), 7쪽
77)『영조실록』권44, 영조 43년 1월 癸未

영조 43년의 행사는 여기에서 그치지 않았다. 그 해 5월에는 씨앗을 보관하는 '藏種'과 누에고치를 받아가는 '受繭' 의식을 행하고, 보리이삭을 베는 觀刈 행사를 가졌다.[78] 원래 관예는 이전에는 행하지 않던 의례였는데, 明나라 宣宗의 고사에 따라 이때에 처음으로 거행된 것이었다.[79] 친경과 친잠이 始條理라면, 장종과 관예는 終條理에 비유될 정도로 농사의 처음과 끝을 의미하는 의식으로서 국왕이 모든 과정을 몸소 함께 한다는 뜻에서 중요하게 여겨졌지만 역대에 시행된 예가 없었다.[80] 그런데 영조는 일련의 모든 의례를 행함으로서 국왕과 왕후가 백성을 위하여 모범을 보이고 권장하는 효과를 극대화하고, 양란 이후 폐해졌던 國典을 모두 회복시키려는 의지를 보인 것이었다.[81] 이에 따라 의식의 세부 절차를 기록한 『親耕儀軌』도 편찬하였다.[82]

한 해 농사의 풍흉은 국가의 안녕과 민생 안정에 직결되는 중대사였다. 이 때문에 국왕이 농민과 함께 직접 밭을 가는 친경의례는 국왕이 국정운영을 주도하고 적극적인 대민 활동을 추구하겠다는 의사를 표명하는 것이라고 할 수 있었다. 탕평정치를 천명하고 백성과 자주 만나 그들과 직접 소통할 수 있는 방식을 선호하였던 영조에게 이 행사는 자신의 의지를 가장 강하게 드러낼 수 있는 것이었다.[83]

---

78) 영조 43년의 친경 행사에서는 친경과 친잠, 관예 등 이와 관련된 모든 의례를 거행하였다. 이에 비해 정조는 관예만 거행하였다.(朴小東, 1999, 「解題」 『親耕·親蠶儀軌』, 민족문화추진회 참조)
79) 『영조실록』 권44, 영조 43년 5월 丙戌
80) 김지영, 2001, 「《親耕儀軌》해제」 『親耕儀軌』(奎 14937, 14538 규장각영인본), 17쪽
81) 朴小東, 1999, 「解題」 『親耕·親蠶儀軌』, 민족문화추진회, 24쪽 ; 김지영, 2001, 「《親耕儀軌》해제」 『親耕儀軌』(奎 14937, 14538 규장각영인본), 7쪽·17쪽
82) 영조 15년(1739)과 43년(1767)의 친경례는 『친경의궤』로 편찬되어 전해오고 있으며, 그 가운데 15년본(규 14937)과 43년본(규 14537)은 2001년 서울대 규장각에서 影印하였다. 43년본은 국역본(朴小東 역, 1999, 민족문화추진회)으로도 편찬되었다.
83) 祈穀과 勸農이라는 본래의 의미도 있지만 상대적으로 국왕권이 강했던 시기나 강력한 왕권을 추구했던 시기에 친경 행사가 자주 거행되었다는 사실도 이 의식

제4장 왕실행사의 시행과 고종의 위상강화 **177**

친경의례는 英祖代에 새롭게 정비되었으나 이후에는 거의 시행되지 않았다.[84] 正祖는 王世孫 시절에는 이 행사에 참여했었지만 정작 국왕으로 즉위한 후에는 정조 5년(1871)에 觀刈 의식을 한 차례 행하였을 뿐 친경의례는 설행하지 않았다. 정조 22년(1798)에는 前例대로 親耕禮를 시행하여 勸農의 의지를 보이자고 奏請하는 상소가 있었지만, 정조는 실제 정사와 교화가 열성조에 미치지 못하면서 의식 절차만을 따를 수는 없다는 이유로 허락하지 않았다.[85]

정조는 그 대신 祈穀祭에 관심을 가지고 이를 자주 시행하였다. 기곡제는 원래 원구단에서 시행하는 제천의례의 일종으로 帝王의 의례였다. 이 때문에 고려에서 조선으로 넘어 오면서 폐지되었다. 그런데 정조는 기곡제를 국가의 大祀로 확정하여 정기제로 설행한 것이다. 비록 행사 장소가 社稷壇으로 바뀌고 기원의 대상은 하늘이 아니었지만, 정조는 백성을 위하여 풍년을 빌 수 있는 대표자로서의 주권을 이 기곡제를 통하여 표출할 수 있었다.[86] 이와 함께 정조는 求言傳旨, 勸農敎書 등을 통한 여론 수렴, 새로운 農法 개발과 農書 편찬 등 과감한 정책을 시도하였다. 그는 이 같은 정책의 추진이야말로 친경의례에 담긴 가장 귀중한 의미를 계승하는 것이라고 평가한 것이다.[87]

이 갖는 의미를 설명한다고 할 수 있다.[김지영, 2001, 「《親耕儀軌》해제」『親耕儀軌』(奎 14937, 14538 규장각영인본), 66쪽]

84) 제도적인 측면에서 본다면 친경의례는 영조대에 새롭게 마련된 것이라고 할 수 있다. 『국조오례의』를 보면, 친경은 선농제에 부수된 의식이지만 그 내용과 절차가 수록되어 있지 않다. 그러나 영조대에 편찬된 『국조속오례의』에는 '親耕禮'라는 별도의 항목이 설정되어 그 의례와 절차가 수록되어 있다.

85) 김지영, 2001, 「《親耕儀軌》해제」『親耕儀軌』(奎 14937, 14538 규장각영인본), 7~8쪽

86) 기곡제가 지닌 권력의 상징적 기능은 순조대 이후에도 확인할 수 있다. 이 시기에는 정조대처럼 정기적으로 설행되지는 않았지만 국왕이 친정을 하는 시점에 반드시 한 차례씩 거행되었다. 기타 기곡제에 대한 자세한 내용은 이욱, 「朝鮮後期 祈穀祭 設行의 의미」『藏書閣』, 4 참조.

87) 정조대에는 이전부터 발전되어오던 농법이 지역적으로 세분화되어 군현이라는

2) 고종의 역할 강화와 친경의례 부활

즉위하기 전에 받은 王者 수업의 정도에 따라 차이가 있기는 하지만 일반적으로 국왕들은 즉위 초에는 제 역할을 충분히 하지 못하고 그 결과 정치적 위상도 상대적으로 낮기 마련이다. 그러나 재위 기간이 늘어감에 따라 정치적 감각을 익히고 정세를 파악하면서 국왕으로서의 역량을 강화하게 되고 그 위상을 높여 가는 것이다.[88] 고종 역시 같은 과정을 거쳤다. 고종은 신정왕후의 수렴청정이나 대원군의 정국 주도 때문에 국왕의 역할이 제한되었던 상황에서 급작스런 정권 장악을 시도하기 보다는 경연이나 능행에서 자연스럽게 국왕으로서의 정치적 역량을 키워갔다. 이와 함께 국가 전례이자 왕실 의례이기도 한 여러 행사들을 적극적으로 실행해 나갔다.

고종은 6년(1869)경부터 친경에 관심을 보였다.[89] 그 해 10월 進講에서 講官 金世均이 '我朝에 親耕의 제도가 있는데, 이것은 民事를 중히 여기기 때문이지 民과 더불어 일을 하기 위한 것은 아니다'라고 하자, 고종은 바로 '親耕은 英廟朝에서 일찍이 행한 것이다'라고 대답하였다.[90] 고종은 이미 英祖代의 친경 행사에 대해 잘 알고 있었던 것이다. 또한, 고종 7년(1870) 2월에 여러 제사의 섭행을 위해 勤政殿 月臺에서 獻官들에게 香과 祝文을 전할 때에 고종은 宗廟, 景慕宮의 望祭, 英陵(世宗과 昭憲王后의 릉)과 弘陵(英祖의 妃 貞聖王后의 릉) 忌辰祭의 香祝을 전달하고, 先農壇 獻官 趙秉徽에게 先農祭에 쓸 향축을 내렸다.[91] 다른 곳은 거의 매년 헌관들에게 향

작은 소지역 단위 수준에 맞는 지역농법이 성립할 정도로 변화된 양상을 보였다. 이에 대한 자세한 사항은 염정섭, 2002, 『조선시대 농법 발달연구』, 태학사 참조.
88) 홍순민, 1992, 「19세기 왕위의 승계과정과 정통성」『국사관논총』 40
89) 고종은 6년(1869) 1월에 그 동안 설행되지 않았던 社稷 祈穀大祭를 친행하였다. (『승정원일기』 고종 6년 1월 8일)
90) 『승정원일기』 고종 6년 10월 23일
 "世均曰 …중략… 我朝有親耕之制 乃重民事也 非與民重勞之義也 上曰 親耕 英廟朝所嘗行之矣 世均曰 然矣 是聖世盛擧也"

축을 주었는데, 선농제에 필요한 향과 축문을 준 것은 고종 즉위 후 이때 처음으로 확인된다.

한편, 이 시기에 고종은 『五禮便考』에 대해 부쩍 관심을 가지고 재편찬을 재촉하였다. 『오례편고』는 원래 고종 5년(1868) 4월에 정조대에 간행된 『春官通考』를 다시 교정하여 편찬할 때에[92] 여러 내용이 추가되어 원래와는 다른 책이 되었다는 평이 있자 책명을 개칭한 것이다.[93] 『오례편고』의 저본이 된 『춘관통고』는 정조 12년(1788) 경에 『春官志』, 『國朝五禮通編』 등을 바탕으로 조선초기 이래 禮曹의 제반 업무 事例와 儀節을 정리한 것으로서 王室 祭禮와 儀禮와 관련된 수많은 사항들이 수록되어 있었다.[94] 그런데 고종 7년(1870)에 바로 2년 전에 만든 『오례편고』를 다시 개정 편찬하였던 것이다. 고종은 이때 『오례편고』의 교정이 언제 끝나는지 궁금해 하면서 되도록 서둘러 편찬하라고 지시하였으며, 서문은 직접 짓겠다고 하였다. 당시에는 고종 2년(1865)에 편찬한 『大典會通』과 『兩銓便攷』의 수정 편찬 작업도 진행되고 있었는데 이 일도 서두르라고 지시하였다.[95] 아울러 고종은 『오례편고』의 초본을 살펴보며, 그 저본이 된 『춘관통고』와 『오례통편』 등도 함께 보겠다는 의사를 밝히면서 그 편찬과 내용에 각별한 관심을 보였다.[96] 그리고 이것은 곧 고종이 왕실 행사에 대해 적극적인 지시를 내릴수 있는 바탕이 되었다.

---

91) 『승정원일기』 고종 7년 2월 14일
92) 『승정원일기』 고종 5년 4월 10일
 이때 『춘관통고』의 교정을 맡고 있던 영부사 김병학은 본 책의 내용 가운데 왕세자와 왕세손이 公朝에서 外祖, 國舅 등에게 답배 할 때에 기립하는 예를 없애자고 건의하여 고종의 허락을 받았다.
93) 『승정원일기』 고종 5년 7월 4일
94) 『春官通考』에 대한 자세한 내용은 김문식·송지원, 2001, 「국가제례의 변천과 복원」 『서울 20세기:생활문화변천사』, 서울시정개발연구원, 675쪽 ; 『春官通考』(장 22-1457 ; 규 12272) 「해제」 참조.
95) 『승정원일기』 고종 7년 5월 20일
96) 『승정원일기』 고종 7년 12월 8일

고종 8년(1871)에는 年初부터 여러 왕실 행사가 유난히 많이 개최되었다. 이해 정월 초하루에 고종은 종친회 가운데 大宗會와 小宗會를 옛 규례대로 회복하라고 지시하는 한편, 실제로 대종회를 거행하도록 하였다. 원래 대종회는 3년마다 한 번씩 열리도록 되어 있었으나 그대로 시행되지 못하고 있었다.[97] 그런데 이때 고종은 日官을 시켜 吉日을 정하고[98] 장소는 隆武堂으로 정하는 등[99] 준비를 지시하면서 다음과 같이 말하였다.

> 봄 3월에 열리는 大宗會는 또한 친족을 친히 하는 뜻에서 나온 것이다. 이 의례는 1백여 년 만에 처음으로 성대하게 행하는 것인데, 公族이 번성하고 자손이 크게 번성하니 百世토록 한 집안이 된 아름다움은 참으로 억만년 그지없는 기쁨이다.[100]

고종이 이렇게 기대를 갖고 준비한 대종회는 그 해 3월 20일에 개최되었다. 다음날에 고종은 대종회에 참석했던 종친들을 거느리고 종묘에 가서 展謁하고, 다시 근정전에 임어하여 종친들이 올리는 箋文을 친히 받았다. 이어 景武臺에 나아가 璿派 儒生을 대상으로 應製를 실시하여 1백 명을 선발하였다. 그리고 은언군과 은신군에게 諡狀을 내리면서 대종회를 성대히 마쳤다.[101]

고종은 10년(1873) 윤 6월에도 대종회 개최를 계획하였다. 대종회에 친림한 후 각파의 종속을 인솔하여 경회루에 모여서 술을 하사하는 등 성대

---

97) 『銀臺條例』「禮考」大宗會 間二年季春行 前期三朔宗府稟旨擇日 ; 『승정원일기』 고종 8년 1월 1일
98) 『승정원일기』 고종 8년 1월 1일
99) 『승정원일기』 고종 8년 1월 9일
100) 『승정원일기』 고종 8년 1월 13일
 "傳曰 …중략… 而季春大宗會 亦出親親之義也 是禮也 百有餘年後初行盛擧 而 公族蕃滋 枝葉碩茂 百世一室之美 實爲萬億無疆之休矣"
101) 『승정원일기』 고종 8년 2월 20일-22일

제4장 왕실행사의 시행과 고종의 위상강화 **181**

하게 치를 수 있도록 준비하였는데, 여러 道가 수해를 입었다는 보고가 올라오자 이듬해 열 것을 기약하며 취소하였다.[102]

물론 이러한 행사가 전적으로 국왕을 위한 것이었다고 할 수는 없다. 당시의 정국은 대원군의 강한 영향력 아래 있었고 이를 무시할 수 없었다. 대종회가 개최되었던 날에도 고종은 예조판서 趙秉昌으로부터 사액서원 47개소만 보존하고 나머지 서원은 철폐하라는 대원군의 지시를 보고받았다.[103] 중첩된 서원을 철폐해야한다는 의견은 이미 전부터 제기되어 온 것이었다. 고종도 이전에 예조판서에게 대원군께 품의해 중첩 설치된 서원을 撤享하라고 下敎한 바 있었다. 그런데 바로 이날 서원 철폐가 단행될 수 있도록 보고된 것이다.[104]

대원군의 위상이 이같이 컸음에도 불구하고 고종이 종친의 일에 관심을 가지고 대종회를 주관한 것은 주목할 만한 것이다. 그 동안 종친과 관련된 일은 종친부를 장악하고 있던 대원군이 거의 주도하고 있었다.[105] 그 가운데 특히 정치적으로 중요한 의미를 지니는 것은 宗親科의 부활이었다. 대원군은 성종 2년(1471) 이후 폐지되었던 宗親科를 실시하여 합법적인 방법으로 종친을 관직에 등용시켰다.[106]

---

102) 『승정원일기』 고종 10년 윤 6월 10일 ; 29일
103) 고종대 서원철폐 과정에 대해서는 김세윤, 1980, 「大院君의 書院毁撤에 관한 一考察」, 서강대 석사학위논문 참조.
104) 『승정원일기』 고종 8년 3월 20일
 "又傳曰 前以書院事 有所下敎矣 先賢之陞廡配食 道學淵源之在此而照 則祠院俎豆 諒出尊慕之意 文廟從享人以外書院 幷爲撤享 至若忠節大義之炳人耳目 亦不可無崇報之地 此必十分補停然後 允合事體 禮判又爲禀定于大院君前 而疊設撤享 依前下敎施行事 命下矣 謹依下敎 臣秉昌進詣大院君前禀議 則以爲聖廟東西廡配食諸賢 及忠節大義卓然炳烺 實合百歲崇奉之處四十七院外 並爲撤享撤額之意 奉承敎意 已賜額書院常存處四十七院 謹玆別單書入 待啓下 行會各道之意 敢啓 傳曰知道"
105) 대원군과 종친부의 관계에 대해서는 연갑수, 2001, 『대원군집권기 부국강병정책 연구』, 서울대학교 출판부, 16~19쪽 참조.

대종회 거행시에 행해진 璿派人 應製도 이런 宗親科의 다른 형태였다. 고종 즉위 후 매년 歲首 太廟 展謁 및 親祭時에 선파인의 참석을 정식으로 하고 祭禮가 끝나면 應製를 실시하였다. 試官도 璿派人으로 선출하여 璿派人만을 위한 시험을 실시하였던 것이다. 그리고 이날 及第된 인물 가운데 성적 우수자들은 中批나 特除, 特擢이라는 특별 선발방법을 통해 이조참의, 병조참의, 한성판윤 등 고위 관직에 임명되었다. 璿派人應製는 선파인에 한정되어 편파적으로 실시되었지만 단시일 내에 대원군의 지지기반을 확보할 수 있는 합법적인 제도였다.[107] 그런데 친정 이후에는 고종이 왕실의 首長으로서의 역할에 대해 적극적인 관심을 보이며 대규모의 종친회를 거행하고 아울러 이에 걸맞는 應製 실시까지 주도한 것이었다. 그 동안 應製 등 宗親科의 정치, 사회적 기능을 고려한다면 이는 대단히 중요한 의미를 갖는 것이었다.

고종은 종친과 관련된 행사 뿐 아니라 大報壇 親祭를 설행하였으며,[108] 宗廟 夏享大祭에도 친림하여 犧牲을 살피고 親祭를 지내는 등 여러 행사를 주도하였다.[109] 친경 행사는 바로 이런 분위기 속에서 거행된 것이다.

친경 행사는 원래 예조에서 年初에 草記하여 그 시행여부를 아뢰도록 되어 있었지만[110] 이러한 관행조차 거의 행해지지 않았다. 그런데 고종 8년(1871) 새해 첫날에는 예조에서 先農祭를 親行하고 親耕할 것을 아뢰었고,

---

106) 宗親科 실시는 합법적이기는 하나 인재등용을 목적으로 하는 과거시험에 부정적인 영향을 미쳤던 것은 부인할 수 없다. 선파인 중에는 世系가 불분명하여 문제가 되는 이들도 있었고 冒錄사건도 자주 일어났다.(南美惠, 1995, 「大院君 執權期(1864~1873) 宗親府 振興策의 性格」『同大史學』1, 213~214쪽) 그리고 이러한 과거제도의 혼란은 곧 신분제도가 해체되고 있음을 보여주는 것이었다.
107) 선파응제 및 종친과에 대한 자세한 사항은 南美惠, 1995, 「大院君 執權期(1864~1873) 宗親府 振興策의 性格」『同大史學』1 참조.
108) 대보단의 제향은 대개 攝行하는 경우가 많았다. 그런데 고종 8년에는 親祭하였다.(『승정원일기』고종 8년 1월 20일 ; 3월 9일)
109) 『승정원일기』고종 8년 4월 4일
110) 『대전회통』「禮典」雜令

고종은 곧 그대로 공경히 행하도록 지시하였다.[111] 그런데 이때의 친경의 례는 영조대 이후 처음 실시하는 것이었기 때문에 그 절차 마련이 쉽지 않았다.

예조는 거의 모든 준비 사항을 보고하였다. 籍田에서 사용할 소의 마련과 친경의 진행, 절차 등에 대해 세세히 고종에게 문의하였고, 그 때마다 고종은 친경 행사를 처음 실시한 英祖 15년(1739)의 의례, 또는 완벽하게 모든 것을 갖추어 실시한 영조 43년(1767)의 예를 따르도록 하였다. 친경 뒤에는 일종의 부대행사로서 의식에 참가했던 耆庶民에 대한 勞酒宴과 頒敎, 문무대신들의 陳賀 행사 등이 있었는데, 이에 대한 준비도 모두 고종이 최종 결정하였다.[112]

제반 절차를 모두 준비한 후 고종은 8년 1월 20일에 선농단에 나아가 친히 犧牲과 祭器를 살피고 親祭를 올렸다. 이어 다음과 같은 勸農別綸音을 내렸다.

> 내가 1백여 년 전 英廟의 옛 일을 우러러 繼述하여 선농단에 제사하는 것은 풍년을 빌기 위한 것이며, 籍田에서 밭갈이하는 것은 백성에 솔선하기 위한 것이다. 봄 첫 달에 밭두둑을 정리하고 언덕을 살펴보며 토지에 마땅한 것과 오곡 가운데 심을 만한 것으로 백성에게 가르치되 반드시 몸소 친히 하는 것은 본디 국왕의 정사로서 늦출 수 없는 것이며, 아침 일찍 나와서 쟁기를 잡고 살펴 볼 시기도 또한 이미 멀지 않아서이다.[113]

여기서 고종은 선농단에 제사하고 친경을 행하는 것은 1백여 년 전 영

---

111) 『승정원일기』 고종 8년 1월 1일
112) 『승정원일기』 고종 8년 1월 3일~5일
113) 『승정원일기』 고종 8년 1월 20일
"勸農別綸音 王若曰 …중략… 予於百有餘年之後 仰述英廟故事 祀農壇 所以祈歲豊也 耕籍田 所以爲民先也 孟春之月 修封疆 相邱陵 土地所宜 五穀所殖 以敎道民 必躬親之 此固王政之所不可緩 而夙駕秉耒 簡辰亦旣不遠矣"

조대의 일을 계승한 것이며, 국왕이 친히 풍년을 기원하고 백성들에게 모범을 보이기 위한 것임을 분명히 밝혔다. 이것은 친경의례를 곧 실시할 것임을 내외에 공표한 것이다.

이해 2월 10일에 드디어 선농단의 적전에서 친경의례를 거행하였다. 먼저 고종이 親耕을 행하였으며, 이어 종친과 대신들이 從耕하였다. 從耕은 원래 宗宰·兵曹判書·大司憲·大司諫 등이 하도록 되어 있었는데, 이때는 고종의 명에 의해 영조 43년(1767)의 예에 따라 國舅·의빈·호조판서·경기감사 등도 참여하도록 하였다.[114] 친경행사 후에는 陪耕한 耆民들을 위로하였으며 勞酒禮도 거행하였다. 이때 판중추부사 이유원, 영의정 김병학, 우의정 홍순목 등 대신들은 모두 이 행사가 1백년 만에 처음 있는 일이라며 칭송하였다.

다음날에는 중외 대소신료와 耆老·軍民·閑良人에게 교서를 내렸다. 이 글에서도 고종은 英祖代의 옛일을 거론하고, 당시 관북과 경기 지역의 어려움을 예로 들면서 모두가 힘쓰게 하려면 국왕이 친히 하는 것 만한 것이 없어 이 의례를 행한 것임은 다시 한번 분명히 밝혔다.[115]

한편, 친경 의례를 거행하던 중 고종이 신료들을 접견한 자리에서는 의복제도의 정비가 논의되었다. 행사에 앞서 대원군이 신료들에게 鞾子(가죽신)를 내려 준 일이 있었는데, 혜자의 제도 개선은 고종이 의중에 두고 있는 사안이었다. 친경 행사 중에 이 일이 거론되자 고종은 袍衣와 鞾子의 제도를 舊章에 따라 고치도록 하였다. 이에 대해 이유원과 김병학 등은 선원전과 경기전, 남별전(후에 영희전) 등의 어진을 보면 袞衣의 소매와 鞾子의 제도가 지금과 같지 않다고 하며 의복제도를 재정비하는데 동의하였다. 고종도 포의의 소매는 30년 전부터 점차 넓어져 이를 알맞게 줄이자는 논의가 계속 되었는데 이제 고치게 되었고, 화자의 법식도 함께 바꾸게 되어

---

114) 『승정원일기』 고종8년 1월 6일
115) 『승정원일기』 고종 8년 2월 11일

기쁘다는 자신의 심정을 밝혔다.[116] 이어 김병학의 제의에 따라 위와 같은 국왕의 筵說을 朝紙에 반포함으로써 의복제도의 개혁이 단행되었다.[117]

고종대의 친경 행사는 같은 해 5월에 觀刈를 치르면서 마무리되었다. 앞서 고종은 籍田에 심은 大麥과 小麥을 수확할 때에 친림하겠다고 명하였고, 예조에서는 길일을 택하고, 선농단 祭享 절차 등을 준비한 바 있었다.[118] 고종은 선농단에서 五穀의 풍작을 감사하는 報賽之祭를 친히 지내고 관예에 친림하려 한 것이었다. 그러나 날짜가 다가오자 영부사 정원용, 영의정 김병학 등은 날이 너무 뜨겁다는 이유로 국왕의 親祭와 관예 친림을 만류하였다. 이들은 이 의례가 백년에 한번 있는 盛典이기는 하지만 제사를 지내기 위해서는 선농단에서 밤을 지새워야 하고, 이어서 수확하는 것을 지켜보아야 하는데 이는 더운 여름날 행하기에는 무리한 일이라고 하며 반대한 것이다. 고종은 그 의견을 일부 수용하여 제사는 섭행하고, 관예에만 진림하기로 하였다.[119] 그런데 관예의 친림도 정조 5년(1781) 이후 처음 하는 행사였기 때문에[120] 이에 대한 절차를 새롭게 마련해야 했다. 예조에서는 영조대의 의례와 좀 더 많은 인원이 참여한 정조대의 의례를 보고하였는데, 고종은 영조대의 방식을 따르도록 하였다.[121]

이같이 준비를 마치고 고종 8년 5월 17일에 고종은 선농단 觀刈臺에 올라 적전의 곡식 수확을 관람하였다. 이에 영의정 김병학과 우의정 홍순

---

116) 이때 포의와 화자의 법식은 남별전 제 1실 태조의 어진에 나타나 있는 것을 기준으로 정비하였다. 즉, 명 나라의 의식을 따른 것으로 포의의 소매 폭을 조금 좁히고, 화자는 水鞾子로도 통용할 수 있도록 한 것이다.(『승정원일기』 고종 8년 2월 10일) 의복제도의 정비는 일반적으로 대원군이 주도한 개혁으로 알려져 왔다. 그러나 친경 행사 중 고종과 대신들의 논의를 보면, 고종도 적극적인 관심을 가지고 있었으며, 이를 단행하는데 결정적인 역할을 하였다는 것을 알 수 있다.
117) 『승정원일기』 고종 8년 2월 10일
118) 『승정원일기』 고종 8년 5월 1일
119) 『승정원일기』 고종 8년 5월 4일
120) 박소동, 1999, 「解題」 『親耕·親蠶儀軌』, 민족문화추진회, 26쪽
121) 『승정원일기』 고종 8년 5월 6일

목 등은 관예에 대한 행사가 영조대에 시작하였다는 것을 언급하며 '이미 친경을 행하고 지금 또 관예를 실행하니, 처음부터 끝까지 변함없는 盛擧이며 근본을 힘쓰는 것'이라고 칭송하였다. 한편, 고종은 의례가 끝난 뒤 노주례를 행할 때에 耆民 가운데 70세 이상인 사람들에게 모두 帖加하도록 하고, '내가 여기에서 농사의 어려움을 알게 되었다'는 등의 심정을 밝힌 敎書를 작성하였다. 그리고 곧 도승지를 시켜 耆民과 庶人들 앞에 나아가 이 교서를 읽어 諭示하도록 하였다.[122]

고종 6년(1869)과 7년(1870)에는 큰 흉년이 들었다. 특히 7년에는 경상도 일부지역을 제외한 모든 지역에 흉년이 들었다고 할 정도였다.[123] 이런 심각한 상황에서 국왕과 신료, 민이 함께 하는 친경의례의 실시는 국정 운영에 중요한 상징성을 지니는 것이었으며, 행사 뒤에 고종이 민을 직접 위로한 것은 君民의 관계에도 영향을 미치는 것이었다.

고종은 즉위 후 여러 왕실 행사에 참여하였고 점차 이를 주도해 나갔다. 왕릉을 참배하고 종친회를 주관하며, 친경의례를 적극 설행하였다. 그런데 앞서 보았듯이 대원군도 이러한 왕실행사에 관심을 가졌다. 대원군이 왕실의 권위를 높이고자 노력하였다는 것은 이미 밝혀진 사실이다. 그러므로 종친부의 위상강화나 왕실행사의 증가는 대원군의 의도와도 부합되는 일이었음을 부인할 수 없다. 그리고 이런 행사 중에 대원군이 의도하는 개혁 정책들이 공표되었기 때문에 왕실 행사가 때로는 공식적으로 정치활동을 할 수 없었던 대원군의 정치적인 場으로 이용되었다는 인상도 준다. 그러나 왕실 행사는 고종의 입장에서도 신료들과 민에게 자신의 정치적 견해를 밝히고 국왕으로서의 역량을 보여줄 수 있는 좋은 기회였다. 앞서 살펴보았듯이 서원의 철폐와 의복제도의 개선은 고종도 관심을 가지고 동의하였던 일이었다. 비록 君臣 간의 공식적인 논의 과정을 거쳐 합의로 결정된 사안이라고

---

122) 『승정원일기』 고종 8년 5월 18일
123) 玄圭煥, 1967, 『韓國流移民史』, 語文閣 136쪽

할 수 없으며 대원군의 의도가 적극 개입된 것이었지만, 고종의 '下敎'는 이 정책이 실현되기 위해서 반드시 갖추어야 할 조건이었던 것이다.[124]

3. 고종 주도의 어진제작

1) 先代 影幀의 模寫와 眞殿의 정비

先代의 影幀을 가까이 봉안하고 참배하는 일은 조상에 대한 효성심을 표현하는 행위이자 왕실의 영속성을 상징하며 국왕 자신의 위상을 과시하는 일이었다. 이러한 이유로 숙종과 영조를 비롯하여 왕권을 강화하고자 했던 국왕들은 선왕의 영정을 제작하고 眞殿에 봉안하는 행사를 적극적으로 추진하였다.[125]

---

124) 『승정원일기』나 『일성록』 등을 보면 신정왕후가 고종 3년(1866, 15살) 2월 철렴한 이후 형식상으로는 고종이 친정을 하였다. 이에 따라 고종은 최고의 인사권자이자 정책의 최종 결정권자였으며 군통수권자였다. 특히 관리임명과 일상적인 의정부 업무에 대한 최종 결정은 고종에게 있었다. 그러나 이 시기 등록류를 살펴보면 '大院位分付'가 많이 발견되는데, 이를 통해 대원군이 중앙과 지방의 각 관서의 직접 지시를 내리고 있었음을 알 수 있다. 특히 재정담당 관아와 군영에서의 영향력은 절대적인 것으로 여겨진다. 대원위분부에 대한 자세한 사항은 延甲洙, 1992, 「大院君 執政의 성격과 權力構造의 변화」 『한국사론』 27 참조.

125) 조선은 태조 때부터 어진 제작을 자주 거행하였으며, 조선 전기에는 왕후의 어진도 그렸다. 그러나 양란을 거치면서 태조와 태종, 원종의 어진만이 남게 되었다. 숙종대 이후부터 국왕들이 다시 자신의 어진을 圖寫하면서 각 국왕마다 여러 본의 어진이 있었으나, 1950년 한국전쟁 때에 어진 보관 창고가 화재로 소실되면서, 현재에는 태조와 영조의 어진, 거의 반 이상 소실된 익종과 철종의 어진 등이 남아있다. 기타 자세한 사항은 趙善美, 1983, 『韓國肖像畵研究』 열화당 166~183쪽 참조. 현존하는 어진이 몇 건에 불과한 것에 비해 어진 제작의 전 과정을 기록한 의궤류는 여러 종이 남아있다. 이에 대해서는 이성미 외, 1997, 『朝鮮時代御眞關係都監儀軌研究』, 한국정신문화연구원 참조.

이에 비해 세도정치기에는 헌종 3년(1837)에 함흥부 濬源殿의 태조 영정이 훼손되어 다시 제작한 것을 제외하면,[126] 先代 影幀의 模寫가 전혀 행해지지 않았다. 그러므로 고종 9년(1872)에 국왕의 주도로 시행된 선왕의 어진모사 및 봉안행사는 정치적으로 주목할 만한 의미가 있는 것이다.

'高宗 9年'은 조선 개창 480년이 되는 해였으며, 이 사실은 이미 일년 전부터 강조되었다. 고종 8년(1871) 2월 친경 행사를 거행하던 중 의복 제도의 재정비에 대해 논의할 때에 영의정 김병학은 내년 壬申年은 開國한지 八回甲이 되는데, 國初의 옛 제도가 이제 와서 회복된 것은 우연이 아니라고 아뢴 바 있었다.[127] 이어 그 해 11월부터 다음해에 거행할 성대한 의식, 즉 太祖와 太宗에게 尊號를 올리는 행사를 거행하기 위하여 고종과 시원임대신, 예조의 당상들은 대대적인 회합을 가졌으며,[128] 여러 차례의 준비 행사를 시행하였다.[129] 마침내 고종 9년(1872, 21살) 새해 첫날이 되자, 勤政殿의 朝賀에서 판중추부사 이유원, 영의정 김병학 등은 '올해는 太祖가 조선을 세운지 여덟 번째 회갑이 되는 해로서 正殿에 임어하여 조하를 받으시니 국운이 새롭게 되었다'라는 축하의 인사를 올렸다.[130]

한편, 朝賀 의식 거행 중 신료들을 접견한 고종은 永禧殿 제 1실과 全州 慶基殿의 太祖 御眞이 오래되어 희미해졌으므로 이번에 다시 모사하고자 한다는 뜻을 밝혔다. 그리고 다음과 같이 傳敎하였다.

> 장차 太廟에 冊文을 친히 올릴 것인데 南殿(영희전) 제 1실의 태조 어진은 모사한 지 오래 되어 영정이 희미해졌으니, 올해에 어진을 模寫하는 일은 진실로 人情과 禮에 합당한 것이다. 이전부터 어진을 옮겨 모사하고 봉안할

---

126) 헌종 3년의 태조어진 模寫작업에 대해서는 제 1장 3절 참조.
127) 『승정원일기』 고종 8년 2월 10일
128) 『승정원일기』 고종 8년 11월 11일
129) 『승정원일기』 고종 8년 11월 16일~19일 기사
130) 『승정원일기』 고종 9년 1월 1일

때에는 모두 都監을 설치하였으니, 이번에도 다르지 않게 함이 마땅하고, 이미 우리 조정에 근거로 삼을 만한 故事가 있다. 지금부터 모사하는 등의 절차는 宗親府로 하여금 擇日하여 규정에 따라 거행할 것을 분부한다.[131]

영희전의 태조 영정은 영조 24년(1748)에 그려진 것으로 거의 120여 년이 된 것이었다.[132] 이 전교로 보아 고종은 태조의 영정이 낡았음을 이미 알고 있었고, 왕조 개창 480주년 기념행사를 계기로 다시 제작하려 하였음을 알 수 있다.

전교를 내린 며칠 뒤 고종은 영희전에 나아가 展謁하면서 이곳에 모셔진 영정들을 일일이 살펴보았다. 제 1실의 태조 영정이 낡았다는 사실을 다시 확인하였으며, 제 2실의 세조와 제 3실의 원종, 제 4실의 숙종, 제 5실의 영조, 제 6실 순조 등의 영정도 직접 살펴보며 어진에 나타난 의복의 변화에 대해 신료들과 대화를 나누었다. 아울러 흥인군 이최응과 판중추부사 이유원, 영의정 김병학 등과 御眞 模寫에 대해 의논하였다. 그리고 다음날에는 제 3실에 봉안된 원종의 어진도 희미하다는 이유로 이번에 함께 모사하라고 지시하였다.[133] 원종의 어진 역시 영조 24년(1748)에 제작된 것이었다.

한편, 고종은 전주에 있는 경기전의 태조 영정도 모사한 지 오래되어 희미해졌을 것이라고 하며, 전라감사에게 경기전의 어진을 살펴보고 그 상태를 아뢰도록 명하였다.[134] 그러자 판중추부사 이유원은 20년 전에 자신이 호남감사로 있을 때에 어진을 우러러 뵈었는데, 그때에도 그림이 희미

---

131) 『승정원일기』 고종 9년 1월 1일
"上命書傳敎曰 太廟顯冊將親上 而南殿第一室御眞 奉模旣久 幀本熹微 迨今年移模 允合情禮矣 在前移模時 皆設都監 則今番事體 宜無異同 而旣有我朝可援之 故事 自今模寫等節 令宗府 擇日著式擧行事 分付"
132) 陳準鉉, 1994, 「英祖, 正祖代 御眞圖寫와 畵家들」 『서울大學校 博物館 年報』 6
133) 『승정원일기』 고종 9년 1월 6일 ; 7일
134) 당시 경기전의 태조 어진은 조선 초기에 제작된 것이라고 한다. 『고종실록』 고종 9년 5월 丁亥 기사 참조.

하여 다시 모사해야 한다는 논의가 있었다고 하면서 고종의 뜻에 적극 동조하였다.[135] 며칠 뒤에 '경기전의 태조 영정이 비단은 뜨고 채색은 터져서 곳곳이 희미하며, 옥축을 합해 봉한 곳 역시 어긋나 아랫사람으로서 보기에 아주 황송하다'라는 장계가 올라오자, 고종은 곧 경기전에 봉안할 것도 다시 그리도록 하였다.[136]

이에 前例에 따라 종친부의 주관아래 도감이 설치되었다. 이런 행사는 원래 종부시가 맡았는데,[137] 고종 즉위 후 종부시가 종친부에 합설되었기 때문에 종친부에서 담당하였던 것이다. 고종 9년(1872) 1월 16일에 興寅君 李最應, 永平君 李景應, 完平君 李昇應, 知宗正卿 李承輔 등 종친부의 宗正卿들이 御眞移模都監都廳의 監董으로 差下되었고,[138] 그 해 3월부터 본격적으로 일이 추진되었다. 4월 7일에는 어진을 모사하기 위하여 영희전에 있는 태조와 원종의 어진을 경복궁의 泰元殿으로 옮겨와 봉안하였는데, 이 때 고종은 친히 작헌례를 행하였다.[139] 이어 다음날부터 영정 모사 작업을 시작하였다. 태조의 어진은 영희전과 경기전에 봉안할 것을 모사하였고, 원종의 어진은 영희전에 모실 것을 제작하였다.

두 선왕의 영정을 다시 그리는 일은 한달 정도가 걸렸다. 그 해 5월 4일에 고종은 新本이 완성되었다는 보고를 듣자 태원전에 나아가 신본 앞에서 친히 작헌례를 행하였으며, 태조와 원종의 새 어진에 대한 표제도 직접 써서 내려보냈다.[140] 이어 신구본의 어진을 영희전으로 還奉하였으며,[141] 구

---

135) 『승정원일기』 고종 9월 1월 1일
136) 『승정원일기』 고종 9년 1월 14일
"傳曰 南殿御眞奉模吉日 向以完伯奉審後推擇之意 有以下敎 而今見狀啓 則慶基殿處奉幀本 絹漸彩皺 往往稀微 玉軸合封 亦爲動退 下情寞寞惶悚 今番移模時奉模 允合情禮 日子并以三月念後擇入事 分付宗府"
137) 조선미, 1982, 『한국초상화 연구』, 열화당, 157쪽
138) 『御眞移模儀軌』(藏 文 K2-2764) 「座目」
139) 『御眞移模儀軌』(藏 文 K2-2764) 「時日」
140) 『고종실록』 고종 9년 5월 3일 ; 4일

본은 세초하여 땅에 묻도록 하였다.[142]

　이 행사와 함께 영희전에 보관되어 있던 숙종과 영조의 長寧殿本 어진을 선원전으로 移奉하였다. 이 영정들은 원래 강화도 長寧殿에 봉안되어 있던 것인데, 고종 3년(1867) 병인양요 때 프랑스군의 방화로 장녕전이 소실되자 영희전에 임시로 보관되어 있었던 것이다.[143]

　고종 9년 5월 숙종과 영조의 장녕전본 어진을 선원전에 봉안하는 날에 고종은 시원임대신, 종친, 의빈, 시원임각신 등 2품 이상의 신료들에게 모두 입시하라고 전교하였다. 이날 고종은 익선관과 곤룡포를 갖추고, 종친과 문무 백관은 흑단령을 입고 예에 따라 봉안 의식을 거행하였다.[144]

　태조어진의 영희전 봉안은 영정제작 직후 거행되었으나, 경기전에 봉안할 태조의 新舊 影幀은 더운 철이므로 봉안하기 편치 않다는 이유로 가을에 봉안하도록 하였다.[145] 이 때문에 그 해 9월 20일에 陪從大臣 右議政 洪淳穆과 知宗正卿兼禮曹判書 李承輔, 承旨 趙慶鎬 등이 영정을 모시고 길을 떠나게 되었다. 그러자 고종은 숭례문까지 나와 영정을 모신 神輦을 祗送하였다. 이 날 고종은 배종 신료들을 접견하면서 매일 두 차례씩 상황을 보고하도록 하였고, 輦路를 왕래할 때 민생의 질고와 수령의 선악에 관해 듣는대로 자세히 살펴서 소상히 아뢰며, 下屬들이 연로에 민폐를 끼치지 않도록 각별히 단속하라고 당부하였다.[146]

---

141) 『어진이모의궤』 「시일」 5월 초 4일
142) 『승정원일기』 고종 9년 5월 6일
143) 고종 3년 병인양요가 발발하여 프랑스군이 강화 읍성을 점령하였을 때에 두 어진은 戰禍를 피해 白蓮寺로 移奉되었다. 그런데 프랑스군이 장녕전을 소각하였기 때문에 병인양요가 끝난 후에도 두 어진은 원래의 眞殿에 봉안되지 못하고, 백련사에서 寅火堡를 거쳐 영희전에 보관되어 있었다. 고종은 이곳에 임시 보관할 때도 직접 행차하여 어진을 살펴보고 작헌례를 거행한 일이 있었다.(『고종실록』 상, 고종 3년 9월 甲子 ; 乙丑 ; 丙子)
144) 『승정원일기』 고종 9년 5월 8일
145) 『승정원일기』 고종 9년 5월 4일
146) 『승정원일기』 고종 9년 9월 20일

神輦에 안치된 영정은 儀仗과 挾輦軍의 호위를 받으며 6일 동안 시흥, 수원, 천안, 공주, 여산 등을 거쳐 같은 달 26일에 전주의 경기전에 봉안되었다.[147] 다음날에 배종대신 홍순목 등은 고종의 명에 따라 종실의 시조를 모신 肇慶廟를 살펴보았으며, 돌아올 때에는 남연군의 묘도 봉심하였다.[148]

선대의 영정을 다시 제작하는 행사는 조선왕조 개창 480주년을 기념하기 위한 여러 축하 의식을 거행하는 가운데 시작되었다. 처음에는 영희전에 있는 태조의 영정만을 모사할 예정이었으나, 고종의 명에 따라 경기전의 어진과 영희전의 원종 영정도 새로 제작하여 봉안하도록 하였다. 아울러 병인양요 이후 영희전에 임시로 보관되어 있던 숙종과 영조의 어진을 선원전에 정식으로 봉안하면서, 여러 영정을 각각의 眞殿에 재배치하는 대대적인 행사가 거행되었다.[149] 그리고 그 과정을 살펴보면 각 단계마다 고종이 적극 주도하였음을 확인할 수 있다.

왕실 행사 때마다 대원군은 공식적으로 또는 비공식적으로 그 위상을 보여주었다. 그러나 어진 모사와 진전 봉환 행사의 경우 대원군이 직접 관여한 흔적을 찾을 수 없다.[150] 다만 고종 9년(1872) 9월 20일에 태조 어진의 경기전 봉환 행사가 끝난 직후에 고종이 선혜청을 방문하자 신료들은 대원군의 업적을 강조하였다. 국왕이 정부의 아문을 특별한 이유없이 방문하는 것은 무척 드문 일이었다. 고종 2년(1865, 14살) 10월에 의정부에 친림한

---

147) 舊本은 다음날에 백자항아리에 넣어 경기전 북쪽에 묻었다.[『御眞移模儀軌』(藏文 K2-2764)「啓辭」]
148) 『고종실록』상, 고종 9년 8월 丁丑 ; 9월 辛丑
149) 고종은 고종 18년(1881) 강화부 행궁과 외규장각, 장녕전, 만녕전을 다시 조성할 것을 계획하였다. 이때 장녕전은 2室로, 만녕전은 室 구별없이 內合 10칸으로 설계하였다. 이에 대한 자세한 내용은 『江華府宮殿考』(奎 3169) 참조.
150) 고종 9년 12월에 종친과 신료들이 국왕에게 존호를 올릴 때에 고종의 업적 중의 하나로 先王의 御眞 模寫가 거론되었다. 이에 비해 고종 10년 윤 6월에 관학유생들이 대원군에게 大老 칭호를 건의할 때에 거론한 그의 업적 가운데 어진 모사는 제시되지 않았다. 이러한 사실은 어진 제작과 관련된 행사는 고종 주도로 이루어진 것임을 시사한다.

일이 있었는데, 이때에는 정부 최고의 아문인 의정부 건물의 重建 공사를 끝마친 것에 대해 축하하기 위한 것이었다.[151] 이처럼 국왕의 정부 아문의 친림은 특별한 이유가 있을 때에 드물게 시행되었다.

이때의 선혜청 방문은 그와 같은 명분이 없었다. 그런데 고종과 함께 한 도제조 김병학, 호조판서 김병국, 선혜청 당상 김세균은 모두 대원군의 배려로 대표적인 재정아문의 하나인 선혜청이 잘 운영되고 있다고 아뢰었다. 진전 봉안 행사의 거행과 아울러 고종이 선혜청을 방문하도록 하여 그동안의 대원군의 업적을 내세운 것이다.

이러한 보고에 대해 고종은 별 반응을 보이지 않았다. 그 보다 고종은 貢人들이 아전과 결탁하여 새로 봉납된 것으로만 貢價를 지불 받으려 하기 때문에 창고에는 묵은 것만 남는 선혜청 운영의 문제점을 지적하였다. 이에 김병학이 병폐인 것은 알고 있지만 아전들이 대수롭지 않게 여겨 고칠 수 없다고 보고하자, 고종은 폐해 발생시 호조와 선혜청 당상이 모를 수 없으므로 반드시 아전들을 刑訊하여고 유배보낼 것을 지시하였다. 그리고 그 자리에서 이러한 내용의 受敎를 게시하도록 하였다. 또한 김세균이 貢價 지불의 폐단이 봉납되는 물품의 질과 봉납 기간이 각각 달라 운영상 발생하는 경우도 있음을 아뢰자, 고종은 때에 따라 변통할 수 있지만 그렇지 않을 경우에는 모두 禁飭하도록 하였다. 아울러 아전들의 농간과 미곡이 제때에 봉납되지 않는 등의 폐단을 해결하기 위해 해당 관아에 關文을 보내어 엄히 신칙하도록 하교하였다.

고종은 선혜청 운영 방식의 문제점에 대해 정확히 인식하고 있었으며, 이를 해결하기 위해 책임있는 당상들이 좀 더 적극적으로 단속하도록 종용하였다. 아울러 선혜청의 여러 폐단에 관심을 보이며 이를 시정하는 즉각적

---

151) 2년(1865) 10월에 고종은 정부 최고의 아문인 의정부의 건물이 重建의 역사를 끝마친 것을 축하하기 위하여 시원임대신를 대동하고 친림하였으며, 영묘조의 故事에 따라 그 곳에서 試取를 시행한 일이 있었다.[『親臨政府時儀軌』(奎 14911)]

인 조처를 내리면서 국왕으로서의 입장을 강하게 보여주었던 것이다.[152] 이에 비해 신료들이 내세우는 대원군의 공적에는 별 반응을 보이지 않았다.

2) 御眞圖寫와 친위세력의 참여

고종 9년(1872, 21살) 새해 첫날에 국왕은 太祖의 影幀 模寫와 아울러 자신의 御眞도 圖寫할 것을 지시하였다.

> 금년에 내가 장차 어용을 그리려고 하는데, 이는 내가 추호라도 張大하게 하려는 뜻이 아니다. 삼가 영묘조와 정묘조를 살펴보건대 10년마다 어진 한 본을 모사하는 것이 곧 우리 왕실의 成憲이 되었다. 지금 나의 이 일은 실로 영조와 정조 두 조정에서 이미 행한 규례를 본받아 나온 것이며, 이는 또한 지금 선대의 뜻을 이어받는 한 가지 일인 것이다. 경기전의 태조 어진은 장차 監司의 보고를 기다려 택일을 하여 移模할 것이며, 이번 나의 어용은 마땅히 안에서 그릴 것이다.[153]

이처럼 고종이 자신의 어용을 그리겠다고 하자, 판중추부사 이유원은 '옛 법도에 비추어 볼 때 오히려 늦은 감이 있다'고 하면서 적극 동조하였으며, 영의정 김병학도 찬성하였다. 고종은 영조와 정조대에 행해졌던 규례에 따라 자신의 어용을 그리는 것이고, 이것은 선대의 뜻을 받드는 일임을 강조하였다. 이때의 어진제작은 先代의 예에 따라 大內에서 그리도록 하였기 때문에 도감은 설치하지 않았다.[154]

---

152) 『승정원일기』 고종 9년 9월 20일
153) 『승정원일기』 고종 9년 1월 1일
   "上曰 今年予將圖寫御容 而非予一毫張大之意 謹稽英廟朝正廟朝 每於十年 模寫一本 便成我家成憲 今予此擧 實此於體兩聖朝已行之規 此又今日繼述之一事也 慶基殿御眞 將待道啓 擇日移模 而今番則御容 當自內圖寫矣"

정조대 이후부터 당대 국왕의 어용은 大臣이나 戚臣, 尙衣院 소속 신료들이 監董으로 임명되어 제작을 주도하였다. 정조 15년(1791)에 어진을 도사할 때는 좌의정이자 규장각 원임제학인 蔡濟恭이 총괄하였고, 순조 30년(1830)에는 순조의 장인인 검교제학 金祖淳과 효명세자의 신임을 받고 있던 원임직제학 金路 등이 어진도사를 주관하였다. 헌종 때에는 헌종 12년(1846)에 척신이자 규장각 제학인 趙秉鉉이 주도하였고, 철종 3년(1852)에는 검교직제학 金炳冀, 검교대교 金炳國 등 외척 출신들이 맡았다.[155]

고종의 어진제작도 檢校直提學 趙寧夏, 李載冕, 閔升鎬, 趙成夏와 直提學 趙慶鎬 등이 감동이 되어 담당하였다. 이들은 모두 고종의 친척이거나 외척이며 개인적으로도 매우 가까운 인물들이었다.

신정왕후의 조카인 趙寧夏(1845~1884)의 아버지는 豊恩府院君 趙萬永의 아들이자 헌종대에 영의정을 지낸 趙寅永의 양자인 趙秉夔이고, 어머니는 金祖淳의 손녀였다. 당시 그는 신정왕후의 가장 가까운 혈육으로서[156] 철종 14년(1863) 庭試로 출사하여[157] 고종 즉위 직후에 바로 동부승지에 임명되었고 성균관 대사성, 이조참판 등을 역임하였으나 고종 6년(1869) 이후에는 그리 활발한 정치활동을 하지 않았다. 그러나 고종 친정 직후에는 禁衛大將에 임명되었고, 고종 11년(1874)에 국왕 주도로 武衛所가 설치되자 이를 책임지는 都統使가 되었다.

李載冕(1845~1912)은 고종의 친형으로[158] 고종 1년(1864) 庭試에 합격

---

154) 고종 9년의 어진 제작은 비공식적으로 진행되었다. 이 때문에 이 시기 어진도사에 대한 기록은 쉽게 찾을 수가 없다. 다만 藏書閣에 소장되어 있는 『御眞圖寫謄錄』(藏 K2-2760)에서 일의 진행에 대한 간단한 사항만을 확인 할 수 있다.
155) 자세한 내용은 제 1장 3절 참조.
156) 조성하와 조녕하의 가계에 대해서는 『豊壤趙氏世譜』(奎 168) 제 8책 漢平君派 참조.
157) 이하 인물들의 과거 급제 사항에 대해서는 송준호·E.Wagner 외, 2008, 『朝鮮文科榜目 CD-Rom』, 동방미디어 참조.
158) 『璿源續譜』(규 8401의 2) 卷5

하였고 다음해에 특별히 동부승지에 발탁되었고, 이조참의와 참판 등을 역임하였으며 종정경으로서 산실청 당상 등을 맡았다. 고종 14년(1877)에는 完和君의 冠禮를 주관하였다.[159]

閔升鎬(1830~1874)는 고종의 처남으로[160] 고종 1년 增廣試에 합격한 후 홍문관 교리와 응교, 규장각 직각, 이조참의를 거쳐 고종 9년(1872)에 수원부유수를 역임하였다. 친정 직전 병조판서에 임명되었으나[161] 고종 11년(1874)에 어머니 韓昌府夫人 등과 함께 의문의 폭발사고로 죽었다. 이때 고종은 그가 성실하고 근면하여 의지하고 믿었으며, 장차 크게 쓰려고 하였는데 포부를 펴지 못한 채 갑작스러운 죽음을 맞이하였다고 하면서 안타까워하였다.[162]

趙成夏(1845~1881)는 조녕하와 마찬가지로 신정왕후의 조카였다. 원래 趙秉駿의 아들로서 신정왕후의 친형제인 秉龜의 양자가 되었다.[163] 철종 9년 春塘臺 九日製를 거쳐, 12년(1861) 式年試를 통해 출사하였다. 고종 즉위 직후에 특별히 승정원 동부승지에 발탁되었고, 대사성, 이조참의와 참판, 규장각 직제학 등에 임명되었다. 조녕하와 마찬가지로 고종 6년 이후에는 별로 활동을 하지 못하다가 고종 11년에 평안도 관찰사가 되었으며, 예조와 이조판서를 역임하였다.

趙慶鎬(1837~1914)[164]는 林川 趙氏 基晋의 아들이자 고종의 매부로

---

159) 『고종실록』 상, 고종 14년 10월 丁酉
160) 白鐘基, 1981, 『韓國近代史硏究』 博英社 60쪽 ; 한영우, 『명성황후와 대한제국』, 효형출판, 21쪽
161) 『고종실록』 상, 고종 10년 9월 乙卯
162) 『승정원일기』 고종 11년 11월 28일
163) 『豊壤趙氏世譜』(奎 168) 제8책 漢平君派 참조.
164) 趙慶鎬의 생몰년은 정확히 확인할 수 없다. 특히 그는 한일합방 이후에 작위를 거부한 채 은둔하였기 때문에 언제 죽었는지의 기록을 쉽게 찾을 수 없다. 다만 『순종실록』 순종 7년(1914) 10월 28일에 昌德宮과 德壽宮에서 특별히 前判敦寧 趙慶鎬의 喪에 돈 600원을 내렸다는 기사가 있어 그의 沒年을 추정한 것이다.

서[165] 고종 즉위 직후에 仁政殿 柑製에 합격하고, 다음해 進士가 된 뒤에 奎章閣 待敎가 되었다. 고종 6년(1869, 18살)에 국왕의 누이인 숙부인 이씨가 죽었는데, 이때 고종은 몹시 슬퍼하면서 직접 제문을 지어 보냈으며, 대궐 안 금천교에서 망곡을 거행하는 등 애틋한 정을 표현하였다. 그 뒤에도 그는 승지 등을 지내며 고종을 가까이 모셨다. 고종 9년에도 경기전에 태조의 새 어진을 봉안할 때에 승지가 되어 따라 갔으며, 고종의 명을 받들어 돌아올 때는 남연군의 묘를 돌아보는 등의 일을 하였다.

어용 제작을 담당한 이상의 인물들 가운데 조녕하, 이재면, 조성하는 모두 동갑이자 고종과 같은 20대의 젊은 나이였다. 영·정조대에는 대개 대신들이 감동이 되었던 것에 비해,[166] 고종은 40세 미만의 젊은 신료들 가운데 자신과 인척관계에 있는 가까운 인물들을 책임자로 임명하여 자신의 어진 제작 업무를 맡겼던 것이다.

한편, 조영하와 조성하를 제외하면 이들은 모두 고종 즉위 직후에 과거에 급제하여 중앙정계에 出仕하였다. 그런데 그들이 거친 과거시험은 모두 式年의 정기시가 아니라 각종 別試였다. 조성하와 조경호는 최종적으로는 式年試를 통해 진출하였으나 그 전에 이미 임금이 친림하는 九日製와 柑製에 합격한 경력을 갖고 있었다.[167]

그들의 官歷을 살펴보면, 과거 급제 후 민승호와 조경호는 文翰官으로 진출하였고 조영하, 이재면, 조성호 등은 특별히 승지로 발탁된 공통점을 가지고 있으나 그 이후 정치적으로 그리 중요한 직책을 맡지 않았으며, 눈에 띄는 활동도 하지 않았다. 그러나 앞서 보았듯이 이들의 관계 진출은 고종과 밀접하게 관련되어 있었고 그 지원세력으로서 무시할 수 없는 존재

---

165) 『司馬榜目』 高宗 2년 式年 進士
166) 진준현, 1994, 「英祖, 正祖代 御眞圖寫와 畵家들」 『서울大學校博物館年報』, 6, 32~33쪽
167) 조선시대 각종 別試에 대해서는 車美姬, 1999, 『朝鮮時代 文科制度硏究』, 國學資料院, 151~182쪽 참조.

들이었다. 이 때문에 고종 10년(1873) 친정이 실시되자 곧 중요 직책에 발탁되어 친위세력을 형성하였던 것이다.

이들이 주축이 되어 제작한 고종 9년의 어진은 冕服本, 翼善冠正面大本, 軍服大本, 軍服小本, 幅巾小本 등 모두 5본이었다. 같은 해 2월에 초본이 완성되어 장차 上綃를[168] 하게 되자 고종은 시원임대신, 종친과 의빈, 종정경, 시원임각신과 승지 등 여러 신료들에게 보여주며 각각의 소견을 아뢰게 하였다. 이때 판중추부사 이유원, 영의정 김병학, 우의정 홍순목 등은 복건복과 익선관복이 잘 되었다고 하였고, 박규수는 면복본이 좋다고 하는 등 여러 의견이 나왔다. 신료들의 의견을 들은 고종은 그들에게도 畫像이 있는지를 묻고 초본을 상초한 다음에도 모여 살펴보도록 하였다.[169] 그 해 4월 여러 본이 상초되었고, 5월에는 어진이 완성되었다.[170]

어진의 표제는 친정 이후에 작성하였다. 고종 11년(1874) 10월에 서향각에서 당시 명필이라고 이름이 났던 검교직제학 閔奎鎬가 어진 大本의 표제를 썼는데, 고종은 그의 솜씨에 만족하였다. 어진 가운데 小本의 표제는 뒷날 고종이 친히 쓰겠다고 하고 당시에는 작성하지 않았다.[171]

고종 9년에 이루어진 선왕의 어진모사와 국왕의 어진도사 행사는 이후 쉽게 다시 이루어지지 않았다. 10년에 한 번씩 어용을 圖寫하던 관행도 지

---

168) 상초는 그림을 비단에 옮기는 작업을 말한다. 어진 제작과정에 대해서는 다음의 논저 참조.
  조선미, 1983, 『韓國의 肖像畵』, 열화당, 156~165쪽
  이성미 외, 1997, 『朝鮮時代御眞關係都監儀軌硏究』, 한국정신문화연구원
  오수창, 1996, 「《高宗御眞圖寫都監儀軌》(奎 14000 서울대학교규장각 영인본) 해제」
169) 상초가 완성된 5월에도 역시 여러 신료들에게 보였다.(『御眞圖寫謄錄』 고종 9년 2월 10일)
170) 『어진도사등록』에는 고종 9년 壬申 4월에 上綃가 완성된 것까지만 기록되어 있고, 5월부터의 기록은 '五月'만 표기되어 있어 어진이 정확히 언제 완성되었는지는 알 수 없다. 봉안처 역시 확인되지 않는다.
171) 『고종실록』 상, 고종 11년 10월 庚午

켜지지 않았다.

大韓帝國이 성립된 뒤인 광무 6년(1902)에 고종은 자신의 즉위 40년임을 축하하며, 자신과 황태자의 어진을 제작하도록 하였다. 이때 고종황제는 '壬申年(고종 9)에 그린 면복본, 군복대본, 군복소본은 그 때 미흡하다는 논의가 있었다'고 하며 파기하라고 지시하였다.[172] 이에 따라 세 본은 洗草한 뒤 정결한 磁器 그릇에 담아 궤에 넣어 欽文閣에 봉안하였다.[173]

4. 尊號加上 의식의 거행

고종 9년(1872)에는 어진 제작과 함께 선왕과 왕실 어른들에게 존호를 올리는 행사가 대대적으로 행해졌다. 존호란 국왕의 공덕을 기리는 호칭이며 英祖代 이후 국왕에 대한 尊崇 작업이 빈번해지면서 尊號를 加上하는 의식도 자주 행해졌다.[174]

고종 즉위 후에도 존호가상 의식은 여러 차례 실행되었다.[175] 고종 1년(1864) 2월에는 대왕대비와 왕대비에게 존호를 올리고 인정전에서 축하의식을 거행하였으며 慶科를 시행하였다.[176] 이 행사는 철종 14년(1863)에 예정되었던 것인데, 철종이 갑자기 薨逝하자 새 국왕이 즉위한 뒤에 거행된

---

172) 『고종실록』 하, 광무 6년 6월 21일
173) 『고종어진도사도감의궤』(규 14000) 「詔勅」[규장각 영인본 51쪽]
174) 오수창, 1996, 「解題」『慈慶殿進爵整禮儀軌』(奎 14535, 서울대규장각영인본) ; 김지영, 2002, 「해제」『英祖四尊號上號都監儀軌』(奎 13296, 서울대규장각영인본)
175) 고종 즉위 후부터 대한제국 이전까지의 존호 가상 또는 추상 행사에 대해서는 김지영, 2002, 「해제」『英祖四尊號上號都監儀軌』(규 13296, 서울대규장각영인본) 참조.
176) 원래 존호를 올릴 때는 도감을 설치하여 거행하는데 이때에는 선왕의 거상 기간 중이었기 때문에 대왕대비가 도감의 설치를 미루었다. 이러한 사정 때문에 공식적인 거행 준비 등을 기록한 儀軌도 편찬되지 않은 것으로 여겨진다. 『고종실록』 상, 고종 1년 2월 甲申 기사 참조.

것이었다.[177]

고종 3년(1866) 2월에도 존호가상 행사가 있었다. 이때에는 공식적인 거상 기간이 끝난 것과 신정왕후의 수렴청정에 대한 공덕을 칭송하기 위한 것으로 익종, 헌종과 그 妃인 孝顯王后, 철종을 비롯하여 王大妃와 大妃에게 존호를 올렸다.[178]

고종 4년(1867)부터 6년(1869)까지 3년 동안은 매년 연초에 翼宗과 그 妃이자 대왕대비인 神貞王后 趙氏의 존호를 올리는 의식이 거행되었다. 고종 4년은 신정왕후의 육순이고, 5년은 환갑이며, 6년은 익종이 환갑이 되는 해였다. 특히 고종 6년은 경복궁 중건 공사가 마무리되어 이를 축하하기 위한 의미도 있었다. 이에 따라 대대적인 경축 행사를 준비하였는데, 이 가운데 하나가 익종의 존호를 추증하고 대왕대비의 존호를 가상하는 것이었다.[179] 이러한 행사는 왕통상 익종을 계승한 고종이 부모에 대한 지극한 효성을 나타내는 것이었기 때문에 신료들의 호응 속에 순조롭게 이루어졌다.

이같이 고종 즉위 후 거의 매년 이루어졌던 尊號 追上 또는 加上 의식은 왕통상 국왕의 至親에 해당되는 인물을 대상으로 한 것이었던데 비해 고종 9년(1872)의 행사는 달랐다. 고종 8년(1871) 11월에 고종은 대왕대비의 뜻을 받들어 시원임대신과 예조 당상들을 불러 '조선왕조 개창 480년'을 기념하여

---

177) 철종 14년의 尊號 加上의식은 중국 稗史의 잘못을 시정한 것에 대한 축하의 의미로 준비되었다. 당시 중국에서 간행된 鄭元慶의 『二十一史約編』에 조선의 宗系와 開國 때의 일을 잘못 기록한 부분이 있었다. 이에 조선에서는 使臣을 보내어 이의 시정을 요구하여 바로 잡았다. 바로 이 일에 대한 축하의 의미로 국왕은 熙倫正極粹德純聖이라는 존호를 王妃는 明純, 大王大妃는 弘德, 王大妃는 正穆이라는 존호를 加上하도록 준비하였으나 임금이 갑자기 죽음으로서 시행하지 못하였다. 『철종실록』 권48, 「行狀」 참조.
178) 『고종실록』 상, 고종 3년 2월 庚子
행사와 관련된 사항은 『(文祖神貞后八尊憲宗孝定后六尊哲宗哲仁后三尊)尊崇都監儀軌』(奎 13449) 참조.
179) 崔炳鈺, 1992, 「大院君의 下野에 대하여」 『西巖趙恒來교수화갑기념 한국사학논총』, 아세아문화사

그 거룩한 덕과 공적을 찬양할 수 있는 방안을 아뢰도록 하였다. 이에 영의정 김병학은 肅宗 癸亥年(숙종 9년, 1683)에 太祖와 太宗에게 존호 올린 일이 있었는데 이제 200년이나 되었다고 하며 두 선왕의 尊號 追上을 건의하였다. 그러자 고종은 肅宗代의 癸亥年은 태종이 과거에 합격한 해와 같은 干支였기 때문에 존호 추상을 허락한 것이었다고 부연 설명하면서 허락하였다.[180]

존호를 어떻게 정할 것인지에 대한 논의는 어렵지 않게 진행되었으며 玉冊文 작성도 쉽게 이루어졌다. 이어 고종 9년 1월 4일에 국왕은 친히 종묘에 나아가 책보를 올리고, 밤새워 春享大祭를 거행하였다.[181] 아울러 행사의 의의를 설명하는 교서를 내렸다. 그 내용은 태조대왕께서 새 왕조를 세우시고, 태종대왕께서 이를 도우셨으며, 두 분이 이룩한 國是를 이어받아, 이제 고종이 왕업을 계승하게 되었음을 천명한 것이었다. 그리고 숙종조의 고사에 따라 태조에게는 '應天肇統廣勳永命'을, 태종에게는 '建天體極大正啓佑'을 追上하였다. 고종은 근정전에 나아가 이를 반포하고 신료들의 陳賀를 받음으로서 두 선왕에 대한 追上尊號 행사를 마쳤다.[182]

고종 9년은 규모가 큰 왕실 행사가 자주 개최된 해이다. 영조대 이후 처음으로 개성부에 있는 제릉과 후릉에 행차하였으며, 선왕의 어진 제작과 眞殿 재정비, 존호추상 행사가 모두 이 해에 시행된 것이다. 이러한 의식의 거행은 기본적으로 모두 선왕을 대상으로 시행하는 왕실행사였다. 그런데 고종 9년 12월에 判宗正卿 李最應, 李景應, 知宗正卿 李昇應, 李承輔 등의 종친들은 국왕이 즉위하신 지 9년 동안 훌륭한 은택이 백성들에게 흠뻑 스며들었으니, 전하를 존경하고 숭앙하는 큰 이름을 올려야 한다고 주청하

---

180) 『고종실록』 상, 고종 8년 11월 丁酉
181) 존호를 올리는 의식에 대해서는 김지영, 2002, 「해제」 『英祖四尊號上號都監儀軌』(奎 13296, 서울대규장각영인본) 참조.
182) 『승정원일기』 고종 9년 1월 4일, 5일
추상존호 행사와 함께 경과실시와 대사면령이 시행되었다. 또한 이 행사를 준비하면서 영조 16년 개성부 행행의 의례를 참고하여 개성부에 있는 제릉과 후릉의 행차를 준비하였다.

였다. 그러나 고종은 자신의 나이가 아직 많지 않아 나라 일을 여유롭게 다루지 못한다고 하면서 사양하였다.[183]

고종의 반대의사에도 불구하고 종친과 신료들은 이 일을 더욱 적극적으로 요청하였다.[184] 영의정 洪淳穆, 좌의정 姜㳣, 우의정 韓啓源 등 대신들과 판종정경 李最應 등 종친들은 합문 밖에 모여 請對를 요청하며 존호를 올릴 것을 청하였다. 이것은 이제까지의 先王 追崇 행사와는 달리 지금 살아있는 임금을 높이자는 것이며, 고종의 입장에서는 자신의 공덕을 공인받는 것이었다. 이것은 명분을 중시하는 사회분위기에서 그 의미가 결코 작지 않은 것이었다.[185]

신료들이 주장한 존호 가상의 이유는 크게 두 가지로 나눌 수 있다. 하나는 철따라 先祖에게 규례대로 극진히 제사지낸 일, 正殿[경복궁]을 세워 옛날의 아름다움을 복구한 일, 尊號追上 및 御眞模寫, 璿派 후손승계의 정비, 왕실 족보의 편찬 등 왕실의 위상을 높인 것을 칭송하기 위한 것이었다.[186] 다른 하나는 異敎를 배척하여 인륜을 밝힌 일, 외세의 변고를 물리치고 유사시에 대비한 일, 신료들을 엄히 다스린 일, 澤梁과 궁방의 科斂을 금지한 일, 三政을 정비한 일 등 그 동안의 치적을 칭송하는 것이었다.[187]

---

183) 『승정원일기』 고종 9년 12월 16일
184) 고종에게 존호를 올리자는 요청은 淸의 同治帝가 17살이 되는 내년에 親政을 한다는 청 예부의 공식적인 자문이 도착한 시기에 나온 것이어서 정치적으로도 주목된다.(崔炳鈺, 1992, 「大院君의 下野에 대하여」 『西巖趙恒來교수화갑기념 한국사학논총』, 296~298쪽. 이 연구에서는 淸 同治帝의 친정이 고종 친정 시도의 계기가 된 사건의 하나로 보고 있다.)
185) 김지영, 2002, 「해제」 『英祖四尊號上號都監儀軌』(奎 13296, 서울대규장각영인본), 3쪽
186) 『승정원일기』 고종 9년 12월 16일
 "謁廟則試別科 咸聚譜牒 親加釐正 司空以下 配位旣詳載焉 四王子孫 旣封爵爲宮主郡主 旣改號焉 各派之中絶者繼其嗣 祀孫之零替者錄用 或滌誣案於丹書 或侑洞於黃壤 百代之寃鬱畢伸 九原之神魂胥祝"
187) 『승정원일기』 고종 9년 12월 16일

경기도 楊州에 내려가 있던 원로대신 판중추부사 이유원도 이 일로 급히 상경하여 종친과 신료들의 존호가상 요청에 더욱 힘을 보탰다.[188] 며칠 뒤에 고종은 거듭된 시원임대신들과 신료, 종친들의 요청을 허락하면서 英祖代의 故事에 따라 대왕대비, 왕대비, 대비에게도 존호를 올리도록 하고 이를 위한 도감을 설치하도록 하였다. 고종의 하교에 대해 홍순목, 이유원 등은 왕비에게도 존호를 올리자고 건의하였으며, 왕비에게도 존호를 올리도록 하였다.[189]

고종 9년 12월 20일에 존호도감이 설치되어 도제조에 영중추부사 이유원, 제조에 예조판서 조병휘, 행호조판서 김세균, 공조판서 정건조, 종정경 이재면이 임명되었다. 도감에서는 임금의 존호로 統天隆運肇極敦倫, 대왕대비는 協天, 왕대비는 貞徽, 대비는 粹寧, 왕비는 孝慈라는 칭호를 마련하였다.[190] 존호를 올리는 의식은 고종의 뜻에 따라 이듬해 4월 17일 근정전에서 거행되었다.[191]

이후에도 존호를 加上하거나 追上하는 의례는 여러 차례 행해졌다. 고종 12년(1875)에는 익종에게 효를 다하기 위하여 그의 神位를 대대로 받드는 世獻之禮의 거행을 천명하고, 신정왕후의 보령이 70세가 되는 것을 칭송하기 위한 존호를 올렸다. 또한 고종 16년(1879)에는 신정왕후의 결혼 60주년을 맞이하여 존호가상 행사를 거행하였다.

한편, 고종 10년(1873) 윤 6월에는 대원군의 덕을 칭송하며, 그에게 존칭을 올리자는 상소가 올라왔다. 관학유생 進士 李世愚 등은 지금 전하의

"斥異敎而式敍倫 海波息警 修文事而必有武備 陰雨禦侮 深軫宇庶之念 亶爲祈永之本 董正百僚 奔走率職 戒飭列省 靖共在服 巽軟者斥而不敍 廉謹者久於其位 申澤梁之厲禁 收宮房之科斂 畎畝無怨咨之聲 陬澨均讌康之樂 是以天心悅豫 年穀屢登 三政修擧 百嘉邕遂"

188) 최병옥, 992, 「大院君의 下野에 대하여」『西巖趙恒來교수화갑기념 한국사학논총』, 아세아문화사, 298~299쪽
189) 『승정원일기』 고종 9년 12월 20일
190) 『승정원일기』 고종 9년 12월 24일
191) 『上尊號都監儀軌』(古 4206-19) 「擧行日記」;「座目」

치적은 모두 옛 법도를 따른 것이고, 대원군이 좌우에서 보필한 덕이라고 하면서 그 존칭 칭호를 요청하였다. 이세우 등은 앞서 고종이 존호를 받을 때에 언급된 업적에 더하여 軍制 정비, 교육기관 증설, 墳墓의 경계 설정, 재정 충실 등의 사항을 거론하고, 친경 행사와 예악 문물의 정비도 내세워 왕실 행사 거행에 대원군이 개입하였다는 것도 은연 중에 드러냈다. 그리고 이러한 모든 공적은 고종이 위에서 행하고, 대원군이 앞에서 진달한 것이었다는 것을 강조하면서 다음과 같은 존칭 칭호를 요청하였다.

> 신들이 엎드려 생각하건대, 대원군은 나이와 덕이 모두 높을 뿐 아니라 正道를 보호하고 이단을 배척한 큰 공로가 있어서 天下 萬國이 우러러 감복하는 바이니, 그 실체가 있으면 그 이름이 있는 것 또한 천하 만세의 공통된 것입니다. 대원군의 작호는 본래부터 안팎이 공경히 받드는 것이지만 무릇 公私 간의 존칭에 '大老'라는 두 字를 붙여서 크게 우러르는 군중의 뜻에 부합하게 한다면 실로 전에 없는 훌륭한 일이며 斯文의 크나큰 다행일 것입니다.[192]

이를 보면, 대원군에게 특히 '大老'라는 공경의 칭호를 올려야 하는 이유는 異端을 배척하고 正道를 보호했다는데 있다는 것을 알 수 있다. 고종은 비답을 내려 대원군이 洋擾 때에 결단을 내려 衛正斥邪의 큰 공을 세웠음을 내세워 이들의 청을 허락하였다.[193] 그러나 고종이 이세우 등이 언급한 다른 공적에 대해서는 전혀 언급하지 않은 것도 주목할 만하다.

---

192) 『승정원일기』 고종 10년 윤 6월 21일
"臣等竊伏念 大院君不第齒德之皆尊 卽有衛闢之大功業 天下萬國之所欽服 而有其實則有其名 亦天下萬世之所共由也 大院君爵號 自是中外之敬奉 而凡於公私尊稱之際 隆之以大老二字 俾副顯仰之群情 則實光前之盛事 而斯文之大幸也云云"
193) 『승정원일기』 고종 10년 윤 6월 21일
"答曰 省疏具悉 衛正斥邪 有國先務 而況我國之講夫子學闢夫子道乎 此不可一日暫忘于中者也 年前洋擾 大院君一心快斷 衛斥大功 永有辭於後世 然則今玆所請 當謹依矣 爾等退修學業"

원래 '大老'라는 호칭은 『孟子』離婁章句上의 '두 노인은 천하의 大老이다'라는 구절에 나온 것으로, 여기에서 두 노인이란 伯夷와 太公으로서 나이와 덕이 높아 大老라고 한 것이다.[194] 그런데 이미 경기도 여주에 있는 宋時烈(1607~1689)의 사당에 '大老'라는 사액 현판이 있었기 때문에 이를 변경해야 하는 일이 발생하였다.[195] 고종은 이 사당의 현판을 '江漢'으로 바꾸도록 지시함으로써 이 문제를 해결하였다.[196]

대원군에게 존칭을 올리자는 제안의 이유를 보면 고종에게 존호를 올릴 때에 국왕의 공식적인 치적으로 인정된 것까지 대원군의 공으로 내세우는 형편이었다.[197] 그러나 그 과정에서 고종은 양요 때의 공적만을 인정함으로써 生父인 대원군에게 존경의 뜻을 보임과 동시에 국왕과는 같을 수 없다는 한계도 명확히 함으로써 자신의 정치적 위상을 더욱 강화하였다.

고종초기의 왕실행사는 국왕의 주도만으로 이루어진 것은 아니었으며 바로 이러한 점이 이 시기의 특징이라고 할 수 있다. 친정 이후에는 여러 왕실 행사의 시행이 이전에 비해 감소하였다. 이것은 고종이 명실상부한 국정 운영의 중심이 되었으므로 이전처럼 왕실 행사를 시행하여 자신의 역량을 보일 필요가 반감하였다는 것과 고종 13년(1876) 朝日修好條約 이후에 국내외의 상황이 빠르게 변하여 그러한 행사를 시행하기 어려운 사정이 자주 생겼기 때문이었다.

---

194) 『승정원일기』 고종 10년 윤 6월 21일
195) 顯宗과 肅宗代에 西人들이 尤庵 宋時烈을 大老로 추대하였다. 그런데 이때 대원군이 '나도 大老다'라고 自號하면서 우암을 조롱하였다고 한다.[황현(김준 역), 1994, 『매천야록』, 교문사, 50쪽]
196) 『승정원일기』 고종 10년 윤 6월 20일 ; 『고종실록』 상, 고종 10년 윤 6월 庚子
197) 대원군을 大老로 추대한 사건은 고종이 그 동안 대원군의 보좌를 받은 것에 대한 시인을 의미하는 한편, 이후로는 자신이 정치의 주체가 되겠다는 의지의 표현이었다고 한다. 이러한 주장은 황현이 『매천야록』에서도 언급하였다. 이에 대한 내용은 金炳佑, 2001, 「高宗의 親政體制 形成期 政治勢力의 動向」『大丘史學』 63, 14쪽 참조.

제5장

親政체제의 구축과
정책의 변화

1. 친정체제의 확립

1) 政局의 변화와 議政大臣의 교체

고종은 私家에서 성장하여 12살의 어린 나이로 왕위에 올랐으나, 성인으로 성장한 고종 7·8년경부터 경연과 여러 행사 등을 통해 자신의 정치적 위상과 역량을 확실히 드러냈다.[1] 특히 고종 9년(1872)에 고종이 先王에 대한 尊號追上 의식과 御眞模寫 등 여러 왕실행사를 주도하게 되자 정치권 내에도 변화의 조짐이 나타났다.[2] 議政府 大臣들의 전격적인 교체와 함께 次對 중심의 정국 운영, 그 동안 시행되었던 정책에 대한 비판과 이에 따른 개혁이 시도되었다. 고종의 친정체제는 바로 이러한 변화와 맞물려 이루어진 것이었다.

고종 9년(1872) 9월에 領議政 金炳學과 戶曹判書 金炳國 형제가 친어머

---

1) 고종이 즉위한 지 8년 되는 해부터 이전과는 다른 국왕으로서의 역량을 보였다는 의견은 이미 여러 차례 제기되었다. 이에 대해서는 다음의 연구 참조.
崔炳鈺, 1992, 「大院君의 下野에 대하여」『西巖趙恒來교수화갑기념 한국사학논총』
安外順, 1996, 「大院君執政期 권력구조에 관한 연구」, 이화여자대학교 박사학위논문
2) 고종의 친정 과정과 전후 정국의 변화에 대한 최근의 연구는 다음과 같다.
金永壽, 1991, 「大院君의 下野와 高宗의 政治的 役割」『한국정치사상사』, 박영사
崔炳鈺, 1992, 「大院君의 下野에 대하여」『西巖趙恒來교수화갑기념 한국사학논총』
殷丁泰, 1998, 「高宗親政 이후 政治體制 改革과 政治勢力의 動向」『韓國史論』40
張暎淑, 1999, 「高宗親政初期 軍令權의 推移와 軍制改編(1873~1884)」『史學研究』58·59
延甲洙, 2000, 「甲申政變 이전의 國內 政治勢力의 동향」『國史館論叢』93
金炳佑, 2001, 「高宗의 親政體制 形成期 政治勢力의 動向」『大丘史學』63
김형수, 2001, 「高宗의 親政과 開國政策研究-1873년~1876년-」『梨大史苑』33·34

니의 상을 당하여 잠시 중앙정계에서 물러나면서,³⁾ 그 해 11월에 領議政에 洪淳穆(1816~1884), 左議政에 姜㳒(1809~1887), 右議政에 韓啓源(1814~1882)이 임명되었다.⁴⁾ 김병학은 고종이 즉위하였을 때에 大臣으로서 새 왕실의 정통성을 공개적으로 지지한 인물이었으며, 의정부의 대표로서⁵⁾ 또는 직접 奏請하는 방법으로 여러 정책을 주도했다. 특히 각종 斥邪, 斥和 정책은 대부분 그가 건의한 것이었다. 그의 동생인 김병국 역시 고종 3년(1866)부터 9년(1872)까지 호조판서로 재임하면서 사창제 등 이 시기 개혁 정책 시행에 핵심적인 역할을 하였다. 이런 이력 때문에 대원군 정권에서 주도적인 역할을 하였다는 평을 들었다. 그러나 이들은 세도 문벌가문 출신으로서 자신의 판단에 근거하여 활동한 면도 있었다.⁶⁾ 이에 비해 새로 등용된 세 정승은 대원군과 좀 더 가까운 인물들이었다. 홍순목은 대원군과 친분관계에 있는 김정희의 조카사위였으며, 강노와 한계원은 당시인들이 '雲客'이라 지목하던 사람들이었다.⁷⁾

정치적 역량을 키워나가고 있던 고종은 이 같은 의정부의 구성과 운영에 대해 만족할 수 없었다. 고종은 10년(1873) 5월 廟堂의 사무가 적체되는 것을 비판하면서, 5월 5일로 예정된 次對를 이틀 앞당겨 시행하도록 지시하였다. 차대는 원래 대신들이 보고한 정책에 대해 국왕이 최종 결정을 내리기 위한 의결제도로서 영·정조대에 활성화되었던 것이다.⁸⁾ 그런데 세도정치기에 이어 고종 즉위 후 국왕이 국정을 주도하지 못하는 상황에서 거

---

3) 『승정원일기』 고종 9년 9월 29일
4) 연갑수, 2001, 『대원군집권기 부국강병정책 연구』, 서울대학교 출판부, 52~53쪽
5) 김병학은 고종 1년 1월 이조판서에 제수되었고, 2년 3월에는 좌의정에, 4년 5월에는 영의정에 임명되어 9년 9월까지 재임하였다.(金炳佑, 1991, 「大院君執權期 政治勢力의 性格」 『啓明史學』 2, 116~119쪽)
6) 대원군와 김병학, 김병국 형제의 정치적 관계에 대해서는 연갑수, 2001, 『대원군집권기 부국강병정책 연구』, 서울대학교 출판부, 51~53쪽 참조.
7) 金世恩, 1990, 「大院君執權期 軍事制度의 整備」 『韓國史論』 23, 292~293쪽
8) 次對에 대한 자세한 내용은 본 연구의 제 1장 1절 참조.

의 열리지 않았다.[9] 고종은 바로 이런 차대의 개최를 요구한 것이다. 그러자 좌의정 강노는 영의정 홍순목이 신병으로 이미 그 해 4월에 면직되었고, 자신도 병에 시달리고 있어 국왕의 뜻에 따르지 못한다는 箚子를 올렸다.[10] 결국 5월 3일의 차대는 열리지 못했다. 이에 대해 고종은 다시 한번 묘당의 사무가 적체되었다는 것을 강조하며, 登筵하지 않더라도 여러 사안들을 우선 보고하여 처리하라고 지시하였다.[11] 이것은 의정부가 제대로 다루지 못하고 있는 국정의 현안들을 국왕 자신이 직접 처리하겠다는 의지를 강력히 표명한 것이다.

이런 때에 고종 즉위 이후 시행된 여러 정책들을 비판하는 상소가 연이어 올라왔다. 그 해 5월 7일에 副司果 權仁成은 지난 10년 동안 탄핵의 글과 강직한 간언이 없었으며, 丙寅年(고종 3) 이후 强兵에 힘쓰고, 무기 관리에 비용을 들이지만 형식에 그치는 경우가 많다는 내용의 상소를 올렸다.[12] 이어 副護軍 姜晋奎가 궁궐과 各司를 다시 짓고 수리하기 위한 토목공사가 10년 가까이 계속되고 있어 모두 지쳐있는데, 또 乾淸宮을 짓느라 지나치게 과다한 경비를 쓰고 있음을 지적하는 글을 올렸다. 이에 대해 고종은 자신도 깊이 생각하고 있으며 모르고 있는 일이 아니라고 답하였다. 특히 강진규의 주장은 조목마다 절실하다고 평가하면서 그를 예조참판에 제수하였다.[13]

---

9) 고종초기 차대 개최 상황에 대해서는 〈표 5-1〉 참조.
10) 고종 10년 5월 당시 의정부 삼정승의 구성을 보면, 영의정 홍순목은 그 해 4월 29일에 면직되었고, 좌의정 강노(72.10.12~73.11.11)와 우의정 한계원(72.10.12~73.11.11)은 재임 중이었다. 고종 초기 삼정승의 역임명단과 기간에 대해서는 안외순, 1996, 「大院君執政期 권력구조에 관한 연구」, 이화여자대학교 박사학위논문, 74쪽 〈표 3-4〉 참조.
11) 『승정원일기』 고종 10년 5월 3일
   "答曰 …중략… 至於廟務積滯 殊涉可悶 雖未登筵 先爲禀裁 是所望也 傳曰此批答 遣史官傳諭"
12) 『승정원일기』 고종 10년 5월 7일, 10일
13) 고종이 부사과 권인성과 부호군 강진규의 상소를 계기로 국정운영의 주도권 장

고종은 기존에 시행되고 있던 몇몇 정책들에 대한 시정도 명하였다. 먼저 과거 응시를 위해 入城하는 유생들에게 門稅를 징수하는 것은 옳지 않다는 이유로 시정하도록 하였다. 都城門稅는 군비 확충 재원을 확보하기 위하여 고종 4년(1867)부터 시행한 것으로 중앙의 4 軍營이 收稅하여 세액을 매달 초 의정부와 운현궁에 보고하고 각 군영의 자금으로 활용하고 있었다.[14] 고종은 이를 담당한 각 軍營의 무리한 문세 징수를 질책한 것이었다. 訓鍊大將 李容熙 등은 제대로 단속하지 못한 자신들의 잘못이라고 사죄하였지만, 고종은 그 날 회합에 참여하지 못한 摠戎使 鄭岐源에게도 이 명을 전하고, 자신의 지시 내용을 朝紙에 실어 반포하도록 하였다.[15] 자신의 명령이 담당자들 뿐 아니라 모든 이들에게 알려지도록 한 조처였다.

都城門稅 문제는 앞서 고종 5년(1868)에 국정을 신랄하게 비판하다가 譴削 처분을 받았던 掌令 崔益鉉의 상소에서도 제기되었던 것이다.[16] 당시 고종은 門稅의 징수는 이전에도 그런 예가 있어 행한 것이라고 하면서 철폐요구를 간단히 거절한 바 있었다.[17] 그런데 5년 뒤에는 고종이 직접 도성 문세를 거론하며 시정을 지시하는 등 전과 정반대의 조치를 취한 것이다.

이 조처는 바로 실현되지 못하였다.[18] 두 달 뒤에 고종은 다시 이 門稅

악을 모색하였다는 평가도 있다. 김병우, 2001, 「高宗의 親政體制 形成期 政治勢力의 動向」『大丘史學』, 63, 121~122쪽 참조.
14) 연갑수, 2001,『대원군집권기 부국강병정책 연구』, 서울대학교 출판부, 218~223쪽
15) 朝紙에 반포하라는 고종의 지시에 대해 강노는 네 大門에 방을 내거는 것이 더 나은 방법이라고 하여 이를 따르도록 하였다.『승정원일기』고종 10년 8월 26일 기사 참조. ; 이 시기 都城門稅의 폐지과정에 대한 자세한 내용은 최병옥, 1992, 「大院君의 下野에 대하여」『西巖趙恒來교수화갑기념 한국사학논총』참조.
16) 고종 5년 10월에 장령 최익현은 登廳하지 않은 채 토목공사 정지, 원납전 停罷, 當百錢 혁파, 도성문세 금지 등을 요청하는 상소를 올렸다.(『승정원일기』고종 5년 10월 10일, 14일)
17)『승정원일기』고종 5년 10월 10일
18) 고종 10년 8월의 문세 혁파 지시는 바로 실현되지 못했다. 그 원인 중 하나는 대원군이 이전에 '국왕이 도성 문세를 혁파하라는 傳敎를 내리더라도 覆逆하라'

의 부당성을 지적하며 혁파하도록 하였는데, 이때 그 동안 잘못된 것을 바로잡지 못한 都城 4營의 將臣들에게 중징계 처분을 내리면서 비로소 收稅가 금지되었던 것이다.[19]

이와 함께 고종은 그 동안 정치적으로 중요한 역할을 하지 못했던 閔奎鎬와 趙寧夏 등을 승지로 발탁하였다.[20] 이어 崔益鉉을 동부승지에 임명하였는데, 그의 재등용은 정국 변화의 중요한 계기로 작용하였다. 최익현은 조정에 나오지 않은 채 '大臣과 六卿은 건의가 없고, 대간과 시종은 好事의 비방을 피하기만 한다'는 내용의 사직 상소를 올렸다. 고종은 최익현을 칭찬하며 호조참판으로 임명하였다.[21]

고종이 최익현의 상소에 대해 時事를 말한 것이라고 평가한 반면, 좌의정 강노와 우의정 한계원 등 대신들과 형조참의 안기영, 전정언 허원식 등 신료들은 강하게 반발하였다.[22] 성균관 유생들의 반발도 심했는데, 고종은 정직한 사람을 해치려 한다는 이유로 주모자들을 모두 遠惡地로 유배토록 명하였다.[23] 형조판서 조병창이 너무 무리한 처분이라고 반대하자, 고종은 '협잡한 무리들의 행동은 옳고, 나의 처분은 옳지 않은 것이냐'고 하면서 그에게도 譴削의 처분을 내리는 등 강경한 입장을 보이며 자신의 뜻을 굽히지 않았다.[24]

는 분부를 내렸기 때문이었다. 이에 대한 자세한 내용은 연갑수, 2001, 『대원군집권기 부국강병정책 연구』, 서울대학교 출판부, 220~221쪽 참조.
19) 『승정원일기』 고종 10년 10월 10일
20) 김병우, 2001, 「高宗의 親政體制 形成期 政治勢力의 動向」『大丘史學』, 63, 122~124쪽
21) 『승정원일기』 고종 10년 10월 25일
22) 고종 10년 최익현 상소 사건에 대한 고종과 신료들의 논쟁에 대해서는 본고 제2장 및 최병옥, 1992, 「大院君의 下野에 대하여」『西巖趙恒來교수화갑기념 한국사학논총』; 김병우, 2001, 「高宗의 親政體制 形成期 政治勢力의 動向」『大丘史學』, 63 참조.
23) 『승정원일기』 고종 10년 10월 29일
24) 『승정원일기』 고종 10년 11월 1일

최익현에 대한 논쟁은 정책에 대한 비판으로 확대되었다. 장령 홍시형은 최익현을 옹호하는 상소를 올리면서 시무책을 건의하였는데, 고종은 그의 의견을 일부 받아들여 願納錢과 結斂을 즉시 혁파하도록 하였다. 그러자 좌의정 강노는 聚斂에 대한 일은 원래 모두 大老 閤下의 분부를 받들어 행한 것이며, 올해에는 이미 거의 다 받아들여 남은 것이 얼마 없다는 이유로 반대하였다. 고종은 慶尙監司의 狀啓로 이러한 상황을 잘 알고 있다고 하면서 傳敎한 이후를 기점으로 자신의 지시를 거행하도록 하였다. 또 沿江收稅도 폐단이 되므로 묘당에서 의논하여 혁파하라고 지시하였다.[25] 고종이 이전 정책들에 대한 비판을 수용하면서 연이어 이를 시정하도록 지시하자, 강노는 사의를 표명하며 반발하였다.[26]

그 해 11월 4일에 최익현은 다시 한번 상소를 올려 그 동안 대원군이 주도한 정책들을 비판하였다.[27] 그러자 영돈녕 홍순목, 좌의정 강노, 우의정 한계원 등은 최익현에 대한 국청 설치를 요구하였다.[28] 이에 고종은 그들의 청을 허락하는 동시에 자신이 친히 온갖 기무를 총괄한다는 것을 朝紙에 실어 널리 알리도록 하였다.[29] 고종은 이전 정책에 대한 비판을 수용

---

25) 沿江收稅는 都城門稅 다음으로 규모가 큰 것으로서 대원군집권기에 시행된 대표적인 雜稅의 하나였다. 이에 대한 자세한 사항은 고종 연갑수, 2001, 『대원군집권기 부국강병정책 연구』, 서울대학교 출판부, 218~223쪽 참조.
26) 강노는 고종 10년 10월 4일에 사의를 표명하지만, 고종이 그를 파직시키는 그해 11월 11일까지 좌의정으로서 최익현의 국청 요구에 앞장섰다.(『승정원일기』 고종 10년 10월 4일 ; 11월 11일)
27) 친정 직전 최익현의 상소와 그가 야기한 정치 상황에 대해서는 이미 여러 논문에서 다루어졌다. 이에 대한 자세한 사항은 최병옥, 1992, 「大院君의 下野에 대하여」 『西巖趙恒來교수화갑기념 한국사학논총』 ; 김병우, 2001, 「高宗의 親政體制 形成期 政治勢力의 動向」 『大丘史學』, 63 참조.
28) 『승정원일기』 고종 10년 11월 4일
29) 고종 10년 11월 4일에 고종이 친정을 선포하고자 했다는 내용은 확인되지 않는다. 다만 하루 뒤 고종과 홍순목의 대화에서 이를 확인할 수 있다. 당시 대신들은 대왕대비의 철렴 이후 이미 친정을 거행하고 있다는 말로서 이를 저지하였다. 『승정원일기』 고종 10년 11월 5일 기사 참조.

하는 과정에서 이에 반발하는 신료들과 입장을 달리하였고, 그 갈등 과정에서 친정을 선언한 것이었다.

이후 최익현에 대한 국청이 열렸으나 한 번 심문한 뒤 바로 거두어졌으며, 고종은 그가 무식한 시골사람이라 분수를 몰랐을 뿐이라고 하면서 제주목에 위리안치시키도록 하였다. 이 지시는 곧 신료들의 반발을 불러일으켰다. 그러나 고종은 신정왕후의 살리기 좋아하는 덕을 따른 조치라고 하며 자신의 처분을 즉시 시행하도록 하였다.

일이 쉽게 수습되지 않자 고종은 이 일이 신정왕후의 지지를 받고 있음을 거듭 내세워 자신의 뜻을 굽히지 않았다.[30] 이에 대신들은 義理의 소재를 들먹이며 반대하였는데, 고종은 자신은 慈聖에 대한 효리와 의리만을 알 뿐 그 밖의 것은 모른다는 말을 하면서 이들을 반박하였다. 고종이 계속 단호한 입장을 보이자 신료들은 이번 옥사를 바로 처리하지 말고 내년 봄에 해결하자고 요청하였다. 그러나 고종은 내년에 나라의 큰 경사가 있는데[31] 어찌 이 일을 다시 따지겠느냐고 하면서 지금 확실히 매듭지을 것임을 분명히 하였다.[32]

신료들의 반발은 수그러들지 않았다. 영돈녕 홍순목, 좌의정 강노, 우의정 한계원 등은 바로 성 밖에 나아가 대죄하였고, 의금부는 여전히 고종의 처분을 거행하지 않았다. 그러자 고종은 다음과 같은 傳敎를 내렸다.

> 나는 국청에 참여한 대신들의 일에 개탄스러움을 금할 수 없다. 최익현의 일은 그 동안 下敎에서 이미 나의 뜻을 다 말하였고, 또 慈聖의 하교가 내

---

30) 『승정원일기』 고종 10년 11월 9일
31) 고종 11년 봄의 큰 경사가 무엇인지 구체적으로 언급되지 않지만 元子의 탄생을 염두에 두었던 듯하다. 원자(순종)는 고종 11년 2월 8일에 태어났다.(『승정원일기』 고종 11년 2월 8일)
32) 이날 고종이 단호한 태도를 보임에도 불구하고 신료들이 물러가지 않자, 고종은 '東朝께서 아직까지 수라를 들지 않고 계시니, 나는 드시게 하고 싶을 뿐이다'라고 하면서 그들을 물리쳤다.(『승정원일기』 고종 10년 11월 9일)

려겼는데도 大義理로 간주하여 무단히 城을 나갔으니, 만약 임금을 사랑하는 마음이 있다면 어찌 이와 같이 하겠는가. 大官이라 하여 관대히 용서할 수 없다. 영돈녕 홍순목, 좌의정 강노, 우의정 한계원을 모두 파직하라.[33]

고종은 신정왕후의 절대적인 후원을 명분으로 내세우면서 받으며 자신의 의지대로 최익현의 일을 수습하고자 하였다. 이에 대해 강하게 반발하는 大臣들은 임금을 사랑하지 않는다고 비난하면서, 그들을 모두 파직하는 전격적인 조치를 취했다. 국왕이 직접 중앙의 대신들을 해임하는 것은 국왕 주도의 정계 개편을 천명하는 것으로, 새로운 정치세력을 바탕으로 새로운 체제를 구축하겠다는 의지를 표명한 것이었다.

고종은 곧 최익현 관련 논의에 전혀 참여하지 않은 채 향리에 머물러 있던 領府事 李裕元을 藥院과 三營의 都提調로 임명하였다. 동시에 정승의 자리가 모두 비어 묘당의 업무가 대부분 처리되지 않은 채 쌓여 있다는 이유로 그를 領議政에 제수하였다. 이유원은 종묘, 사직, 경모궁, 사옹원, 군기시, 군자감 등의 도제조 단망에도 올려졌다. 이에 대해 이유원이 4營의 軍務와 各司의 책무를 모두 한 몸에 모이게 하는 것은 중국에서도 보기 어려운 일이라고 하며 간곡히 사양하였으나, 고종은 적체된 업무를 속히 처리하여 국왕의 미치지 못하는 부분을 바로 잡아 줄 것을 바란다고 하며 속히 정계에 복귀하라고 요구하였다.[34]

고종 10년 11월 27일에 이유원이 영의정으로 등대하면서 정국은 새 방향으로 수습되기 시작하였다. 고종은 그에게 묘당이 텅비어 온갖 기무가 적체되어 한시가 급하다고 하면서 의심스럽고 어려운 것은 草記로 稟處하

---

33) 『승정원일기』 고종 10년 11월 11일
"傳曰 予於參鞫諸大臣事 不勝慨然矣 以崔益鉉事 前後下敎 已悉予衷 且慈聖下敎 之下 看作大義理 無端出城 如有愛君之心 豈可如是 不可以大官寬恕 領敦寧洪淳穆 左議政姜㳣 右議政韓啓源 竝施以罷職之典"
34) 『승정원일기』 고종 10년 11월 13일

여 지체되는 일이 없도록 할 것을 당부하였다.[35]

앞서 고종은 행호조판서 金世均에게 의정부 有司堂上의 임무를 수행하도록 하였다. 그는 고종 3년(1866) 5월부터 유상당상으로 의정부의 실무를 담당하였는데,[36] 친정 이후에도 계속 그 직을 맡도록 한 것이다.[37] 고종 10년 11월 13일에는 승지들에게 실제 병이 든 경우를 제외하고는 칭병하면서 나오지 않는 일이 없도록 하라고 신칙하였다.[38] 이어서 다음달[12월] 5일의 차대를 앞당겨 2일에 열라고 명하였다가 다시 하루 더 앞당기도록 하였다. 이에 따라 10년(1873) 12월 1일에 친정 후 첫 次對가 개최되었다.[39]

이어서 고종은 중요 관직에 새로운 인물들을 임명하였다.[40] 前前大提學 朴珪壽를 우의정에 임명하였고, 호위대장에 興寅君 李最應, 금위대장에 李景夏를 발탁하였다.[41] 그 해 12월 10일에 경복궁 화재사건을 계기로 박규수 등 새로 제수된 인물들이 登廳하면서[42] 영의정 이유원, 우의정 박규수, 호조판서 김세균 등을 중심으로 새로운 친정체제가 구축되었다.

고종의 친정체제에서 영의정이 된 이유원(1814~1888)은 慶州 李氏로 白沙 이항복의 9세손이며, 父인 李啓朝(1793~1856)는 공조·이조판서를 역임하였다. 그는 헌종 11년(1845)에 冬至使의 書狀官으로 청을 다녀왔고, 의

---

35) 『승정원일기』 고종 10년 11월 27일
36) 김형수, 2001, 「高宗의 親庭과 開國政策硏究 - 1873년~1876년 - 」 『梨大史苑』 33·34, 95~96쪽
37) 延甲洙, 1991, 「大院君 執政의 성격과 權力構造의 변화」 『한국사론』 27
38) 『승정원일기』 고종 10년 11월 13일 기사 참조.
39) 『승정원일기』 고종 10년 11월 27일, 29일 ; 12월 1일
40) 친정 전후시기 의정부 의정과 6조 판서 및 의정부 당상, 군영 장신에 대한 인사명단은 김형수, 2001, 「高宗의 親庭과 開國政策硏究 - 1873년~1876년 - 」 『梨大史苑』 33·34 참조.
41) 『승정원일기』 고종 10년 12월 2일~10일
42) 이때 박규수는 감당하지 못한 은명을 받고 어쩔 줄 몰라 하다가 화재 소식을 듣고 염치를 무릅쓰고 나와 숙배하였다고 하였다. 『승정원일기』 고종 10년 12월 10일 참조.

주부윤, 전라감사, 병조·형조판서 등을 거쳤다. 고종 2년(1865)에는 領中樞府事로『대전회통』편찬의 총재관을 역임하였다. 그는 친정 이전에도 왕실행사를 주도하면서 고종의 뜻을 강하게 지원하던 인물이었다. 고종 9년(1872)에 국왕이 경기전의 태조 영정을 다시 제작하려 하자 적극 찬성하였으며, 고종의 존호 가상 의식을 거행할 때에는 향리에서 올라와 이를 주도하면서 玉冊文 製述을 담당하였다.[43] 그가 편찬한『林下筆記』를 살펴보면 이유원은 국가의 재정, 국방, 官制와 관련된 분야에 많은 자료를 수집하였음을 알 수 있는데,[44] 이러한 관심과 그의 관력이 고종 친정이후의 여러 정책을 추진하는데 실무적 뒷받침을 제공하였던 것이다.

　친정체제 직후에 우의정이 된 박규수(1807~1876)는 朴趾源의 손자로서 젊었을 때 익종의 후원을 받았다.[45] 뛰어난 문학적 능력을 인정받아 文字 製進을 담당하는 예문제학·홍문제학 등의 직책에 자주 기용되었으며, 친정 이전시기에도 도승지와 경연관 등 왕의 최측근 관료로 활동하였다. 의정부 당상으로 장기간 재임하면서 한성판윤, 선혜청제조 등을 거쳤고, 대원군의 제반 정책에도 대체로 협조적이었다. 경상좌도암행어사와 진주민란안핵사, 평양감사 등 중요 지방관직을 역임하였으며, 철종 11년(1861)에는 熱河問安使로 청을 다녀왔다.[46] 고종 9년(1872)에도 進賀兼謝恩正使로 청을 다녀왔는데, 이때 고종에게 하직인사를 하면서 중국의 관리들 가운데

---

43) 이때 고종의 옥책문은 판중추부사 이유원이 담당하였고, 대왕대비의 옥책문은 영의정 홍순목이, 왕대비를 위해서는 좌의정 강노가, 대비의 옥책문은 판중추부사 김병기가, 중궁전의 옥책문은 지중추부사 김학성이 제술하였다.[『上尊號都監儀軌』(古 4206-19)「上號都監別單」]
44) 안대회, 1999,「해제」『임하필기』(민족문화추진회편, 국역 및 영인본)
45) 박규수의 정치적 입장에 대해서는 다양한 견해가 있다. 대원군 정권 안의 개혁파, 또는 실무관료, 풍양조씨계의 인물 등 여러 의견이 제시되었다. 이에 대한 연구 정리는 김형수, 2001,「高宗의 親庭과 開國政策硏究 - 1873년~1876년 -」『梨大史苑』33·34, 93쪽 참조.
46) 김명호, 2001,「大院君政權과 朴珪壽」『진단학보』92

서로 교유하고 있는 사람이 많으므로 청의 정세를 상세히 탐색해 오겠다고 자청하였다.[47] 귀국 후 복명 때에는 청의 양무 운동 등에 대해 자세히 보고하는 등 당시 국제 정세에 밝은 인물이었다.[48] 고종도 그가 중국의 일을 잘 알고 있다고 평할 정도였다.[49]

김세균(1812~1879)은 본관은 안동이지만 신정왕후와 이종사촌 사이였으며 일찍이 익종의 후원을 받았다. 홍문관제학, 이조참의를 거쳐 경상감사를 역임하였는데, 밤새워 문서를 검토하는 등 열심히 정사에 임하여 높은 평가를 받았다. 고종도 그가 일을 꼼꼼하게 처리한다고 칭찬하였다.[50] 고종 2년(1865) 의정부의 유사당상으로 임명된 이래 고종 10년까지 公事堂上으로 활약하였으며, 고종 9년에 김병국에 이어 호조판서에 임명되었다.[51]

이들은 모두 세도문벌 가문 출신이자 친정 이전에도 중앙정계에서 활약하였으며, 대원군과도 어느 정도 정치적 관계를 가지고 있었다. 박규수는 대원군의 경복궁 중건 추진을 지지하였으며, 김세균 역시 대원군 정권의 핵심인물이라고 할 수 있다.

친정 이전시기에 대원군의 정치적 영향력이 컸던 것은 일정 부분 고종의 동의 때문이었다.[52] 이것은 앞서 살펴본 서원 철폐 과정이나 의복제도의 정비 등에서 확인할 수 있다. 고종과 대원군이 처음부터 정치적으로 적대 관계는 아니었으며, 대원군집권기에 활약한 인물들이 계속 중앙정계에

---

47) 『승정원일기』 고종 9년 7월 2일
48) 『승정원일기』 고종 9년 12월 26일
49) 『승정원일기』 고종 10년 9월 10일
50) 『승정원일기』 고종 5년 10월 10일
51) 연갑수, 2001, 『대원군집권기 부국강병정책 연구』, 서울대학교 출판부, 57~59쪽
52) 고종은 즉위 초 생부인 대원군을 극진히 대우하며 정국 운영의 일부분을 의지하고 있었다. 6년 9월에 市廛에서 화재가 발생하자 국왕은 담당 신료들에게 수습방안에 대해 묘당에서 의논한 뒤, 대원군께 아뢰어 정하도록 명하였다.(『승정원일기』 고종 6년 9월) 이것은 고종이 스스로 대원군에서 국정 처리를 맡긴 대표적인 예라고 할 수 있다.

포진하는 것 또한 무리한 일이 아니었다.

  고종의 친정 실시 직후 중앙 정계 전반에 걸친 대대적인 정계 개편이 단행되지는 않았다.[53] 그러나 고종이 정국 운영에 중요한 역할을 하게 되자 이전과 다른 변화가 나타났다. 고종이 선호한 신료들은 자신을 지지할 뿐 아니라 실무에 정통하다고 평가받는 인사들이었다. 이유원, 박규수, 김세균 등이 바로 그에 해당하는 인물들이었다. 실무능력을 중시하는 점은 친정 직후 전국에 암행어사를 선발 파견하는 과정에서도 확인할 수 있다. 이때 발탁된 암행어사는 대부분 이전에도 정부의 요직을 맡았던 문벌가문의 자제들로서 모두 청요직을 역임했거나 재직 중이면서 실무 능력을 인정받은 관료들이었다.[54]

2) 次對의 강화

  고종은 친정을 시도하는 과정에서 신료들에게 次對를 자주 열도록 요구하였다. 차대는 원래 備邊司의 都提調인 議政과 提調인 堂上들이 회의에서 합의된 사항을 국왕에 보고하고 최종 결재를 받기 위해 마련된 제도였다. 常參이나 朝參에 비해 형식을 차리지 않았기 때문에 君臣이 쉽게 모여 정치 현안을 의결하는 실질적인 자리라고 할 수 있었다. 그러나 純祖代 이

---

53) 고종의 친정체제 구축이 전면적인 정계개편으로 직결된 것은 아니었다. 이에대해 고종의 친정이 확고한 세력 기반보다는 국왕 자신의 단호한 친정 의지에 기인하는 측면이 컸음을 보여주는 동시에 친정이 제도적으로 정착되지 못하였음을 보여주는 한계를 드러내는 것이라는 분석이 있다.(연갑수, 2000,「甲申政變 이전의 國內 政治勢力의 동향」『國史館論叢』93, 336~337쪽 ; 김형수, 2001,「高宗의 親庭과 開國政策硏究 - 1873년~1876년 - 」『梨大史苑』33・34, 100~101쪽)
54) 이때 파견된 암행어사로 대표적인 명문자제는 金世均의 아들 金明鎭, 洪淳穆의 아들 洪萬植, 朴雲壽의 손자 朴定陽 등이 있었다. 친정 직후 파견된 암행어사의 이러한 구성과 활동 때문에 그들의 목적이 지방에 있는 대원군 세력의 색출, 제거에 있었다는 종전의 견해에 대해 이견이 제기되었다. 이에 대한 자세한 사항은 韓哲昊, 1998,「고종 친정 초(1874) 암행어사 파견과 그 활동」『사학지』31 참조.

후 비변사가 정치적 실권을 가진 세도가문 출신의 몇몇 인사들을 중심으로 운영되고, 국왕이 정국을 주도하지 못하면서 차대는 거의 개최되지 않았던 것이다.

이런 사정은 고종 즉위 뒤에도 계속되었다. 고종 2년(1865) 3월에 비변사가 폐지되고,[55] 대원군이 정국 운영에 깊이 관여하면서 君臣의 공식 회합자리인 차대가 자주 열릴 이유가 없었던 것이다. 비변사가 폐지된 이후에 시원임대신과 당상들이 고종에게 국정을 보고하는 차대의 기능은 그대로 유지되었지만 한 달에 한 차례도 열리지 않는 경우가 대부분이었다.

〈표 5-1〉 고종초기 次對 개최 현황

년＼월	1월	2월	3월	4월	5월	6월	7월	8월	9월	10월	11월	12월	합
고종 1			1	1						1			3
고종 2	1		1		1	1						1	5
고종 3							1			1			2
고종 4	1			1				1				1	4
고종 5	1									1		1	3
고종 6			1										2
고종 7		1		1		1	1	1		1	1		7
고종 8							1				1		2
고종 9	1			1			1			1		1	5
고종 10	1					1	1	1				2	6
고종 11	1		2	2	1	2	1		1		1		11
고종 12	1	1	1		1		1	1	1	1	1		9
고종 13	1	2	1	1	1				2	1	3	4	16
고종 14	1	1		1		1	3	1			1		9
고종 15	1		3	1		1			1		1		9

『승정원일기』 고종 1년~15년 차대 관련기사 참조

---

55) 고종대 비변사의 폐지과정에 대해서는 김세은, 1990, 「대원군집권기 군사제도의 정비」 『한국사론』 23 ; 연갑수, 2001, 『대원군집권기 부국강병정책 연구』, 서울대학교 출판부, 제2절 참조.

〈표 5-1〉은 고종 1년(1864)에서 15년(1878)까지 次對가 개최된 횟수를 정리한 것이다.[56] 이를 보면, 고종 10년(1873) 친정 전까지는 한 달에 1회도 제대로 열리지 않았음을 알 수 있다. 이렇게 부실하게 된 데에는 여러 이유가 있겠지만, 가장 큰 원인은 君臣의 회동이 정국 운영의 중심이 되지 못했기 때문이었다.

즉위 초기 고종은 정국을 주도 할만한 역량을 갖추지 못하였고, 신료들도 제 구실을 다하지 못하고 있었다. 예를 들어, 신정왕후 조씨의 수렴청정 기간인 고종 1년(1864) 11월 20일의 次對는 登筵한 宰臣이 너무 적어 문제가 되었다. 이 당시 비변사 당상의 인원은 약 60명 정도였으며, 최소한 50명 이상이 차대에 참석해야 했는데, 이날 차대에 참석한 당상은 6명에 불과하였다.[57] 고종이 명목상 친정을 시작한 직후의 첫 차대도 규정에 따라 고종 3년(1866) 1월 5일에 개최되어야 했지만 領議政 趙斗淳은 병을 앓고 있고, 左議政 金炳學은 시급하게 稟定할 일이 없으며, 右議政 柳厚祚는 아직 숙배하지 않아 모일 수 없다는 이유로 이루어지지 않았다.[58]

고종 3년(1866) 9월 병인양요와 같은 국가의 긴급 사태가 발생했을 때에도 의정부의 坐起日과 겹쳐 賓廳에는 모일 수 없다는 이유로 차대가 열리지 않았다.[59] 양요가 발발하였을 때 고종은 모든 일 처리를 신료들에게 맡겼다. 이 때문에 외세 침입과 같은 긴급한 軍國 사무임에도 이를 논의하

---

56) 고종 2년(1865)에 비변사가 폐지되었지만 次對는 여전히 시원임대신과 당상들이 국왕에게 정책을 보고하고 이를 의결하는 제도로 존속하였다. 다만, 『승정원일기』에서 차대를 열라고 지시한 날에 '賓廳에 모인다', 또는 '대신들을 引見'한다는 등의 표현을 사용하기도 한다. 이는 君臣이 각각의 입장에서 표현하였기 때문에 나타나는 것이라고 생각된다.
57) 고종 1년 11월 20일의 차대 참석 인원에 대해 신정왕후는 이처럼 적은 인원만 모인 것은 사체에 어긋난다고 하며 이유 없이 참석하지 않은 사람들은 모두 파직시키도록 하였다.(연갑수, 2001, 『대원군집권기 부국강병정책 연구』, 서울대학교 출판부, 36~37쪽)
58) 『승정원일기』 고종 3년 1월 5일
59) 『승정원일기』 고종 3년 9월 10일, 15일

기 위한 君臣 회합을 가질 필요가 없었다. 의정부의 일 때문에 차대가 개최되지 않은 것은 바로 이러한 사정을 반영하는 것이다.

고종 8년(1871) 4월 신미양요 때에도 영의정 김병학은 시급히 아뢸 일이 없고, 좌의정은 아직 차임되지 않았으며, 우의정 홍순목은 신병 때문에 모일 수 없다는 이유로 차대가 이루어지지 않았다.[60] 이런 상황은 당시 대원군이 군국 사무와 관련된 일을 대부분 주도하고 있었기 때문에 나타난 것이기도 하였다.[61]

반면, 〈표 5-1〉에 나타나듯이 친정 이후 고종이 직접 정무를 살피게 되면서 차대도 자주 열렸다. 영·정조대처럼 한달 6회의 규정이 지켜진 것은 아니었으나 고종 11년(1874) 이후 차대의 개최횟수는 이전 시기에 비해 두 배 이상이 되었으며 그 운영 내용도 달랐다.

고종 10년(1873) 12월 1일에 고종은 규정상 5일에 개최되어야 하는 차대를 앞당겨 행하였다. 이 차대는 고종이 친정 의사를 밝힌 뒤에 임명한 새 영의정 이유원이 등단하면서 처음으로 열린 것이었다. 고종은 慈慶殿에서 영의정 이유원, 李承輔, 趙秉徽, 李容熙, 鄭岐源, 姜蘭馨, 朴齊寅, 梁憲洙 등 정부당상 13명과 부교리 洪健植을 만났다. 이 자리에서 이유원은 沿江收稅 혁파 지시가 아직 이행되지 않았는데, 新稅와 舊稅를 구별할 것인지의 여부를 물었다. 그러자 고종은 이 收稅를 관리했던 전강화유수 이용희의 의견을 물은 후 모두 혁파하도록 명하였다.[62] 아울러 이유원에게 묘당

---

60) 『승정원일기』 고종 8년 4월 20일, 25일, 29일
61) 고종 친정 직전까지 대원군의 국방정책과 그 추진과정에 대해서는 연갑수, 2001, 『대원군집권기 부국강병정책 연구』, 서울대학교 출판부 참조.
62) 고종이 沿江收稅의 혁파에 대해 강화유수 이용희에게 물은 것은 진무영의 收稅 규모가 가장 컸기 때문이었다. 이때 이용희는 1만냥의 세금을 거두는데, 그 가운데 軍需 비용이 얼마인지는 정확히 모른다고 답하였다. 이에 고종은 이 稅가 없어도 군수에 여유가 있을 것이라고 하였다. 沿江收稅는 다음날에 의정부의 보고에 따라 혁파하였다. 그러나 法典에 실려 있을 정도로 오래 전부터 戶曹와 廚院에서 관장하였던 것은 제외하였다.(『승정원일기』 고종 10년 12월 1일, 2일) 기타

의 적체된 사안들을 속히 裁斷할 것을 당부하였다.[63]

　고종 친정 후의 첫 차대는 영의정과 의정당상 등 15명 정도의 신료들이 참석한 조촐한 회합이었다. 그러나 그 운영 방식은 이전과 상당히 달라진 것이었다. 친정 이전시기의 차대는 규정에 따라 가끔 열리는 것이었고, 여기에서 고종은 주로 신료들의 보고를 청취하거나 건의사항을 추인하는 역할 밖에 하지 않았다. 이에 비해 고종 친정 후 첫 차대에서 논의된 사안들은 국왕이 이미 지시하였으나 지체되고 있던 사안들이었으며 모두 고종의 뜻대로 결정되었다. 고종은 차대를 열도록 직접 지시하였고, 회의 과정을 이끌면서 정치 현안을 자신의 의도대로 의결하는 장으로 만들었던 것이다.

2. 고종의 국정운영과 정책의 변화

1) 淸錢의 혁파

　고종이 국정을 주도하면서 큰 관심을 보인 정책 가운데 하나는 '淸錢' 문제였다. 청전은 고종 4년(1867)부터 공식적으로 유통된 화폐였다.[64] 이것은 고종 3년(1866) 10월에 경복궁 중건 비용을 조달하고 궁핍한 국가 재정을 보완하기 위해 발행하였던 當百錢 대신 통용시킨 것이었다. 당백전은 국

　자세한 내용은 연갑수, 2001, 『대원군집권기 부국강병정책 연구』, 서울대학교 출판부, 218~223쪽 참조.
63) 『승정원일기』 고종 10년 12월 1일
64) 17세기 후반부터 상평통보가 法貨로서 널리 유통되었지만 鑄錢 원료의 공급 부족으로 동전의 유통량이 부족하여 錢荒이 빈번해지자 當五錢, 當十錢, 當百錢 등의 고액전을 주조해야한다든지, 은화와 철전, 금화 등을 유통시키거나 주전 비용이 들지 않는 청전을 수입하여 통용하자는 등 여러 의견이 제기되었다. 그러나 고종대 이전에는 실현되지 않았다. 고종대 이전까지의 화폐제도에 대해서는 元裕漢, 1975, 『朝鮮後期 貨幣史 硏究』, 한국연구원 참조.

가의 재정수요를 충당하는데 적지 않은 도움을 주었지만 惡貨로서 물가를 폭등시키고, 良貨인 상평통보를 私藏시키는 폐단을 일으켜 1년도 채 쓰이지 못하였다.[65] 그리고 이를 대체할 만한 화폐로 청전을 유통한 것이다.[66]

고종 4년 6월부터 의정부의 제안에 의해 청전 유통이 공식 허용되었다.[67] 그러나 청전은 실질가치가 상평통보의 1/2이나 1/3에 불과한 惡貨였다. 이 때문에 상평통보는 점차 私藏되었고, 당백전 유통의 경우와 마찬가지로 화폐의 가치하락으로 인한 물가 등귀 현상은 여전하였다.[68]

고종 10년 친정 전후시기에 올라온 상소 중에는 이전의 여러 정책을 비판하고 개혁을 요구하는 내용이 많았는데, 그 가운데에는 청전 혁파를 요구하는 내용이 많았다.[69] 친정의 계기가 되었던 최익현의 상소에서도 청전의 폐해는 중요하게 거론되었다. 그 내용은 다음과 같다.

신이 이전에 이미 當百錢 혁파를 주청하였는데,[70] 胡錢의 해는 당백전 보

---

[65] 고액전 주조에 대한 논의는 英祖代부터 10여 차례 제기되었으나 화폐의 가치가 하락하고, 물가는 상승하리라는 점 등 때문에 실현되지 못하다가 고종 3년(1866)에 '當百錢'이 주조된 것이었다. 이것은 그 해 10월에 경복궁 중건을 시작하였는데 그 공급이 넉넉하지 못하고, 나라의 재정이 몹시 궁핍하다는 좌의정 김병학의 건의에 따라 시행되었다. 그러나 화폐의 가치하락으로 인한 물가의 폭등을 야기시켰다. 이에 고종 4년(1867) 5월에 그 주조를 중단시켰으며, 이듬해 10월에는 통용을 금지시켰다. 기타 자세한 사항은 원유한, 2000, 「대원군집권기 당백전 주조 유통의 배경과 영향」 하현강교수정년기념논총간해위원회 편, 『韓國史의 構造와 展開』, 혜안, 751~759쪽 ; 안외순, 1996, 『大院君執權期 權力構造에 關한 硏究』, 이화여대 정치외교학과 박사논문, 141~145쪽 참조.
[66] 청전은 중국과의 접경지역에서 무역 종사자들이 이며 사용하고 있었으며, 이를 공식적으로 인정하자는 논의는 18세기 후반부터 제기된 바 있었다. 이밖에 자세한 내용은 元裕漢, 1969, 「이조후기 淸錢의 수입 유통에 대하여」 『史學硏究』 21 참조.
[67] 『승정원일기』 고종 4년 6월 3일
[68] 崔虎鎭, 1974, 『韓國貨幣小史』 서문당, 157~160쪽
[69] 『승정원일기』 고종 10년 10월 29일 ; 11월 3일 ; 11월 14일
[70] 최익현은 고종 5년(1868)에 당백전의 혁파를 주장하였다.(『면암집』 掌令時言事疏 戊辰十月十日)

다 심합니다. 당백전의 폐해는 온갖 것이 융통되지 못하고, 호전의 폐해는 온 갖 것이 고갈된다는 것입니다. 당백전의 해는 마치 포만증과 같고 호전의 폐해는 설사병과 같은데, 포만증은 내장을 세척하는 약제를 써서 소화해 내리면 전과 같아지나 설사병은 원기가 날마다 점차 다하여 죽게 되는 것이니, 이 또한 두려운 일이 아니겠습니까? 대저 義理로써 말해도 이와 같고 利害로써 말해도 이와 같으니 상평통보의 회복을 하루라도 늦출 수 없는 것입니다.[71]

前獻納 李奎亨도 청전은 유통 자체가 임시방편이었고, 명목가치가 낮은 惡貨로서 언제 유통이 금지될지 모른다는 불안감이 상존하여 화폐로서 제 구실을 못하고 있으므로 즉시 혁파해야 한다고 청하였다.[72] 청전의 유통으로 물가가 오르는 악순환이 거듭되고 있었기 때문에[73] 이 문제는 친정을 시작한 고종이 해결해야하는 제일의 급선무였다고 할 수 있다.[74]

---

71) 『勉菴集』(『국역면암집』 민족문화추진회 영인) 辭戶曹參判兼陳所懷所 癸酉十一月三日
"(생략) 且臣於前日 旣請罷當百 而胡錢之害 又甚於當百 當百之害 百物不通 胡錢之害 百物盡渴 當百之害 如痞滯 胡錢之害 如泄下 痞滯之症 用湔傷之劑 消下 則如故 泄下之症 元氣日漸漸盡則死矣 是亦可懼哉 夫以義理言之 旣如此 而利害言之 又如之 則常平之復 不可一日而少緩也"

72) 『승정원일기』 고종 10년 11월 14일
"彼錢之不可不禁也 當百則竟以私鑄不行 至於彼錢之用 則雖出於一時權宜 今焉百弊層生 物價百倍 無論京鄕 若有彼錢一分之入手 則惟恐其留財 不論價之高下 必盡貿物而後已 人心之所同者如此 而其何以平定乎 伏乞卽令革罷 以鎭民心焉"

73) 청전의 통용은 한때의 임시방편에서 나온 것으로 당시 이미 화폐로서의 신용을 잃었다.(柳子厚, 1940, 『朝鮮貨幣考』, 理文社, 520~521쪽)

74) 최익현 등 친정 이전 정책에 대해 비판하였던 이들은 서원 철폐에 대해서 계속 復享을 요청하였다. 그러나 서원 철폐는 이미 이전에도 단행된 적이 있었다. 서원이 남설되어 민을 침탈하고 국가 재정을 위협하게 되자 선조대에도 서원의 재산 몰수 조치가 행해진 바 있었으며, 영조대에도 300여 군데에 달하는 서원이 철폐된 바 있었다. 철종 13년에도 신설 서원들을 철폐하는 등 계속 정비되었다. 고종 8년의 서원 철폐 때에도 이에 반발하는 유생들에 대해 대원군은 '백성을 해치는 자라면 공자가 다시 살아난다 하더라도 이를 용서하지 않을 것'이라고 하며

고종은 11년(1874) 1월에 청전 혁파를 단행하였다. 고종이 都城門稅와 沿江收稅를 금지하는 등 여러 개혁 정책들을 시행하였을 때에는 일반적으로 신료들의 제안이나 여론의 요구를 받아들여 함께 의논한 뒤 실시하였다. 이에 비해 淸錢의 유통금지는 신료들과 공식적인 논의를 거치지 않은 채 독자적으로 시행한 것이었다.

청전 혁파 조치 후 고종은 영의정 이유원, 우의정 박규수 등을 만나 國用을 돌보지 않고 오로지 민폐를 해결하기 위한 것임을 거듭 밝혔다.[75] 이유원과 박규수 역시 국왕의 결정은 內帑庫에 쌓여 있는 것을 계산하지 않고 하루 아침에 혁파한 과단성을 인정하면서도 公貨의 부족을 걱정하였다. 청전은 혁파되어야 하고 이를 행한 국왕의 결정은 존중하지만, 대비책을 곧바로 마련할 수 없었던 현실 상황을 직시한 언급이었다.

박규수는 당시 청전의 폐해에 대해서는 모두 심각하게 여기고 있었음을 다음과 같이 설명하였다.

> 갑자년(고종 1년, 1864) 이전에는 富民이 사사로이 物力을 갖추어 爐를 설치하고 돈을 주조하고 관가에 세금으로 바치도록 허락하여 公私 양쪽이 이익이 되도록 하였는데, (이 때문에) 질이 아주 나쁜 돈이 나라 안에 두루 차서 물가가 뛰었습니다. 이러한 조치가 병통의 빌미가 되었습니다만 노를 설치하였던 부민들은 기회를 틈 타 이득을 보지 않음이 없었습니다. 근일에 이르러서 이 무리들이 농간을 부리고 牟利輩들은 청전이 백성들의 큰 걱정거리가 되어 반드시 혁파하리라는 것을 헤아리고 망녕되이 욕심을 내어 문득 鑄錢을 해야 公私가 이롭다는 말을 주도면밀하게 서로 주장하고 호응하며

단호한 입장을 취하였다. 즉 爲民의 정당성이 있었던 것이다. 이 때문에 고종 역시 서원의 復享 요청은 수용하지 않았던 것이다. 조선후기의 書院 및 高宗代 서원 철폐에 대해서는 鄭萬祚, 1997, 『朝鮮時代 書院硏究』, 집문당 ; 성대경, 2000, 「대원군의 내정개혁」『한국사』 37, 국사편찬위원회 참조.

75) 『승정원일기』 고종 11년 1월 9일

小民을 선동해 미혹시켜 서로 전하게 하니, 법령이 실시되기도 전에 청전은 반드시 혁파될 것이라고 모두 말합니다. 이런 이유로 百物이 통하지 않고 交易이 마침내 끊어지게 된 것입니다.[76]

당시 청전의 폐해는 이를 사용하기 때문에 나타난 문제점과 이전부터 나타난 화폐 유통의 폐단이 중첩된 것이라고 할 수 있었다. 正祖代에는 戶曹에서 화폐 주조 사업을 관리하였던 반면, 純祖代 이후로는 선혜청과 각 군영, 지방관청에서도 화폐를 주조하였고, 哲宗代에는 富商大賈 등 경제력이 있는 민간인에게 도급하여 주조를 허락하였다. 이 때문에 불량 주화가 대량으로 남발되는 문제가 생겼다.[77] 앞서 박규수가 甲子年 이전에는 사사로이 주조했다고 언급한 것은 바로 이러한 상황을 말하는 것이다.

私鑄의 허용으로 많은 동전이 주조되어 錢荒이 해소되고 화폐 사용이 활발해지기는 하였지만, 동시에 惡貨의 증가로 점차 물가가 오르는 폐단이 야기되었다.[78] 이런 문제를 해결하지 않은 채 고종 3년(1866)에 당백전을 주조하고, 이어 청전 유통을 허용함으로써 그 폐해는 더욱 심각해진 상태였다. 이 때문에 고종 10년(1873)에 親政이라는 정국의 변화가 단행되고, 이전에 비판을 받던 정책들이 고종의 주도로 시정되어 나가자 당시 국내에서 가장 큰 골칫거리였던 청전이 곧 혁파되리라는 소문이 퍼져 유통경제가 마비되고 있었다. 청전의 유통 자체가 임시방편적인 조처였고 이미 화폐로

---

76) 『승정원일기』 고종 11년 1월 13일
『"(朴珪壽)又奏曰 …중략… 甲子以前 許令富民 私備物力 設爐鑄錢 而納稅於官 添稱公私兩利 而濫惡之錢 遍滿國中 物價騰踊 此爲病祟 而設爐之民 未嘗不乘時得利 及於近日 此輩刁豎 牟利之徒 揣度淸錢之爲民大憂 必將廢罷 而妄生利欲 輒以鑄錢然後公私兩利之說 綱繆唱和而煽惑小民 轉相傳播 則未有令申 而咸謂淸錢必罷 以此之故 百物不通 交易遂絶"
77) 원유한, 1975, 『朝鮮後期 貨幣史 硏究』, 한국연구원, 66~71쪽
78) 원유한, 1975, 『朝鮮後期 貨幣史 硏究』, 한국연구원, 226~230쪽 ; 유자후, 1940, 『조선화폐고』, 이문사, 520~521쪽

서의 신용을 잃었으며, 이에 대한 비판도 계속 되고 있었기 때문에 그 통용을 금지시킬 것이라고 누구나 쉽게 예상할 수 있었던 것이다.

다만, 이미 청전이 시중에 많이 유통되었으며, 京外의 公貨가 거의 청전으로 쌓여 있었기 때문에 그 대책을 마련해야만 하는 형편이었다. 청전을 통용시키지 않은 영남에서도 아전들이 이익을 얻기 위해 백성에게는 상평전으로 세금을 받고, 관아에는 청전으로 바꾸어 납부하였기 때문에 관아에 많은 양의 청전이 쌓여 있었으며, 민간 보유율도 당백전 보다 높았다.[79] 이 때문에 아무도 선뜻 혁파하자고 주장할 수 없었던 것이다. 박규수의 언급처럼 君臣 간에 공식적인 논의는 없었지만, 결단을 내려 해결할 수 밖에 없다는 공감대는 이미 형성되어 있었다. 고종의 청전 유통금지 선언은 바로 이런 상황을 해결하기 위한 것이었다.

고종과 신료들은 혁파 뒤에 나타나는 문제점들을 해결하는데 주력하였다. 우선, 청전 혁파의 가장 큰 이유였던 '물가'는 인위적이거나 강제적인 간섭을 배제하고 자연히 변통이 되도록 하자는데 의견일치를 보았다. 또한 당분간 청전을 대신할 어떠한 것도 함부로 주전하지 않기로 결정하였다. 이미 새 돈을 주전할 것이라는 소문이 공공연하게 퍼져 있었기 때문에 주전소에 대한 件은 신중하게 처리해야만 했다.[80] 이것은 청전의 폐해가 그 자체가 惡貨였다는 문제도 있지만 동전 주조의 남발과 당백전 유통과 같은 임시방편적 조처 때문에 발생된 것임을 확실하게 파악하고 있었기 때문이었다.

기본적인 대응 방향은 마련되었지만 부족한 국가 재정의 보충과 창고에 쌓여있는 청전 처리 문제는 여전히 고민거리였다. 고종은 청전 혁파를 단행하기 이전에 각 아문의 여러 장부들을 조사하여 그곳에 비축된 곡식을

---

79) 연갑수, 2001, 『대원군집권기 부국강병정책 연구』, 서울대학교 출판부, 248~253쪽
80) 『승정원일기』 고종 11년 1월 13일

作錢하여 청전의 유통금지로 야기되는 부족분을 충당하려고 계획하였다. 청전 혁파를 단행한 지 10여 일이 지난 뒤에 고종과 박규수는 關西 還穀의 穀摠 장부에 대해 대화를 나누었다. 이때 박규수는 장부의 기록이 舊法에 따라 穀摠으로 표기되어 있지만 고종 2년경에 환곡을 혁파하고 1결당 1냥씩을 배분하였기 때문에, 실제 穀摠 표시에 해당되는 實穀은 한 포대도 없다고 아뢰었다. 그러자 고종은 '나는 곡식이 있는 것으로 알았다'고 하였다.[81] 이미 철종대부터 稅納의 대부분은 作錢으로 행해지거나 가급적 화폐로 행해졌다.[82] 이 때문에 곡식장부는 빈 문서가 되었지만 그 표기는 여전히 현물과 화폐액을 동시에 기록하도록 하고 있었다.[83] 특히 서울에 올리는 문서는 계속 이러한 관행을 따랐다.[84] 이 때문에 고종은 비축곡이 넉넉하다고 생각하였던 것이다.[85] 이후에도 고종은 '만약 각 관아에 實穀이 저장되어 있다면 어찌 좋지 않겠는가'라고 거듭 언급하였는데, 이것으로 보아 청전 혁파를 단행하기 이전에 고종이 나름대로 각 관아의 穀簿 成冊을 살펴보고 준비하였음을 알 수 있다.

고종은 장부가 부실하다는 것을 안 연후에도 호조와 선혜청 등 재정 관련 아문의 회계는 매월 올리도록 하였고,[86] 각 도에서 연말에 올리는 錢穀의 어람회계도 반드시 검토하였다.[87] 또 전국의 환곡 중 가능한 것은 作錢하여 올리도록 지시하였다. 이에 이유원은 전에도 국용이 어려울 때에는

---

81) 『승정원일기』 고종 11년 1월 13일
82) 柳子厚, 1940, 『조선화폐고』, 이문사, 446~450쪽
83) 최호진, 1974, 『한국화폐소사』, 서문문고, 150쪽
84) 『승정원일기』 고종 11년 4월 5일
  이때 박규수가 현물과 화폐액을 동시에 적는 곡식장부의 기재방식을 설명하자, 고종은 이것이 바로 이름은 있고 내용이 없는 것이라고 하면서 불만을 표출하였다.
85) 고종 9년 국왕이 선혜청을 방문했을 때에도 담당 대신들은 대원군의 배려로 재정이 충실해졌다는 것을 강조하였다.
86) 『승정원일기』 고종 11년 4월 28일 ; 5월 12일 ; 5월 24일
87) 『승정원일기』 고종 12년 4월 18일 ; 고종 13년 4월 20일

이런 예가 많았는데, 지금은 곡식 장부에 기재된 수량이 많지 않아 걱정이라고 하였다. 이미 대부분의 세납이 금납화 되었기 때문에 실곡을 이용한 재정 충당 방식은 실제로 기대한 것만큼의 성과를 거둘 수 없었다.[88]

다른 방안도 다양하게 모색되었다. 박규수는 창고에 쌓여 있는 청전을 청 연행사 편에 보내어 중국에서 사용하자는 의견을 제시하였다. 이에 대해 이유원은 청전의 실질가치가 지역에 따라 큰 차이가 나는데다가 조금이라도 중요한 거래에서는 은을 사용하며, 지금 조선에서 사용하는 청전은 청에서 통용되지 않기 때문에 어렵다는 의견을 피력하였다. 또한 이런 방법은 청전을 소모하는데 너무 시일이 걸리므로 좋은 계책은 아니라고 하였다.[89] 이유원의 의견은 당시 청나라에 화폐 유통이 문란한 사정을 고려한 것이었지만 며칠 뒤 한번 시험해 보기로 결정하였다.[90] 청전을 녹여서 군수용이나 생활용품으로 사용하는 방안도 추진되었다.[91] 이 밖에도 토목공사를 중지하는 등 시급하지 않은 정부 지출의 규모를 줄여보았지만 그 부

---

88) 각 지역에서의 作錢 조처는 순조롭게 진행되지 않았다. 충청도 靑山縣에서는 實穀을 팔아 상납하도록 하자, 농민들이 모조 상납을 거부하는 등의 저항을 하였다.(송찬섭, 2000, 「대원군시기 社倉制의 운영 실태」 『고문서연구』 16·17) 영남 지역에서는 청전을 사용하지 않았으므로 영남의 상납분을 바로 올려 사용하도록 지시하고, 영남 소재 각 아문의 곡식량을 기록하여 별단을 들이도록 하였으며, 이어 이들 곡식을 作錢하여 올리도록 하였다.(『승정원일기』 고종 11년 1월 9일) 그러나 영남에서도 앞서 언급한 아전들의 비리 때문에 기대한 만큼의 성과는 없었다.
89) 청은 19세기 초반까지 동전과 은을 화폐로 사용하였고, 안정적으로 통용되고 있었다. 그러나 1853년 태평천국의 난을 계기로 재정 확충을 위하여 당천, 당오백, 당백 등 고액전을 주조하면서 그 유통이 문란해져 계속 어려움을 겪고 있었다. 이밖에 자세한 내용은 하자마 나오키 외, (신일섭 옮김, 1999), 『데이터로 본 중국 근대사』, 신서원, 177~178쪽 참조.
90) 『승정원일기』 고종 11년 1월 20일
91) 당시 광주와 경기감영에서는 銅器를 만들기 위하여 청전을 얻어 갔다. 한편, 중앙에서는 각 관아에서 필요에 따라 동철 값으로 時價에 따라 발매하여 보태 쓰도록 하였다.(『승정원일기』 고종 11년 1월 24일, 25일)

족함은 쉽게 해결되지 않았다.

  戶曹에서는 좀 더 적극적인 방법으로 稅收 확대 방안을 고려하였다. 그 중 하나가 西洋木의 수입을 허용하여 호조의 外庫라 불리던 關稅廳의 세입을 늘리는 것이었다. 고종 4년(1867)에 청전 유통이 허용되면서 관세청은 청전 수입의 명목으로 막대한 세수를 확보할 수 있었다.[92] 그러나 청전이 혁파되면서 관세청의 재정은 갈수록 궁핍해졌다. 이유원이 관세청의 이런 상항을 보고하자 고종은 이전에 서양물품이라고 금지했던 洋木이 지금은 廣東의 직조물이 되었으니 금지할 필요가 없다고 하면서 양목의 수입 허용 의사를 밝혔다. 이유원도 근래에 양목이라고 하는 것은 모두 광동의 포목이라고 하면서 동의하였다.[93] 이에 廣東木과 물감의 일종인 靑花의 수입을 허용하였고, 여기에서 나오는 수입은 호조와 선혜청 등에서 사용하도록 하였다.[94]

  여러 조처에도 불구하고 호조의 재정 부족은 심각하였다. 고종 11년(1874) 11월에 행호조판서 김세균은 이번 9월부터 11월까지 호조에서 지급해야할 액수가 9만 6천 냥이나 되는데 방책이 없으니, 비상 대비용인 封不動錢[95] 7만냥을 우선 사용할 것을 건의하였다. 그는 자신이 이전에 10만냥을 封不動하였을 때는 이렇게 쓸 것이라고는 생각하지 못했다고 하소연하였다.[96] 그러나 며칠 뒤 김세균은 '지금은 封不動도 비고, 녹봉도 모자라서

---

92) 관세청은 순조 14년(1814)에 의주부에 설치된 기구로 책문에서 거래되는 물품에 대한 수세를 담당하였으며, 철종 2년(1815) 사역원 소속의 監稅官을 파견하면서 호조의 外庫가 되었다. 고종 친정 전까지 관세청은 청전을 輸入하여 막대한 수익을 올렸고, 이것은 대원군의 자금과 관련이 있었다고 한다.(연갑수, 2001, 『대원군집권기 부국강병정책 연구』, 서울대학교 출판부, 제4장 3절)
93) 『승정원일기』 고종 11년 5월 5일
94) 『승정원일기』 고종 11년 6월 13일
95) 封不動이란 말 그대로 비상 대비용으로 평소에는 쓰지 못하도록 창고에 넣어두고 굳게 봉하여 두는 것을 말한다.
96) 『승정원일기』 고종 11년 11월 1일

國計가 망연하기 그지없다'고 하면서 호조의 재정 상태가 최악의 상황임을 토로하였다.[97] 이 때에는 호조 뿐 아니라 선혜청과 여러 軍門의 봉부동도 사용해야만 했다.[98]

봉부동 비용까지 사용할 정도로 각 아문의 재정이 악화되었지만, 시일이 지나면서 점차 이런 상황은 극복되어가고 있었다. 고종 12년(1875) 12월에 이유원은 평안병영의 창고는 모두 비었지만, 황해병영은 잘 조처하여 군색한 지경에 이르지 않았으며, 포수의 급료도 아직까지 부족하지 않다고 보고하였다.[99] 이듬해 3월에 京畿監司 閔台鎬는 경기도 각 읍의 사창 환곡미를 年前에는 경비에 보태고자 모두 돈으로 만들었지만 이제는 옛 규례대로 반은 남겨 두어 뜻밖의 일에 대비할 것을 요청하여 허락받았다.[100] 청전의 유통을 금지한 지 1년여 시간이 지나면서 지역에 따라, 각 아문에 따라 그 폐해를 극복하고 점차 정상을 회복해 가고 있었던 것이다.

2) 외교정책의 변화

(1) 친정 후 遣淸使臣의 보고와 대외인식 형성

친정 후 달라진 정책 중 가장 대표적인 것은 외교정책이었다. 국가의 안위를 담당하는 정권의 속성상 대외 문제는 언제나 중요한 정치 현안이었다. 친정전 실질적인 정치 권력을 행사하던 대원군도 서양 세력에 대한 대응 방안에 고심하였다. 러시아의 위협에 대비해 프랑스와의 교섭을 시도하였으며, 러시아와도 경흥부사를 통한 대화 통로를 유지하고 있었다. 외세와 무력으로 대결하였던 병인양요 때에는 정면으로 맞서는 것이 국난 극복

---

97) 『승정원일기』 고종 11년 11월 7일
98) 『승정원일기』 고종 13년 2월 27일
99) 『승정원일기』 고종 12년 12월 16일
100) 『승정원일기』 고종 13년 3월 28일

의 正道임을 강하게 내세웠지만 서양 국가와의 실질적인 관계를 전면적으로 거부하는 것은 아니었다.[101] 고종의 친정은 이런 대외 관계를 좀 더 적극적으로 진전시키는 계기가 되었다.

전통적으로 조선 정부는 중국행 사신들이나 동래부 왜관 및 통신사의 보고 또는 이들 국가와 주고받는 咨文과 書契 등을 통해 국제 정세에 대한 정보를 얻었다. 고종도 1년에 2, 3회 淸에 갔다오는 사신들을 통하여 국제 정세를 파악하였으며, 이는 고종 13년(1876)에 일본과 수호조약을 체결하기까지 국왕의 대외인식을 형성하는 기본적인 바탕이 되었다.[102]

당시 청은 서양국가의 압력을 받고 있었고 甘肅, 陝西 등에서 回匪 등의 난이 끊이지 않고 있었기 때문에 조선과의 관계는 이전에 비해 소원한 편이었다. 고종은 점차 조선에 통상을 요구하는 여러 서양세력에 대해 청이 중재하거나 방어해 주는 脣齒의 관계가 되지 못하고 있는 상황에 대해 불만을 가지고 있었다.[103]

고종 즉위직후 遣淸 사행단의 보고 내용은 지극히 의례적이었다. 淸 황제의 근황과 내정, 洋夷의 활동, 回匪와 捻匪 등에 대한 것과 농사 현황

---

101) 연갑수, 2001, 『대원군집권기 부국강병정책 연구』, 서울대학교 출판부 제 2장 참조.
102) 친정전후 고종의 대외인식의 형성과 변화에 대해서는 다음 연구들이 있다.
안외순, 1996, 「大院君執政期 權力構造에 관한 硏究」, 이화여자대학 박사학위논문
장영숙, 1997, 「高宗 對外認識轉換 硏究(1863~1881)」『祥明史學』 5
安鍾哲, 1998, 「親政前後 高宗의 對外觀과 對日政策」『韓國史論』 40
盧大煥, 1999, 「19세기 東道西器論 形成過程 硏究」, 서울대 국사학과 박사학위논문
元載淵, 2000, 「조선후기 西洋認識의 변천과 對外開放論」, 서울대 국사학과 박사학위논문
103) 안외순, 1996, 「大院君執政期 權力構造에 관한 硏究」, 이화여자대학 박사학위논문 ; 원재연, 2000, 「조선후기 西洋認識의 변천과 對外開放論」, 서울대 박사학위논문

등에 대해 매년 매회 거의 비슷한 질문과 답변이 오고 갔다. 그러나 고종 9년(1872) 이후로는 사행단을 대하는 고종의 태도와 질문의 내용 면에서 많은 변화가 보인다. 고종은 출발 전에 그들에게 모든 것을 상세히 탐문해 오도록 신신당부하였으며,[104] 복명시에는 먼저 遣淸使臣들의 별단을 검토한 뒤에 그 내용을 확인하기 위한 질문을 하거나 부연 설명을 요구하였고, 정식으로 보고하지 않은 사실에 대해서도 알고자 하였다. 고종은 서양에 대한 청의 대응과 서양의 요구사항, 서양과 연대한 일본의 변화와 이에 대한 청의 태도, 청의 화륜선 제작과 사용처 등에 관심을 표명하였다. 이런 가운데 서양 세력이 요구하는 通好는 朝貢과 다르다는 것도 확인하였다.[105]

親政 직전인 고종 10년(1873) 10월에 謝恩兼冬至使 正使 鄭健朝, 副使 洪遠植, 書狀官 李鎬翼이 떠날 때, 고종은 이번 사신들이 실무에 익숙하므로 그 임무도 잘 수행할 것이라고 기대하였다.[106] 약 5개월 뒤인 11년 3월에 이들이 돌아오자 고종은 문견별단의 내용을 먼저 확인하였고, 직접 대면한 자리에서는 많은 사전 지식을 바탕으로 사행기간 중 그들이 겪은 일과 보고 들은 일들을 모두 아뢰도록 요구하면서 각각의 사항에 대해 자세히 알고자 하였다.

고종은 청 황제가 서양인들을 引見한 것은 청의 기강이 전에 비해 약해지고 외국에 나약함을 보여준 것이라는 소감을 피력하면서 여러 질문을 던졌다. 황제가 친정한 뒤 洋夷를 물리칠 것이라고 하였는데 그 상황은 어떠한지, 프랑스가 월남을 공격할 때에 청의 군사와 병기를 빌린 일, 러시아의 경계와 영토 규모, 조선에서 망명한 자들이 洋夷의 관소에 있기 때문에 저들이 우리말을 안다는 소문의 사실 여부를 확인하고자 하였다. 이에 대해 정사 정건조는 서양인들이 들어온 지 오래되어 갑자기 몰아내기가 힘들

---

104) 『승정원일기』 고종 10년 10월 24일
105) 안외순, 1996, 「大院君執政期 權力構造에 관한 硏究」, 이화여자대학 박사학위논문, 5장 3절 「고종의 대외인식과 친정」 참조
106) 『승정원일기』 고종 10년 10월 24일

것이며, 월남의 일은 서양이 본래 통상을 원하였는데, 월남이 교역을 하지 않기 때문에 곤란을 당하고 있다는 등의 사실을 아뢰었다.[107]

사실 정건조는 이 사행에서 청의 여러 인사들을 접하며 국제정세와 청의 현 상황에 대해 많은 정보를 수집하였다.[108] 이때 만난 예부상서 萬靑黎는 서양화한 일본의 침략에 대비할 것을 강조하였으며, 형주부사 張世準은 청의 대외정책이 화친책으로 전환되었으며, 서양과 통교하면서 화륜선, 전기, 철도 등의 利器를 제작하는데 도움을 받을 수 있게 되었다고 하였다. 특히 장세준은 조선도 중국처럼 서양의 언어와 문자를 학습하여 자강을 도모하도록 권하였는데, 정건조 일행은 그의 견해에 깊은 관심을 나타냈다. 그런데 이런 사실은 공식적인 문견별단이나 복명의 자리에서는 전혀 언급되지 않았으며, 조정에서도 공개적으로 논의되지 않았다. 그러나 朝野의 지식인들 사이에 청의 양무운동에 대한 관심이 이미 확산되고 있었듯이, 정건조와 청 관료와의 필담 내용도 주변에 알려지고 있었던 것이다.[109]

고종 11년(1874) 10월에 冬至兼謝恩使 正使 李會正, 副使 沈履澤, 書狀官 李建昌 등이 떠날 즈음 조선의 朝野는 대외문제로 긴장하고 있었다. 그해 6월 청의 예부로부터 일본이 대만을 침공하여 청에게 보상을 요구한 사건과 일본이 대만에서 부대를 철수한 후에 조선 침공 계획을 세우고 있으며, 프랑스와 미국이 일본을 원조할 것이라는 보고를 받은 상태였기 때

---

107) 『승정원일기』 고종 11년 3월 30일
108) 고종 10년(1873)에 청에 온 조선인들은 대외 정보를 수집하기 위하여 중국에서 발행된 잡지를 비롯해 외국 관련 서적을 많이 구입해 갔다. 이때의 조선인들이 누구인지는 알 수 없으나 정건조 일행으로 추측되며, 당시 외국과 국제정세에 대해 보다 많은 정보를 얻고자 하였음을 확인할 수 있다.(노대환, 1999, 「19세기 東道西器論 形成過程 硏究」, 서울대 박사학위논문, 194~205쪽)
109) 고종은 그 9년(1872)에 청을 다녀온 박규수에게 청의 양무운동에 대한 것을 보고 받아 청의 변화를 이미 알고 있었으며, 사전에 정건조 일행에게 정보수집을 당부한 사실도 있었기 때문에 비공식적으로 여러 정보가 고종에게도 전달되었을 것이라고 추정할 수 있다.

제5장 親政體制의 구축과 정책의 변화 237

문이었다. 고종 4년(1867)에도 일본이 군함을 동원해 조선을 치고자 한다는 내용의 자문이 청으로부터 전달된 적이 있었다. 더욱이 고종 5년(1868)부터는 書契 문제로 일본과의 긴장관계가 계속되고 있었으므로, 그 침략설에 더욱 경계심을 갖지 않을 수 없었다.[110]

고종 11년의 冬至使行은 이처럼 긴장된 상황에서 이루어졌으므로 그 임무가 막중하였다. 이를 인식한 듯 사행사들은 연행 기간 동안 張世準, 黃鈺, 徐郁 등 청의 여러 인사들을 접촉하면서 정보수집을 위해 노력하였다. 이들의 일차적인 관심은 국제정세의 파악이었다. 그 가운데 '대만사건'을 일으킨 일본의 의도와 동향이 제일 중요한 관심거리였다. 한편, 프랑스의 월남 점령, 일본의 유구 병합, 미국의 남북전쟁 발발, 프랑스와 프로이센의 전쟁에서 프랑스가 패배한 일 등의 소식을 접하면서 국제사회에서 약육강식의 침략전이 끊임없이 전개되고 있었고, 朝鮮도 언제든 침략의 대상이 될 수 있다는 사실을 인식하였다.[111] 그러나 이들은 이전의 사행사들과 마찬가지로 귀국 후 '대만사건'의 경과만을 보고하였을 뿐 그 밖의 사항들은 공식적으로 언급하지 않았다.[112]

이와 같이 遣淸使臣들이 중국에서 수집해 온 정보는 공식적인 자리에서 공론화되지 못하였다. 그러나 고종과 신료들은 물론 당시 지식인들 사이에서 일본이 변화하고 있고, 서양과 일정한 관계를 피할 수 없으며, 이에 대한 대응책을 마련해야 된다는 인식은 어느 정도 확산되고 있었다.[113]

고종 12년(1872) 7월에 세자 책봉을 위한 奏請使 正使 李裕元, 副使 金始淵, 書狀官 朴周陽이 입시한 자리에서 고종은 유난히 여러 가지 당부를

---

110) 개항 전후 조선과 일본의 관계는 이훈, 1997, 「일본과의 관계」 『한국사』 32, 국사편찬위원회 참조.
111) 노대환, 1999, 「19세기 東道西器論 形成過程 硏究」, 서울대 박사학위논문, 206~211쪽
112) 『승정원일기』 고종 12년 4월 12일
113) 노대환, 1999, 「19세기 東道西器論 形成過程 硏究」, 서울대 박사학위논문, 제4장

하였다. 이전의 사신들에게는 청의 상황을 탐문하라는 지시를 내렸지만 이 때에는 정사 이유원에게 변방의 정세와, 수령의 선악 등 국내 사행로 주변에서 살펴볼 수 있는 것에 대해서도 조목조목 진달하라고 하였다. 이어 다음과 같은 대화를 나누었다.

> 고종 : 지금 멀리 떠남에 잘 다녀올 것이며, 청취할 수 있는 일은 상세히 탐문하여 오라. 경이 지난번에 연경에 들어가면 그곳의 사정을 알 수 있을 것이라고 하였으니, 지금 갔다 오라.
> 이유원 : 저 곳의 일을 상세히 알 수 없어 답답합니다.[114]

이를 보면, 당시 고종과 신료들은 청의 정확한 상황을 몹시 궁금해 하였다는 것을 알 수 있다. 이때 사행의 首譯은 당대의 유명한 역관 李尙迪의 동생 李尙健이었고, 수행역관은 7, 8명이었다. 다른 別使가 3, 4명의 역관을 대동하였던 것에 비해 많은 인원이었다. 청과 그 주변의 국제사정을 더 상세히 알고자 했던 의도를 반영한 것이었다. 뿐만 아니라 고종은 중국에 들어간 뒤에 그 곳 사람을 고용하는 일이 있더라도 종종 통신하라고 하교하였는데, 이유원은 진달해야 할 경우 사람을 고용해서 보고를 올리겠다고 하며 고종의 요구를 적극 수용하였다.[115]

고종 12년(1872) 12월에 돌아와 복명한 이유원 일행은 평안도와 황해 병영의 사정과 의주부 만상청 비장직의 폐단, 永宗 소요로 인한 송도의 민심, 大砲船을 만든 평안감사와 三政을 잘 거행한 황주목사 金善根의 치적 등 사행로 주변의 일을 비교적 자세히 아뢰었다. 이전의 사행일행들에 비해 고종의 당부를 충실히 이행한 것이다.

---

114) 『승정원일기』 고종 12년 7월 30일
  "仍敎曰 今當遠行 善爲往返 可聞之事 詳探以來也 卿向言入燕 則彼地事可以知之云矣 今可入去也 裕元曰 彼地事無以詳知可悶矣"
115) 『승정원일기』 고종 12년 7월 30일

청에 대한 보고도 구체적이었다. 이유원은 심양에서 銘安[116], 병부시랑 繼格과 심양장군 崇實을 만났다. 이 가운데 숭실과 많은 대화를 나누었다. 그는 고종 9년(1872)에 박규수가 만난 인물로, 이때 박규수는 그로부터 러시아가 중국을 위협하고 있다는 사실을 전해들었으며, 흠차대신으로 구미제국을 다녀온 그의 형 崇厚[117]를 만나 세계 정세를 들었다고 한다.[118] 그러므로 숭실은 조선의 조야에 어느 정도 알려진 사람이라고 하겠다.

숭실은 일본이 옛 제도를 버리고 서양을 본받기에 급급한데, 이는 순전히 火砲를 믿기 때문이라고 하였다. 계격도 근래 일본이 구미 각국의 사람들을 神明처럼 받든다고 하니, 참으로 비루하게 여길 만하다고 하며 숭실의 말에 동의하였다. 이 같은 이유원의 보고로 이제 일본이 强兵을 위하여 서구세력을 따르고 있다는 사실이 조선정부 내에서도 공식적으로 알려졌다.[119]

동아시아의 국제질서가 변화하고 있다는 것은 부인할 수 없는 사실이었다. 비록 君臣의 공식적인 회합에서 적극 논의되지는 않았지만 청으로부터 흘러들어 오는 세계 정세에 관한 여러 정보는 고종과 신료들 뿐 아니라 재야의 지식인들에게도 확산되었으며, 무조건적인 주전론의 위험성도 어느 정도 인지되고 있었다.[120]

친정 이전에 일어난 두 차례의 양요로 인하여 조선의 여론은 강경한 척화사상이 지배적이었다.[121] 이 시기에는 대원군이 정치·외교면에서 실

---

116) 銘安은 만주족출신으로 1856년 진사에 합격하였고, 1874년 盛京刑部에 발탁되었으며, 朝鮮의 사행사에게 詔書 전달의 임무를 수행하였다. 1876년 吉林으로 부임하여 도적들을 엄히 다스려 공을 세웠다.(『淸史稿』「列傳」)
117) 崇厚는 1849년 擧人으로 관직에 진출하였다. 1861년 三口通商大臣이 되었으며, 이듬해 大理寺卿에 발탁되어 영국, 프랑스 등에서 조계조약을 체결하였다. 1863년에는 全權大臣이 되어 포르투갈과 통상장정을 체결하는 등 당시 청의 외교정책을 담당한 인물이었다.(『淸史稿』「열전」)
118) 노대환, 1999, 「19세기 東道西器論 形成過程 硏究」, 서울대 박사학위논문, 198쪽
119) 『승정원일기』 고종 12년 12월 16일
120) 노대환, 1999, 「19세기 東道西器論 形成過程 硏究」, 서울대 박사학위논문, 207~209쪽

권을 장악하고 있었다. 그런데 대원군의 국정 운영은 공적 영역에서 이루어진 것이 아니었기 때문에[122] 외교정책 역시 공개석상에서 논의될 여지가 많지 않았다. 그러나 고종이 정국을 주도하게 되자 외교 문제가 국가의 중요 현안으로서 君臣 사이에서 공식적으로 거론될 수 있었다. 고종은 기본적인 대외정보 통로인 遣淸使臣을 통해 적극적으로 정보를 수집하였고, 이러한 분위기 속에 朝野는 조선 주변의 국제 정세를 좀 더 정확히 파악할 수 있었다. 아울러 여러 현실적인 대응책을 공식적으로 모색할 수 있는 기회를 가질 수 있었다.

(2) 日本 書契에 대한 논의

① 倭學 訓導의 교체

조선 주변의 국제 정세의 변화에 직접적인 긴장을 조성한 것은 일본이었다. 1868년 '明治維新'을 단행한 일본은 천황이 직접 국정을 주재하게 되었으므로 외교 관계의 형식도 바꾸어야 한다는 내용의 書契를 동래부를 거쳐 조선에 전달하고자 하였다. 그러나 상식적인 외교 절차를 무시한 이러한 시도는 조선측에서 받아들일 수 없는 것이었다.

1872년 일본은 對馬藩을 外務大丞에 임명하고, 조선과의 외교는 외무성이 전담하도록 하였다.[123] 이에 따라 그 해 9월에 외무대승 하나부사 요시

---

121) 병인양요 이후 척사론의 전개과정에 대해서는 다음 논문 참조.
鄭玉子, 1998,「19세기 존화사상의 전개와 척사론의 성격」『조선후기 조선중화 사상연구』, 일지사
吳瑛燮, 1999,『華西學派의 思想과 民族運動』, 국학자료원
122) 대원군의 권력행사 방식은 그가 정치에 관여할 수 있는 공식적인 직함이 없었던 만큼 公的領域이 아니라 私的領域에서 이루어졌다. 자세한 내용은 안외순, 1996,『大院君執權期 權力構造에 關한 硏究』, 이화여대 정치외교학과 박사논문, 54~58쪽 참조.
123) 당시 일본 외무성과 대마번과의 관계는 玄明喆, 1994,「日本 幕府 末期의 對馬

타다(花房義質)를 파견하여 倭館에서 동래부사를 접견하고 직접 서계를 제출하겠다는 '倭館欄出' 사건을 일으켰다. 동시에 조선정부와 아무런 협의 없이 대마번으로부터 왜관을 접수하였다. 그리고 이듬해 3월에 외무성 7등 출사 히로츠 히로노부(廣津弘信)를 파견하여 왜관의 명칭을 대일본공사관으로 바꾸었다.[124] 이처럼 일본측은 朝日외교와 관련된 중요한 사항들에 대해 조선측에 동의를 구하지 않았을 뿐 아니라 필요한 설명도 하지 않은 채 자신의 주장을 수용해 달라고 요구하는 일방적인 자세를 취하였다.[125]

일련의 예상치 못한 사태에 접한 조선정부는 일단 수백 년 동안 지속되어 온 대마번을 통한 조일 통교가 단절된 것으로 파악하였으며, 교섭창구로서 기능하지 못하는 왜관을 폐쇄하여 원래대로 초량읍에 환원시키고자 하였다. 그러나 일본의 일방적인 조처로 왜관이 침탈당하는 사태가 벌어지자 종래 동래부의 훈도를 통해 왜관측 사안을 받아들이던 공적 교섭 루트를 중단시켰다. 그러나 표류민의 송환 등 최소한의 교류는 유지되고 있었다.[126]

고종은 동아시아 국제 질서가 전과 같지 않다는 것을 인식하고 있었으며, 일본과의 교섭에도 관심을 보이고 있었다. 이 때문에 청을 통한 간접적인 정보보다는 일본에 직접 사람을 파견해 그 실정을 탐지하려는 계획을 세웠으며,[127] 일본과의 외교에 대해서도 변화를 보였다.

일본과의 외교 실무를 담당하는 왜관 훈도의 교체도 구체적으로 거론되었다.[128] 숙종 4년(1678) 東萊府 草梁에 倭館이 설치된 이후[129] 이곳은

島와 소위 '征韓論'에 대하여」『韓日關係史研究』 2 ; 1996, 「개항전 한·일 관계의 변화에 대한 고찰」『국사관논총』 72

124) 孫承喆, 1994, 「1872年 日本의 倭館占領과 朝鮮侵略」『軍史』 28
125) 이태진, 2000, 「근대 한국은 과연 은둔국이었던가」『고종시대의 재조명』 154~155쪽
126) 손승철, 1994, 「1872年 日本의 倭館占領과 朝鮮侵略」『軍史』 28 ; 이훈, 1997, 「일본과의 관계」『한국사』 32, 국사편찬위원회
127) 안종철, 1998, 「親政前後 高宗의 對外觀과 對日政策」『韓國史論』 40, 120쪽
128) 동래부 왜학역관을 東萊訓導 또는 釜山訓導라고도 한다. 고종 4년 5월에는 이곳

朝·倭 양국의 외교와 무역 활동의 중심지였다. 왜관과 관련된 일은 동래부사와 부산진첨사가 총괄 책임졌지만 이들의 지시에 따라 사역원에서 파견한 訓導 1명과 別差 1명 등이 왜인을 직접 상대하는 실질적인 외교 임무와 무역 활동을 수행하였다.[130]

훈도는 왜인들을 직접 상대하면서 많은 경제적 이익을 챙길 수 있었다.[131] 가장 대표적인 것이 公貿易의 公作米와 관련된 것이었다.[132] 공작미

의 훈도 김계운을 '부산훈도'라고 하였는데, 같은 해 7월에는 그를 '동래훈도'라고 하였다.『고종실록』상 고종 4년 5월 己卯 ; 7월 辛未 기사참조.
129) 초량에 왜관을 설치하기까지의 과정은 김태훈, 2002, 「肅宗代 對日政策의 전개와 그 성과」『한국사론』47 참조.
130) 왜학훈도와 별차는 왜학역관들로서 훈도는 별차를 거친 사람이 임명되었고 임기는 30개월이었다. 별차는 연소자 가운데서 선발하여 임기는 1년이었으며 훈도의 지휘를 받는 보조자였다. 그러므로 왜인들과의 일은 거의 역관인 훈도의 손을 거쳐 처리되었다고 할 수 있다. 이 때문에 왜학훈도는 역관으로서의 활동뿐 아니라 동래부에서 행해지는 왜와의 무역활동에도 깊이 관여하였고 이를 통하여 부를 축적하였다. 기타 자세한 내용은 李尙奎, 1998, 「17~8세기 東來府에 파견된 倭學譯官의 機能」, 한국정신문화원 석사학위논문 참조.
131) 훈도의 임무는 동래부사의 지시를 왜인들에게 전달하였으며, 조·왜 간의 각종 교섭을 진행시키고, 倭使에게 베푸는 여러 연향의 실무를 담당하는 등 왜와의 외교를 직접 수행하는 것이었다. 또한 왜관에 필요한 잡물을 조달하여 지급하고, 朝·倭 양국인의 왜관의 출입을 통제하는 등 실질적으로 왜관의 유지와 관리에 깊이 관여하였다. 이밖에도 왜와의 공무역과 왜관의 대청에서 이루어지는 開市 및 守門 밖에서 이루어지는 朝市 등의 사무역을 감독하였다. 이상규, 1998, 「17~8세기 東來府에 파견된 倭學譯官의 機能」, 한국정신문화원 석사학위논문 참조.
132) 조선에서는 수입물품의 구입가로 公米나 公木을 지급하였다. 그런데 쌀 생산량이 절대 부족한 대마번의 요청으로 17세기 중반부터 公木의 일부를 쌀로 바꾸어서 지불하였다. 이를 '公作米'라고 하였는데, 매년 1만 6천 석 정도가 되었다. 공작미 지급이 처음 실시될 때는 5년 동안 한시적으로 행하도록 한 임시조처였는데, 대마번은 5년 기한이 끝날 때마다 연장을 요구하였다.(鄭成一, 1991, 「明治維新 직전 朝日貿易의 存在形態 - 1867년의 公貿易을 중심으로 -」『산업경제연구』14) 이런 관례는 고종 즉위 뒤에도 그대로 유지되었다.(『고종실록』상 고종 1년 5월 庚子)

는 대마번으로부터 공식적으로 동, 납, 흑각, 단목 등을 수입하고, 그 값으로 지급하는 것으로 처음에는 경상도 동부지역의 17읍에서 징수하였는데, 점차 늘어 경상도 71읍 가운데 절반이상이 부담하였으며, 이를 '下納米'라고도 하였다. 하납미는 공무역의 대금결제를 담당한 훈도·별차가 연말에 공작미로 왜인들에게 지급하였다. 그런데 운송과정에서 경상감사와 수령, 이서층, 훈도 등의 상호 유착 속에 다양한 형태의 포흠이 이루어져 자주 말썽을 일으켰다. 또 이들은 왜인들의 요구로 정액보다 적은 양을 미리 지급하면서 정가 가격의 수표를 받아 두었다가 연말에 정식으로 공작미를 지급할 때에 그 차액을 취하여 많은 이익을 남겼는데, 이런 이익은 주로 훈도가 차지하였다.[133]

훈도를 비롯하여 동래부에 파견되는 역관들은 위와 같은 활동을 바탕으로 많은 부를 축적하였다.[134] 이 때문에 왜관 주변에서 가족과 기거하면서 여러 가지 폐단을 일으켰고, 역관의 임무가 끝난 뒤에도 계속 머물면서 私貿易이나 密貿易에 종사하는 경우가 많았다.[135] 이 때문에 고종 즉위 직후에도 동래부의 逋吏들을 먼저 死刑에 처하고 나중에 보고하도록 하였으며,[136] 고종 4년(1867)에는 공작미를 이용하여 私利를 취한 죄로 동래부 前訓導 金繼運을 遠惡地에 유배하였다.[137]

安東晙은 훈도 김계운의 후임으로 고종 4년 5월에 동래부에 부임하였

---

133) 동래부에서도 관아의 운영비용을 마련하기 위하여 하납미와 공작미 운영에 적근 관여하였다. 이 때문에 철종 13년(1862) 임술민란 때에 경상도 지역 민란의 주요 원인으로 지적되어 그 개선책이 요구되기도 하였다.(金東哲, 1993, 「17·18세기 대일공무역에서의 공작미 문제」『항도부산』10)
134) 훈도와 별차의 비행을 막기 위해 가족을 거느리고 부임하지 못하도록 하고, 임기가 끝난 뒤에는 동래부 근처에 머무르지 못하도록 법령을 제정하여 단속하였으나 별 실효가 없었다. 단속 법령에 대해서는『대전회통』「雜令」참조.
135) 양흥숙, 1998,「17~18세기 왜학역관의 대일무역」, 부산대학교 석사학위논문
136)『승정원일기』고종 1년 10월 15일
137)『승정원일기』고종 4년 7월 20일

다. 이때 그는 居喪 중이었는데 특별히 발탁된 것이었다.[138] 재임 중 그는 고종 8년(1871) 9월에 일본 薩摩州의 표류인 10명을 신속하게 잘 처리하여 포상을 받았고,[139] 고종 9년(1872) 4월에는 喪을 당하여 한양에 올라와 있었는데 '여러 해 동안 그 책임을 지고 있었기에 왜관 사정을 잘 알고 있다'고 하여 居喪 중에 다시 내려가 일을 보게 하였다.[140] 같은 해 6월에는 왜관의 館守 別差가 外務省의 문서를 바치겠다고 제멋대로 제한구역 밖으로 뛰쳐나온 사건을 막지 못했다고 하여 別差 高在健과 함께 문책을 받았으나 이들 외에는 감당할 만한 사람이 없다고 하여 특별히 용서받았다.[141] 이상의 사례를 보면 안동준은 친정 이전의 외교정책을 주도하던 대원군의 절대적인 신임을 받고 있었다는 것을 알 수 있다.

그러나 친정 이후로는 그에 대한 평가가 달라졌다. 고종 11년(1874) 1월에 동래부사 정현덕을 승지로 제수하고, 승지였던 朴齊寬을 동래부사로 임명하면서 고종은 두 가지 사항을 당부하였다.[142] 하나는 '동래'가 왜와 접경지역이므로 더욱 잘 다스려야 한다는 것이었고, 다른 하나는 그 곳에 下納米와 木布가 많이 적체되어 농간을 부리는 폐단이 있으니 잘 조처하여 바로 잡을 것이며, 훈도 이하로서 명령에 따르지 않는 자가 있으면 먼저 처형한 후 보고해도 된다는 것이었다.[143] 동래가 일본과의 외교상 중요 지역이라는 것은 당연한 사실이었다. 그러나 고종은 이런 문제 외에 왜와의 공무

---

138) 『고종실록』 상, 고종 4년 5월 己卯
139) 『고종실록』 상, 고종 8년 9월 庚戌
140) 『고종실록』 상, 고종 9년 4월 乙卯
141) 『고종실록』 상, 고종 9년 6월 庚申
142) 고종은 朴齊寬이 安東府使로 있을 때 잘 다스렸기 때문에 특별히 동래부사에 차임한 것이라고 하였다.(『승정원일기』 고종 11년 1월 10일) 박제관은 박규수, 박정양과 같은 반남 박씨로서 서로 친밀한 관계를 맺어왔던 친척이다. 박정양은 박제관이 동래부사로 부임하기 위하여 한양을 떠날 때에 동문 밖까지 가서 그를 전송하였다고 한다. 기타 자세한 내용은 한철호, 1998, 「고종 친정 초 암행어사 파견과 그 활동」 『사학지』, 31, 207쪽 참조.
143) 『승정원일기』 고종 11년 1월 10일

역에서 거래되는 하납미·목의 처리와 이에 깊이 관계하고 있는 훈도의 단속을 강조한 것이었다.

두 달 뒤 차대에서 고종은 倭館의 훈도가 어떠한 지를 물었다. 그러자 영의정 이유원은 동래부사가 임명되어 내려갈 때에 국왕께서 특별히 지시하였는데도 아직까지 죄를 청하는 狀啓가 없으니 현저한 죄과가 없다는 것을 알 수 있다고 아뢰었다. 그러나 그 곳의 훈도가 差送되어 나간 지 여러 해가 되었으니 우선 改差하였다가 훗날 죄과가 드러나면 다스리라고 제안하였다.[144] 고종은 새 동래부사를 파견하면서 이미 그곳에서 공공연하게 저질러지고 있는 하납미의 포흠과 公木의 불법 사용 등을 이유로 안동준을 해임시키고 징치할 것을 기대하였던 것이다.

마침내 고종 11년(1874) 6월에 안동준의 죄상이 보고되었다. 영의정 이유원은 우선 조선과 일본이 3백년 동안 평화롭게 지내다가 갑자기 지난 3년 동안 이유없이 관계가 단절되었는데 아직 그 이유를 정확히 알지 못하며, 한 훈도의 말만 믿고 그가 하는 대로 맡겨 두고 있는 것이 문제라고 지적하였다. 이와 함께 안동준의 비리 행위를 다음과 같이 낱낱이 고하였다.

> 가옥을 넓게 차지하고 읍내에서 편안히 살고 있으며, 남쪽 세 道의 온갖 물건을 都賣로 사들이고 있으면서, 倭館에 발길조차 돌리지 않은 지가 몇 년이 되었습니다. 이것도 법에 어긋나는 짓인데, 別差가 왜관에 들어가는 것도 저지하고 있으니, 농간을 부리는 그 마음을 예측할 수 없으며 이루 헤아릴 수 없는 지경에 달하였습니다. 또 公木에 대한 농간질과 끊임없는 돈놀이에 대해서는 온 道가 원망하기 때문에 숱한 사람들의 입을 막을 수 없는데도 오히려 하찮은 물건과 사고로 귀착시키고, 감사와 수령은 모두 그 꾀임에 빠져들어 비록 그의 죄상을 알지만 감히 내놓고 이야기하지 못합니다. 나라의 체면이 깎이고 約條가 파괴된 것은 바로 이 때문입니다. 신이 봄에 새로 내려

---

144) 『승정원일기』 고종 11년 3월 20일

가는 감사와 東萊府使를 엄하게 신칙하여 공목은 거두어들여 추쇄하는 것을 기다리게 하였지만 돈놀이는 아직도 멋대로 하고 있으니 무엇 때문인지 모르겠습니다.[145]

이유원의 언급에 의하면, 안동준은 동래에서 상업활동을 크게 하면서 왜관은 돌아보지 않았을 뿐 아니라 다른 역관이 왜관과 접촉하는 것을 막고 있었다. 또한 公木을 사적으로 이용하고 돈놀이를 하는데도 누구도 단속하지 못하고 있었음을 알 수 있다.

영의정 이유원의 비난에 이어 우의정 박규수는 지난번 일본 황제가 막부를 내쫓고 나라의 정사를 총괄한다는 것은 안동준이 과장한 말이라고 하면서 서계 거부 문제와 이의 문제점을 지적하였다. 아울러 훈도 안동준에게 단호히 해당 법조문을 적용하자고 건의하였다.[146]

고종 11년(1874) 8월에 안동준은 서울로 잡혀와 거의 10여 일 동안 혹독한 심문을 받은 뒤,[147] 다시 동래부에 압송되어 본인이 빚지고 있는 공금을 갚도록 요구받았다.[148] 그리고 12년(1876) 3월에 公米와 公木으로 농간을 부려 이 때문에 백성들이 원망하고 변방의 정사가 어지러워졌다는 이유로 효수당하였다.[149]

안동준의 죄상은 그가 특별히 탐학스러워 벌어진 일은 아니었다. 당시

---

145) 『승정원일기』 고종 11년 6월 29일
"廣占家舍 優處邑底 囊括三南都買百貨 足跡之不到倭館 已至幾年 此固法外 而別差之入處館所者 並爲遏止 事之閃忽 意之區測 罔有紀極 且其公木之幻弄 債殖之無厭 一道嗷嗷 萬口難掩 猶屬薄物細故 而按藩守土之臣 擧墮迷藏之術 雖知其罪 莫敢顯言 國體之虧損 約條之隳壞 實由於此 臣於春間 嚴飭新去道臣及萊守 公木則使之收刷以待 而放債之尙此狼藉 未知何故"
146) 『승정원일기』 고종 11년 6월 29일
147) 『승정원일기』 고종 11년 8월 17일 ; 18일 ; 27일
148) 『승정원일기』 고종 11년 8월 29일
149) 『승정원일기』 고종 12년 3월 4일

에 경상좌도에 파견된 암행어사 박정양은 안동준 사건에 대해 그가 재임한 지가 오래되어 해마다 남는 것을 취하였는데, 이것이 누적되어 절로 많아진 것이라고 하면서 이것은 전부터 있었던 그릇된 관례였다고 하였다.[150] 즉 그의 비리는 전부터 있어 온 부정행위였는데, 고종은 이를 이유로 가혹하게 처벌한 것이었다. 이전에 비하면 대단히 엄격한 조처였다.[151]

안동준이 훈도로 재직할 때 상관이었던 前慶尙監司 金世鎬와 前東萊府使 鄭顯德도 처벌받았다. 그들이 오랫동안 그 직임에 있으면서 안동준의 말이면 그저 옳은 것으로 받아들이고, 私的인 안면에 매달려 잘못된 것을 감히 물리치거나 적발하지 못하였다는 것이 이유였다.[152] 특히 정현덕은 뇌물을 받고 僧錢과 科錢으로 잉여를 취했다고 하여 流三千里 定配 처분을 받았다.[153]

안동준이 처형된 이유는 두 가지였다. 하나는 변경의 일을 어지럽혔다는 것이다. 이것은 書契 접수 거부와 관련된 외교 문제 때문이라는 것을 의미한다. 그러나 외교에 관한 것은 앞서 살펴보았듯이 모두 안동준의 책

---

150) 박정양은 경상좌도 암행어사로 임명될 때에 동래부 왜관의 동태와 일본의 동향을 파악하라는 特旨를 부여받고, 동래부 관원들의 각종 부정행위와 지난 書契에 대한 김세호와 정현덕의 비리, 왜관의 동태와 일본 국내 사정들을 알아냈다.(한철호, 1998, 「고종 친정 초 암행어사 파견과 그 활동」『사학지』 31, 238~239쪽) 그럼에도 안동준이 죽음에 이르게 된 이유의 하나인 부정행위에 대해서는 전부터 있어 온 일이라고 하였다.(『승정원일기』 고종 11년 12월 13일)
151) 청전의 유통금지가 그 폐해를 없애기 위한 것이자 대원군의 경제적 기반을 제거하기 위한 것이었던 것처럼 훈도 안동준의 처벌은 외교 정책의 변화를 상징하는 것과 함께 왜와의 무역에서 생기는 여러 이권이 대원군과 관련되어 있었기 때문이었다고 생각된다.
152) 『승정원일기』 고종 11년 7월 3일
153) 『승정원일기』 고종 12년 1월 21일~23일
친정 후 무능하고 탐학한 관리로 처벌된 동래부사 정현덕은 고종 8년 12월에 자신의 돈으로 城과 관청을 수리했다는 경상감사 김세호의 장계에 의해 玉璽表裏之典을 받을 정도로 대원군의 신임을 받은 인물이었다. 『고종실록』 상, 고종 8년 12월 癸未 기사 참조.

임이라고는 할 수 없는 것이었다. 또 하나는 이전부터 관례처럼 되어온 비리와 관련된 것이었는데, 그의 행위가 전임자의 수준을 넘어서는 것은 아니었다. 그러나 고종은 서계 문제보다 이를 공식적으로 크게 문제삼아 처형하였다. 이것은 친정 직후 관찰사와 수령을 교체하고 암행어사를 파견하여 지방통제를 강화하려 하였기 때문이기도 하였지만,[154] 더 큰 이유는 외교 정책의 전환 때문이었다. 대원군의 뜻에 따라 움직이던 안동준을 처형함으로써 대일관계를 정상화 할 수 있는 계기를 마련하려고 하였던 것이다.[155] 일본과의 외교에 중요한 역할을 했던 그의 죽음은 외교정책의 변화를 예고하는 것이었다.

② 서계 수납 논의와 고종의 입장[156]

고종 11년(1874) 8월에 안동준의 후임으로 부임한 훈도 玄昔運은 일본과의 일을 보고하였는데[157] 일본이 먼저 스스로 書契를 고쳐 國使를 보내겠다고 간청한다는 것이었다.[158] 이에 대해 영의정 이유원은 서계를 다시

---

154) 친정 후 암행어사의 파견과 그 의미에 대해서는 한철호, 1998, 「고종 친정 초 암행어사 파견과 그 활동」『史學志』 31 참조.
155) 본고에서는 고종 친정 이후의 정책 중 국내 문제로는 청전의 혁파, 국외 문제로는 외교 정책의 변화를 다루었다. 이 두 문제는 친정 전에 대원군이 깊이 관여하던 것이었다. 이 때문에 친정 직후 고종의 정책이 대원군의 정치적 기반을 약화시키는 의도가 있었다고 생각된다. 그러나 두 정책은 고종과 대원군의 관계에서도 중요하지만 당시 국가의 안위와 국정 운영에서 가장 핵심적인 것이었다는 것이 더 중점적으로 다루어져야 하겠다.
156) 고종 친정 후 서계 수납 논의 과정과 대일 관계에 대한 자세한 사항은 안종철, 1998, 「친정전후 고종의 대외관과 대일정책」『한국사론』 40을 참조하였음을 밝혀둔다.
157) 개항 직전까지 서계 문제에 대해서는 손승철, 1994, 1994, 「1872年 日本의 倭館 占領과 朝鮮侵略」『軍史』 28 ; 안종철, 1998, 「親政前後 高宗의 對外觀과 對日政策」『韓國史論』, 40 참조.
158) 서계는 외교문서인 만큼 작성에 있어서 일정한 양식이 있었으며, 그 자체가 국가를 대표하는 문서이기 때문에 違式이 발견되면 서로 개찬해 줄 것을 요구하

고쳐 오겠다고 하니 서로 화합하고자 하는 뜻이라 볼 수 있고, 만일 따르기 어려운 문자가 있으면 다시 물리쳐도 된다는 소견을 피력하였다. 고종도 그의 의견에 동의하였다.[159]

한달 뒤 일본과 관련된 두 가지 사안이 보고되었다. 하나는 청이 통고한 것으로 대만에 있는 왜인들이 강남과의 통상을 청하면서 아직 군대를 퇴각시키지 않고 있다는 것이었다. 다른 하나는 동래 훈도의 보고로서 지난번 서계 수정 지시에 대해 왜인들이 매우 좋아하면서 서계 중에 '天子' 2字는 이미 조선에서 不許하므로 사용하지 않겠지만 '皇'자와 '大'자는 일본에서 칭하는 것이라 고치기 어렵다고 한 것이었다.

고종은 왜는 전부터 '皇'과 '大日本'이라는 용어를 사용하였다고 하면서 그 사정을 이해하려 하였다. 이유원은 지금 북경에 왜인들이 버티고 있어 분란이 되고 있는 상황임을 언급하면서 조선도 대비책을 세워야 하는데 각 營의 재정이 곤궁한 점이 걱정이라고 아뢰었다.[160] 당시 고종과 신료들은 書契上의 是非문제를 잘 이해하고 있었고, 일본의 세력 확대에 대해서도 상당한 위기의식을 느끼고 있었음을 알 수 있다.

고종 12년(1875) 2월에 일본에서 다시 수정된 서계가 왔다. 고종은 이 件에 대해 대신과 정부당상들이 의논하여 보고하도록 하였으나 일이 순조롭게 진행되지 않았다. 같은 달 5일의 차대에서 고종은 좌의정 이최응과 다음과 같은 대화를 나누었다.

였다. 17세기 일본에서 온 135장의 서계 중 149건의 위식이 발견되어 약 70% 정도를 다시 개찬하도록 하여 수납하였다. 18세기 이후에는 양국의 관계가 소원해지면서 이러한 요구들이 중지되었다. 그러나 서계의 개찬이 당사국 간의 외교적 주도권과 관계된 중요한 것임은 변함없는 사실이다.(張舜順, 1993, 「朝鮮後期 日本의 書契 違式實態와 朝鮮의 對應」 『한일관계사연구』 1) 고종대의 서계 수납 문제도 이러한 점을 고려하여 다루어져야 한다.

159) 『승정원일기』 고종 11년 8월 9일
160) 『승정원일기』 고종 11년 9월 20일

고종 : 동래부사의 장계에 대하여 아직 回啓하지 않은 것은 무슨 까닭인가?
이최응 : 이는 交隣의 大事이므로 시원임대신들이 의논해 사리에 맞는지 깊이
 고찰한 뒤에 회계하겠습니다.
고종 : 속히 회계하여 三懸鈴으로 신속히 알리도록 하라.
이최응 : 하교가 이와 같으니 삼가 즉시 회계하도록 하겠습니다.[161]

이 대화에서 고종은 일을 속히 진행시키기를 원하였음을 알 수 있다. 고종의 입장은 서계를 끝까지 받아보지 않는 것은 誠信의 도리가 아니며, 우리가 따르기 어렵다고 하면 언제든지 환수해 가겠다고 왜인들이 약속하였으므로, 이번에 검토한 뒤 격식에 어긋난 것이 있으면 다시 물리쳐도 된다는 것이었다. 이에 비해 영의정 이최응과 우의정 김병국 등은 고종의 주장에 동의하면서도 倭情은 본래 교활하니 대신들과 잘 의논해야 한다고 강조하였다. 이에 비해 고종은 일본에 대해 특별히 의심할 만한 것이 없다고 하며 오히려 대신들을 설득하는 인상마저 주었다.[162]

고종의 지시에 따라 의정부에서는 서계의 내용 중 몇몇 글자는 삭제되었으나 여전히 만족스럽지 못하고, 원본이 전과 달리 眞文과 諺文으로 혼용 작성된 것을 지적하면서 동래부사에 대해 왜관에서 직접 설명하겠다고 한 요구는 허락하지 않으나, 왜관에서의 연향은 베풀어 주도록 하였다.[163] 또한 書契의 副本은 漢文으로 작성하겠다고 하니, 그 자리에서 보고 격식을 어긴 것이 있으면 상세히 살펴서 사리에 따라 물리치고, 만일 모두 고쳤으면 즉시 받아들여서 '舊好'를 회복하도록 하였다.[164]

---

161) 『승정원일기』 고종 12년 2월 5일
 "仍敎曰 東萊府使狀啓 尙未回啓 何故也 最應曰 此係交隣大事 故擬於時原任大臣 爛確停當後 回啓矣 上曰卽速回啓 仍爲三懸鈴知委 可也 最應曰 下敎如此 謹當卽爲回啓也"
162) 『승정원일기』 고종 12년 2월 5일
163) 왜관에서는 이전에도 역관을 의심하여 가끔 동래부사를 직접 만나고자 시도한 일이 있었으므로 이번의 요구가 특별한 것이라고 볼 수 없었다.

고종 12년 2월 9일에 동래부사가 다시 서계의 원본과 부본의 내용을 검토하여 보고하였다. 그런데 그 동안 문제가 된 것 외에도 일본은 새 도장을 사용하고 路引의 격식을 고치는 등 그 違式 사항이 지나치게 많아 조선 정부가 용납하기 힘든 상황이었다.[165]

이 때문에 논란이 계속되었다. 고종은 그 해 5월 10일의 차대에 시원임 대신을 모두 입시하게 하고 書契에 대한 각자의 의견을 진달하도록 하였다.[166] 이 자리에는 고종 즉위 후 가장 많은 35명의 신료들이 모였으며, 모두 자신의 소견을 밝혔다. 영의정 李裕元은 서계를 받는다면 임기응변의 방법은 되지만 훗날이 근심스럽다고 하면서도 국왕이 결단할 것이며 자신은 고종의 뜻에 따르겠다고 아뢰었다. 아울러 서계의 일에 대해서는 조정뿐 아니라 재야에서도 의견이 분분하다고 하여 일본과의 외교 문제가 국가적인 관심사가 된 상황임을 알렸다.

判府事 洪淳穆, 政府堂上 李承輔, 金炳㴤 등 대부분의 신료들은 자신의 주장을 뚜렷하게 드러내지 않았다. 전례에 의거하면 거절해야하지만 邊情이 시끄러워질 것이고, 임기응변으로 서계를 받아들인다면 훗날의 일을 예측할 수 없기 때문에 쉽게 결론을 내리기 어렵다는 것이 이들의 생각이었다. 政府堂上 李載元, 閔奎鎬, 趙寧夏 등 비교적 젊은 신료들 역시 다른 의견이 없다고 하며 본인의 소견을 분명히 아뢰지 않았다.

이에 비해 領敦寧 金炳學은 일본이 서계의 격식과 연향의 절차를 어긴 점을 강조하며 은연 중에 반대 의사를 표명하였다. 右議政 金炳國과 정부당상 金世均, 朴齊寅, 金翊鎭, 任商準, 徐相鼎 등도 이와 비슷한 의견을 내

---

164) 『승정원일기』 12년 2월 5일
165) 이러한 문제에 대해 의정부는 倭國의 官制가 바뀌어 그렇다고는 하지만 당초에 두 나라가 서로 의논하여 정하지 않은 것을 갑자기 새로 행하고자 하는 것에 대해 曉諭하도록 하였다. 그러나 서계 문제는 전혀 해결되지 않은 채 왜관에서는 여전히 동래부사를 직접 면대하기 위해 제한구역을 나오겠다고 하는 등의 주장을 하며 버티고 있었다.(『승정원일기』 고종 12년 2월 9일)
166) 이하의 내용은 『승정원일기』 고종 12년 5월 10일 次對 기사 참조.

었다.

반면, 判府事 朴珪壽는 서계의 격식과 예의에 어긋난 글자는 임금이 어떻게 포용하느냐에 달렸다고 하면서, 훗날의 폐단이 염려되기는 하지만 그 때 가서 거절하는 방법도 있다는 의견을 내놓았다. 그의 입장은 우선 서계를 받아들이자는 것이었다. 左議政 李最應, 정부당상 梁憲洙, 宋熙鼎 등도 일단 받아들이고 참람한 것이 있으면 그때 가서 물리치자고 아뢰었다.

여러 신료들의 의견을 다 들은 뒤 고종은 다시 의논하여 정론을 세우라고 요구하였다. 그런데 이에 대해 이유원과 이최응은 고종의 결정을 따르겠다고 한 반면, 김병학과 김병국은 다시 각자의 의견을 글로 써서 들이겠다고 하였다.

마침내 의정부는 세 가지 이유를 들어 왜인들의 요구를 허락하지 않기로 하였다. 첫째는 대마도를 통하지 않고 일본 외무성에서 직접 서한을 보내온 것은 3백년 동안 없던 일이며, 둘째는 交隣의 文字에 謙恭함이 없고 함부로 자신들을 존대하였으며, 셋째는 그럼에도 왜관에서 연향을 베푼 것은 바로 먼 나라 사람을 대접하는 덕의에서 나온 것일 뿐이며, 왜인들이 제반 의식 절차를 갑자기 전과 다르게 변경하려는 것을 허락할 수는 없다는 것이었다.[167] 그러나 별도로 일을 아는 역관을 보내어 조목조목 바로잡아 보고하면 다시 품처하도록 건의하였다.[168]

이에 따라 고종 12년(1875) 7월에 동래부에 파견된 譯官 金繼運은 일본

---

167) 고종 5년(1868) 일본의 서계 수납을 거부했을 때도 그들의 지나친 일방적인 태도가 가장 큰 원인이었다. 일본 국내에 왕정복고와 같은 큰 정치적 변혁이 있었다면, 마땅히 상대방에게 그 사실을 알리는 조치부터 먼저 취한 다음, 국체가 달라진 데 따른 외교의 형식과 절차에 관한 협의를 나누는 순서로 들어가는 것이 외교의 상식이었다. 고종 친정이후 서계의 수납과정에서도 이에 대한 반대의 이유 역시 일본의 외교 형식과 절차를 무시한 일방적인 태도가 가장 큰 것이었다.(이태진, 2000, 「근대한국은 과연 '은둔국'이었던가?」『고종시대의 재조명』. 태학사)
168) 『승정원일기』 고종 12년 5월 10일

의 책임자인 이사관 모리야마 시게루(森山茂)를 만나겠다고 통보하였다. 이때 일본인들이 이른바 조약에 없는 예복착용을 고집하여 문제가 되기는 했지만 의정부에서는 동래부사가 먼저 연향을 베풀고 서계를 받아 즉시 베껴 써 올리도록 하였다.[169] 그러나 원래 평화적으로 서계를 납부하여 조선과의 국교단절을 회복하겠다는 의지가 없었던 일본은 모리야마 이사관을 그 해 9월에 귀국시킴으로서 서계의 수납은 이루어지지 않았다.[170]

일본이 일방적으로 보낸 서계를 받아들이느냐 않느냐의 문제는 쉽게 결정을 내릴 수 없는 것이었다. 각각의 주장에 나름대로의 이유가 있었고 통일된 입장을 정리하기도 어려웠다. 그러나 이에 대한 공개적인 논의는 변화하는 국제 정세에 현실적으로 새롭게 대응해야 한다는 인식을 朝野에 확산하였다.

(3) 고종 주도의 조일수호조약 체결

일본의 서계 봉납 여부가 해결되지 않고 있던 중, 국적 불명의 이양선(일본 군함 운요함)이 永宗鎭을 공격한 사건이 발생하였다.[171] 고종 12년(1875) 8월에 三軍府에서는 경기 연안에 이양선이 나타나 강화도 초지진을 공격하고 이어서 영종진에 침입하여 불을 지르고 포격을 가한 후 곧 물러갔다고 보고하였다.[172] 이에 고종은 인천을 방어영으로 승격하고, 영종진

---

169) 『승정원일기』 고종 12년 7월 9일
170) 당시 일본측의 의도에 대해서는 안종철, 1998, 「친정전후 고종의 대외관과 대일정책」 『한국사론』 40, 150~152쪽 참조.
171) 왜관에 있던 모리야마 이사관은 고종 12년(1875) 9월 20일(양력) 귀국하라는 정부의 명령을 받고 이튿날 부산을 떠났다. 그리고 바로 강화도에서는 운요함 사건이 일어났으나 이를 주도한 일본은 운요함에 국적기를 달지 않았다. 이에 조선정부는 국적불명의 이양선이 나타났다고 한 것이다. 고종 11년과 12년에 모리야마의 활동과 운요함 사건에 대한 일본측 의도에 대해서는 이태진, 2002, 「운양호 사건의 진상」 최승희 외, 『조선의 정치와 사회』, 집문당, 157~161쪽 참조.
172) 『승정원일기』 고종 12년 8월 23일 ; 24일

을 이에 이속시켜 제반 조처를 취하도록 하는 등 새로운 방비책을 강구하였다. 이와 아울러 이양선의 등장이 이제 연례행사가 되었다는 것과 그 동안 양성해 온 砲軍이 제 구실을 하지 못했다는 점을 거론하였다.[173] 친정 이전의 어양책이 실제적인 내용을 갖추지 못하고 있다는 비판이 제기되던 상황에서 고종 역시 그 동안의 국방 정책에 불만을 표시한 것이다.[174]

한편, 그 해 9월 동래부에서는 일본 飛船이 公證私書를 전달하기 위한 것이라는 핑계를 대면서 빈번하게 왕래한다는 보고를 올렸으며,[175] 10월에 돌아온 遣淸使臣들은 북경에 여전히 洋夷가 많이 있을 뿐 아니라 倭人들이 이들 거주지역에 관사를 크게 짓고 있다는 사실을 보고하였다. 아울러 6월 北京 新報에 일본과 조선 관련 기사 내용이 誣陷에 가까워 청의 예부에 항의하였음을 아뢰었다.[176] 이양선의 침입과 북경에서 서양과 일본의 위세가 더욱 기승을 부린다는 정보는 조선 정부를 한층 긴장하게 만드는 것이었다.

위기의식이 고조되고 있던 그 해 12월 26일에 경기연해에 수상한 선박이 출몰하였다는 보고가 올라왔다. 그러자 의정부에서는 곧 사역원당상 오경석과 부산훈도 현석운 등을 파견하여 선박의 사정을 탐문하도록 하였으며,[177] 곧 일본이 조선과의 修好를 위해 왔다는 사실을 확인하였다.[178] 이에

---

173) 『승정원일기』 고종 12년 8월 26일~29일
174) 대원군의 어양책에 대한 비판에 대해서는 노대환, 1999, 『19세기 東道西器論 形成過程 硏究』, 서울대 국사학과 박사학위 논문, 192~193쪽
175) 『승정원일기』 고종 12년 9월 23일
176) 『승정원일기』 고종 12년 10월 13일
   이때 사신들은 이 사건과 관련된 기사와 京外의 新報를 모두 수집해 왔는데, 고종은 이것을 모두 친람하였다.
177) 『승정원일기』 고종 12년 12월 26일
   부산 훈도 현석운은 이때 마침 한양에 올라와 있었다.
178) 조일조약 과정은 이미 여러 연구에서 자세히 다루어졌다.
   田保橋潔, 1940, 『近代日鮮關係の 硏究』, 朝鮮総督府中樞院
   김의환, 1974, 『朝鮮近代對日關係史硏究』, 경인문화사

제5장 親政체제의 구축과 정책의 변화 255

고종은 고종 13년(1876) 1월 5일에 判中樞府事 御營大將 申櫶과 都總府 副摠官 尹滋丞을 보내 두 나라의 수호 문제를 협의하도록 하였다.[179]

한편, 삼군부는 중앙 군영의 군사를 동원하여 양화진, 염창항과 행주항 등에서 일본의 선박을 감시하면서 防守하도록 하였으며,[180] 매일 선박의 동정과 방수 상황을 고종에게 보고하였다. 이처럼 경계를 강화하면서 일본의 요구에 대응하는 일련의 조치는 몇 달 전 서계를 처리하던 것과 비교해 볼 때 매우 신속하게 취해진 것이었다.

일본에 대한 대응책도 논의되었다.[181] 그 해 1월 20일의 次對에는 영중추부사 이유원, 영돈녕부사 김병학, 판중추부사 홍순목, 영의정 이최응, 우의정 김병국 등 48명의 신료가 참석하였다. 일본이 조약을 위해 제시한 13건에 대한 대책을 의논하기 위한 것이었다.

이 자리에서 고종은 일본과 3백 년간 修好하였는데, 지금 서계의 일로 오랫동안 서로 버티고 있다는 점을 언급하고, 이번에는 정부에서 미리 타결책을 강구하도록 하였다. 그러자 이유원, 김병학 등은 날마다 방책을 논의하고 있으나 일본은 교활하고 예측할 수 없다는 점을 들어 불신감을 나타냈다. 지난 서계 봉납 여부를 의논할 때에 일본의 입장을 설명했던 박규수도 일본이 修好한다고 하면서 兵船을 거느리고 왔으니, 그 정상을 예측할 수 없다고 아뢰었다. 당시 신료들은 일본이 전함을 이끌고 都城 근처까지 온 사실을 상당히 경계하고 있었던 것이다.[182]

김용구, 2001, 『세계관 충돌관 한말외교사 연구사(1866~1882)』, 문학과 지성사
179) 『승정원일기』 고종 13년 1월 6일
180) 『승정원일기』 고종 13년 1월 6일
181) 이때 조선에는 순종의 세자책봉을 위한 淸의 勅使가 방문 중이었다. 이 때문에 조선에서는 일본과의 일을 대략 보고하였고, 이에 대한 청 정부의 의견도 들었다.(『승정원일기』 고종 13년 1월 22일 ; 23일 ; 25일) 조선의 개항에 대한 청과의 문제에 대해서는 송병기, 1985, 『근대한중관계사연구』 단국대출판부 참조.
182) 의정부에서는 일본에 대한 의구심을 강하게 나타내면서도 곧 일본과 계속 우호할 처지에서 굳이 그 통상을 물리칠 것이 없다는 의견을 아뢰었다.(『승정원일기』

신료들이 일본의 의도에 대해 의심스러워하며 경계한 것에 비해 고종은 접견대관 신헌에게 전권을 위임하며 신속히 대응하도록 하였다. 임기응변의 專管을 주어 재량으로 결단토록 하였으며, 번거롭게 묘당에 공문을 보내 일이 연기되지 않도록 하였다. 이런 명령에 대해 신헌은 몹시 부담스러워 하였지만, 고종은 조정의 중론이 모두 그가 아니면 안된다고 하였다고 하면서 절대적인 신임을 보였다.[183]

일본과 조약 체결 과정을 보면, 고종 13년(1876) 1월 29일에 조약책자가 올라오고 비준문서를 만들었으며, 다음날에는 일본 사신들에게 줄 선물을 준비하였다. 그리고 2월 2일에 조선과 일본의 수호조약이 체결되었다.[184] 며칠 뒤 일본 선박이 물러가자 고종은 防守하던 군사들을 해산시키고, 경기감영과 강화유수영의 경계도 풀도록 하였다.[185] 고종 5년(1868)에 일본과 서계 문제로 대립이 시작되고 새로운 관계를 모색하면서 대화가 단절되었는데, 고종 12년(1875) 12월 경기 연해에 수상한 선박[운요함]이 나타나 영종진을 공격한 사건이 일어난 지 한 달 남짓 만에 두 나라의 수호문제가 해결된 것이었다.

조약 체결에 대한 논의 과정을 보면 일본에 대한 대신들의 태도는 서계 수납을 논의할 때보다 더 부정적이었음이 확인된다. 이는 일본측이 회담이

고종 13년 1월 20일 ; 24일) 하지만 이것은 일본과 적극적인 교섭에 나선다는 의미는 아니다.
183) 『승정원일기』 고종 13년 1월 29일
184) 지금까지 조일수호조약 과정과 관련된 연구는 대부분 일본측 사료를 기본으로 이루어졌다. 이 때문에 사건 날짜가 양력으로 기재되어 있고, 일본의 입장에서 분석하였다. 이에 비해 최근에 일본측 사료를 비판하고 조선의 입장이나 양쪽의 입장을 함께 고려하여 분석하고자 하는 연구가 시도되었다.(안종철, 1998, 「親政 前後 高宗의 對外觀과 對日政策」『韓國史論』, 40 ; 이태진, 2000, 「근대한국은 과연 '은둔국'이었던가?」『고종시대의 재조명』, 태학사) 본 연구는 기존의 연구와 『승정원일기』, 통감부 편, 1909, 『韓國條約類纂』(한국학진흥원 영인본, 1982) 등을 기본 사료로 사용하였으므로 날짜는 음력으로 표시하였다.
185) 『승정원일기』 고종 13년 2월 5일

결렬될 것을 예상하고 무력 시위를 계획하고 온 것에 대한 당연한 반응이 기도 하였다.[186]

고종의 태도의 이와 달랐다. 고종은 세계 수납에 대해 논의할 때에는 허용하려는 입장이었으나 일단 의정부의 의견을 수용하였다. 그러나 이번에는 자신과 여론의 신임을 받는 인물을 발탁하여 주도적으로 신속히 조약을 체결하였던 것이다.[187]

신헌이 조약체결 과정을 보고하는 자리에서 고종이 조약 체결을 적극 주도한 이유가 드러났다. 당시 고종의 최대 관심사는 신문물 수용이었다. 고종은 조약 체결 이후 수신사를 파견하여 일본의 풍속과 변화를 직접 살펴보고, 새로운 문물을 수입할 수 있을 것이라 기대하였다. 신헌이 미야모토 고이치(宮本小一), 노무라 야스시(野村靖) 등이 일본 兵器와 農器는 천하의 으뜸이라고 하면서 조선에서 이를 구입하거나 匠人을 유학시켜 배우려 한다면 모두 힘껏 주선할 것이라고 제안하였다고 보고하자, 고종은 그 효과와 실현 가능성 등을 예측해 보며 더 자세한 사정을 알려 하였던 것이다.[188]

고종은 일본 측이 진헌한 回旋砲[캐틀링 기관총]에 대해서도 자세히 설명할 것을 요구하였다. 신헌은 그 총의 모양, 장전방법과 재료, 쏘는 방법 등을 비교적 상세하게 보고하였고, 군관 가운데 兵事와 火器를 잘 다루는 자들이 직접 쏘아보며 그 성능까지 확인하였다고 아뢰었다. 아울러 일본의

---

186) 지금까지 일반적으로 인식되어 온 것과 달리 조일수호조규가 체결되는 과정에서 조선정부의 태도는 개방적이고 능동적이었다. 이에 대한 자세한 사항은 이태진, 2000, 「근대한국은 과연 '은둔국'이었던가?」『고종시대의 재조명』, 태학사, 162쪽 참조.
187) 이러한 점 때문에 조일조약의 수호를 고종과 이유원, 이최응, 박규수 등 대신들의 승리로 평가하기도 한다.(Martina Deuchler, 1977, *CONFUCIAN GENTLEMEN AND BARBARIAN ENVOYS - The Opening of Korea, 1875~1885*, University of Washington Press 32~33쪽)
188) 일본병기 등의 신문물 도입은 고종 13년 수신사 파견의 중요 이유가 되었다.(송병기, 1987, 「고종초기의 외교」『한민족독립운동사』 1, 50~51쪽)

화륜선을 소개하면서 조금 느리기는 하지만 漕運하는데 편리할 것이라는 소견도 피력하였다. 신헌은 조선의 국방력이 실제로 그리 강하지 않아 매우 근심스럽다고 하면서, 중국의 滕, 薛 같은 작은 나라도 외교적으로 사대교린하는 한편 나라를 잘 지켰기 때문에 戰國時代에 나라를 온전히 유지할 수 있었다는 일화를 소개하면서 보고를 마쳤다.[189]

고종이 친정을 선언하였을 때 조선 주변의 국제 정세는 이전과는 다르게 변화하고 있었고 위기의식도 높아지고 있었다. 친정 전부터 이런 상황을 깨닫고 있던 고종은 국제 정세와 신문물에 대한 많은 지식을 얻으려 하였다. 특히 일본에 대한 정확한 정보를 얻기 위하여 직접 사람을 파견하려는 계획도 가지고 있었다. 이런 때에 일본이 修好를 요구하자 고종은 신료들의 의구심과 반발 여론을 조정하면서 실무 관료들을 파견하여 朝日修好條約을 신속히 체결하였다. 일본과의 외교적 긴장관계라는 당시 국가의 중요 현안 중 하나를 해결하면서 신문물 도입이라는 고종의 계획을 실천하려 한 것이었다. 고종이 주도한 조일 수호 조약 이후 조선은 근대화 추진과 주권 유지라는 새로운 과제에 직면하게 되었다.

---

189) 『승정원일기』 고종 13년 2월 5일 ; 6일

결 론

조선의 국왕은 상징적인 면이나 실질적인 권력 구조 속에서 정치권력의 정점에 있는 중요한 존재이다. 최고의 인사권자이자 군통수권자이며, 정책의 최종 결정권자로서 절대적인 위치에 있는 것이다. 그러나 실제로 조선의 왕권은 자의적으로 행사되지 않았고 법제화된 관료 기구를 통해야만 했다. 이 때문에 정치세력과의 관계 및 각각의 영향력, 정치이념과 제도적 지향, 사회경제적 여건에 따라 국왕의 위상은 달랐다.
　1863년 神貞王后 趙氏의 결정에 따라 12살의 나이로 왕위에 오른 고종은 즉위 직후부터 국왕으로서의 정치적 역량을 발휘할 수는 없었다. 왕실 방계 출신으로 私家에서 성장하여 충분한 王者 수업을 받지 못한 상태였고, 純祖에서 哲宗대까지의 세도정치 시기에 국왕의 권위를 드러내거나 왕권을 구현할 수 있는 제도적 장치들은 제구실을 하지 못하고 있었다. 여기에 더하여 왕권을 뒷받침해 줄 정치세력도 형성되지 않았다. 이러한 상황이었으므로 신정왕후의 수렴청정이 고종 3년(1866) 2월까지 시행되었으며, 이 시기를 포함해서 오랜 기간동안 고종의 生父인 興宣大院君이 정치에 깊이 관여할 수 있었다.
　즉위 후 고종에게 가장 우선적으로 요구된 일은 經筵을 통해 학문을 연마하고 통치술을 익히는 것이었다. 유교 이념을 강조한 조선에서는 국왕에게도 일정 수준 이상의 학문적 역량을 갖출 것이 요구되었다. 국왕의 학문 수준이 너무 낮으면 정치의 중심이 되어 정국을 이끌어 나가거나, 신료들과 함께 국정을 논의하여 운영하기 어려웠다. 이 때문에 경연의 교육 기능은 19세기 세도정치기에 어린 왕들이 연속으로 즉위하면서 더욱 강조되고 있었다. 순조대부터 '勸講' 혹은 '進講'이라는 독특한 형태의 경연이 시행되었으나 정식 경연에 비해 간소화된 절차에 따라 운영되는 것으로 그 위상이 격하된 것이었다. 그러나 고종 즉위 후 권강, 진강은 점차 정식 경연의 한 형태인 '別講'으로 자리잡았으며, 정치적 기능도 회복되어 갔다.

고종의 첫 경연은 勸講의 형식으로 진행되었으며, 고종 3년(1866) 3월 국혼 뒤에는 進講으로 개칭되었다. 권강은 순·헌종대와 마찬가지로 강학을 위주로 진행되었지만, 진강의 설행 이후로는 君臣 회합과 국정 논의의 기능이 강조되었다. 처음 경연에서 고종은 신정왕후의 뜻에 따라 『孝經』을 공부하였다. 이것은 혈연으로 이어지지 않은 신정왕후와 고종의 관계에서 '孝'를 강조함으로써 그 유대를 강화하기 위한 의도였다. 이어서 세도정치기의 국왕들과 마찬가지로 四書三經을 중심으로 공부하였다. 경연은 경학 위주로 운영되었으나 고종은 史書에 많은 흥미를 보였고, 역사를 통해 통치의 실제를 배우고, 현실 정치의 감각을 익히고자 하였다. 이에 고종은 正祖代 이후 편찬되지 못한 史書들에 대해 관심을 가지고 증편 작업을 추진하였다.

경연은 고종이 국왕으로서의 역량을 발휘할 수 있는 자리였다. 특히 고종 8년(1871) 辛未洋擾가 발발하자 경연의 자리에서 군신 회합의 의미를 강조하며 상황을 파악하고 대응책을 논의하려 하였다. 洋擾 기간 동안 고종은 三軍府와 兵曹, 各 軍營으로부터 보고를 받았으나 이를 다시 확인하고 신료들과 대책을 논의할 수 있는 자리는 쉽게 마련되지 않았다. 국왕이 국정을 주도하지 못하는 상황에서는 '次對'와 같이 국왕이 신료들과 함께 할 수 있는 군신 회합의 제도가 제대로 운영되지 않았기 때문이었다. 이러한 상황에서 고종은 국왕의 명으로 바로 개최할 수 있는 進講에서 국내외의 문제에 대해 직접 알아보려 하였으며, 양요와 관련된 여러 현안들을 의결할 수 있었다.

진강은 고종 10년(1873) '親政' 실시라는 정국의 변화를 이끌어 내는 계기가 되기도 하였다. 그 해 10월에 崔益鉉이 올린 상소를 두고 고종과 고위 신료들의 정치적 입장은 서로 크게 달랐다. 다른 정치적 입장을 보였다. 고종은 최익현의 비판을 적극 수용하려 하였으며 진강을 통해 자신의 입장을 확실히 밝히고 계속 관철시켜 나갔다.

고종 즉위 후 대원군은 세도정치기 국정 운영의 중심기구이자 세도 문벌가문 출신들이 장악하고 있던 備邊司를 폐지하고, 三軍府를 복설하여 軍務를 담당하게 하고, 종친부의 기능을 강화하는 등 정치체제를 재정비하였다. 그러나 정책의결 기구의 하나이자 君臣 회합제도인 次對는 여전히 제대로 열리지 않았다.

차대는 備邊司의 都提調와 提調인 堂上들이 국왕에게 그 회의 내용을 보고하고 裁可를 받기 위해 마련된 것으로 英·正祖代에 중요한 국정 논의의 場으로 활성화되었다. 그러나 세도정치기에는 거의 개최되지 않았고, 고종 즉위 이후에도 여전히 제기능을 회복하지 못하고 있었다. 이는 국왕이 여전히 국정을 주도적으로 운영하지 못하고 있었음을 보여주는 것이었다.

왕실행사도 경연처럼 형식상으로나 실질적으로 국왕권과 밀접하게 관련된 것이었다. 매년 대규모로 여러 차례 시행되는 陵幸은 대표적인 왕실행사였다. 고종은 즉위 후 고종 10년(1873) 친정 이전까지 봄·가을에 정기적으로 능행을 시행하였으며, 가을 陵幸 때에는 位次上 先考에 해당되는 翼宗의 綏陵을 자주 참배하였다. 이것은 至親에 대한 효를 표현하는 당연한 행사이자 왕위 계승의 정당성을 과시하는 정치적 의미를 지니는 것이었다.

능행이 정치적으로 중요했던 것은 英·正祖代에 그 행차 중에 上言·擊錚 등 소원제도가 활성화되어 국왕이 직접 민의를 수렴하는 등 적극적인 대민활동을 할 수 있는 기회가 되었기 때문이었다. 그러나 세도정치기를 거치면서 이런 활동은 능행에 수반되는 依例的인 것이 되었다. 고종은 순조나 헌종, 철종에 비해서 상언과 격쟁에 관심을 더 가졌다. 그러나 고종이 직접 민의를 수렴하여 처결하지는 않았으며, 처리 과정에서도 承政院보다는 吏曹·禮曹 등의 해당 아문과 廟堂이 중요한 역할을 담당하였다.

신정왕후 조씨의 수렴청정이 끝난 고종 3년(1866) 이후에는 都城 밖 먼 곳으로의 遠幸을 자주 거행하였다. 특히 고종 7년(1870)부터 9년(1872)의 시기에는 華城과 坡州牧, 開城府 등에 있는 왕릉을 참배하였다. 이것은 고종 즉위 후 왕실의 권위를 회복하고자 하는 시도의 하나로 영·정조대 이후 행차하지 않았던 곳까지 거둥하였기 때문이었다. 고종은 이런 遠幸에 관심을 가지며 그 행사를 적극 수행하였다. 고종 4년(1867) 太宗의 獻陵과 純祖의 仁陵을 가는 길에 鷺梁行宮에 머물 때에는 水操를 실시하고 대원군이 주도하여 새로 건조한 戰船을 살펴보았으며, 남한산성에서는 군사훈련을 실시하였다. 고종 5년과 7년에 思悼世子의 顯隆園과 正祖의 健陵을 참배하기 위하여 華城行宮에 머물 때에는 華寧殿에 있는 정조의 어진을 살펴보고, 召對를 실시하면서 신료들과 시를 주고받았다. 고종 8년(1871) 仁祖의 長陵에 행차하여 坡州府 行宮에 머물 때에는 그 지역 지방관들을 만나 구휼 상황 등을 점검하고 자신의 지시가 지방관에게 잘 전달되는지 확인하였다. 고종 9년(1872)에 太祖妃 神懿王后의 齊陵과 定宗의 厚陵을 참배하기 위해 개성부에 머물 때는 文廟展拜와 民人접견 등 영조가 능행시에 거행한 거의 모든 행사를 수행하였다.

원거리 능행이 행해졌던 시기에는 고종이 주도한 여러 가지 중요한 왕실 행사도 거행되었다. 항상 정치적 의도를 가지고 실시된 것은 아니지만, 왕실행사는 기본적으로 왕권과 밀접하게 관련되어 있다. 그러므로 이 시기 고종이 왕실행사를 주도하였다는 것은 그의 정치적 역량이 이전과 달라졌음을 의미한다. 이런 변화는 앞서 진강의 운영에서도 확인되었던 것이다.

한편, 왕실행사는 대원군에게도 중요한 의미를 가졌다. 공식적인 정치기구 안에서 활동할 수 없었던 대원군은 이 행사를 통하여 국왕의 생부이자 왕실의 어른으로서 자신의 위상을 드러낼 수 있었다. 아울러 고종과 대원군이 공식적으로 함께 할 수 있는 자리였으므로 정치적 역학관계의 변화를 엿볼 수 있었다.

대원군의 권위는 기본적으로 고종이 국왕의 지위에 있었기 때문에 나올 수 있는 것이었다. 앞서 즉위했던 왕실 방계 출신 왕들은 왕위에 오를 때 生父가 이미 세상을 떠난 상태였으므로 高宗代 대원군의 존재는 여러 면에서 독특한 것이었다. 대원군은 국왕의 生父이자 왕실의 어른으로서 상당한 권위를 가지고 있었으며, 국정 운영에도 깊이 관여하였다. 그러나 대원군의 위상은 고종을 통해 확실히 발휘되었다. 고종 또한 즉위 초기에는 대원군에게 의지한 측면도 있었다. 이처럼 고종과 대원군은 상호 의존관계에 있었지만 대원군의 정치적 권위는 고종이 어떠한 입장을 취하느냐에 따라 달라질 수 있었다.

친정 이전시기 고종의 雲峴宮 방문과 대원군의 남연군 묘 행차 및 國婚 주관 등은 대원군의 강화된 위상을 보여주는 대표적인 행사였다. 대원군은 國婚과 妃嬪 출산 등의 왕실행사를 주관하였으며, 王陵 親祭에서는 亞獻官 역할을 수행하였다. 이것은 그의 의도대로 왕실의 권위를 높이는 일이자 왕권을 강화하기 위한 것이었고, 더불어 그의 위상을 높이는 데에도 크게 기여하였다. 그러나 고종이 성인으로 성장하고 국왕권을 회복해 가면서 고종의 위상도 강화되어 나갔으며, 이런 변화는 고종 7, 8년 이후 더욱 뚜렷해졌다.

고종 8년(1871)에 고종은 왕실의 수장으로 직접 大宗會를 주재하였으며, 親耕儀禮를 거행하였다. 친경의례의 거행은 英祖代에 강력한 왕권 추구와 國家 典禮의 재정비 계획 아래 설행되었는데, 100년 이상 중단된 행사를 고종이 부활한 것이다. 영조대의 예에 따라 제반절차를 갖추어 친경의례를 거행한 고종은 같은 해 5월에는 觀刈儀式도 거행하였다. 관예는 大麥과 小麥을 수확할 때 국왕이 친림하는 것으로 친경과 함께 始終을 이루는 의미가 있다. 이 행사도 正祖代 이후 행해지지 않았으나 다시 시행한 것이다. 고종 6년(1869)과 7년(1870)에는 큰 흉년이 들었는데, 이런 시기에 국왕과 신료, 민이 함께 참여하는 대표적인 행사인 친경의례를 실시한 것은 국왕 고종이 국정 운영의 중심이라는 상징적 의미를 보여주고 君民 관계에 큰 영향을 미치는 것이었다.

고종 9년(1892)은 조선왕조 개창 480주년이 되는 해로 이를 기념한 여러 행사가 거행되었다. 선왕에 대한 尊號加上과 어진 제작은 대표적인 것이었다. 먼저 太祖와 太宗에게 尊號를 올렸으며, 선왕의 御眞 가운데 낡은 것은 모두 새로 제작하였다. 당시 先王의 御眞模寫는 英祖代 이후 가장 큰 행사였다. 이와 함께 고종 3년(1866) 丙寅洋擾로 강화도 소재 眞殿이 소실되면서 영희전에 임시로 보관되어 있던 肅宗과 英祖의 어진도 璿源殿에 정식 봉안하였다.

先王 追崇 행사를 거행하면서 고종은 영·정조대의 규례에 따라 자신의 御眞을 제작하도록 하였다. 이를 위하여 趙寧夏와 趙成夏, 李載冕, 閔升鎬, 趙慶鎬를 監董으로 임명하였다. 이들은 고종과 연배도 비슷하고 개인적으로 매우 가까운 사이였으며, 친정실시 후 고종의 친위세력이라 지칭될 만한 인물들이었다.

고종의 尊號 加上 의식도 거행되었다. 선왕들의 업적을 기리는 여러 행사가 궁극적으로 현 국왕인 고종의 업적을 칭송하는 행사로 마무리 된 것이다. 대원군도 행사에 관여하였지만 고종이 준비와 행사를 주도하면서 대원군의 정치적 입지는 좁아질 수 밖에 없었다.

고종은 국왕권을 회복해 가면서 국정 현안에 대해서도 적극적인 관심을 표명하였다. 고종 10년(1873) 5월에는 廟堂의 사무가 너무 적체된다는 이유로 洪淳穆, 姜㳣, 韓啓源 등 議政大臣들에게 강한 불만을 표시하였고, 次對를 앞당겨 시행하라 명하였으며, 자신이 직접 의정부의 적체된 사안들을 처리하려 하였다. 아울러 그 동안 정치적으로 중요한 역할을 하지 못했던 閔奎鎬와 趙寧夏 등을 승지로 발탁하였다. 이어 崔益鉉을 동부승지에 임명하였는데, 그의 등용은 정국 변화의 중요한 계기로 작용하였다.

최익현이 大臣과 六曹의 신료 및 言官들을 비판하고 몇몇 정책에 대한 개혁을 요구하는 상소를 올리자, 의정대신 및 기존의 신료들은 강하게 반발하였다. 이 사안은 당시 국정 전반과 주요 정책에 대한 비판으로 확대되었는데, 고종은 이를 수용하며 시정할 것을 지시하였다. 최익현의 상소를 계기로 고종과 신료들이 정치적으로 갈등하는 가운데 고종은 최익현에 대한 신료들의 국청 설치 요구를 허락하는 한편, 親政을 선언하여 정국을 바꾸려 하였다.

고종의 친정 선언과 실시는 기존의 대원군 중심 정국 운영과 정책에 대한 비판과 맞물려 이루어진 것이었으므로 정국 운영 방식이나 정책들이 변할 수밖에 없었다. 그러나 정계 전반에 걸친 대대적인 정치세력의 교체로 이어지지는 않았다. 고종과 대원군은 정치적으로 적대 관계가 아니었기 때문에 친정 이후에도 이전부터 활약한 인물들이 중앙 정계에 계속 포진해 있는 것이 무리한 일은 아니었다. 고종은 자신을 지지하는 실무에 정통한 이유원, 박규수, 김세균 등을 의정부와 6조에 등용하였다. 이와 함께 次對를 통해 君臣이 공식적으로 만나 정치 현안을 공개적으로 논의하였다. 이전에는 차대의 자리에서 고종은 주로 신료들의 보고를 청취하거나 건의 사항을 추인하는 역할밖에 하지 않았으며, 이런 기회도 아주 드물었다. 이에 비해 친정 선포 이후 고종은 필요에 따라 차대 개최를 지시하고 적극적으로 임하였다. 반면, 君臣 회합의 정치적 기능을 일부나마 수행하던 경연은 본래 목적을 회복하여 講學 중심으로 운영되었다. 왕릉 행차나 친경과 같은 대규모의 왕실행사도 그 개최 횟수와 규모가 축소되었다. 고종은 직접 신료들을 이끌며 국정을 운영하는 일에 자신의 역량을 집중하려 한 것이다.

'淸錢'을 혁파한 것은 고종이 친정을 선언한 후 추진한 대표적 개혁이라 할 수 있다. 청전은 이전에 누적되어온 화폐 문제를 해결하지 않은 채 고종 4년(1867)부터 사용된 惡貨였다. 이 때문에 물가가 폭등하여 이미 화폐로서의 제구실을 못한다는 여론이 높았다. 친정이라는 정국 변화를 계기로 청전이 곧 혁파되고 새 돈이 주조될 것이라는 소문이 돌 정도였다. 공식적인 논의를 거치지 않은 채 무리하게 시행된 청전 유통의 폐해는 모두 인식하고 있었던 것이다. 이는 대원군이 악화를 통용하며 무리하게 재정을 확충한 정책의 한계를 의미하는 것이기도 하였다. 그러나 정부의 재정 손실을 염려하여 누구도 선뜻 그 개혁에 나설 수 없었다. 이같이 어려운 형편이었으나 고종은 민을 위해서는 단호한 조치가 필요하다는 명분을 내세워 해결하고자 하였다. 전격적으로 청전을 혁파한 것이다. 이로 인한 정부의 재정 손실은 예상보다 심각하였으며 이를 만회하는 과정도 만만치 않았다. 그러나 시간이 가면서 상황은 점차 수습되었다. 당시 청전의 폐해는 궁극적으로 개혁해야 하는 것이므로, 이를 결단하고 시행한 고종은 중요한 국내 현안 가운데 하나를 해결한 것이었다.

　고종의 친정 이후 가장 두드러진 변화는 외교정책이었다. 두 차례의 洋擾를 겪은 조선의 지배적 여론은 강경한 斥和 사상이었다. 당시 국정을 주도하고 있던 대원군은 공식적인 정치기구를 통해 정책을 결정하거나 집행한 것이 아니었으므로, 외교의 여러가지 방안이 공개적으로 논의될 수 있는 자리도 없었고 다양한 여론이 형성되기도 어려웠다. 이에 비해 고종은 친정 이전부터 국가의 중요 현안인 외교 문제를 君臣이 모인 자리에서 공식적으로 논의하려 하였다. 고종은 遣淸使臣들이 견문한 바를 보고하는 자리에서 국제 정세의 변화 및 청과 일본의 변화에 대한 구체적인 정보를 얻으려 하였다.

　고종은 이를 바탕으로 일본과 외교 관계 수립의 필요성을 깨달은 것으로 보이며, 사전 작업으로 공금으로 비리를 저질렀고 변방의 정사를 어지럽혔다는 죄목으로 일본과의 외교 실무 담당자인 부산훈도 안동준을 효수하였다. 이는 기존의 대일 강경 정책을 바꿀 수 있다는 의사를 표현한 것이었다. 아울러 고종 11년(1874) 8월 일본이 스스로 먼저 書契를 고쳐 보내겠다고 통보하자 이를 봉납하도록 하였다. 그러나 고종의 의도와는 달리 일본의 비외교적인 행위와 무리한 요구, 이에 대한 의정부 등의 부정적인 대응으로 인하여 서계 문제는 처리되지 못하였다.

　한편, 이런 상황에서 고종 12년(1875) 8월에 일본 운요호의 초지진 포격 및 영종진 침탈 사건이 일어났다. 그 동안 양성한 砲軍이 기대한 만큼의 구실을 하지 못하는 등 이전의 어양책이 실제적인 내용을 갖추지 못했다는 비판이 제기되었고, 동래부에 일본의 飛船이 자주 왕래한다는 사실이 전해지면서 대외 위기의식은 더욱 고조되었다.

　이에 더하여 운요호 사건을 일으킨 일본은 고종 13년(1876) 1월에 전함을 몰고 강화도에 와서 修好 조약 체결을 요구하였다. 신료들은 兵船을 끌고 온 일본의 의도에 대해 강한 의구심을 표시하였다. 회담의 결렬을 예상하고 무력 시위를 계획하고 온 일본에 대한 당연한 반응이라고 할 수 있다. 그러나 고종은 당시 朝野의 지지를 받고 있던 申櫶에게 전권을 위임하여 모든 일을 처리할 수 있도록 하였으며, 사안마다 비변사의 번거로운 논의를 거치느라 연기되지 않도록 조치하였다.

친정 선포 이전부터 고종은 조선의 주변 정세가 급변하고 있는 상황을 인식하고 있었으며, 국제 정세에 대한 정확한 정보를 확보하려 하였다. 그러나 현실적으로는 청을 통한 제한적이며 간접적인 정보와 지식만을 얻을 수 있었다. 일본과의 외교적 긴장 관계 해소는 이에 대한 대응책의 하나였다. 고종이 강화도조약[朝日修好條約] 체결을 주도한 이유는 국제 문제를 해결할 수 있는 기회로 보았기 때문이었다.

청전 유통과 일본과의 외교 문제는 앞서 대원군이 주도하던 정책이었다. 이 때문에 친정 직후 이들 정책의 변화는 대원군의 세력기반을 해소하기 위한 의도가 포함되어 있었다는 사실은 부인할 수 없다. 그러나 이 보다는 고종이 그 당시 반드시 해결해야 하는 국내외의 가장 중요한 정책에 적극적으로 대처해 나갔다는 점에 주목할 필요가 있다.

세도정치기에 약화된 국왕권은 고종이 성인으로 성장하고 경연에서 학문적 수준을 높이고 여러 왕실 행사를 거행하면서 회복되어 나갔다. 반면, 어린 왕의 輔政을 내세우며 국정 운영에 깊이 관여하고 있던 대원군은 정치적 명분을 잃게 되었다. 이런 때에 대원군에 대한 정치적 비판을 계기로 고종은 적극적으로 친정체제를 구축해 나갔으며, 동시에 이전 정책에 대한 개혁을 시도하였다. 이것은 명실상부한 통치자로서의 역할을 자임하는 것이라고 할 수 있다.

각 시기마다 국왕권의 의미는 다르다고 볼 수 있으며, 국왕과 밀접한 관련을 갖고 있는 정치세력과 군사권, 재정권의 향방을 확인함으로서 가장 잘 파악할 수 있다. 그러나 고종의 친정 이전시기는 국왕이 국정을 주도한 시기가 아니다. 이 때문에 국왕을 중심으로 이루어진 경연과 왕실행사 등을 중심으로 고종초기 국왕권의 변화를 살펴보았다. 그런데 바로 이런 한계가 다른 시기와 구별되는 고종초기 국왕권의 특성이었다.

참고문헌

1. 史料

『承政院日記』(민족문화추진위원회번역본, 규장각 영인본)
『日省錄』(순조~고종)(서울대학교규장각 영인본)
『朝鮮王朝實錄』(숙종~철종)(探求堂 영인본, 1970 ; 서울시스템)
『高宗純宗實錄』(探求堂 영인본, 1986)
『銀臺便攷』(古5120-155 ; 서울대학교 규장각 영인본, 2000)
『銀臺條例』(奎5046 ; 서울대학교 규장각 영인본, 2000)
『備邊司謄錄』國史編纂委員會 탈초 영인본, 1982
『春官通考』(藏 22-1457 ; 奎 12272)
『宗親府謄錄』(奎 13007, 奎 13026 ; 국사편찬위원회 영인본 『各司謄錄』 56~58)
『宗親府條例』(奎 5043 ; 국사편찬위원회 영인본 『各司謄錄』 58)
『(宗親府)釐正節目』(奎 9749)
『行幸謄錄』(奎 12935)
『大典會通』(보경문화사 영인본, 1985)
『六典條例』(보경문화사 영인본, 1979)
『國朝五禮儀』(민창문화사 영인본, 1994)
『國朝續五禮儀』(민창문화사 영인본, 1994)
『萬機要覽』(민족문화추진회 역편, 1971)
『增補文獻備考』(동국문화사 영인본, 1959)
『議政府官員錄』(奎 12205)
『興宣大院君墓誌銘』(藏 2-4024)
『興宣大院君略傳』(藏 2-879)
『弘文館志』(奎 4747, 3127, 663)
『列聖朝繼講冊子次第』(奎 3236)
『經筵故事比例』(奎 1792)
『內醫院式例』(奎 17200)
『懿昭世孫宮日記』(奎 13053)

『璿源世系』(奎 8494)
『璿源續譜』(奎 8401의 2)
『豊壤趙氏世譜』(奎 168)
『影幀模寫都監儀軌』(奎 13979 ; 奎 14922 ; 奎 13997)
『御眞圖寫事實』(藏 K2-2761)
『影幀模寫都監儀軌』(奎 13980)
『御眞移模儀軌』(藏 文 K2-2764)
『御眞圖寫謄錄』(藏 K2-2760)
『高宗御眞圖寫都監儀軌』(奎 14000 ; 서울대학교규장각 영인본, 1996)
『(高宗明成后)嘉禮都監儀軌』(奎 13156)
『親耕儀軌』(奎 14937, 14538 규장각영인본, 2001 ; 朴小東 역, 1999,『국역친경친잠의 궤』민족문화추진회)
『親臨政府時儀軌』(奎 14911)
『尊崇都監儀軌』(奎 13449)
『上尊號都監儀軌』(古 4206-19)
『江華府宮殿考』(奎 3169)
『日韓外交資料集成』1(開國外交編)
統監府 편, 1908,『韓國條約類纂』(한국학진흥원 영인본, 1982)
高宗『珠淵集』(明文堂 영인본, 1983 ; 한국정신문화연구원, 1999)
金奎洛『雲下見聞錄』(아세아문화사 영인본, 1990)
金正喜『阮堂全集』(국역완당전집) 솔 영인본, 1996
金澤榮『韓史綮』(조남권외 역, 태학사 2000)
柳壽垣의『迂書』(민족문화추진회역편, 1981)
李裕元『林下筆記』(국역 임하필기, 민족문화추진회 영인본, 2000)
朴珪壽『瓛齋集』(아세아문화사 영인본, 1978)
朴齊炯『近世朝鮮政鑑』(1886, 한국학문헌연구소 영인본)
崔益鉉『勉菴集』(국역면암집, 민족문화추진위원회 영인본, 1978)
崔漢綺『講官論』(奎 4814)
黃玹『梅泉野錄』(김준 역, 교문사 영인본, 1994)

2. 單行本

강만길 외, 2000, 『조선후기사 연구의 현황과 과제』, 창작과비평사
姜泰訓, 1993, 『經筵과 帝王敎育』, 재동문화사
高光林, 1990, 『韓國의 冠服』, 和成社
高東煥, 1998, 『朝鮮後期 서울商業發達史硏究』, 지식산업사
고려대학교민족문화연구소, 1996, 『朝鮮時代 卽位儀禮와 朝賀儀禮의 硏究』
權五榮, 1998, 『崔漢綺의 學問과 思想 硏究』, 集文堂
규장각 편, 2002, 『규장각 소장 儀軌 종합목록』, 돌베개
근대사연구회, 1987, 『韓國中世社會 解體期의 諸問題』, 한울
금장태, 2000, 『유교와 사상과 의례』, 예문서원
금장태, 2001, 『華西學派의 철학과 시대의식』, 태학사
金 燉, 1997, 『朝鮮前期 君臣勸力關係 硏究』, 서울대학교출판부
金成潤, 1997, 『조선후기 탕평정치 연구』, 지식산업사
김용구 외, 1996, 『(기본사료·문헌해제)한국외교사 연구』, 나남출판
김용구, 2001, 『세계관 충돌과 한말외교사, 1866~1882』, 문학과지성사
金容燮, 1984, 『韓國近代農業史硏究』(증보판), 일조각
金用淑, 1986, 『朝鮮朝 宮中風俗 硏究』, 一志社
金雲泰, 1995, 『朝鮮王朝政治·行政史』(제2증보판), 博英社
金義煥, 1974, 『朝鮮近代對日關係史硏究』, 景仁文化社
근대사연구회편, 1987, 『韓國中世社會 解體期의 諸問題』, 한울
東洋史學會編, 1993, 『東亞史上의 王權』, 한울
류시원, 1996, 『풍운의 한말 역사산책』, 한국문원
박경룡, 1999, 『서울문화유적』, 수문출판사
朴廣成, 1991, 『韓國 中世社會와 文化』, 仁荷歷史學會
박광용, 1998, 『영조와 정조의 나라』, 푸른역사
박영재 외, 1996, 『19세기 일본의 근대화』, 서울대학교출판부
박충석 외, 2002, 『국가이념과 대외인식 - 17~19세기』, 아연출판부
박환, 2001, 『20세기 한국 근현대사 연구와 쟁점』, 국학자료원
潘允洪, 2003, 『朝鮮時代 備邊司 硏究』, 경인문화사
白鍾基, 1997, 『近代韓日交涉史硏究』, 정음사
백종기, 1981, 『한국근대사연구』, 博英社

서울학연구소 편, 1998, 『조선후기 서울의 사회와 생활』, 서울학연구소
孫炯富, 1997, 『朴珪壽의 開化思想研究』, 一潮閣
宋炳基, 1985, 『近代韓中關係史研究』, 단국대 출판부
송영일, 2001, 『조선시대 경연과 제왕교육』, 문음사
신명호, 1998, 『조선의 왕』, 가람기획
신명호, 2002, 『조선왕실의 의례와 생활 - 궁중문화』, 돌베개
신영훈, 1998, 『雲峴宮』, 조선일보사
신병주, 2001, 『66세의 영조 15세 신부를 맞이하다』, 효형출판
연갑수, 2001, 『대원군집권기 부국강병정책 연구』, 서울대학교 출판부
염정섭, 2002, 『조선시대 농법발달 연구』, 태학사
吳洙彰, 2002, 『朝鮮後期 平安道 社會發展 研究』, 일조각
吳瑛燮, 1999, 『華西學派의 思想과 民族運動』
元裕漢, 1975, 『朝鮮後期 貨幣史 研究』, 한국연구원
유봉학, 1998, 『조선후기 학계와 지식인』, 신구문화사
유봉학, 2001, 『정조대왕의 꿈』, 신구문화사
유승주·이철성, 『조선후기 중국과의 무역사』, 경인문화사 2002
柳子厚, 1940, 『朝鮮貨幣考』, 理文社
육군본부 편, 1977, 『韓國軍制史』(근세조선후기편)
윤효정, 1995, 『韓末祕史』, 교문사
李光麟, 1989, 『開化派와 開化思想 研究』, 一潮閣
李範稷, 1991, 『韓國中世禮思想研究 - 五禮를 中心으로』, 一潮閣
李相鎔 편, 1995, 『왕릉』, 한국문원
이성무, 정만조 외, 1992, 『조선후기 당쟁의 종합적 검토』, 한국정신문화원
李成美 외, 1994, 『藏書閣所藏 嘉禮都監儀軌』, 한국정신문화연구원
이성미 외, 1997, 『朝鮮時代御眞關係都監儀軌研究』, 한국정신문화연구원
李迎春, 1998, 『朝鮮後期 王位繼承研究』, 집문당
이영춘, 1994, 『차례와 제사』, 대원사
李完宰, 1998, 『朴珪壽研究』, 한양대학교출판원
李在喆, 2000, 『朝鮮後期 備邊司研究』, 集文堂
이진희·강재언, 1998, 『한일교류사』, 학고재
李哲成, 2000, 『朝鮮後期 對淸貿易史 研究』, 國學資料院
李春植 편, 1995, 『東亞史상의 保守와 改革』, 신서원

李泰鎭 편, 1985,『朝鮮時代 政治史의 再照明』, 범조사
이태진, 1985,『朝鮮後期의 政治와 軍營制變遷』, 韓國研究院
이태진, 1989,『朝鮮儒敎社會史論』, 지식산업사
이태진, 1994,『왕조의 유산』, 지식산업사
이태진 편, 1995,『일본의 대한제국 강점』, 까치
이태진 외, 2000,『서울상업사』, 태학사
이태진, 2000,『고종시대의 재조명』, 태학사
이태진, 2001,『한국병합, 성립하지 않았다』, 태학사
이태진, 2002,『의술과 인구 그리고 농업기술』, 태학사
李春植 편, 1995,『東亞史상의 保守와 改革』, 신서원
李熙煥, 1995,『朝鮮後期黨爭硏究』, 國學資料院
張道斌, 1927,『大院君과 明成皇后』, 德興書林
鄭杜熙, 1983,『朝鮮初期 政治支配勢力 硏究』, 一潮閣
鄭杜熙, 1999,『美國에서의 韓國史 硏究』, 國學資料院
정만조, 1997,『朝鮮時代 書院研究』, 집문당
鄭成一, 1999,『朝鮮後期 對日貿易』, 신서원
鄭玉子, 1998,『조선후기 조선중화사상연구』, 일지사
鄭玉子 외, 1999,『정조시대의 사상과 문화』, 돌베개
정옥자, 2000,『정조의 수상록《일득록》연구』, 일지사
정옥자, 2001,『정조의 문예사상과 규장각』, 효형출판
趙善美, 1982,『韓國肖像畵 硏究』, 悅話堂
장영훈, 2000,『왕릉풍수와 조선의 역사』, 대원미디어
조선미, 1983,『韓國의 肖像畵』, 悅話堂
조선시대사학회편, 1999,『東洋三國의 王權과 官僚制』, 국학자료원
조재곤, 2001,『한국근대사회와 보부상』, 혜안
최문형 외, 1992,『明成皇后弑害事件』, 민음사
崔炳鈺, 2000,『開化期의 軍事政策硏究』, 경인문화사
崔承熙, 1976,『朝鮮初期 言官言論硏究』, 한국문화연구소
최승희, 2001,『朝鮮初期 政治史硏究』, 지식산업사
최진옥, 1998,『朝鮮時代 生員進士 硏究』, 집문당
崔虎鎭, 1974,『韓國貨幣小史』, 서문문고
하현강교수정년기념논총간해위원회, 2000『韓國史의 構造와 展開』,혜안

한국역사연구회, 1995, 『한국역사입문』, 2 풀빛
한국역사연구회(19세기정치사연구반), 1990, 『조선정치사 1800~1863』, 청년사
한국역사연구회, 2002, 『고려의 황도 개경』, 창작과비평사
한국역사연구회, 1991, 『1894년 농민전쟁연구』 1-5, 역사비평사
韓相權, 1996, 『朝鮮後期 社會와 訴冤制度』, 일조각,
韓永愚, 1983, 『鄭道傳思想의 硏究』(개정판) 서울대출판부
한영우, 1997, 『다시 찾는 우리역사』, 경세원
한영우, 1998, 『정조의 화성행차, 그 8일』, 효형출판
한영우, 2001, 『명성황후와 대한제국』, 효형출판
許東賢, 2000, 『近代韓日關係史硏究 - 朝士視察團의 日本觀과 國家思想』, 국학자료원
玄圭煥, 1967, 『韓國流移民史』, 語文閣
홍순민, 1999, 『우리궁궐 이야기』, 청년사
田保橋潔, 1940, 『近代日鮮關係の硏究』, 朝鮮総督府中樞院
菊池謙讓, 1910, 『大院君傳』, 日韓書房(ぺりかん社 재판, 1998)
山辺健太郎, 1966, 『日本の韓國倂合』, 太平出版社
田代和生, 1981, 『近世日朝通交貿易史の硏究』, 創文史
田代和生(孫承喆・柳在春 共譯), 1988, 『近世韓日外交秘史 : 國書改作과 韓日外交의 심층분석』, 강원대 출판부
原武史, 1998, 『直訴と 王權 - 朝鮮・日本の'一君萬民'思想史』(김익한・김민철 역, 2000, 『직소와 왕권』, 지식산업사)
하자마 나오키 외, (신일섭 옮김, 1999), 『데이터로 본 중국근대사』, 신서원
Choe, Ching Young, 1972, 『THE RULE OF THE TAEWONGUN 1864~1873』, Harvard University
James B. Palais, 1975, 『Politics and Policy in Traditional Korea』, Harvard University Press(李勛相 譯, 1993, 『傳統韓國의 政治와 政策』, 신기원)
Martina Deuchler, 1977, 『CONFUCIAN GENTLEMEN AND BARBARIAN ENVOYS - The Opening of Korea, 1875~1885』, University of Washington Press
JaHyun Kim Haboush and Martina Deuchler(editors) 1999, 『CUTURE and THE STATE in LATE CHOSŎN KORE A』, Harvard University
JaHyun Kim Haboush, 2001, 『The Confucian Kingship in Korea - yongjŏ and the politics of sagacity』, Columbia University Press

3. 學位論文

姜相圭, 1995,「高宗의 對外觀에 관한 硏究」서울대 외교학과 석사학위논문
金明淑, 1996,『勢道政治期(1800~1863)의 政治行態와 政治運營論』, 한양대 사학과 박사학위논문
金世潤, 1980,「大院君의 書院毀撤에 관한 일고찰」서강대 사학과 석사논문
南智大, 1993,『朝鮮初期 中央政治制度 硏究』서울대 국사학과 박사학위논문
盧大煥, 1999,『19세기 東道西器論 形成過程 硏究』, 서울대 국사학과 박사학위 논문
潘允洪, 1991,「朝鮮時代 備邊司 硏究」국민대 국사학과 박사학위논문
朴光用, 1994,『朝鮮後期 蕩平 硏究』서울대 국사학과 박사학위논문
成大慶, 1984,『大院君政權性格硏究』성균관대 사학과 박사논문
安外順, 1996,『大院君執權期 權力構造에 關한 硏究』이화여대 정치외교학과 박사논문
양흥숙, 1998,「17~18세기 왜학역관의 대일무역」부산대학교 석사학위논문
李尙奎, 1998,「17~8세기 東萊府에 파견된 倭學譯官의 機能」, 한국정신문화연구원 석사학위논문
이 욱, 2000,『儒敎 祈禳儀禮에 관한 硏究 : 朝鮮時代 國家祀典을 中心으로』서울대 종교학과 박사학위논문
鄭在薰, 2001,『朝鮮前期 儒敎政治思想 硏究』서울대 국사학과 박사학위논문
洪順敏, 1996,『朝鮮王朝 宮闕 經營과 "兩闕體制"의 변천』서울대 국사학과 박사학위논문

4. 논문

강석화, 2002,「19세기 전반의 실무관료 朴來謙의 서북지역 경영론」최승희 외,『조선의 정치와 사회』, 집문당
姜泰訓, 1990,「조선후기 書筵과 經筵의 敎育內容 比較」『교육연구』9, 원광대
강태훈, 1997,「경연의 교육학적 접근」『교육연구』16, 원광대
高英津, 1995,「해방 50년 조선시대사 연구의 동향과 과제」『한국학보』79
具德會, 1988,「宣祖代후반 政治體制의 재편과 政局의 動向」『韓國史論』20
權泰檍, 1983,「弘文館志 解題」『규장각』7

권태억, 1997, 「'식민지기 조선 근대화론'에 대한 斷想」『우송 조동걸선생 정년기념논총』2
권태억, 2000, 「近代化・同化・植民地遺産」『韓國史硏究』108
權錫奉, 1981, 「淸廷에 있어서 大院君과 그의 還國」『동방학지』27・28
權延雄, 1982, 「世宗朝의 經筵과 儒學」『세종문화연구(1)』, 한국정신문화연구원
권연웅, 1989, 「朝鮮 英祖代의 經筵」『東亞硏究』17
권연웅, 1994, 「燕山朝의 經筵과 士禍」『九谷黃鍾東敎授停年紀念史學論叢』
권연웅, 1996, 「朝鮮 中宗朝의 經筵」『吉玄益敎授停年紀念史學論叢』
金景昌, 1995, 「조선개국의 정치사적 과정」『동북아』2
김광옥, 1994, 「近代 개항기 일본의 琉球, 朝鮮정책」『향도부산』11
金基赫, 1990, 「개항의 둘러싼 국제정치」『한국사시민강좌』7
金基赫, 1991, 「강화도조약의 역사적 배경과 국제적 환경」『국사관논총』25
金萬圭, 1995, 「동아시아의 전통 정치사상에 대한 균형적 연구시각」『동북아』2
金東哲, 1993, 「17・18 세기 대일공무역에서의 공작미 문제」『항도부산』10
金明淑, 1997, 「19世紀 反外戚勢力의 政治動向」『朝鮮時代史學報』3
김명호, 2001, 「大院君政權과 朴珪壽」『진단학보』92
김문식, 1997, 「18세기 후반 정조능행의 의의」『한국학보』88, 일지사
김문식・송지원, 2001, 「국가제례의 변천과 복원」『서울 20세기;생활문화변천사』, 서울시정개발연구원
金炳佑, 1991, 「대원군집권기 정치세력의 성격」『계명사학』2
金炳佑, 2001, 「高宗의 親政體制 形成期 政治勢力의 動向」『大丘史學』63
김선경, 1990, 「조선후기 정치사 인식의 확장」『역사와 현실』4
金世恩, 1990, 「대원군집권기 군사제도의 정비」『한국사론』23
김세은, 2000, 「고종초기(1864년~1873)의 경연」『진단학보』89
김세은, 2002, 「고종초기(1864년~1873) 능행의 의의」 최승희 외, 『朝鮮의 政治와 社會』, 집문당
金永模, 1998, 「朝鮮時代 祠廟空間의 構成에 關한 硏究」『서울학연구』, 9
김지영, 2002, 「 해제」『英祖四尊號上號都監儀軌』(奎 13296, 서울대규장각 영인본)
김태웅, 1999, 「조선후기 개성부 재정의 위기와 행정구역 개편」『한국사론』41・42합
김태훈, 2002, 「肅宗代 對日政策의 전개와 그 성과」『한국사론』47
김형수, 2001, 「高宗의 親庭과 開國政策硏究 - 1873년~1876년 -」『梨大史苑』33・34
김 호, 2002, 「조선후기 왕실의 出産 풍경」『조선의 정치와 사회』

金興洙, 1985, 「세도정치연구」, 『변태섭박사화갑기념논총』, 삼영사
南美惠, 1995, 「大院君執權期 宗親府 振興策의 性格」『동대사학』 1
南智大, 1980, 「朝鮮初期의 經筵制度」, 『韓國史論』 6
盧官汎, 1997, 「19세기 후반 湖西山林의 位相과 '正學'運動 - 淵齋 宋秉璿(1836~1905)을 중심으로 - 」『韓國史論』 38 서울대 國史學科
문현아, 1999, 「19세기 전반 조선의 통지 구조에 관한 연구 」『사회와 역사』 55
朴廣成, 1980, 「仁川開港과 沿岸防備策에 對하여」『畿甸文化硏究』 11
朴光用, 1991, 「조선후기 정치사의 시기구분 문제」, 『성심여자대학 논문집』 23
박광용, 1992, 「19세기 전반의 정치사상」, 『국사관논총』 40
박광용, 1994, 『조선후기 정치사연구 동향』, 『한국사론』 24, 국사편찬위원회
朴光用, 1999, 「조선시대 정치사 연구의 성과와 과제」『조선시대 연구사』, 한국정신문화원
朴小東, 1999, 「解題」『親耕・親蠶儀軌』, 민족문화추진회
박정혜, 1997, 「조선시대의 歷史畵」『造形』 20
潘允洪, 1995, 「備邊司의 財政政策議政硏究」『韓國史硏究』 85
裵祐晟, 1991, 「朝鮮 前半期의 政局과 軍營政策의 推移」『규장각』 14
배항섭, 1999, 「高宗 親政初期 軍事政策과 武衛所」『국사관논총』 83
성대경, 1987, 「대원군의 정치와 외교」『한민족독립운동사』 1
孫承喆, 1994, 「1872年 日本의 倭館占領과 朝鮮侵略」『軍史』 28
송병기, 1987, 「고종초기의 외교」『한민족독립운동사』 1
申炳周, 2002, 「英祖代 大射禮의 실시와 『大射禮儀軌』」『韓國學報』 106
申奭鎬, 1964, 「備邊司와 그 謄錄에 대하여」『韓國史資料解說集』
安鍾哲, 1998, 「親政前後 高宗의 對外觀과 對日政策」『韓國史論』 40 서울대
延甲洙, 1992, 「대원군 집정의 성격과 권력구조의 변화」, 『한국사론』 27
연갑수, 1994, 「고종 초중기 정치변동과 규장각」, 『奎章閣』 17
연갑수, 2000, 「甲申政變 이전의 國內 政治勢力의 동향」『國史館論叢』 93
오수창, 1991, 「세도정치를 다시 본다」『역사비평』 12
오수창, 1997, 「세도정치의 성립과 전개」『한국사』 32, 국사편찬위원회
吳永敎, 2000, 「朝鮮後期 - 회고와 전망 - 」『歷史學報』 167
吳恒寧, 1993, 「조선 효종대 정국의 변동과 그 성격」『泰東古典硏究』 9
오항녕, 2002, 「세조대 '친강'의 역사적 성격」『朝鮮의 政治와 社會』, 집문당
禹景燮, 1998, 「英・正祖代 弘文館 기능의 변화」『韓國史論』 39 서울대 국사학과

우경섭, 2001, 「英祖 前半期(1724~1744)의 書籍政策」『奎章閣』 24
柳美林, 2002, 「조선 후기 王權에 대한 연구 : 영조 연간의 군신간 義理논쟁을 중심으로」『정신문화연구』, 86, 한국정신문화연구원
유봉학, 1989, 「19세기 전반 勢道政局의 動向과 燕巖一派」『동양학』, 19
殷丁泰, 1998, 「高宗親政 이후 政治體制 改革과 政治勢力의 動向」『韓國史論』, 40
이광린, 1992, 「閔妃와 大院君」, 최문형 외, 1992, 『明成皇后弑害事件』, 민음사
李敏雄, 1995, 「18세기 江華島 守備體制의 强化」『한국사론』 34
李相玉, 1973, 「國史上의 帝王과 文臣間의 學文交流(上) - 中國의 圖書 用例와 比較하여 -」『도서관』 28권(6-8호) 국립중앙도서관
이성미, 1994, 「유교전통과 조선왕조의 어진」『유교문화의 보편성과 특수성』, 한국정신문화원
이승희, 2000, 「奎章閣 所藏本 '純元王后 한글 편지'의 고찰」『奎章閣』 23
이완우, 2001, 「영조의 어필」『영조대왕의 글·글씨』, 궁중유물전시관
이 욱, 2002, 「朝鮮後期 祈穀祭 設行의 의미」『藏書閣』 4
李載浩, 1971, 「朝鮮備邊司考」『歷史學報』 50·51합
李泰鎭·洪順敏, 1989, 「《日省錄》刀削의 실상과 경위」『한국문화』 10
李泰鎭, 1990, 「朝鮮王朝의 儒敎政治와 王權」『韓國史論』 24 서울대
이태진, 1992, 「정조의 『大學』탐구와 새로운 군주론」『李晦齋 사상과 그세계』
이태진, 1995, 「18~19세기 서울의 근대적 도시발달 양상」『서울학연구』 4
이태진, 1996, 「소빙기(1500~1750)의 천체 현상적 원인」『국사관논총』 72
이태진, 1999, 「18세기 韓國史에서 民의 사회적·정치적 位相」『震檀學報』 88 ; 「근대 한국은 과연 '은둔국'이었던가?」『韓國史論』 41·42
이태진, 2000, 「正祖 - 儒敎的 계몽 절대군주」『한국사시민강좌』 13 일조각
이태진, 2001, 「양반문화, 왜 매도되었던가」『한국사시민강좌』 29
이태진, 2002, 「조선시대의 「民本」의식의 변천과 18세기 「민국」이념의 대두」, 박충석 외, 『국가이념과 대외인식 - 17~19세기』, 아연출판부
李鉉淙, 1970, 「備邊司 創置年代考」『編史』 3
이희중, 2001, 「17,8세기 서울 주변 왕릉의 축조, 관리 및 천릉 논의」『서울학연구』 17
임혜련, 2000, 「純祖 初半 貞純王后의 垂簾聽政과 政局變化」『조선시대사학보』 15
張舜順, 1993, 「朝鮮後期 日本의 書契 違式實態와 朝鮮의 對應」『한일관계사연구』 1
鄭景姬, 1993, 「肅宗代 蕩平論과 '蕩平'의 시도」『韓國史論』 30

鄭景姫, 1995, 「肅宗後半期 蕩平政局의 變化」『韓國學報』 79 一志社
鄭景姫, 1998, 「英祖前半期(1724~1748년) 중앙학계와 英祖의 性理學 이해」『韓國史研究』 103
鄭景姫, 1999, 「英祖後半期(1749년~1776년) 經筵과 英祖의 義理論 강화」『歷史學報』 162
鄭萬祚, 1999, 「19세기 전반기 조선의 정치개혁 움직임과 근대화」『韓國學論叢』 21
鄭成一, 1991, 「明治維新 직전 朝日貿易의 存在形態 - 1867년의 公貿易을 중심으로 -」『산업경제연구』 14
鄭玉子, 1981, 「奎章閣 抄啓文臣硏究」『奎章閣』 4
정옥자, 1982, 「正祖의 抄啓文臣敎育과 文體政策」『奎章閣』 6
鄭在薰, 1999, 「明宗·宣祖년간의 經筵」, 『조선시대사학회』 10
鄭夏明, 1968, 「備邊司의 胎動과 軍政의 變遷」『韓國軍制史』(근세조선전기편)
趙尙濟, 1986, 「哲宗朝 권력구조의 위기와 농민봉기」, 『이원순교수화갑기념사학논총』, 교학사
조성윤, 1985, 「개항직후 대원군파의 쿠테타 시도」, 『한국근대정치사연구』, 사계절
池斗煥, 1995, 「朝鮮後期 英祖代 經筵科目의 變遷」『震檀學報』 81
지두환, 1996, 「朝鮮後期 經筵科目의 變遷」『韓國學論叢』 18
지두환, 1998, 「朝鮮前期 經筵官의 職制의 變遷」『韓國學論叢』 20
陳準鉉, 1994, 「英祖, 正祖代 御眞圖寫와 畵家들」『서울大學校博物館年報』 6
崔炳鈺, 1992, 「大院君의 下野에 대하여」『西巖趙恒來교수화갑기념 한국사학논총』, 아세아문화사
한상권, 1997, 「民訴의 활성화와 민본정치」『역사비평』 37
한상권, 2002, 「19세기 民訴의 양상과 추이」, 박충석 외, 『국가이념과 대외인식 - 17~19세기』, 아연출판부
韓永愚, 2001, 「大韓帝國 성립과정과 《大禮儀軌》」『韓國史論』 45
韓哲昊, 1998, 「고종 친정 초 암행어사 파견과 그 활동」『사학지』 31
玄明喆, 1994, 「日本 幕府 末期의 對馬島와 소위 '征韓論'에 대하여」『韓日關係史硏究』 2
현명철, 1996, 「개항전 한·일 관계의 변화에 대한 고찰」『국사관논총』 72
洪順敏, 1990, 「조선후기 《璿源系譜紀略》改刊의 추이」『奎章閣』 13
홍순민, 1990, 「조선후기 왕실의 구성과 璿源錄」『한국문화』 11
홍순민, 1992, 「19세기 왕위의 승계 과정과 정통성」『국사관논총』 40

홍순민, 1998, 「조선 후기 法典 編纂의 推移와 政治運營의 변동」『韓國文化』21
洪奕基, 1963, 「備邊司의 조직과 그 역할에 대하여」『軍史』6
藤間生大, 1985, 「大院君政權の構造」, 『韓國近代政治史硏究』, 사계절
田代和生, 1989, 「近世の日朝關係と對馬」『朝鮮史硏究會論文集』26
糟谷憲一, 1990, 「閔氏政權上層部の構成に關する硏究」『朝鮮史硏究會論文集』27
Martina Deuchler, 2002, 「The Practice of Confucianism : Ritual and Order in Chosŏn Dynasty Korea」『Rethinking Confucianism : Past and Present in China, Japan, Korea and Vietnam』, UCLA